D1725603

DAS MITTELRHEINISCHE BECKEN

Leibniz-Institut für Länderkunde Leipzig und
Sächsische Akademie der Wissenschaften zu Leipzig

LANDSCHAFTEN IN DEUTSCHLAND
WERTE DER DEUTSCHEN HEIMAT

Band 65

DAS MITTELRHEINISCHE BECKEN

Eine landeskundliche Bestandsaufnahme im Raum
Andernach, Bendorf, Koblenz, Mayen, Mendig,
Münstermaifeld und Neuwied

Herausgegeben von
Frauke Gränitz und Luise Grundmann
im Auftrag des Leibniz-Instituts für Länderkunde Leipzig
und der Sächsischen Akademie der Wissenschaften zu Leipzig

Erarbeitet unter Leitung von Heinz Fischer

Mit 86 Abbildungen und 2 Übersichtskarten

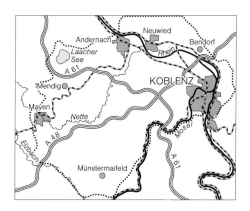

BÖHLAU VERLAG KÖLN WEIMAR WIEN
2003

Prof. Dr. Alois Mayr, Leipzig, Direktor des Leibniz-Instituts für Länderkunde e.V. Leipzig

Wissenschaftlicher Beirat der Reihe:
Prof. Dr. Karl Mannsfeld, Dresden, Vorsitzender;
Prof. Dr. Karlheinz Blaschke, Dresden; Prof. Dr. Dietrich Denecke, Göttingen;
Dr. Luise Grundmann, Leipzig; Dr. Stefan Klotz, Halle/Saale;
Prof. Dr. Alois Mayr, Leipzig; Prof. Dr. Winfried Schenk, Bonn;
Prof. Dr. Günther Schönfelder, Leipzig; Prof. Dr. Ernst Schubert, Halle/Saale;
Prof. Dr. Walter Sperling, Trier; Dr. Sabine Tzschaschel, Leipzig

Leitung der wissenschaftlichen Bearbeitung und Redaktion:
Dr. Luise Grundmann, Leibniz-Institut für Länderkunde e.V. Leipzig,
Abteilung deutsche Landeskunde
Schongauerstraße 9
04329 Leipzig

Bibliografische Information der Deutschen Bibliothek

Die Deutsche Bibliothek verzeichnet diese Publikation
in der Deutschen Nationalbibliografie;
detaillierte bibliografische Daten sind im Internet über
http://dnb.ddb.de abrufbar.

© 2003 by Böhlau Verlag GmbH & Cie, Köln
Ursulaplatz 1, D-50668 Köln
Tel. (0221) 91 39 00, Fax (0221) 91 39 011
vertrieb@boehlau.de
Alle Rechte vorbehalten
Druck und Bindung: Druckhaus Köthen GmbH, Köthen
Gedruckt auf chlor- und säurefreiem Papier.
Printed in Germany
ISBN 3-412-10102-8

VORWORT

In der traditionsreichen Buchreihe „Landschaften in Deutschland. Werte der deutschen Heimat" erschienen seit 1957 bei unterschiedlicher Herausgeberschaft 64 Regionalmonographien über Kulturlandschaften in Sachsen, Thüringen, Sachsen-Anhalt, Brandenburg und Mecklenburg-Vorpommern. Nach einem einheitlichen Konzept der landeskundlichen Inventarisierung und Dokumentation von Objekten und Merkmalen des jeweiligen Natur-, Siedlungs-, Wirtschafts- und Kulturraumes bearbeitet, verstehen sich die einzelnen Bände als öffentlichkeitsorientierte wissenschaftliche Abhandlungen, die Ergebnisse von interdisziplinären Forschungen zur Landschaftsgenese, zur Geschichte, zu aktuellen Raumstrukturen und Raumpotenzialen, zu natürlichen und kulturellen Schutzgütern sowie zur Denkmal- und Kulturlandschaftspflege des jeweiligen Raumes vermitteln.

Das 1992 neu gegründete Institut für Länderkunde Leipzig (IfL) und die Sächsische Akademie der Wissenschaften zu Leipzig als die heutigen für die Bearbeitung und Herausgabe verantwortlichen wissenschaftlichen Institutionen der Reihe folgten Anregungen und Empfehlungen des Wissenschaftsrates der Bundesrepublik, der Deutschen Akademie für Landeskunde sowie wissenschaftlicher Gremien des IfL, nach dem Grundmuster bisheriger Bände und unter Anwendung neuer landeskundlicher Ansätze und Möglichkeiten auch Landschaften in den alten Bundesländern landeskundlich zu erfassen und zu dokumentieren. Damit konnte zugleich einem ursprünglichen Wunsch der Begründer der Reihe nachgekommen werden, der in der Einführung zum Band 1 „Königstein. Sächsische Schweiz" (1957) zum Ausdruck gebracht wurde: „… Der Reihentitel weist aus kleinräumiger Enge hinaus und will zu einer Darstellung heimatlicher Werte in ganz Deutschland anregen … Wir wünschen, daß das in heißen Herzen bewahrte Wunschbild der Einheit der deutschen Heimat auch auf diesem Weg seiner Verwirklichung näher käme …".

Dass diese einstigen Wünsche und heutigen Bestrebungen mit dem jetzt vorliegenden Band 65 „Das Mittelrheinische Becken" – einer Kulturlandschaft zwischen Rhein und Mosel – erstmals realisiert werden konnten, verdanken die Herausgeber der kooperativen Mitarbeit eines großen Kreises aktiver Autoren und Bearbeiter einzelner Sachbereiche in der Region, besonders aber dem engagierten Hauptbearbeiter des Bandes, dem langjährigen Leiter des Geographischen Instituts der Universität Koblenz, Herrn Prof. Dr. Heinz Fischer. Unterstützt vom jetzigen Institutsdirektor, Herrn Prof. Dr. Rainer Graafen, leitete er die Organisation der landeskundlichen Inventarisierung im Gebiet ein, gewann 17 weitere Bearbeiter als Autoren einzelner Sachkapitel, darunter

Wissenschaftler der Universität Koblenz, ausgewiesene Landeskundler des Gebietes sowie Vertreter von Fachbehörden. Mit Eifer und Fachkompetenz unterzog er sich nach Vorlage der Einzelmanuskripte der Mühe der Endbearbeitung und Anpassung an den Darstellungsmodus der Buchreihe und brachte neue Betrachtungsaspekte ein. Ihm gelang es, nicht nur viele Sachkapitel und Ortsbeschreibungen selbst zu erarbeiten, sondern auch ein abgestimmtes Endmanuskript mit vielen Abbildungen zur Herausgabe vorzubereiten.

Dem Hauptbearbeiter und allen Autoren soll ebenso gedankt werden wie denjenigen Institutionen und Einrichtungen, Verlagen und zentralen Dienstleistungsbehörden im nördlichen Rheinland-Pfalz, die uneigennützig und hilfsbereit Statistiken und Unterlagen, Abbildungen, Karten und Fotos zur Verfügung stellten oder verschiedene Recherchen „vor Ort" einholten.

Unser besonderer Dank richtet sich auch an Herrn Prof. Dr. Klaus Fehn, Bonn, der nicht nur reges Interesse am Entstehen des Bandes zeigte, sondern auch eine gutachterliche Durchsicht der Teilmanuskripte zur Territorial-, Siedlungs- und Wirtschaftsgeschichte sowie zur Kulturlandschaftspflege vornahm, weiterführende Hinweise gab und Ergänzungen einfließen ließ. So gelang es, den Band in einem relativ kurzen Zeitraum – die Bearbeitung begann im Jahr 2001 – zum Druck zu bringen. Dies ist umso bemerkenswerter, als mit dem Mittelrheinischen Becken erstmals eine größere geowissenschaftlich definierte Raumeinheit bearbeitet wurde, die mit einer hohen Dichte von Naturpunkten, Gemeinden, Verbandsgemeinden und Städten, darunter das Oberzentrum Koblenz, ausgestattet ist.

Autoren, Herausgeber, der Wissenschaftliche Beirat der Reihe und der Böhlau Verlag Köln, Weimar, Wien wünschen dem Band 65 eine weite Verbreitung und eine ebenso positive Aufnahme bei wissenschaftlichen Institutionen, Behörden und Einrichtungen der Landschafts-, Orts- und Regionalplanung sowie bei einer breiten landeskundlich interessierten Öffentlichkeit, bei Touristen, Schülern und Studenten, so wie sie die bisherigen Bände im mitteldeutschen Raum erfahren haben.

Prof. Dr. Alois Mayr   *Prof. Dr. Karl Mannsfeld*   *Dr. Luise Grundmann*

INHALTSVERZEICHNIS

VERZEICHNIS DER SUCHPUNKTE

Die Nummern entsprechen denen am Rande des Textes sowie denen auf der Übersichtskarte.

X

ABBILDUNGSVERZEICHNIS

Gestaltung der Abbildungsunterlagen:
J. Borleis und M. Weis (2, 4, 6, 8, 9, 11, 12, 13, 15, 16, 17, 18, 19, 20, 48, 2 Übersichtskarten); R. Fischer (Prägevignette, 10, 30, 41, 62, 85); Leibniz-Institut für Länderkunde Leipzig (Dr. K. Großer Kartenredaktion; K. Baum 70, 81; S. Becker 34, 79; R. Bräuer 26, 73, 80; A. Müller 57; P. Mund Titelskizze, 5, 14; R. Richter 3, 7, 28; M. Schmiedel 21, 23)

Bildnachweis:
Archäologische Denkmalpflege, Amt Koblenz (27, 33, 56, 60); Burgen, Schlösser, Altertümer. Festung Ehrenbreitstein. Koblenz/Michael Jordan (67); Deponiezweckverband Eiterköpfe, Koblenz (59); Deutsche Vulkanologische Gesellschaft e. V. (44); Eifelmuseum Mayen (49); K.-P. Elzer (22); E. Fischer (63); H. Fischer (24, 35, 37, 38, 42, 46, 51, 52, 53, 54, 55, 61, 64, 65, 66, 71, 74, 75, 83, 84); Fremdenverkehrsverein e. V. Winningen, Archiv (82); D. Hänsgen (Umschlagbild, 40, 76, 77, 78); Harpen AG Dortmund (69); A. Hunold (50); Landesamt für Vermessung und Geobasisinformation Rheinland-Pfalz (1, 45); LMZ RP/Gustav Rittstieg (29, 36, 47, 58), LMZ RP/Frank Koch (39), LMZ RP/Petra Camnitzer (72); Luftbildvertrieb & Werbebüro Gerhard Otto, Niederwillingen (32); H. Osinski (43); H. Schüller (50); K. Schumacher (25); Touristik und Kultur Kobern-Gondorf (68); VG Maifeld (86); VG Weißenthurm (31)

AUTORENVERZEICHNIS

apl. Prof. Dr. Nordwin Beck, Koblenz/Mainz (Gewässer, Böden)
Drs. Peter Burggraaff, Koblenz/Kelberg (Bevölkerung, Industrie und Gewerbe, Kulturlandschaftspflege; VG Weißenthurm)
Klaus-Peter Elzer, M.A., Kottenheim (Basaltindustrie; Kottenheim)
Reinhold Esser, M.A., Bendorf (Land- und Forstwirtschaft; Andernach, Neuwied, VG Maifeld, z.T. VG Mayen-Land)
Prof. Dr. Eberhard Fischer, Koblenz/Bonn (Flora und Fauna, Naturschutzgebiete)
Prof. Dr. Heinz Fischer, Koblenz (Oberflächenformen, Naturräumliche Gliederung, Gebiets- und Verwaltungsstruktur, Siedlungen, Verkehr, Bau- und Kunstdenkmale; Koblenz, VG Pellenz, Untermosel und Vallendar; Anhang, Exkursionsrouten)
Dipl.-Geol. Hellmut Goos, Koblenz/Nörtershausen (Geologie und Erdgeschichte, Mineralische Rohstoffe, Altlasten und Umweltsanierung)
Prof. Dr. Rainer Graafen, Koblenz/Bendorf (Bimsgewinnung und -verarbeitung; Bendorf, Bimsabbau in Kruft)
OStDir Winfried Henrichs, Mülheim-Kärlich (Ländliche Volkskultur und Mundart)
Dr. Angelika Hunold, Mayen (Katzenberg bei Mayen)
Dr. Klaus-Dieter Kleefeld, Bonn/Köln (Wirtschaft und Verkehr, Kulturlandschaftspflege)
Prof. Dr. Dieter König, Koblenz/Mainz (Klima; Tongrube Kärlich, Mittelrheinisches Devon)
Dr. Klaus Kremb, M.A., Winnweiler (Territorialgeschichte)
OAmtsR Heinz Lempertz, Mendig (Wingertsbergwand; Mendig, Thür, Vulkanmuseum Mendig)
Dr. Bernd C. Oesterwind, Mayen (Eifelmuseum Mayen)
Hans Schüller, Mayen (Stadtgeographie und -geschichte von Mayen)
Dr. Karl-Heinz Schumacher, Aachen (Abtei Maria Laach)
Dr. Hans-Helmut Wegner, Koblenz (Vor- und Frühgeschichte, archäologische Funde und Ausgrabungen)

Redaktionelle Bearbeitung: Prof. Dr. Heinz Fischer, Koblenz; Frauke Gränitz, M.A., Leipzig; Dr. Luise Grundmann, Leipzig; Haik Thomas Porada, M.A., Leipzig

Abschluss des Manuskriptes: 31. Oktober 2002

LANDESKUNDLICHER ÜBERBLICK

Für das landschaftliche Gefüge des Rheinischen Schiefergebirges ist die Untergliederung durch den Verlauf des Mittelrheintales zwischen Bingen und Bonn und die nahezu rechtwinklig heranführenden Nebentäler von Lahn und Mosel ebenso charakteristisch wie die Einsenkung dreier intramontaner Becken: des Limburger Beckens beiderseits des mittleren Lahntales, der Wittlicher Senke nördlich der Mittelmosel und des Mittelrheinischen Beckens. Dessen Lage und Erstreckung sind auf der Satellitenbildkarte (Abb. 1) durch die helle Färbung gegenüber seinem Umland gut zu erkennen.

Das Mittelrheinische Becken umfasst eine Fläche von knapp 516 km² mit einer Längserstreckung (SW-NO) von annähernd 30 km und einer Breite (SO-NW) von knapp 18 km. Es liegt in seiner Gesamtheit nördlich der Mosel und mit rund vier Fünftel seiner Fläche westlich des Rheins. Seine Grenze wird grob markiert durch die Lage der Städte Koblenz – Münstermaifeld – Mayen – Mendig – Andernach – Neuwied und Bendorf; die Entfernungen innerhalb des Beckens betragen zwischen Koblenz und Mayen (jeweils Ortsmittelpunkte) 25 km, zwischen Koblenz und Andernach 16 km sowie zwischen Münstermaifeld und Mendig 15 km. Umrahmt wird das Mittelrheinische Becken im W und im NW von der Osteifel, im N vom Bergland der Laacher Vulkane auf einem abgesenkten und zumindest randlich dem Rheinterrassengebiet zugehörigen Grundgebirgssockel, im NO und im O von den Randhöhen des Westerwaldes; im S bilden die Höhen über dem Moseltal die natürliche Grenze. Die geowissenschaftlich exakte und eindeutige Zuordnung des Beckens zum Gebirgs- und Talsystem beiderseits des Mittelrheintales sowie seine innere Gliederung erfolgte erstmalig durch E. MEYNEN und J. SCHMITHÜSEN (1953ff.), H. MÜLLER-MINY (1957, 1959), später durch H. FISCHER und R. GRAAFEN (1974) und zuletzt erneut durch H. FISCHER (1989). Die bei diesen Autoren vorgeschlagene innere Gliederung des Beckens in Neuwieder Becken (oder Neuwieder Talweitung), Pellenz und Maifeld ist bei H. LIEDTKE (1984a) nachvollzogen und bestätigt.

Der Hinweis auf die Forschungsergebnisse der erstmals zwischen 1953 und 1962 durchgeführten und später weitergeführten Untersuchungen zur „Naturräumlichen Gliederung" ist bereits an dieser Stelle notwendig. Denn so einheitlich das Mittelrheinische Becken in Bezug auf seine naturlandschaftliche Ausstattung ist, so uneinheitlich ist der Gebrauch der Landschaftsbezeichnungen in der Öffentlichkeit und vor allem im Sprachgebrauch des Tourismusgewerbes. Mit dem geowissenschaftlich definierten Begriff des Mittelrheinischen Beckens und mit den historisch überkommenen Bezeichnungen Pellenz und

1

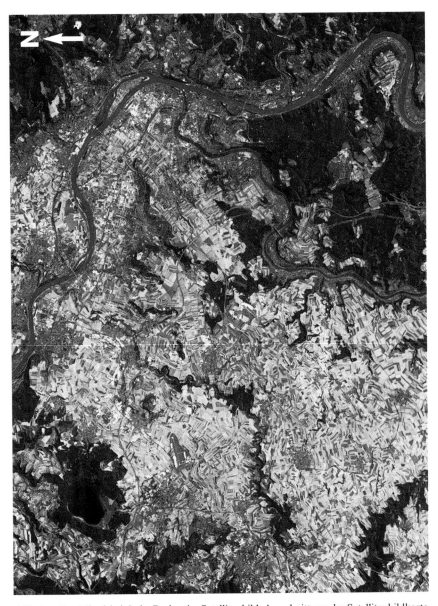

Abb. 1   Das Mittelrheinische Becken im Satellitenbild. Ausschnitt aus der Satellitenbildkarte
1:250 000 Rheinland-Pfalz und Saarland, leicht vergrößert
(Abdruck mit Genehmigung des Landesamtes für Vermessung und Geobasisinformation Rheinland-Pfalz, Koblenz 2003)

Maifeld wussten offensichtlich weder die Tourismusmanager viel anzufangen noch die Besucher; sie wirkten anscheinend nicht hinreichend motivierend. Lediglich der Landschaftsname Neuwieder Becken machte eine Ausnahme. Daher wurde diese Bezeichnung in westlicher Richtung auf die tiefer liegenden Bereiche des Beckens ausgedehnt und übertragen, während der übrige Teil des Mittelrheinischen Beckens wegen seines Vulkanismus der Einfachheit halber zur Eifel gerechnet wurde, unbeschadet völlig anderer, eifeluntypischer naturgeographischer und kulturgeographischer Gegebenheiten und der im Gelände und auf der Topographischen Karte deutlich erkennbaren Unterschiede in der Höhenlage. Auch im Sprachgebrauch der einheimischen Bevölkerung und zum Teil auch in einigen lokalen heimatkundlichen Darstellungen werden neben ungenauen geographischen Landschaftsbezeichnungen auch alte historische Gebietsbezeichnungen verwendet, etwa Bergpflege für die Traufbereiche der Hauptterrassenriedel nordwestlich von Koblenz. Auch bei der räumlichen Definition des Maifeldes decken sich die geographischen Grenzen nicht durchweg mit den historischen; das betrifft besonders die Übergangsbereiche zur Pellenz und den Raum um Ochtendung (s. E 16).

Im Rahmen der nachfolgenden Darstellungen soll versucht werden, das Mittelrheinische Becken mit seinen natürlichen und seinen kulturellen und wirtschaftlichen Eigenschaften so zu umreißen, dass es als eine eigenständige, zwischen Eifel und Westerwald eingesenkte Beckenlandschaft identifiziert und verifiziert werden kann. Außerdem soll es als zumindest teilweise zum rheinischen Bereich und damit als zum Mittelrheintal gehörig dargestellt werden. In der Tat besitzt der gesamte östliche Teil des Beckens eine sowohl natürlich als auch kulturell und historisch bestimmte „rheinische Komponente", die besonders entlang der so genannten „Rheinschiene", unter anderem in der beiderseitigen Städtereihe zwischen Koblenz und Andernach, sehr stark ausgeprägt ist. Insofern gelten manche Sachgebietsanalysen und Argumentationen, welche für die Bemühungen um die Anerkennung des Mittelrheins als UNESCO-Weltkulturerbe vorgetragen wurden, durchaus auch für einen Teil des Mittelrheinischen Beckens. Im „Handbuch der naturräumlichen Gliederung Deutschlands" (4./5. Lfg. 1957) wurden diese wechselseitigen Beziehungen bereits dadurch unterstrichen und dokumentiert, dass man das Mittelrheinische Becken mit dem Oberen und dem Unteren Mittelrheintal zusammen in der Gruppe der naturräumlichen Haupteinheiten „Mittelrheintal" (später: Mittelrheingebiet) vereinigte. Die Anerkennung des Mittelrheintales – und damit auch eines Teils des Mittelrheinischen Beckens – als UNESCO-Weltkulturerbe erfolgte am 30. Juni 2002.

Heinz Fischer

Landesnatur

Insbesondere beim Mittelrheinischen Becken als einer insulären Landschaft innerhalb des Rheinischen Schiefergebirges zeigen sich deutlich die Abhängigkeiten der Oberflächenformen, der Gewässer, der Böden, der Vegetation und des Klimas sowohl voneinander als auch von der erdgeschichtlichen Entwicklung.

3

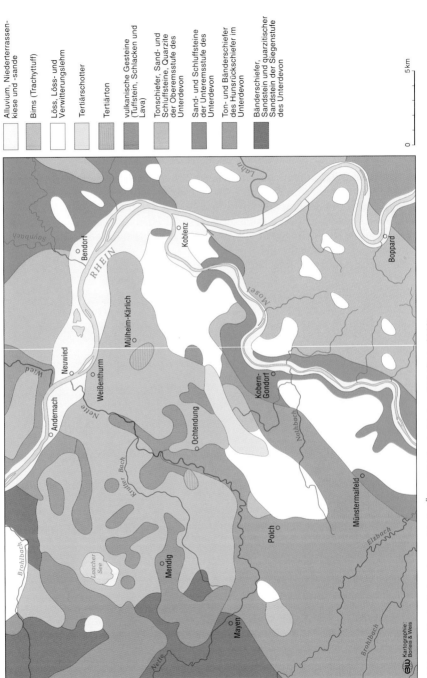

Alluvium, Niederterrassenkiese und -sande

Bims (Trachytuff)

Löss, Löss- und
Verwitterungslehm

Tertiärschotter

Tertiärton

vulkanische Gesteine
(Tuffstein, Schlacken und
Lava)

Tonschiefer, Sand- und
Schluffsteine, Quarzite
der Oberemsstufe des
Unterdevon

Sand- und Schluffsteine
der Unteremsstufe des
Unterdevon

Ton- und Bänderschiefer
des Hunsrückschiefer im
Unterdevon

Bänderschiefer,
Sandstein und quarzitischer
Sandstein der Siegenstufe
des Unterdevon

0   5 km

Abb. 2   Geologisch-petrographische Übersichtskarte (Entwurf H. Goos 2002)

Vor allem aber werden die Unterschiede zu den natürlichen Verhältnissen der umgebenden Gebirge sehr deutlich.

Geologisch-petrographischer Überblick (Abb. 2)

Das Mittelrheinische Becken ist als tektonisches Senkungsgebiet innerhalb des Rheinischen Schiefergebirges in der Tertiärzeit (vor rund 70 bis 20 Mio. Jahren) im Kreuzungsbereich von Moseltrog und Rheintrog entstanden. Sein tieferer Untergrund besteht aus Tonschiefern, Sand- und Schluffsteinen, Quarziten und Grauwacken des Devons, das in tief eingeschnittenen Tälern und an den Rändern des Beckens zu Tage tritt und im Maifeld unter einer mächtigen Verwitterungsdecke liegt.

Die im Bereich des Mittelrheinischen Beckens erfasste und auf geologischen Karten dokumentierte Abfolge der devonischen Schichten (von der Erdoberfläche nach der Tiefe) stellt sich wie folgt dar:

Unterdevon

Oberems

Laubach-Schichten	kalkige, dünnbankige Feinsandsteine und quarzitische Sandsteine; 240–500 m mächtig
Hohenrhein-Schichten	hellgraue Sandsteine und Feinkornquarzite in Wechsellagerung; etwa 450 m mächtig
Emsquarzit	Wechsel von Grauwacken, quarzitischen Sandsteinen und Quarzitzügen; 30–300 m mächtig

Unterems

Nellenköpfchen-Schichten	graue bis weißgraue Sandsteine mit kleinen dazwischengeschalteten Kohlenflözchen; 80–1 000 m mächtig
Bendorf-Schichten	Wechsel von grauen Quarziten, quarzitischen Sandsteinen und Tonschieferlagen; etwa 1 000 m mächtig
Nauort-Schichten	Wechsellagerung von Ton- und Siltschiefern mit Sandsteinen und Feinkornquarziten; etwa 2 500 m mächtig
Oberbieber-Schichten	schwarze Tonschiefer, graue quarzitische Sandsteine; etwa 1 000 m mächtig
Kaub-Schichten	Ton- und Feinschiefer; 1 000–2 000 m mächtig
Bornich-Schichten	Wechsel von Tonschiefern mit Feinkornquarziten und Quarziten; 200–600 m mächtig
Eckfeld-Schichten	Siltschiefer und hellgraue quarzitische Sandsteine; bis 660 m mächtig
Deichselbach-Schichten	Ton- und Feinschiefer mit sandigen Einlagerungen; 550–1 000 m mächtig

Die geologische Karte zeigt diese Schichtenfolge in komprimierter und daher vereinfachter Form; sie ist in dieser Konstellation nur lokal und für das Mittelrheinische Becken existent, somit also nicht für das gesamte Rheinische Schiefergebirge gleichermaßen gültig. Sie lässt jedoch deutlich werden, wie mächtig der ältere Gesteinsuntergrund des Beckens ist. Die wechselnden Angaben zur Mächtigkeit zeigen, dass die Schichtlagerung sehr ungleich und wohl sehr gestört ist, vor allem wenn man sieht, dass über dem Moseltal am Südrand des Beckens die jüngeren Schichten (= Oberems) tiefer liegen als die älteren (Unterems). Das deutet auf gewaltige tektonische Vorgänge hin, deren Auswirkungen an verschiedenen Stellen zu beobachten sind (s. F 6).

Insgesamt finden sich aber in den oberflächennahen Bereichen des Mittelrheinischen Beckens die Gesteine der jüngsten erdgeschichtlichen Vergangenheit des Tertiärs und des Quartärs. Die Pellenz ist geprägt von den Erscheinungsformen des quartären Vulkanismus: von Schlackenkegeln, Lavaströmen sowie den Ablagerungen von Glutwolken, Glutlawinen, Aschelawinen, Schlammströmen, verbacken zu Trass, und von Tuffen, die meist zu Tuffstein (s. E 3) verfestigt sind. Bemerkenswert vielfältig sind die vulkanischen Gesteine im Gebiet des Laacher Sees, die nach ihrer mineralogischen und chemischen Zusammensetzung als Basalte, Phonolithe, Tephrite, Basanite oder Foidite anzusprechen sind. Die Mendiger Mühlsteinlava (s. D 6) z.B. wird zu den Alkalibasalten gerechnet, der Laacher See-Bims, der bei der jüngsten Eruption vor rund 13 000 bis 11 000 Jahren ausgeworfen wurde und große Teile des Mittelrheinischen Beckens bis maximal 6 m hoch bedeckt, ist ein Trachyttuff. In der Neuwieder Talweitung liegen 5–30 m mächtige Kies- und Sandablagerungen der Rhein-Niederterrasse, örtlich unter 1–5 m Hochflutlehm. Verwerfungen in quartären Ablagerungen und Lavaströmen zeigen, ebenso wie gelegentlich auftretende Erdstöße, dass die tektonischen Bewegungen anhalten.

Hellmut Goos

Erdgeschichtliche Entwicklung (Anhang A)

Im Mittelrheinischen Becken bilden die rund 400 Mio. Jahre alten Gesteine der Siegen- und Unteremsstufe des Unterdevons die ältesten wissenschaftlich fassbaren geologischen Einheiten. Es sind Ablagerungen eines großen Meeres, das damals weite Teile Mittel- und Südeuropas bedeckte, der so genannten Tethys-Geosynklinale. Dieses Meeresbecken war durch Schwellen in verschiedene Tröge gegliedert. Der Raum des heutigen Mittelrheinischen Beckens lag damals im Nordtrog. In diesem Trog wurden innerhalb von rund 20 Mio. Jahren etwa 10 000 m mächtige Sande, Schluffe und Tone abgelagert, die in dem nordwestlich angrenzenden Old-Red-Kontinent und der südwestlich gelegenen Mitteldeutschen Kristallinschwelle abgetragen und hier sedimentiert wurden. Die zunächst lockeren Sedimentschichten verfestigten sich in den folgenden Millionen Jahren durch Auflastdruck und Temperaturerhöhung zu Sandsteinen, Schluffsteinen, Tonsteinen und Quarziten.

Nach der Devonzeit, im unteren Karbon vor 360 Mio. Jahren, wurden die Gesteine des Rheinischen Schiefergebirges von der varistischen Orogenese, einem Gebirgsbildungsvorgang, erfasst. Durch SO-NW gerichteten Druck wurden die Gesteinsschichten in S-NO verlaufende Sättel und Mulden gefaltet (s. F 6 und Abb. 80). Dabei wurden große Gesteinspakete z.T. übereinander geschoben und der Gesteinsverband durch Störungen zerrissen; das Rheinische Schiefergebirge entstand. An den in dieser Zeit angelegten Störungszonen konnten später Gebirgsbewegungen stattfinden oder Magmen zur Erdoberfläche aufsteigen. Aus dem Zeitraum zwischen 360 und 65 Mio. Jahren vor heute sind keine Ablagerungen bekannt. Daher wird angenommen, dass der Bereich des Mittelrheinischen Beckens zu einem Hochland gehörte, das abgetragen wurde. In der Kreidezeit, vor etwa 145 bis 65 Mio. Jahren, und im darauf folgenden Tertiär vor 65 bis 2 Mio. Jahren führte das Klima zu tief greifender Verwitterung der Devongesteine. Diese so genannte Weißverwitterung bildete Tonminerale wie z.B. Montmorillonit, Illit und Kaolinit.

Im Tertiär setzte eine langsame Hebung des Rheinischen Schiefergebirges ein, die bis heute anhält. Dabei lebten die bei der Gebirgsbildung angelegten Störungen wieder auf. Innerhalb des Hebungsgebietes bildete sich ebenfalls im Tertiär ein Senkungsraum – das Mittelrheinische Becken. Im Oligozän drang zeitweise von W her das Meer ein; auch nach SO kann eine Verbindung zum Oberrheingraben bestanden haben. Gegen Ende des Tertiärs, vor etwa 2 Mio. Jahren, erfolgte der Durchbruch des Rheins durch das Rheinische Schiefergebirge nach NW entlang von Störungen, die im Devon angelegt wurden.

Die heutige Geländeoberfläche wurde überwiegend im Pleistozän während der Kaltzeiten und durch den vor etwa 700 000 Jahren einsetzenden Vulkanismus ausgestaltet. Nach den Kaltzeiten setzten sich örtlich Lösse ab; im Holozän, der jüngsten geologischen Zeiteinheit, wurden von Bächen und Flüssen die Hochflutsande und -lehme abgelagert, im Rheintal mächtige Niederterrassenkiese und -sande. Je nach Gesteinsart, Oberflächenform, Wasserhaushalt und Vegetation entwickelten sich die heutigen Böden (s. Seite 21). Ein tektonisch bedeutendes Ereignis war vor rund 13 000 bis 11 000 Jahren der Ausbruch des Laacher See-Vulkans (s. A 1), bei dem in wenigen Tagen 20–25 km³ Gesteinsmaterial ausgeworfen und bis weit über das Mittelrheinische Becken hinaus verbreitet wurden (Laacher See-Tephra), besonders in der Form der bekannten Bimsschichten (s. E 1, E 3). Diese sind in Resten noch im Raum um Marburg nachgewiesen (KREMER 1996).

Hellmut Goos

Oberflächenformen

Blickt man von O her, etwa von den Höhen der Festung Ehrenbreitstein bei Koblenz, über den Rhein hinweg nach W, so kann man bei klarem Wetter das Relief des Mittelrheinischen Beckens sehr gut erkennen. Der Blick wird gegen S begrenzt durch den 382 m hohen Kühkopf mit seinem weithin sichtbaren Fernmeldeturm, nach N kann man über den Kühlturm des ehemaligen Kernkraftwerks Mülheim-Kärlich den 216 m hohen Krahnenberg über Andernach sehen und – östlich davon, meist im Dunst – auch noch die überbauten Flächen an der Peripherie der Stadt Neuwied erkennen. Mit dieser Blickspanne ist gleichzeitig die Breite des Beckens erfasst, die markiert ist durch den Eintritt des Rheinstromes in das Mittelrheinische Becken wenig stromaufwärts von Koblenz und seinen Austritt durch die Andernacher Pforte. Sie beträgt in der Luft-

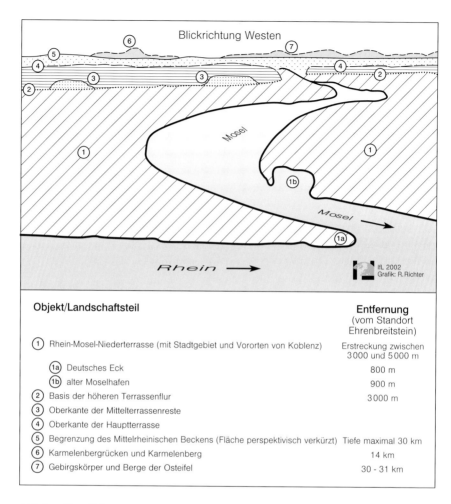

Blickrichtung Westen

R*hein* ⟶

IfL 2002
Grafik: R. Richter

Objekt/Landschaftsteil	Entfernung (vom Standort Ehrenbreitstein)
① Rhein-Mosel-Niederterrasse (mit Stadtgebiet und Vororten von Koblenz)	Erstreckung zwischen 3000 und 5000 m
ⓐ Deutsches Eck	800 m
ⓑ alter Moselhafen	900 m
② Basis der höheren Terrassenflur	3000 m
③ Oberkante der Mittelterrassenreste	
④ Oberkante der Hauptterrasse	
⑤ Begrenzung des Mittelrheinischen Beckens (Fläche perspektivisch verkürzt)	Tiefe maximal 30 km
⑥ Karmelenbergrücken und Karmelenberg	14 km
⑦ Gebirgskörper und Berge der Osteifel	30 - 31 km

Abb. 3   Natürliche Raumeinheiten des Mittelrheinischen Beckens und die Entfernungen von der Höhe der Festung Ehrenbreitstein (Entwurf H. FISCHER 2001)

linie 17,5 km. Größer ist die Entfernung zum Horizont nach W, der in der Regel nur z.T. oder verschwommen zu erkennen ist: sehr weit im W ragt als höchster Berg am Ostrand der Eifel der 588 m hohe Hochsimmer nordwestlich von Mayen auf, der vom Standort Ehrenbreitstein etwa 28 km, vom Gebirgsrand des Westerwaldes 29,5 km (Luftlinie) entfernt ist. Gut zu erkennen ist auch der nur 14 km entfernte Buckel des Karmelenberges (372 m ü. NN), der nicht zur Eifel gehört, den man jedoch als die zentrale Erhebung des Mittelrheinischen Beckens bezeichnen kann.

Die bei diesem Rundblick (Abb. 3) deutlich werdende Stufung der Landschaft ist eine Folge der Eintiefung des Rheinstromes seit dem Ende des Tertiärs,

vor allem während des Pleistozäns. Den einzelnen Phasen im Ablauf einer Kaltzeit und der folgenden Warmzeit entsprechen die Verwitterung festen Gesteins,
der Transport und die Ablagerung im Flussbett und schließlich die Eintiefung
des Flusses in seine eigenen Sedimente, was letztlich zur Terrassenbildung führte. Die ältesten Terrassen sind die höchstgelegenen, die jüngsten liegen knapp
über dem heutigen Stromniveau. Der zeitliche Ablauf der Tal- und Terrassenbildung während des Pleistozäns verlief wie folgt:

Zeitliche Klimaabfolge	Formbildende Vorgänge
Frostwechselperiode Warmzeit/Kaltzeit	Temperaturverwitterung und z.T. schon Frostsprengung
Kaltzeit	überwiegend Frostsprengung
Frostwechselperiode Kaltzeit/Warmzeit	Temperaturverwitterung und z.T. noch Frostsprengung; erste Schmelzwässer mit Transport von Verwitterungsgut
beginnende Warmzeit	hohes Schmelzwasseraufkommen und damit verbundener Massentransport des (kaltzeit-lichen) Vewitterungsmaterials; außerdem (unter den besonderen Umständen einer tek-tonischen Hebung des Untergrundes) Ein-schneiden von Rhein und Mosel durch Tie-fen- und Seitenerosion
übrige Warmzeit	allmähliches Nachlassen der Wasserführung; Minderung der Transportkraft der Gewässer und damit vorwiegend Ablagerung von mit-geführtem Material; jahreszeitlich bedingte Zunahme des Abflusses wird formbildend umgesetzt zur seitlichen Erosion und damit zur Terrassenbildung

Rechnet man für die einzelnen Perioden mit Zeiten zwischen 20 000 und 80 000
Jahren und stellt sich dies in einem zumindest dreimaligen Umlauf vor, dann
wird das Ausmaß der Materialaufbereitung, des Materialtransports und der
Materialablagerung deutlich und damit auch die Folge für die Formenentwicklung sowohl des Mittelrheintales als auch des Mittelrheinischen Beckens, in dem
ebenfalls alle Terrassen ausgebildet sind, besonders gut die Hauptterrasse als die
älteste und höchstgelegene. Einen Gesamtüberblick über die Oberflächenformen und die formbildenden Prozessbereiche zeigt die Abb. 4.
  Die tiefsten Bereiche des Beckens liegen entlang des Rheinstromes, der beim
Deutschen Eck in Koblenz eine durchschnittliche Spiegelhöhe von 60 m ü. NN
und in der Andernacher Pforte eine solche von 57 m ü. NN aufweist. Seine windungsreiche Laufstrecke beträgt 21 km, und sein Gefälle ist daher mit nur 0,0143
Promille äußerst gering. Beiderseits des Stromes erstreckt sich in wechselnder

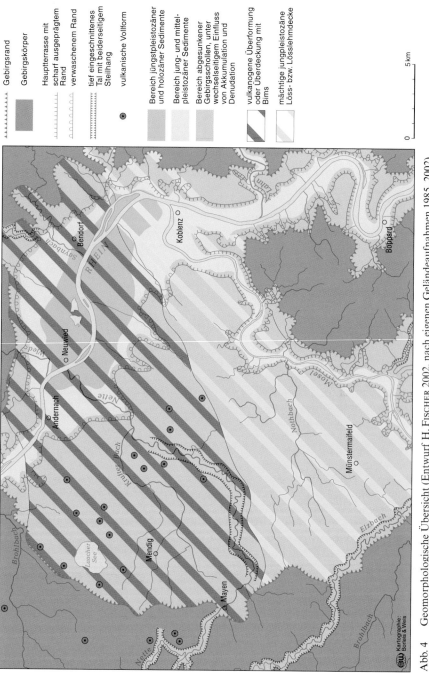

Legende:

- ⋀⋀⋀ Gebirgsrand
- ▓ Gebirgskörper
- Hauptterrasse mit scharf ausgeprägtem Rand
- verwaschenem Rand
- tief eingeschnittenes Tal mit beiderseitigem Steilhang
- ⊙ vulkanische Vollform
- Bereich jüngstpleistozäner und holozäner Sedimente
- Bereich jung- und mittelpleistozäner Sedimente
- Bereich abgesunkener Gebirgsschollen, unter wechselseitigem Einfluss von Akkumulation und Denudation
- vulkanogene Überformung oder Überdeckung mit Bims
- mächtige jungpleistozäne Löss- bzw. Lösslehmdecke

0 ____ 5 km

Abb. 4   Geomorphologische Übersicht (Entwurf H. FISCHER 2002, nach eigenen Geländeaufnahmen 1985, 2002)

10

Breite flaches Land, das entweder mit Sand, sandigen Böden oder mit Bims über-deckt ist. Auffallend groß ist der Anteil des Geländes unter 100 m Meereshöhe. Dieses Flachland ist um Koblenz links und rechts des Rheins, die tiefer gelegene Stadtfläche eingeschlossen, nur knapp 2 000 m breit. Es weitet sich zwischen Kär-lich und Gladbach auf gut 8 000 m, um sich dann bei Andernach auf weniger als 2 000 m zu reduzieren. Die Ablagerungsüberdeckung (= Sedimentationsdecke) dieser Bereiche ist das Resultat formbildender Vorgänge der erdgeschichtlichen Neuzeit – auf den Strominseln Oberwerth (jetzt Halbinsel), Niederwerth, Gras-werth, Urmitzer Werth und Weißenthurmer Werth lagern die jüngstzeitlichen, holozänen Sedimente und ebenso die Ablagerungen der häufigen Rheinhoch-wasser. Beide Rheinufer werden von diesen jungen Ablagerungen auch noch berührt, weisen in erster Linie aber die Ablagerungen der jüngsten Kaltzeit (Jung-pleistozän; Würm- oder Weichselglazial) auf, welche hier die Niederterrassen bil-den. Die höheren Teile dieser Niederterrassenflächen, die obere Niederterrasse, sind bei Koblenz rund 71 m hoch und bilden die meist hochwasserfreien Sied-lungsflächen für die Städte Koblenz, Andernach, Bendorf und Neuwied. Die un-teren Bereiche der Niederterrasse, die untere Niederterrasse, mit 65 m Höhe und niedriger sind allerdings konstant hochwassergefährdet. Das betrifft sämtliche Uferanrainer, mit Ausnahme der Stadt Neuwied, die diesen Bereich durch einen Deich geschützt hat (s. B 7.4). Da dieses Überschwemmungsgebiet insgesamt die Form eines flachen Beckens besitzt, wurde es (spätestens von H. LIEDTKE 1984) als Neuwieder Becken bezeichnet und klassifiziert. R. GRAAFEN (1967) hatte es früher schon die Koblenz-Neuwieder Talweitung genannt. Die pleistozänen wie auch die holozänen Sedimente sind hier von z.T. mächtigen Bimsschichten über-lagert, die aus den jung- und spätpleistozänen Vulkanausbrüchen stammen (s. Seite 7, s. E 1).

Diese unterste Geländefläche geht in einiger Entfernung vom Rhein mit teil-weise steilem Anstieg in eine höhere über. Der Anstieg und die anschließenden höheren Flächen sind im NO und im O zwischen Neuwied und Feldkirchen und etwa der Bendorfer Autobahnbrücke z.T. zerschnitten und verschliffen und da-her selten markant ausgeprägt. Gegen SO hingegen ist der Anstieg durch die frei-gelegten Felsbildungen in den devonischen Gesteinen sehr betont, und die Hoch-flächen zwischen Weitersburg und der Festung Ehrenbreitstein sind als breite Hauptterrassenflächen ansprechbar. Unterhalb des Ehrenbreitsteins und über dem Koblenzer Hauptbahnhof können sogar Reste der Mittelterrasse identifi-ziert werden. In erheblich stärkerem Maße wird das Gebiet westlich des Rheins durch diese altpleistozänen Hauptterrassen geprägt, deren Höhen im Bereich zwischen 210 und 230 m ü. NN liegen. Wie breite Finger einer gespreizten Hand ziehen sich aus dem Gebiet um den Karmelenberg zwischen 4 und 6 km lange Riedel (= breite, gestreckte, zwischen zwei Tälern liegende Landrücken oder Platten) nach NO und nach O, wo sie sich jeweils mit scharfem Rand von der Nie-derterrasse abheben. Eine ursprünglich geschlossene, gegen den Rhein und in Richtung N leicht geneigte Terrassenfläche wurde hier durch zahlreiche kleine-re Rheinzuflüsse zerschnitten; doch blieben zwischen 800 und 1 400 m breite Flächenreste erhalten, die an ihrer Oberfläche wenig modelliert sind. Die Ursa-che hierfür ist die fast geschlossene Bedeckung mit Bims (s. Seite 7).

An der Südflanke dieser Hauptterrassenlandschaft erhebt sich in einer durchschnittlichen Höhe von 300 m ü. NN mit 10 km Länge und bis zu 3 km Breite der Karmelenbergrücken, überragt vom Karmelenberg (s. E 17). Es handelt sich hier um den Rest einer jungtertiären (pliozänen) gemeinsamen Flussterrasse von Rhein und Mosel; der Karmelenberg selbst ist ein pleistozäner Schlackenvulkan. Das nach S und SW anschließende Maifeld, eine flachwellige Hochfläche in über 300 m Höhe hingegen gehört nicht mehr der rheinisch-moselanischen Terrassenlandschaft an. Einer herausragenden Grundgebirgsscholle lagern hier mächtige Verwitterungslehme und Löss auf, dem das Maifeld seine Rolle als ehemalige Kornkammer verdankt.

Der Westrand des Beckens zeigt ein unruhiges und hügeliges Relief mit zwischengelagerten Mulden und Senken, durchzogen von kleinen Nebentälchen des Nette-Systems und vor allem der Nette selbst (s. Seite 16). Es handelt sich um ein Nebeneinander von Schlackenvulkanen, zerschnittenen Lavaströmen und bimsüberdeckten Flächen. Die Höhen einzelner Vulkane ragen bis knapp unter 400 m ü. NN auf, die umgebenden Basisflächen werden nicht höher als 270 m ü. NN. Die Grenze zur Osteifel ist durch einen deutlichen Anstieg zum Gebirge hinreichend auffällig. Ebenfalls deutlich vor der Osteifel liegt das Bergland der Laacher Vulkane, die als einzelne Kuppen mit Höhen zwischen 380 und 460 m den Laacher See umrahmen und durch die Verbindung ihrer Lavaströme einen Kraterwall vortäuschen, der hier in der herkömmlich bekannten Form jedoch nicht existiert. Besonders den südlichen und den ostwärtigen Flanken dieser Kuppen lagert mächtiger Bims auf (s. A 1, A 2).

Die jüngste, bis in die erdgeschichtliche Gegenwart (= Jungholozän) hereinreichende Phase der Entwicklung der Oberflächenformen stellt sich in geraffter Zusammenfassung wie folgt dar:

Zeitabschnitt	Regionale Tektonik	Austiefungen und Terrassenstufen	Vulkanismus	Äolische Bildungen
Jungholozän	Hebung (bis 7 m)	Austiefung Hochflutlehm Talsande		Flugsand
Mittelholozän	Stillstand	Inselterrassen (Kiessockel der Rheininseln)		
Frühholozän	Hebung (bis 6 m)	Austiefung Hochflutlehm Talsande	Bimsausbrüche vom Laacher See	(Bims) Flugsand
Jüngeres Jungpleistozän	Stillstand	untere Niederterrasse (Kiessockel)	Brockentuff, Aschentuff	Junglöss
Älteres Jungpleistozän	Hebung	Austiefung Hochflutlehm	Basaltschlacken	
Ältestes Jungpleistozän	Stillstand	obere Niederterrasse (Kiese)		Altlöss

Da die rheinische Tektonik nach wie vor wirksam ist (s. Seite 6), ist vorauszusehen, dass sich das formenbildende Wechselspiel von Hebungen im Gebirgsblock und Stillständen fortsetzen wird. Entsprechend werden die Aktivitäten der fließenden Gewässer, nämlich Erosion und Abspülung einerseits und Ablagerungen andererseits, gesteuert. Tiefer greifende Veränderungen im künftigen Ablauf der Formenbildung können wahrscheinlich nur durch Veränderungen in der Klimagestaltung ausgelöst werden. Damit wäre auch ein neuerlicher Wechsel von Warm- und Kaltzeiten möglich, in seinen Auswirkungen allerdings modifiziert durch die Umwelteinflüsse und durch die mikroklimatischen Randerscheinungen einer dicht besiedelten Landschaft.

Gerade im Bereich der vulkanogenen Formen und Ablagerungen fallen dem Beobachter sehr viele unharmonische Vollformen und ebenso willkürlich erscheinende Hohlformen auf, durch welche das Bild der Landschaftsoberfläche gestört erscheint. Es sind dies die Folgeerscheinungen der großflächigen Gewinnung von Bims und Basaltschlacken als Baustoffe, durch die vor allem die Pellenz und das (eigentliche) Neuwieder Becken geprägt sind. Auch die dichte Besiedlung im Nahbereich des Rheintales und die dort gebündelten Verkehrsstränge haben die natürlichen Oberflächenformen z.T. stark verfremdet.

Heinz Fischer

Klima

Auf Grund seiner Höhenlage zwischen 60 und fast 400 m ü. NN, der geringen Reliefenergie, der Waldarmut und seiner relativ dichten Besiedlung grenzt sich das Mittelrheinische Becken auch klimageographisch deutlich von den bis mindestens 500 m hoch aufragenden, überwiegend bewaldeten Rahmengebirgen ab. Der Klimagliederung nach C. TROLL und K.-H. PAFFEN (1964) zur Folge gehört das Mittelrheinische Becken dem im gesamten Mitteleuropa vorherrschenden subozeanischen Klima der kühlgemäßigten Zone an. Innerhalb dieses durch das Vorherrschen von Westwinden geprägten Klimaraumes, für den milde Winter, mäßig warme Sommer und hohe Niederschläge charakteristisch sind, erfolgt ein intensiver Austausch zwischen Luftmassen polaren und subtropischen Ursprungs, woraus der wechselhafte Charakter des Wetters, das heißt die relative Unbeständigkeit der Witterungserscheinungen resultiert. Neben dem planetarischen Wandel, der sich in dieser geographischen Breitenlage vollzieht, sich durch eine N-S-Verlagerung von Luftmassen auszeichnet und der sich unter anderem in einem schnellen Durchzug von Tiefdruckgebieten, das heißt in einem häufigen Wechsel zwischen zyklonalen und antizyklonalen Bedingungen ausdrückt, kommt es auch in longitudinaler Richtung, also von W nach O, zu einem Übergang vom atlantisch-maritim geprägten Klima Westeuropas zu den kontinentalen Klimaten Osteuropas, der sich im Untersuchungsgebiet selbst deutlich bemerkbar macht. Dass der Einfluss atlantischer Großwetterlagen dabei insgesamt prägend bleibt, dokumentiert sich in einem Anteil westlicher Windrichtungen von rund 45% sowie in den mit rund 700 mm relativ hohen Jahresniederschlägen.

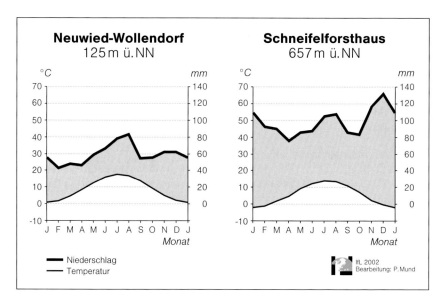

Abb. 5 Vergleich der Klimadiagramme der Stationen Neuwied und Schneifelforsthaus im Durchschnitt der Jahre 1951–1980 (Entwurf D. KÖNIG 2002, nach Daten von MÜLLER-WESTERMEIER, G. 1990)

Mittlere Jahrestemperaturen von mehr als 9°C sowie positive Mitteltemperaturen des Monats Januar weisen auf eine besondere Temperaturgunst des Mittelrheinischen Beckens hin. In der Station Neuwied-Wollendorf (125 m ü. NN) wurden im Beobachtungszeitraum 1951–1980 im Jahresmittel 13 Eistage (Tage mit einer Höchsttemperatur unter 0°C), 80 Frosttage (Tage mit einer Tiefsttemperatur unter und einer Höchsttemperatur über dem Gefrierpunkt) und 34 Sommertage mit Höchsttemperaturen über 25°C registriert; das Jahresmittel der Temperatur lag bei 9,2°C. W. ERIKSEN (1967) hat mit Hilfe der Berechnung einer so genannten thermischen Kennziffer aus der mittleren Jahrestemperatur, der Jahrestemperaturamplitude und der Zahl der Tage mit einer Mitteltemperatur von mindestens 10°C versucht, das Klima am Mittelrhein genauer zu charakterisieren. Im Mittelrheinischen Becken erreicht die thermische Kennziffer einen Wert, der lediglich von einigen in der Kölner Bucht sowie in der nördlichen Oberrheinebene gelegenen Stationen übertroffen wird; es lässt sich damit als ausgesprochene Wärmeinsel innerhalb des Rheinischen Schiefergebirges charakterisieren.

Bei einem mittleren Jahresniederschlag um 700 mm und einer potenziellen Verdunstungsmenge zwischen 650 und 660 mm lässt sich das Mittelrheinische Becken zugleich als relative Trockeninsel innerhalb des stark beregneten Mittelgebirges ansprechen. Die von W. ERIKSEN aus mittlerem Jahresniederschlag, mittlerem Niederschlag des hydrologischen Winterhalbjahres, Niederschlag

14

während der Vegetationsperiode von Mai bis Juli sowie aus der Zahl der Tage mit Schneebedeckung errechnete hygrische Kennziffer weist auf eine einzigartige hygrische Gunst hin, die nirgendwo sonst zwischen Alzey und Köln erreicht wird. Auch seine auf der Grundlage der thermischen und der hygrischen Kennziffer erstellte Karte der hygrothermischen Klimagunst weist das Mittelrheinische Becken als Insel inmitten des Rheinischen Schiefergebirges aus. Ursache hierfür ist nicht allein die orographisch niedrigere Lage, sondern ein Föhneffekt, der sich in einer Wolkenauflösung und einer daraus resultierenden höheren Einstrahlung und reduzierten Niederschlagsneigung im Lee der westlich vorgelagerten Gebirgszüge bemerkbar macht.

Vergleicht man das Klimadiagramm der Station Neuwied mit dem Diagramm des knapp 80 km weiter westlich gelegenen Schneifelforsthauses (Abb. 5), so wird das Ausmaß der relativen Klimagunst im Vergleich zur westlichen Rahmenhöhe der Eifel besonders deutlich: Die Temperaturkurve der 532 m höher gelegenen Station fällt während der Wintermonate unter den Gefrierpunkt, zugleich sind die Winterniederschläge mehr als doppelt so hoch als in der auf etwa gleicher geographischer Breite gelegenen Station Neuwied. Während das Schneifelforsthaus (1 170,8 mm Jahresniederschlag) ein deutliches Maximum der Niederschlagtätigkeit in den Monaten November bis Januar verzeichnet, liegt das Niederschlagsmaximum der stärker kontinental geprägten Station Neuwied in den Monaten Juli und August, in denen auch die Niederschlagskurve der Schneifelstation ein sekundäres Maximum zeigt.

Auch der Vergleich mit dem gesamten Mittelrheingebiet führt zu ähnlichen Ergebnissen: So weisen die Stationen Neuwied und Koblenz gegenüber den Mittelwerten von 28 Stationen im mittelrheinischen Raum in allen Monaten des Jahres eine positive Abweichung um 1–1,5°C bei der Temperatur sowie eine negative Abweichung von bis zu 20 mm bei den Niederschlägen auf. Bei letzteren bildet lediglich der Monat Juli eine Ausnahme. Die in diesem Monat fallenden überdurchschnittlich hohen Niederschläge sowie die besonders starke relative Niederschlagsdepression in den Wintermonaten November bis Januar unterstreichen die kontinentale Note dieses Beckenklimas, für welches hohe, konvektiv bedingte und häufig von Gewittern begleitete Sommerniederschläge typisch sind. Die thermisch-hygrische Klimagunst findet ihre Entsprechung in den phänologischen Daten, die im Klima-Atlas von Rheinland-Pfalz (1957) in ihrer räumlichen Differenzierung dargestellt sind. So beginnt die Apfelblüte im Mittelrheinischen Becken bereits zwischen dem 25. April und dem 05. Mai und damit rund drei Wochen früher als in den benachbarten Gebirgsregionen.

Beim gegenwärtigen Diskussionsstand um die allgemeine globale Klimaentwicklung sollen die jüngeren Klimaveränderungen im Mittelrheinischen Becken betrachtet werden. Dem von J. Rapp und Ch. Schönwiese (1996) herausgegebenen Atlas der Niederschlags- und Temperaturtrends in Deutschland ist ein signifikanter Anstieg der mittleren Jahrestemperaturen im Mittelrheinischen Becken um knapp 0,6°C im Zeitraum von 1891 bis 1990 zu entnehmen. Die Veränderungen der einzelnen Monatswerte sind mit Ausnahme der Monate August bis November nicht signifikant; die Temperaturerhöhung in den genannten Monaten beträgt 0,7–1,1°C. Wesentlich markanter fällt der Trend bei den Niederschlagswerten aus: Innerhalb des 100-jährigen Referenzzeitraumes lässt sich ein signifikanter Anstieg der mittleren Jahresniederschläge um knapp 20% verzeichnen, der auch für die einzelnen Jahresabschnitte klar nachzuvollziehen ist. Die Zunahme der Niederschlagstätigkeit konzentriert sich dabei vor allem auf das hydrologische Winterhalbjahr von November bis April (+30% des Mittelwertes); während des Sommerhalbjahres ist die Zunahme der Niederschläge deutlich geringer (+10%) und kaum signifikant. Die stärkste Zunahme verzeichnet der Monat November (+50%). Während der Monate Juli bis Oktober kommt es dagegen nur zu geringen und nicht oder wenig signifikanten Veränderungen der Niederschläge (bis 10%). Die Tendenz zu einer Stagnation der Sommer- und zu einer Zunahme der Winterniederschläge lässt sich durch die größere Häufigkeit des Auftretens zyklonaler Westwetterlagen im Winterhalbjahr erklären, die vermehrt atlantische Luftmassen heranführen.

Setzen sich die hier beschriebenen Klimatrends weiter fort, so wird das Klima im Mittelrheinischen Becken in Zukunft eine stärkere ozeanische Prägung erfahren. Im Vergleich zu den benachbarten Rahmengebirgen wird es dabei immer ein klimatischer Gunstraum bleiben und somit seine Sonderstellung als Wärme- und Trockeninsel inmitten des Rheinischen Schiefergebirges beibehalten.

Dieter König

Gewässer und Gewässerhaushalt (Abb. 6)

Von den niederschlagsreichen Randhöhen des Mittelrheinischen Beckens kommen drei große Fließgewässer herab, die in den Rhein münden. In der östlichen Eifel entspringt die Nette, im Hohen Westerwald haben der Saynbach und der Wiedbach ihr Quellgebiet. Während die Nette an der Nordwestecke ins Mittelrheinische Becken gelangt und es auf langem windungsreichem Lauf bis zu ihrer Mündung durchfließt, weisen die beiden östlichen Zuflüsse des Rheins nur eine kurze Laufstrecke im Bereich des Beckenbodens auf, da der Rheinlauf am Ostrand des Bruchschollenfeldes der Tiefenlinie folgt und daher nahe an das Austrittsgebiet beider Gewässer aus dem Gebirge heranreicht. Das stark mäandrierende Kerbsohlental der Nette bildet auf weiter Strecke die natürliche Grenze zwischen dem Maifeld und der Pellenz. Im Beckeninnern entspringen in der Pellenz nur kleinere Bäche, die wie der Bellbach oder der Bubenbach dem Rhein tributär sind. Aus dem Maifeld entwässern der Nothbach und einige andere kleinere Abflüsse zur Mosel.

Der Rhein durchfließt das Mittelrheinische Becken auf der Strecke zwischen Koblenz und der Andernacher Pforte in einer Länge von 25 km; die untere Mosel begrenzt das Becken abwärts der Einmündung des Elzbaches bei Müden bis zur Mündung in den Rhein auf 32 km Länge. Der Elzbach (s. G 1), der zwischen der Straßenbrücke Kehrig-Düngenheim und der Einmündung in die Mosel auch als Grenzgewässer zwischen dem Mittelrheinischen Becken und der Eifel angesehen werden kann, weist eine Luftlinie von 15 km auf – wegen seiner zahlreichen Schlingen beläuft sich die wahre Gewässerlänge auf das Doppelte. Das

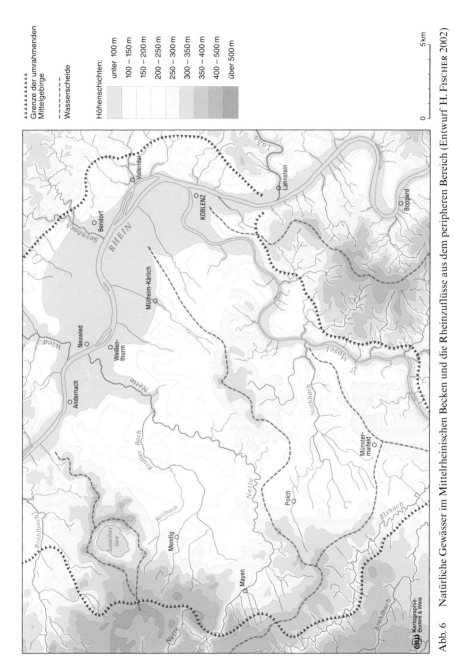

Abb. 6   Natürliche Gewässer im Mittelrheinischen Becken und die Rheinzuflüsse aus dem peripheren Bereich (Entwurf H. Fischer 2002)

17

gleiche gilt für die Nette, die Luftlinienstrecke zwischen Mayen und der Mündung in den Rhein beträgt 26 km. Der Wiedbach und der Saynbach fließen nur 12 bzw. 5 km innerhalb des Beckens.

Von den s t e h e n d e n G e w ä s s e r n als Bestandteil der Landschaft haben nur wenige Restgewässer in ehemaligen Abbaugebieten und der Laacher See (s. A 1) im NW des Mittelrheinischen Beckens hydrologische oder touristische Bedeutung. Im heutigen Laacher See entstanden durch die Tätigkeit älterer Basaltvulkane in den entleerten Magmenkammern Sackungserscheinungen und Deckeneinbrüche in der Tiefe, die an der Erdoberfläche zu einem kesselförmigen Einbruchsbecken führten. Nach dem letzten Ausbruch des Laacher See-Vulkans kam es abermals zu solchen Einbrüchen, die den Kessel zur heutigen Form erweiterten. Der nur von Niederschlagswasser gespeiste See bedeckt eine Fläche von 3,3 km² und hat eine Tiefe von 51 m. Der Seespiegel liegt heute 274 m ü. NN, und oberhalb des Sees hat sich eine große Ackerfläche ausgebreitet, so dass das Kloster vor Hochwasser geschützt ist (s. A 1). Der Wasserstand des Sees wurde in dem Zeitraum von 1152 bis 1177 zum ersten Mal und von 1842 bis 1845 zum zweiten Mal um jeweils 5 m künstlich abgesenkt, so dass er heute 10 m unter dem ursprünglichen Seespiegel liegt. Unterhalb des heute 1 040 m langen Stollens, der durch den südlichen Ringwall eine Entwässerung ermöglicht, liegt die Laacher Mühle, die das abfließende Wasser früher zu ihrem Antrieb benutzte. Als Zeichen vulkanischer Tätigkeit findet man am Ostufer des Laacher Sees Kohlensäurequellen, die am perlenden Aufstieg der Gasblasen zu erkennen sind (s. Seite 60). Vulkanische Vorgänge haben auch die Abflussrichtungen und die Talgestaltung von Gewässern z.T. erheblich beeinflusst. Ein typisches Beispiel dafür ist das Nettetal, dessen alte Einkerbung durch einen Lavastrom plombiert wurde, so dass sich das Gewässer einen neuen Abfluss schaffen musste. Einem ersten derartigen Vorgang beim Austritt aus dem Gebirge (durch den Lavastrom von Hochsimmer und Simmer) folgte talabwärts ein weiterer in der Pellenz durch den Lavastrom der Eiterköpfe.

Für die Gewinnung von G r u n d w a s s e r ist die Rhein-Niederterrasse von besonderer Bedeutung, da deren grundwassererfüllte Mächtigkeit 10–15 m beträgt. Je Brunnen lassen sich dort im täglichen Durchschnitt mehr als 10 000 m³ Wasser fördern. Die Grundwasserstände werden wesentlich von der Wasserführung des Rheins bestimmt, die am Pegel Andernach bei Mittelwasser rund 2 000, bei mittlerem Hochwasser jedoch rund 6 000 m³/s beträgt. Bei Hochwasser werden pro Kilometer Uferlänge 5–6 m³/s ins Uferfiltrat eingespeist und der rheinnahe Grundwasserspiegel wird 5–6 m über den mittleren Grundwasserstand angehoben; die Spiegelschwankungen reichen maximal 5 km landwärts. Wasserwerke rechts und links des Rheins versorgen Teile des Mittelrheingebietes, des Westerwaldes und des Hunsrück über Fernleitungen mit Trinkwasser. Zum Schutz des Grundwassers vor Verunreinigungen wurden großflächige Schutzzonen festgesetzt, in denen erhebliche Nutzungsbeschränkungen, besonders für Landwirtschaft und Gewerbe, gelten. Die Grundwasserneubildung im Mittelrheinischen Becken kann am Beispiel Saffig-Weißenthurm gezeigt werden. Hier kommt es bei einem Jahresniederschlag von 700–750 mm, der nach einem 34-jährigen Mittel der Klimadaten berechnet wur-

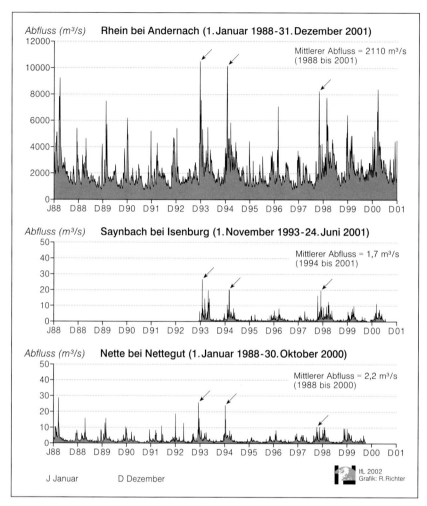

Abb. 7   Abflussverhalten verschiedener Gewässer im Mittelrheinischen Becken
(Entwurf N. BECK 2002, nach Daten des Ministeriums für Umwelt und Forsten Rheinland-Pfalz, Abteilung Wasserwirtschaft)

de, zu einer potenziellen Grundwasserneubildung von weniger als 270–220 mm
pro Jahr (WESSOLEK 1992), das ist die Menge, die nach der Abrechnung der Verdunstungsmenge und des oberirdischen Abflusses ins Grundwasser gelangt. Im
innerstädtischen Bereich und in bebauten Gebieten sinken die Werte der mittleren jährlichen Grundwasserneubildung je nach Oberflächenversiegelung von
120–70 auf unter 20 mm im Jahr ab.

Der Wasserstand und das Abflussverhalten des Rheins im Mittelrheinischen
Becken wird im Wesentlichen durch sein Einzugsgebiet in den Alpen und die

19

Niederschlagstätigkeit in den süd- und westdeutschen Mittelgebirgen und den Vogesen gesteuert. Die Pegel des Saynbaches und der Nette weisen beim Hochwasser des Rheins in der Regel ebenfalls ein Maximum auf (Abb. 7), aber die geringen Abflussmengen dieser Gewässer sind nur in untergeordnetem Maße am Anstieg des Hochwasser im Rhein beteiligt. Bezogen auf den mittleren Abfluss von 2 110 m³/s zeigte der Rhein in den letzten 13 Jahren (von 1988 bis 2001) in zwei Jahren über das Fünffache, in drei Jahren über das Vierfache und in fünf Jahren über das Dreifache des mittleren Abflusses. Im langjährigen Mittel ist das eine Zunahme der Hochwasserhäufigkeit und der extremen Hochwasser mit Überflutungen im Niederterrassen- und Auenbereich. Man unterscheidet am Rhein das Advents- und Weihnachtshochwasser vom Frühjahrshochwasser, das in den Monaten Februar, März oder April auftreten kann. Im Herbst füllen sich durch die Zunahme der Niederschlagstätigkeit im atlantischen Klimaraum die Porenvolumen der Böden weitgehend auf. Die Novemberfröste versiegeln dann die Böden, so dass die Niederschläge während der Tauperiode auf dem feuchtigkeitsgesättigten Boden ungehindert oberirdisch in die Gewässer abfließen können. Eine ähnliche Ursachenkombination liegt auch den Weihnachtshochwassern zu Grunde, wo ein wassergesättigter Frostboden auftaut und einsetzende lange und ergiebige Niederschläge die Vorfluter anschwellen lassen. Auch das Frühjahrshochwasser zwischen Februar und März, gelegentlich auch noch im April führt nach der Frostperiode und nach starken Niederschlägen bei der Erwärmung zu erheblichem Oberflächenabfluss. Dieser Zustand tritt besonders dann ein, wenn eine Folge regenreicher atlantischer Tiefs aus W und NW über Mitteleuropa hinwegziehen (s. Seite 13). Die höchsten Wasserstände des Rheins im Mittelrheingebiet sind weitgehend ferngesteuert und ergeben sich aus den Niederschlags- und Abflussverhältnissen im oberen und mittleren Stromeinzugsgebiet. Wenn sich Hochwasserwellen des Rheins, des Neckars, des Mains und der Mosel überlagern, kommt es im Mittelrheinischen Becken zu extrem hohen Pegelständen, zu Hochwasser und zu Überschwemmungen.

Fast Dreiviertel der in der freien Landschaft des Mittelrheinischen Beckens auftretenden Gewässer sind in ihrer Struktur stark verändert und ökologisch in einem verbesserungswürdigen Zustand. Im Hinblick auf die Gewässerstrukturgüte wird der Rhein wegen der Kanalisierungsmaßnahmen zwischen Koblenz und Andernach als stark bis vollständig verändert eingestuft. Die Nette gilt als stark bis sehr stark verändert, der Wiedbach und der Saynbach dagegen nur als stark verändert. Begradigte und ausgebaute Gewässer wie der Rhein sind als strukturarm zu bezeichnen. Sie sind tief und eng, fließen geradlinig und schnell, leiten Hochwasserwellen rasch ab und begünstigen damit die Hochwasserspitzen. Der Ausbau der Gewässer ruft Funktionsmängel für die Gewässerentwicklung hervor. Die natürlichen Auen dienen als Wasserspeicher und Infiltrationsraum, sie besitzen einen natürlichen Uferbewuchs und verbessern damit die Gewässerstruktur. Durch Kanalisierung, Begradigung und zunehmende Versiegelung in den sich ausweitenden Siedlungsflächen ist der Rhein in die Nähe einer Hochwasserlandschaft gerückt.

Der Rhein ist nicht nur die verkehrsreichste Wasserstraße Europas, sondern er wird auch als Trinkwasserlieferant, Angel- und Fischgewässer, Erholungsraum zur Freizeitgestaltung und zur Betätigung am und im Wasser genutzt. Außerdem ist er Vorfluter für mechanisch-biologisch gereinigte Abwässer. Bei der biologischen Gewässergüteklassifizierung macht man sich die unterschiedlichen Ansprüche an die Wasserqualität und den Sauerstoffgehalt des Wassers bei Kleintieren zu Nutze. Als Indikatoren gelten Würmer, Krebse und unterschiedliche Insekten. Je nach der Robustheit der Tiere werden ihr Auftreten in Art und Zahl zu Bioindikatoren für die vorliegende Wasserverunreinigung. Um den Verschmutzungsgrad eines Fließgewässers zu erfassen, wurde eine biologische Gewässergüteklassifizierung erstellt. Der Rhein wurde im Jahre 2000 im Mittelrheinischen Becken mit der Güteklasse II als mäßig belastet eingestuft. Die einmündende Mosel, die Nette, die Wied und der Saynbach gehören der gleichen Güteklasse an. In den letzten Jahrzehnten konnten hier erfreuliche Qualitätsverbesserungen erreicht werden. Die Güteklasse II kennzeichnet Gewässerabschnitte mit mäßiger Verunreinigung und guter Sauerstoffversorgung, meist sehr großer Artenvielfalt sowie Individuendichte von Algen, Schnecken, kleinen Krebsen, Insektenlarven, dazu Wasserpflanzenbestände, die größere Flächen bedecken, und artenreiche Fischpopulationen. Die Anzahl von 80 Arten innerhalb der aquatischen Fauna im Rhein ist vergleichsweise niedrig. Das kann als Hinweis darauf gedeutet werden, dass die ökologischen Beeinträchtigungen des Rheins durch den Schiffsverkehr, durch Sog, Druck und Wellenschlag, die Mobilisierung von Geschiebe und Sedimenten durch Schiffsantrieb sowie den Ausbauzustand größer sind als bisher angenommen.

Im Bereich der Mosel verbesserten sich in den 1990er Jahren die chemisch-physikalischen Werte im Hinblick auf Phosphor und Chlorid allmählich. Neben den noch zeit- und streckenweise auftretenden geringen Sauerstoffgehalten stellen hohe Chlorid-Konzentrationen aus der Sodaproduktion in Frankreich, die Gehalte an Pflanzenschutzmitteln und die vergleichsweise hohen Nährstoffkonzentrationen von Nitrat, Stickstoff und Gesamtphosphor, die die bekannten Eutrophierungserscheinungen hervorrufen, Problemfelder in der Wasserbeschaffenheit dar. Unterhalb der Moselmündung ist im Rhein noch eine deutliche Chloridfahne von 10 km Länge nachweisbar.

Nordwin Beck

Böden (Abb. 8)

Die Böden des im Tertiär entstandenen Mittelrheinischen Beckens gehen z.T. auf seine Entstehungszeit zurück. Auf den Randhöhen des Beckens, wo durch die Abtragung in exponierter Lage die unter tropischem bis subtropischem Klima durch chemischen Gesteinszersatz entstandene tertiäre Verwitterungsrinde weitgehend abgetragen wurde, bildeten sich im Quartär durch Lössanwehung und durch die Frostverwitterung im periglazialen Klima der Kaltzeiten Solifluktionsdecken (Fließerdedecken), die die Schiefer, Sandsteine und Quarzite überzogen. Auf Schiefer wurden Kryoschluff und -lehm sowie auf Quarzit

Sand- und Kiesdecken entwickelt. Mit der Klimaänderung vom Pleistozän zum Holozän entstanden auf den periglazialen Fließerdedecken unter Vegetationsbedeckung die gegenwärtigen warmzeitlichen Böden. Auf dem Kryoschluff und Lehm über Schiefer wurden Braunerden und Regosole (= Schuttboden auf lockerem Gestein), bei Staunässe auch Pseudogleye gebildet. Auf den gröberen und durchlässigen sandigen Quarzitschuttdecken sind Braunerden bis Regosole und Podsole ausgebildet worden. Im Bereich der über 300 m hoch liegenden tertiären Terrassenrestflächen mit aufliegenden Kieseloolithen sind nordwestlich von Wolken bis nordöstlich von Kerben auf Sand und Kies und in erosionsgeschützten Lagen Braunerden und in erosionsgefährdeten Bereichen Regosole verbreitet.

Die unterschiedlich tief abgesunkenen Schollen, die den Boden des Mittelrheinischen Beckens bilden, wurden zum Sedimentationsraum für die jüngeren Ablagerungen des Tertiärs und des Quartärs. So sind im Beckeninnern die devonischen Gesteine und ihre Verwitterungsdecken von jüngeren Ablagerungen flächenhaft von pleistozänen Lössdecken und vulkanischen Bimsablagerungen überdeckt worden, örtlich auch von Basaltlagen (s. Seite 60). Entlang der tief eingeschnittenen Flüsse sind die Talböden von fluviatilen Sedimenten überlagert.

Weite Gebiete des Mittelrheinischen Beckens, besonders das Maifeld und Teile der südlichen Pellenz, werden von mächtigem Löss und sandigem Löss bedeckt. In Hanglagen wurden diese kaltzeitlichen äolischen Sedimente durch Solifluktionsvorgänge umgelagert und haben dabei Untergrundmaterial aufgenommen. Unter der warmzeitlichen Vegetationsdecke haben sich auf Löss im Holozän Parabraunerden gebildet. Auch auf den entkalkten und verlehmten Lössen im SO des Maifelds sind im Holozän Parabraunerden entstanden. Diese Böden sind in der Lage, größere Mengen pflanzenverfügbares Wasser zu speichern. Durch intensive agrarische Nutzung wurden diese Profile vielfach verändert. Auf steilen Hängen südlich von Metternich sind zum Beispiel auf Löss vielfach nur noch trockene hitzige Pararendzinen vorhanden. Weiterhin trifft man im Gebiet der Parabraunerden an Hangverebnungen und flachen Dellen sowie in Reliefabschnitten mit schlechtem Abfluss und Staunässe als Variation Parabraunerde-Pseudogley bis Pseudogley-Parabraunerde an.

Die Bimsaschen (= Tephra), die durch große Gasexplosionen aus dem Laacher See-Vulkan gefördert wurden, sind vorwiegend von westlichen Winden in der ausgehenden Glazialzeit, dem Alleröd, in großer nach O hin abnehmender Mächtigkeit im Innern des Mittelrheinischen Beckens und darüber hinaus abgelagert worden (s. Seite 7). Der Bims ist vor allem auf den Ost- und Nordhängen und in Mulden und Hangverflachungen im Beckeninnern anzutreffen. Durch solifluidale Umlagerung in der jüngeren Tundrenzeit wurden Löss und Lösslehm sowie Gesteine des devonischen Untergrundes eingearbeitet. Wurden nur geringe Mengen Bimstephra in den Schwemmlöss einbezogen, wie an den flachen Hängen westlich von Rübenach, dann entstanden darauf Parabraunerden. Wurde allerdings der Löss von einer Bimstephradecke überlagert, so bildeten sich im Holozän saure, sandig-lehmige Lockerbraunerden, die eine tiefreichende Humosität und ein hohes Porenvolumen aufweisen und durch eine

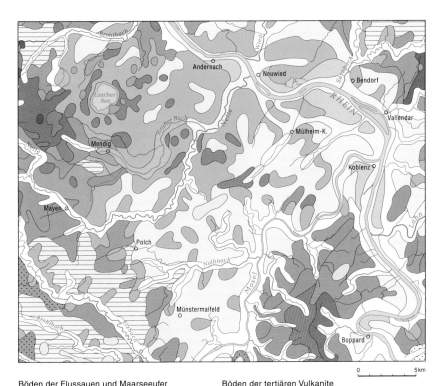

Böden der Flussauen und Maarseeufer

▨ Gleye aus Auensanden, -schluffen und -lehmen

▧ Vegen aus Auensanden, -schluffen und -lehmen

□ Vegen aus Auenkiesen und -sanden

Böden der Flussterrassen

□ Braunerden bis Regosole aus tertiären Terrassenkiesen und -sanden

□ ferritische Braunerden, podsolig aus pleistozänen Terrassenkiesen und -sanden

Böden der pleistozänen äolischen Sedimente

□ Parabraunerde aus Löss

▤ Parabraunerden aus Lösslehm

Böden der quartären Vulkanite

▨ Braunerden bis Lockerbraunerden aus Bimstephra

▨ Lockerbraunerden aus Bimstephra über älteren Gesteinen

■ Braunerden bis Regosole aus Basalttephra

Böden der tertiären Vulkanite

▨ Braunerden bis Regosole aus Basalt- und Andesittephra

■ Braunerden bis Regosole aus Phonolith

▨ Braunerden bis Regosole aus Phonolithtuff

Böden der paläozoischen Gesteine

□ Braunerden bis Regosole aus Kryoschluff und -sand über Schiefer, Sandstein und Quarzit

⋯ Braunerden bis Regosole aus Kryoschluff und -sand über Schiefer und Sandstein

▨ Braunerden bis Regosole aus Sandsteinschutt und Sand

▨ Braunerden bis Regosole aus Schiefergrus, -schluff und -lehm

▨ Braunerden aus Kryoschluff und -lehm über Schiefersaprolith

■ Braunerden bis Podsole aus Quarzitschutt

▨ Parabraunerden aus Lösslehm über Schiefersaprolith

▨ Hangpseudogleye bis Stagnogleye aus Kryoschluff und -lehm über Kryolehm und -ton aus Schiefersaprolith

ⓑⓤⓦ Kartographie: Borleis & Weis

Abb. 8   Böden
(Entwurf N. BECK 2002, nach STÖHR, W. T. (1966). Daten des Geologischen Landesamtes Rheinland-Pfalz)

23

leuchtend rotbraune Farbe gekennzeichnet sind. Vergesellschaftet mit der Lockerbraunerde sind die Braunerden, die auf einer lösslehmarmen Lage über Bimstephra entstanden sind und denen die rotbraune Farbe fehlt. Bei Acker-nutzung finden sich lösslehmarme bis lösslehmfreie Braunerden und Regosole, die durch Bodenerosion eine Profilverkürzung aufweisen und daher äußerst wasserdurchlässig sind. Während im südlichen Abschnitt des Mittelrheinischen Beckens die Parabraunerde auf Löss und Lösslehm vorherrscht und kleinere In-seln mit Lockerbraunerde und Braunerde vorkommen, ist im N durch flächen-hafte Verbreitung der Bimstephra Lockerbraunerde bis Braunerde vorherr-schend.

Die in den geologischen Untergrund der anstehenden Gesteine eingeschnit-tenen Talhänge zeigen wie zum Beispiel an der mittleren Nette, dass auf Kryoschluff und -sand, die aus Schiefer, Sandstein und Quarzit hervorgegan-gen sind, Regosole und bei tieferen Profilen Braunerden auftreten. Die Braun-erden im Verbreitungsgebiet der pleistozänen Flussterrassensedimente zu bei-den Seiten des Rheins sind auf den kiesigen Lockersedimenten mit Schluff-decken ausgebildet, die in den Randzonen Übergänge zum Gley aufweisen. Auf Grund der Durchlässigkeit des Untergrundes handelt es sich um trockene Standorte, die meist im Bebauungsgebiet der Städte Koblenz, Neuwied und An-dernach liegen. Die kiesigen Niederterrassensedimente bei Winningen sind durch Rigosol-Regosole ausgezeichnet. Im Talbodenbereich eines Seitentales sind westlich der Nette auf Auensanden, -schluffen und -lehmen Gleye ent-standen. Im mittleren Nettetal haben sich im Auengebiet durch den allochtho-nen Bodeneintrag in den Auensanden, -schluffen und -lehmen Vegen gebildet, die auch in der Laacher See-Caldera und dem Wehrer Kessel vorkommen.

Die so genannte Vega, ein brauner Auenboden, tritt am Rhein, der unteren Nette und unteren Mosel auf. Das Einzugsgebiet der jeweiligen Flüsse bestimmt die Eigenschaft und Zusammensetzung der Auensedimente. Kolluvialsedimen-te (= abgetragene Bodenpartikel aus höheren Hanglagen) kommen in den An-fangsmulden und Talsohlen der Lössgebiete und in den Räumen mit Bimste-phra vor. Im Mündungsgebiet der Seitentäler in das Haupttal des Rheins ha-ben sich auf der Niederterrasse oft schwemmkegelförmig über einen Meter mächtige Bimskolluvien abgelagert. Entlang der oft nur schmalen Uferbänke sind skelettreiche Gleye ausgebildet, die in den angrenzenden Unterhangbereic-hen in Braunerden und Kolluvisole übergehen.

Außer den in Abb. 8 erfassten Böden kommen Böden aus Kippsubstraten vor. In den Verbreitungs- und Abbaugebieten der Bimstephra wurde die Ober-fläche durch die Entnahme des Bims mehrere Meter tiefer gelegt (s. Seite 65). Im SW von Andernach wurde die Bimstephra bis zu maximal 6 m tief abgebaut. Flächenhaft erfolgte der Abbau linksrheinisch an den Nord- und Nord-westhängen von Rübenach, Bassenheim, Kärlich und Saffig und rechtsrheinisch im Raum Neuwied, Niederbieber, Heimbach-Weis und Engers. Im Rahmen der Rekultivierung wurde entsprechend der Abbauparzellen kleinräumig Kipp-substrat unterschiedlicher Zusammensetzung und Mächtigkeit eingebracht, was einen kleinräumigen Wechsel der chemisch-physikalischen Eigenschaften hervorbrachte. Auf dem bimstephrareichen Kippsandlehm findet sich Regosol, in zweiter Linie auf dem Kippsubstrat Parabraunerden. Sie bilden sich dann aus, wenn das Kippmaterial einen höheren Lössanteil aufweist und karbonathaltig bis karbonatreich ist. Die kleinräumigen Ton- und Kiesgruben sowie Steinbrüche sind vielfach mit Müll, Bauschutt und technischen Abfällen aufgefüllt und werden im Zuge der Rekultivierungsmaßnahmen von Regosolen bedeckt.

Nordwin Beck

Flora, Fauna und Naturschutzgebiete

Die natürliche Vegetation des Mittelrheinischen Beckens ist auf Grund unterschiedlicher Substrate und klimatischer Vielfalt sehr differenziert. Der Mensch hat jedoch unter anderem durch die intensiv betriebene Landwirtschaft viele Lebensräume zerstört, so dass sich Waldgebiete, aber auch Ersatzgesellschaften wie Halbtrockenrasen oder Feuchtwiesen nur noch kleinflächig nachweisen lassen. Eine regionale Übersicht über die potenzielle natürliche Vegetation im Mittelrheinischen Becken ist aus Abb. 9 ersichtlich.

Das Mittelrheinische Becken gehört hinsichtlich der Florenelemente zur subatlantischen Provinz der mitteleuropäischen Florenregion. Auf Grund der geringen Niederschläge sind Arten des atlantisch-subatlantischen Florenelementes, im Gegensatz zu Eifel und Westerwald, kaum zu finden. So tritt der Rote Fingerhut (*Digitalis purpurea*) nur am Rande des Untersuchungsgebietes im Bereich der bodensauren Buchenwälder des Laacher Sees auf. Arten wie der Knoblauch-Gamander (*Teucrium scorodonia*) oder die Fingerkraut-Art *Potentilla sterilis* sind wesentlich seltener als in den umgebenden Hochlagen. Auch boreal-montane Arten fehlen fast völlig. Die Hauptmasse der Arten zählt naturgemäß zum mitteleuropäischen Florenelement. Dazu gehören die Kennarten der zonalen Waldgesellschaften wie die Rot-Buche, das einblütige Perlgras (*Melica uniflora*) oder das Duftende Labkraut (*Galium odoratum*). Bemerkenswert ist die Haselwurz (*Asarum europaeum*) als Vertreter des subozeanisch-subkontinentalen Florenelementes. Die Art erreicht im Gebiet die Nordwestgrenze der Verbreitung und besitzt im Nothbachtal einen der wenigen linksrheinischen Fundorte.

Auf Felsstandorten der Vulkane sowie im Nettetal und an der Mosel treten gehäuft Arten des mediterran-submediterranen Florenelementes auf, die höhere Ansprüche an Wärmeversorgung stellen und geringe Niederschläge ertragen. Diese Sippen konnten in einer Wärmeperiode nach dem Ende der letzten Kaltzeit über die Rhone und die burgundische Pforte nach Mitteleuropa einwandern. Hierzu gehören Arten wie das Gewimperte Perlgras (*Melica ciliata*), die Küchenschelle (*Pulsatilla vulgaris*, Abb. 10) und der Trauben-Gamander (*Teucrium botrys*). Bei der als klassisches Reliktmoos geltenden *Bartramia stricta*, die sich in Deutschland nur im Nettetal, im Keberbachtal nahe Lonnig, im Elztal und an der Mosel sowie an einer Stelle im Lahntal findet (ANDRES 1960, KORNECK 1997) wird teilweise eine spätere Einschleppung diskutiert. Die Arten des pontischen Florenelementes konnten nach Ende der letzten Kaltzeit über die Donau einwandern. Hierzu zählen die Ästige Graslilie (*Anthericum ramo-*

25

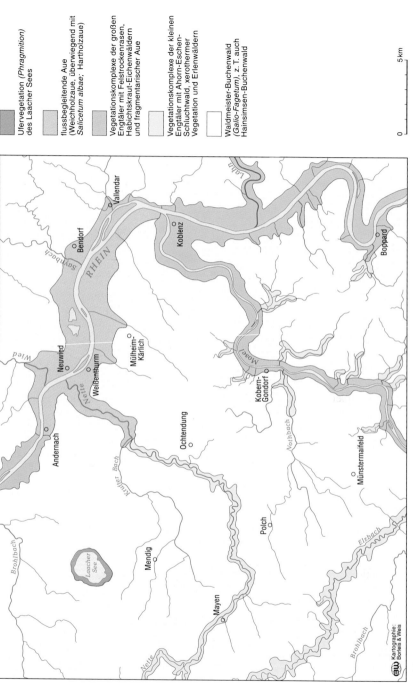

Ufervegetation (*Phragmition*) des Laacher Sees

flussbegleitende Aue (Weichholzaue, überwiegend mit *Salicetum albae*; Hartholzaue)

Vegetationskomplexe der großen Engtäler mit Felstrockenrasen, Habichtskraut-Eichenwäldern und fragmentarischer Aue

Vegetationskomplexe der kleinen Engtäler mit Ahorn-Eschen-Schluchtwald, xerothermer Vegetation und Erlenwäldern

Waldmeister-Buchenwald (*Galio-Fagetum*), z. T. auch Hainsimsen-Buchenwald

0   5 km

Abb. 9   Potenzielle natürliche Vegetation (Entwurf E. FISCHER 2002, nach Eigenaufnahmen 2000 und 2001)

26

sum), die noch am Rest des Plaidter Hummerichs zu finden ist, das Federgras (*Stipa pennata*) am Ausoniusstein, der Feld-Beifuß (*Artemisia campestris*) und die Sand-Strohblume (*Helichrysum arenarium*) im Nettetal, deren nächste Vorkommen erst im Bereich der Mainzer Sande liegen. Als Beispiel eines mediterranen Faunenelementes sei der Apollofalter (*Parnassius apollo vinningensis*) genannt, der das Mittelrheinische Becken noch im Bereich des Ausoniussteins am linken Talhang der Mosel erreicht.

In den Naturschutzgebieten (NSG; Anhang D und Landeskundliche Übersichtskarte) des Mittelrheinischen Beckens sind Flora und Fauna sehr vielseitig. Bisher wurden in diesem Raum 19 Areale als Naturschutzgebiete ausgewiesen. Darunter sind der Laacher See und die ehemaligen Vulkane von überregionaler Bedeutung. Eine genauere Beschreibung der Naturschutzgebiete „Laacher See", „Nastberg", „Graswerth", „Nettetal", „Karmelenberg", „Eiszeitlichen Lössprofil" von Koblenz-Metternich und „Feuchtgebiet im Nothbachtal" erfolgt unter den jeweiligen Suchpunkten (s. A 2, B 1, C 11, E 15, E 17, F 7, H 2). Flora und Fauna der übrigen Naturschutzgebiete werden zusammenfassend beschrieben:

Zum NSG „Meerheck" im Neuwieder Becken gehört ein von landwirtschaftlichen Flächen umgebenes Feuchtgebiet, das kleine Teiche mit umgebendem Röhricht (*Caricetum gracilis, Caricetum vulpinae, Typhetum latifoliae*) und Weidengebüschen (*Salix cinerea, S. fragilis, S. purpurea*) umfasst. Bemerkenswerte Pflanzenarten sind Geflügelte Braunwurz (*Scrophularia umbrosa ssp. neesii*), Wasserschwertlilie (*Iris pseudacorus*) und Sumpfsimse (*Eleocharis palustris*). Die eigentliche Besonderheit stellt die Ornithofauna mit mindestens 35 Brutvogelarten dar, darunter Flussregenpfeifer, Bekassine, Krickente und Beutelmeise. Insgesamt konnten zehn Libellenarten nachgewiesen werden. Das Naturschutzgebiet spielt als Rastplatz für durchziehende Vogelarten eine beachtliche Rolle.

Das NSG „Hüttenweiher" liegt am Rother Bach in der Ortschaft Sayn und umfasst einen künstlich aufgestauten Teich mit Flachwasserbereichen sowie einen begradigten, langsam fließenden Bach. Die Bedeutung für den Naturschutz liegt vor allem im Vorkommen bemerkenswerter Vogelarten wie Zwergtaucher, Bekassine, Waldschnepfe, Uferschnepfe und Wendehals. Bemerkenswerte Amphibien sind Kreuzkröte (*Bufo calamita*) und Wechselkröte (*Bufo viridis*).

Das NSG „Urmitzer Werth" ist ebenfalls ein bedeutender Rastplatz für Zugvögel und wurde schon nach dem Reichsnaturschutzgesetz von 1935 als Vogelfreistätte ausgewiesen. Neben dem Europareservat Bingen-Gaulsheim ist das Urmitzer Werth der wichtigste Rast- und Überwinterungsplatz im rheinland-pfälzischen Rheinabschnitt. Die Insel im Rhein ist überwiegend mit Weiden, Hybridpappeln und Pyramidenpappeln bestanden, nur vereinzelt findet sich noch die Schwarzpappel. Bemerkenswerte Brutvögel sind Graureiher, der hier in Kolonien von über 40 Brutpaaren auftritt, Pirol und Nachtigall.

Das NSG „Hochstein" bildet zusammen mit dem Sulzbusch und dem Hochsimmer das letzte noch intakte Vulkanensemble des quartären Laacher Vulkan-Gebietes. Am Süd- und Südwesthang finden sich die ausgedehntesten

Trockenrasen- und Halbtrockenrasengesellschaften des Mittelrheinischen
Beckens. Hier treten Trespen-Halbtrockenrasen, Federschwingelrasen, Flügelginster-Trockenrasen mit Flügelginster
(*Genistella sagittalis*), Boehmers Liesch-
gras (*Phleum boehmeri*), Zierlichem Schil-
lergras (*Koeleria gracilis*) und Nelkenha-
ferfluren mit Nelkenhafer (*Aira caryo-
phyllea*), Streifenklee (*Trifolium striatum*),
Ausdauerndem Knäuel *Scleranthus peren-
nis*), Sprossender Felsennelke (*Petrorha-
gia prolifera*) und Traubengamander
(*Teucrium botrys*) auf. An Waldgesellschaften finden sich wärmeliebende Trau-
beneichenwälder, Orchideen-Buchenwald
mit Rotem Waldvöglein (*Cephalanthera
rubra*) und Perlgras-Buchenwald.

Das NSG „E t t r i n g e r B e l l b e r g,
K o t t e n h e i m e r B ü d e n u n d M a y -
e n e r B e l l b e r g" besteht aus einer Vulkangruppe, die heute durch Abgrabungen
schon in Teilen zerstört ist. Insbesondere
am Ettringer Bellberg finden sich steile
Felsklippen mit Felsenbirnen-Gebüsch
sowie verschiedene Trockenrasen- und
Halbtrockenrasengesellschaften, darunter das *Airo-Festucetum ovinae* mit Nelkenhafer (*Aira caryophyllacea*) und ein be-
weidetes *Mesobrometum* mit Manns-
Knabenkraut (*Orchis mascula*). Weitere
floristische Besonderheiten sind Lacksenf
(*Rhynchosinapis cheiranthos*), Küchenschelle (*Pulsatilla vulgaris*), Felsen-Fin-
gerkraut (*Potentilla rupestris*), Schwarz-
stieliger Streifenfarn (*Asplenium adian-
tum-nigrum*) und Wein-Rose (*Rosa rubigi-
nosa*).

Abb. 10   Pflanzen in Naturschutzgebieten des
Mittelrheinischen Beckens
Oben: Schwanenblume (*Butomus umbellatus*)
Mitte: Weiße Seerose (*Nymphea alba*)
Unten: Küchenschelle (*Pulsatilla vulgaris*)

Das NSG „T h ü r e r   W i e s e n " in der westlichen Pellenz wird gebildet von einem Mosaik aus verschiedenen Feuchtwiesen, Hochstaudenfluren und Röhrichten (Jungbluth, Fischer und Kunz 1989). An Brutvögeln sind unter anderen Zwergtaucher, Wasserralle, Flussregenpfeifer und Schwarzkehlchen nachgewiesen. Die Thürer Wiesen sind reich an Libellen, von denen 15 Arten belegt sind.

Das NSG „K o r r e t s b e r g " östlich der Gemeinde Kruft umfasst einen regelmäßigen Kegel aus Schlacken und Lapillituffen. Auf der bewaldeten Kuppe treten Eichen-Hainbuchenwälder mit Seidelbast (*Daphne mezereum*) auf. An offenen Felsstandorten finden sich Tausendgüldenkraut (*Centaurium erythraea*), Turmkraut (*Turritis glabra*) und Färberscharte (*Serratula tinctoria*).

Das NSG „M i c h e l b e r g " gehört zu einer Vulkangruppe jungpleistozäner, basaltischer Schlacken- und Tuffkegel. Besonders bemerkenswert ist die gute Ausprägung des Nelkenhafer-Trockenrasens mit Nelkenhafer (*Aira caryophyllacea*), Frühlings-Ehrenpreis (*Veronica verna*), Triften-Knäuel (*Scleranthos polycarpos*) und der extrem seltenen Klebrigen Miere (*Minuartia viscosa*), von der nur etwa vier Fundorte in Deutschland bekannt sind. Die Strunkameise (*Formica truncorum*) wurde von G. Preuss (1979) hier erstmals für Rheinland-Pfalz nachgewiesen.

Das NSG „K u h s t i e b e l ", das erst 1991 ausgewiesen wurde und damit das jüngste Naturschutzgebiet im Kreis Mayen-Koblenz ist, umfasst eine ehemalige Tongrube mit Wasserpflanzen und Röhrichtgesellschaften. Besonders bemerkenswert sind Massenvorkommen des Breitblättrigen Knabenkrautes (*Dactylorhiza majalis*) und des Gefleckten Knabenkrautes (*Dactylorhiza maculata*).

Das NSG „M o s e l u f e r " zwischen Niederfell und Dieblich zeichnet sich durch Flachwasserbereiche mit Schwimmpflanzen (*Potamogeton spp.*) sowie anschließende Felsen und Trockenmauern aus. Die Unterschutzstellung erfolgte, weil hier das Hauptvorkommen der Würfelnatter (*Natrix teßelata*) an der Mosel liegt. Diese Art hat ihre Hauptverbreitung in Deutschland im Bundesland Rheinland-Pfalz, wo sie an Lahn, Mosel und Nahe nachgewiesen ist.

Das NSG „R e i h e r s c h u s s i n s e l " bei Lehmen ist heute wieder mit einer Weichholzaue sowie Röhrichtgesellschaften bewachsen. Bestandsbildend sind Silberweiden und Hybridpappeln, während nur noch vier über 100 Jahre alte Schwarzpappeln als Reste der ehemaligen Vegetation existieren. Die Insel dient als Rast- und Überwinterungsplatz für Graureiher, Kormoran, Gänsesäger und andere Vögel.

Das NSG „A u s o n i u s s t e i n " umfasst verschiedene xerotherme Pflanzengesellschaften, wobei Trockenrasen der Hänge und Felskuppen ebenso dominieren wie Gesellschaften des trockenbesonnten Gesteinsschuttes. Als Besonderheiten der hier dominierenden Wimperperlgras-Feldbeifuß-Gesellschaft sollen die Küchenschelle (*Pulsatilla vulgaris*) und das Federgras (*Stipa pennata*) genannt werden. Die Waldbestände sind als Trockenhangwälder ausgebildet und gehen im Bereich des Bachlaufes mit hohem Kryptogamenreichtum und ausgeprägtem Totholzanteil in eine bachbegleitende Aue über. Für die Vogelwelt ist vor allem das Brutvorkommen der Zippammer als Charakterart der trockenen Hanglagen des Mittelrheines einschließlich seiner Nebenflüsse erwähnenswert. Innerhalb der artenreichen Schmetterlingsfauna stellt das Vorkommen der Moselrasse des Apollo-Falters (*Parnassius apollo vinningensis*), die schon vor dem Zweiten Weltkrieg durch die Preußische Schutzverordnung geschützt wurde, die größte faunistische Besonderheit dar.

Eberhard Fischer

Naturräumliche Gliederung (Abb. 11)

Aus dem Zusammenwirken der physisch-geographischen Kräfte und Elemente ergeben sich Einzelräume, die – in sich weithin homogen – zusammen das Mosaik von Teillandschaften innerhalb des Mittelrheinischen Beckens bilden. Die nachfolgende Benennung orientiert sich zwar am Handbuch der Naturräumlichen Gliederung Deutschlands (1953ff.), schließt aber einige inzwischen erfolgte Korrekturen bei den Abgrenzungen und bei der Namensgebung ein. Danach umfasst die naturräumliche Haupteinheit Mittelrheinisches Becken folgende Untereinheiten (Landeskundliche Übersichtskarte und Anhang B).

I. N e u w i e d - V a l l e n d a r e r B e c k e n r a n d : im Nordteil allmählich und gestuft, im Südteil unvermittelt von knapp 100 auf über 300 m ü. NN ansteigender Ostrand des Mittelrheinischen Beckens. Vorwiegend westliche Luftmassen erbringen im Luv des Westerwaldes 700 mm Niederschlag im Jahr. Die aus dem Gebirge kommenden kleineren Gewässer sind jeweils im Unterlauf reguliert. Der in tieferen Lagen auf Bims- und Braunerdeböden, in höheren Hanglagen auf Parabraunerden stockende ursprüngliche Eichen-Buchenwald ist der Siedlungsausweitung gewichen oder wurde durch Wirtschaftsforste ersetzt.

II. N e u w i e d e r B e c k e n : vom Rhein in nordwestlicher Richtung durchflossene Tiefenzone mit Höhen unter 65 m ü. NN und daher unter permanenter Überschwemmungsgefahr. Die Jahresniederschläge erreichen meist 650 mm bei hohen Sommertemperaturen. Der Rhein ist zur Großschifffahrtsstraße ausgebaut, die originären Auenwälder auf Schwemm-, Kies- und Bimsböden sind verschwunden. Das Becken ist fast ganz überbaut, die verbliebenen freien Flächen werden zum Abbau von Sand und Kies oder gewerblich genutzt (s. F 1).

III. K o b l e n z - A n d e r n a c h e r T e r r a s s e n h ö h e n : nach NO und O ziehende Riedel der erosiv zerschnittenen Hauptterrasse des Rheins mit reliefarmer, höchstens flachwelliger Oberfläche in Höhen über 200 m ü. NN. Basenhaltige Braunerden auf Bims wechseln sich ab mit basenreichen Parabraunerden auf Löss. Die ehemalige Bewaldung ist bis auf wenige Reste verschwunden. Gutes Wuchsklima (620 mm Niederschlag/17°C Julitemperatur) ermöglichten Ackerbau und Obstanbau. Große Flächen werden bzw. wurden zum Abbau von Bims genutzt.

IV. D i e P e l l e n z : im vorderen, ostwärtigen Bereich (vordere Pellenz) muldig bis welliger Geländeabschnitt in Höhen zwischen 170 und 230 m ü. NN beiderseits der tief in Lavaströme eingeschnittenen Nette (s. Seite 12). Landschaftsprägend sind mehrere basaltische Schlackenvulkane mit Höhen bis zu

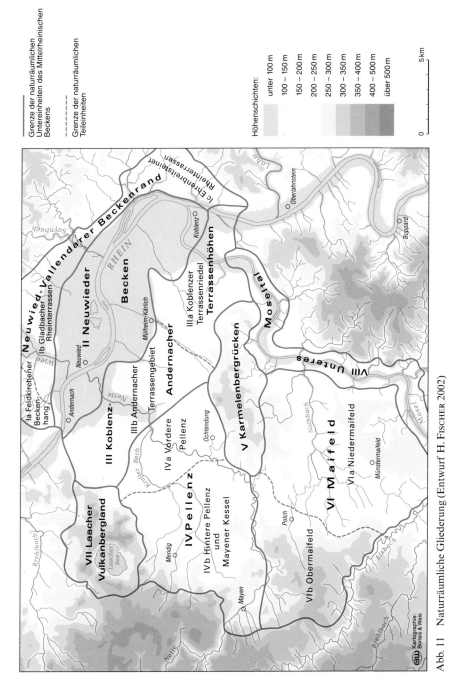

Abb. 11   Naturräumliche Gliederung (Entwurf H. FISCHER 2002)

31

300 m ü. NN. Der Sockel aus Grundgebirge, noch vorhandene Hauptterrassenschotter und überlagernder Löss sind, wie auch die Flanken der Vulkane, von einer mächtigen Bimsschicht verdeckt. Oberfläche und Vegetation wurden durch flächenhaften Bimsabbau und starke Besiedlung anthropogen erheblich verändert. Nach W schließt sich die hintere Pellenz mit dem Mayener Kessel an, eine flachwellige, nach W von 170 bis fast 300 m ü. NN ansteigende Landschaft, die in buntem Nebeneinander von miozänen Tonen und Sanden sowie von vulkanischen Aschen und Trass bedeckt ist. Mit nur 520 bis 540 mm Jahresniederschlag und einer Julitemperatur von 16,5°C ist das waldlose Gebiet dort agrarisch nutzbar, wo nicht großflächig vulkanogene Rohstoffe abgebaut werden (s. Seite 61). Der 4 km Durchmesser aufweisende Mayener Kessel ist ein tektonisch vorgezeichneter, von der Nette ausgeräumter Talkessel am Gebirgsrand in 230 bis 300 m ü. NN, der ganz von der Stadtfläche Mayen eingenommen ist (s. D 7.1).

V. K a r m e l e n b e r g r ü c k e n : rund 300 m ü. NN liegender pliozäner Terrassenrücken, bedeckt mit einer Decke aus Löss und Bims, die zu Braun- und Parabraunerden verwittert sind; nahezu waldfrei und agrarisch genutzt. In der Mitte wird er von einem 379 m hohen Schlackenvulkan durchstoßen, der als Landmarke gilt (s. E 17). Der Karmelenbergrücken kann orographisch und physiographisch als trennende Landschaft zwischen der Pellenz (IV.) und dem etwas höher liegenden Maifeld (VI.) südlich davon angesehen werden.

VI. M a i f e l d : teils verebnete, teils flachwellige bis hügelige Grundgebirgsscholle in Höhenlagen zwischen 190 m ü. NN im O, 250 m ü. NN über dem Moselufer und 380 m ü. NN vor dem Eifelrand. Mit Löss und Parabraunerden bedeckt, hat es eine hohe Bodengunst und ist mit 17° C Julitemperatur und 580 mm Niederschlag auch klimatisch bevorzugt. Das Maifeld ist völlig waldfrei, früh besiedelt und eine sowohl historische als auch gegenwärtige noch bestehende Kornkammer. Die landschaftliche Unterscheidung der Pellenz vom Maifeld wird auch im Relief deutlich; denn wenngleich das Maifeld von kleineren Taleinschnitten durchzogen wird, dominieren doch flachere Formen und Verebnungen.

VII. L a a c h e r   V u l k a n b e r g l a n d (= nordwestliche Begrenzung des Mittelrheinischen Beckens): rings um die Caldera des Laacher Sees angeordnete Kuppen älterer basaltischer Tuff- und Schlackenvulkane mit Höhen über 400 m ü. NN. Das Gebiet ist zu über 70% bewaldet (Wirtschaftsforste) und durch Schlacken- und Bimsabbau anthropogen stark überformt. Der Seekessel selbst ist von bewaldeten Vulkanruinen umlagert und steht unter Naturschutz (s. A 2).

VIII. U n t e r e s   M o s e l t a l (= südöstliche bzw. südliche Begrenzung des Mittelrheinischen Beckens): kastenartig in die z.T. verkippten oder saiger gestellten Schichten der devonischen Gesteine eingeschnittenes Tal mit steilen Hängen, aber relativ breiter Talsohle. Die Niederterrassenflächen sind besiedelt und landwirtschaftlich, z.T. durch Spezialkulturen genutzt. Die Hänge dienen auch in steileren und felsreichen Lagen der Rebkultur. Die linksseitige Talkante liegt im Niveau des Beckenrandes; der Übergang ist flach und nicht durch wahrnehmbare Reliefunterschiede markiert (s. F 8).

Vor dem Hintergrund dieser physisch-geographischen Struktur spielte sich die menschheitsgeschichtliche und die historische Entwicklung des Mittelrheinischen Beckens bis zur Gegenwart ab.

Heinz Fischer

Historische Entwicklung

Vor- und Frühgeschichte

Die frühesten Epochen der Menschheitsgeschichte im Mittelrheingebiet gehen weit in das Eiszeitalter zurück. In mehreren Fundstellen wurden Objekte aus der ältesten Altsteinzeit (bis 800 000 v. Chr.) nachgewiesen. Dazu gehören vor allem Faustkeile und andere Steinwerkzeuge. Auch während der Zeit, in welcher der Neandertaler lebte, war das Mittelrheinische Becken ein bevorzugter Siedlungsraum, der durch die natürlichen Gegebenheiten begünstigt war. Dazu gehörten die Dellen und Senken hinter den schützenden Wänden in Kratern erloschener Vulkane und durch Lössanwehungen verdichtete Kraterböden, auf denen sich Wasser sammelte. Nachweise für diese Siedelplätze liegen von mehreren Fundplätzen vor. Hervorzuheben ist der Fund einer Schädelkalotte des Neandertalers in einer Kratermulde der Wannenköpfe bei Ochtendung (s. E 13). Bemerkenswert sind auch Zeichnungen und Gravierungen auf Schieferplatten, Geweihresten und Tierknochen aus dem Spätpaläolithikum vor 13 000 Jahren sowie Grundrisse aus einfachen Behausungen wie sie bei Gönnersdorf und bei Andernach gefunden wurden (Abb. 12 und Anhang E).

Die gute Konservierung dieser Funde hat ihre Ursache in einer Naturkatastrophe, dem Ausbruch des Laacher Vulkans vor rund 13 000 bis 11 000 Jahren, durch den das gesamte Mittelrheinische Becken mit einer schützenden Tephraschicht von bis zu 12 m überzogen wurde. Mit dieser Vulkankatastrophe ging im Mittelrheinischen Becken die Kulturepoche der Altsteinzeit (Paläolithikum) zu Ende. Eine mittelsteinzeitliche (mesolithische) Besiedlung ist kaum nachzuweisen und in größerem Umfang auch nicht zu erwarten, da die mittelrheinische Landschaft infolge des Laacher Ausbruchs noch weitgehend verwüstet und unwirtlich war.

Mit dem Beginn der Jungsteinzeit (Neolithikum, 4400–1800 v. Chr.) setzte die Besiedlung allmählich wieder ein. Die neue Wirtschaftsform von Ackerbau und Viehzucht als aktive Methode der Nahrungsmittelerzeugung und -vermehrung setzte sich durch. Die Steingeräte wurden nunmehr geschliffen, poliert, durchbohrt und geschäftet, wodurch eine wirkungsvollere Arbeitsleistung als mit Faustkeilen und Schabern erzielt werden konnte, die Nahrungsmittel wurden in selbstgefertigten Gefäßen aus Ton bewahrt. Großfamilien wohnten in 30 m langen und 8 m breiten Langhäusern. Die jungsteinzeitlichen Bevölkerungsgruppen wurden nach der Art der geformten und verzierten Tongefäße identifiziert und benannt. Im Bereich des Mittelrheinischen Beckens finden sich Spuren sowohl der so genannten Bandkeramiker als auch der danach auftretenden Rössener Kultur, deren Träger aus Mitteldeutschland und aus dem Donaugebiet in die Region einwanderten. Ihre Gefäße waren mit typischen

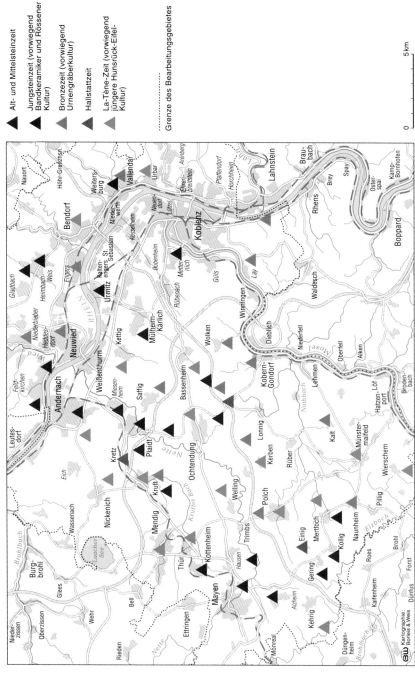

Alt- und Mittelsteinzeit

Jungsteinzeit (vorwiegend Bandkeramiker und Rössener Kultur)

Bronzezeit (vorwiegend Urnengräberkultur)

Hallstattzeit

La-Tène-Zeit (vorwiegend jüngere Hunsrück-Eifel-Kultur)

.... **Grenze des Bearbeitungsgebietes**

0   5 km

Abb. 12   Verbreitung gesicherter vorrömischer Grabungsfunde im Mittelrheinischen Becken (Entwurf H. Fischer 2002, nach Tackenberg, K. 1954.

Stichverzierungen dekoriert. Das Gebiet weist außerdem die charakteristischen Funde aus der mesolithischen Michelsberg-Kultur auf, die z.B. im Erdwerk von Urmitz oder in einer ähnlichen Anlage bei Mayen auftreten. Ebenfalls häufig kommen die spätjungsteinzeitlichen Glockenbecherfunde vor, z.B. bei Andernach und bei Saffig. Sie sind nach der charakteristischen Form ihrer reich verzierten Becher benannt und deren Träger den Rheinischen Becher-Kulturen zuzurechnen.

Der allmähliche Übergang von Neolithikum zur Bronzezeit (1800–1200 v. Chr.) ist im Wesentlichen dadurch gekennzeichnet, dass zur Herstellung von Arbeitsgeräten und Schmuck Bronze verwendet wurde, eine Legierung aus Kupfer und Zinn. Da diese Rohstoffe im Rheinland nicht weit verbreitet sind, trat dieses Metall nur selten auf, weiterhin dominierten Geräte aus Stein. Auch in der Folgezeit änderte sich daran nicht viel. Aus den spätbronzezeitlichen Kulturgruppen und aus der Zeit der Urnenfelder-Kulturen entwickelte sich in den rheinischen Mittelgebirgen auf der Basis der devonischen und der tertiären Eisenerzfunde die Eisenzeit (1200–700 v. Chr.). Prägende Kulturerscheinungen gehören zur so genannten Hunsrück-Eifel-Kultur mit einem besonderen Toten- und Bestattungskult. Die Toten wurden verbrannt, der Leichenbrand in einer Urne gesammelt und in Flach- oder Hügelgräberfeldern beigesetzt. Diese Grabhügelfelder liegen meist auf den Höhenzügen von Hunsrück und Eifel und in den Randlagen des Mittelrheinischen Beckens, etwa über Kobern (s. E 24), bei Lonnig (s. E 22), Bassenheim (s. E 14) oder Heimbach-Weis (s. C 2), um nur einige Fundstellen zu nennen. Außerdem sind sie an ehemaligen Hauptverbindungswegen innerhalb und an der Peripherie des Beckens zu finden. Das Mittelrheinische Becken war während dieser Epoche relativ dicht besiedelt, sein geistliches Zentrum war wahrscheinlich der Goloring bei Kobern-Gondorf, eine kreisrunde, von zahlreichen Grabhügelfeldern umgebene Kultanlage (s. E 18). Eine Besonderheit der Hunsrück-Eifel-Kultur waren die Wagengräber, Beigaben von zweirädrigen (vermutlichen) Streitwagen, die man sozial oder hierarchisch Höhergestellten (Adeligen) mit in die Grabkammer stellte.

Das Jahrhundert vor Christi Geburt und teilweise auch das 1. Jh. danach waren am Mittelrhein geprägt von der spätkeltischen Zivilisation mit relativ dichter Besiedlung. Zu beiden Seiten des Rheins lebten keltische Bevölkerungsgruppen in ländlichen und in stadtartigen Siedlungen (*oppida*). Letztere waren großflächige Anlagen, befestigt mit einer Umfassungsmauer (*murus gallicus*); ihre freien Bürger pflegten eine differenzierte und arbeitsteilige Wirtschaftsform. Im Mittelrheinischen Becken waren in den Jahren vor Christi Geburt und auch schon während der frühen Römerzeit die Treverer ansässig. Es gilt als sicher, dass die spätkeltischen Siedlungen im offenen Land häufig in frührömische Wohnplätze und danach in landwirtschaftliche Betriebe (*villae*) übergegangen sind. Mit dem Eindringen der römischen Truppen und deren Zusammenwirken mit der bodenständigen keltischen Zivilisation begann eine neue Kulturepoche.

Durch römische Berichte wurde der Rhein und damit auch die Mittelrheinische Senke erstmals in der Geschichtsschreibung erwähnt. Das Mittelrheingebiet nahm wahrscheinlich bei der römischen Landnahme eine besondere Rolle ein. Der römische Feldherr GAIUS JULIUS CAESAR ließ im Neuwieder Becken zweimal einen Pioniersteg über den Rhein bauen, nämlich 57 und 55 v. Chr. Auch einige Herrscher des Imperium Romanum waren persönlich am Rhein, in der Frühzeit unter anderem AUGUSTUS, TIBERIUS und AGRIPPA, außerdem stand ein Drittel der gesamten römischen Streitmacht auf dem kurzen Rheinabschnitt zwischen Xanten (*castra vetera*) und Mainz (*moguntiacum*).

Der militärischen Besetzung folgte die Entwicklung der Region zu einem Wirtschaftsraum mit Handelsplätzen und Handelswegen, einem Straßennetz sowie Transport- und Versorgungseinrichtungen, jeweils gesichert durch Lager und Kastelle. In diesem Zusammenhang ist auch die römische Pfahljochbrücke über den Rhein von Koblenz nach Ehrenbreitstein zu nennen, die 49 n. Chr. zur Sicherung des rechtsrheinischen Gebietes im Zuge der Chattenfeldzüge errichtet wurde. Ebenso bildete der obergermanisch/rätische Limes, der in Rheinbrohl begann und sich über die Randhöhen des Westerwaldes bei Niederbieber, Bendorf und Hillscheid nach S bzw. nach SO erstreckte, eine Sicherung des Wirtschaftsraumes von Mittelrheintal und Mittelrheinischem Becken. In seinem Schutz entwickelten sich Handel und Gewerbe, vor allem die Gewinnung mineralischer Bodenschätze wie Tuff, Basalt oder Eisen, auch die sehr produktive Töpferei bei Winningen, Mülheim-Kärlich, Lay oder Thür sollte hier erwähnt werden.

Um 259/260 wurde der Limes an vielen Stellen von rechtsrheinischen germanischen Völkerschaften überrannt. Die Grenze des Imperiums wurde auf den Rhein zurückverlegt. Es entstanden die spätrömischen festen Kastelle wie Andernach (s. B 2.1), Boppard und Koblenz (s. F 4.2), in denen sich eine römische Stadtkultur entwickelte. Nach einer verhältnismäßig kurzen Blütezeit im Verlauf des 4. nachchristlichen Jahrhunderts mussten die römischen Truppen wegen der desolaten Situation in Rom aus dem Rheinland abgezogen werden. Germanische Franken und Alemannen überquerten den Rhein und drangen in die Provinzen Germania superior und Belgica ein. Sie eroberten und plünderten 450/51 und 455 Trier. Damit und mit der Niederlage des letzten römischen Heeres im Jahr 471, das nach Gallien gegen die Westgoten gezogen war, gingen der politische Einfluss Roms und zugleich die Spätantike am Rhein zu Ende.

Die neuen Herren des Landes betrieben ebenfalls Siedlungspolitik. Es ist allgemein zu beobachten, dass fränkische Siedlungen und Höfe zumindest auf dem flachen Land meist völlig unabhängig von den älteren römischen Besiedlungen angelegt wurden. Die Neubesiedlung des Rhein-Mosel-Gebietes und des Mittelrheinischen Beckens durch die Franken hat die gesamte weitere Siedlungsgeschichte maßgeblich beeinflusst. Fränkische Niederlassungen bilden häufig den Ursprung der heutigen Ortschaften besonders auf dem Maifeld und in der Pellenz, aber auch an der Mosel und in deren Seitentälern. Mit Hilfe von Ortsnamenendungen und von typisch fränkischen Reihengräberfeldern konnte die Lage einer großen Zahl von geschlossenen Siedlungen und Einzelhöfen im Mittelrheingebiet nachgewiesen werden. Charakteristisch ist deren Lage an Terrassenrändern, Bächen, alten Flussrinnen und offenen Gewässern. Die Siedlungen befanden sich zumeist an den Stellen, an denen sich Weideland und fruchtbares Ackerland aneinander anschlossen, auch die Franken betrieben mit Ackerbau und Viehhaltung eine gemischte Landwirtschaft. Zur Gründung eines einheitlich regierten fränkischen Reiches kam es erst unter CHLODWIG am Ende des 5. Jh. Das archäologische Fundgut dieser Zeit weist in der mittelrheinischen Region im Wesentlichen die lückenlose Fortsetzung der fränkischen Landnahme und die Reichskonsolidierung des Mittelalters nach.

Hans-Helmut Wegner

Territorialgeschichte

Die mittelalterlich-frühneuzeitliche Territorialgeschichte des Mittelrheinischen Beckens ist besonders von dem raumgreifenden Herrschaftsaufbau der Erzstifte Trier und Köln gekennzeichnet, wobei die kurtrierischen Interessen moselabwärts in den Westerwald und die kurkölnischen Interessen rheinaufwärts gerichtet waren. Das Mittelrheinische Becken wurde somit zu deren Überlappungsgebiet. Das Erzstift Mainz sowie die Grafschaften Wied und Sayn konnten dagegen in diesem Gebiet nur eine eher lokale Wirksamkeit entfalten. Eine Zusammenführung dieser Territorien erfolgte in zwei Schritten: mit dem Ende des Alten Reiches zwischen 1789 und 1806 (Abb. 13) und in dessen Folge mit der räumlichen Neuordnung durch den Wiener Kongress (1815). Für 140 Jahre war das Rhein-Mosel-Gebiet damit ein Teil des Königreiches Preußen. Dabei vollzogen sich im Mittelrheinischen Becken Raumbildungen, die durch eine territoriale Aufsplitterung im Mittelalter und in der frühen Neuzeit sowie eine territoriale Zusammenführung nach 1789 gekennzeichnet waren. Koblenz gewann, trotz der häufigen Grenzsituation, eine zunehmende Zentralität, die wesentlich durch die Lage der Stadt an Rhein und Mosel und damit am Kreuzungspunkt zweier flusstalorientierter Entwicklungsachsen bedingt war (Abb. 14).

Die frühen mittelalterlichen Raumbildungsprozesse im Rhein-Mosel-Gebiet – während der Zerfallsphase des karolingischen Reiches im 9. Jh. – fanden im Kontext der geopolitischen Lage des Mittelrheins als Grenze zwischen dem fränkischen Ostreich und Lotharingien statt. Politisch besiegelt wurde diese Grenzlage 843 im Vertrag von Verdun, zu dem die Vorverhandlungen 842 in der Koblenzer St. Kastor-Kirche erfolgt waren. Koblenz war zu diesem Zeitpunkt Zentralort eines fränkischen Königsgutbezirkes (*fiscus*), an den sich im N und S die *fisci* von Andernach und Boppard anschlossen. Erfüllten diese *fisci* vor allem wirtschaftliche Aufgaben zur Versorgung der Könige an deren jeweiligen Aufenthaltsorten, so waren die Gaue im weitesten Sinne verwaltungsräumlich bestimmte Gebiete. Der Bereich des linksrheinischen Mittelrheinischen Beckens gehörte dabei zum Maifeld, dessen politischer Hauptort Mayen (s. D 7.1) war.

Klarere Konturen erlangte das Gebiet des Mayengaus und des rechtsrheinisch anschließenden Engersgaus jedoch erst im späten 11. Jh., als Kaiser HEINRICH IV. mit HEINRICH VON LAACH für die seinerzeit noch stark an den mittelrheinischen Raum gebundene Pfalzgrafschaft einen Pfalzgrafen einsetzte, der sich nach seiner Burg im westlichen Mittelrheinischen Becken nannte. Von die-

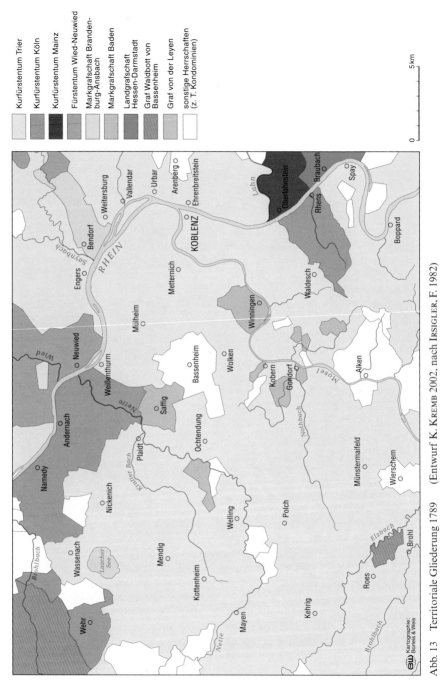

Abb. 13   Territoriale Gliederung 1789   (Entwurf K. KREMB 2002, nach IRSIGLER, F. 1982)

Legende:
- Kurfürstentum Trier
- Kurfürstentum Köln
- Kurfürstentum Mainz
- Fürstentum Wied-Neuwied
- Markgrafschaft Branden-burg-Ansbach
- Markgrafschaft Baden
- Landgrafschaft Hessen-Darmstadt
- Graf Waldbott von Bassenheim
- Graf von der Leyen
- sonstige Herrschaften (z. T. Kondominien)

0   5 km

Kartographie: Borleis & Weis

ser Burganlage sind keine baulichen Überreste mehr vorhanden, da sie von Heinrichs Sohn SIEGFRIED zu Gunsten der Abtei Maria Laach abgebrochen worden ist. 1093 war diese Abtei als Hauskloster und damit auch als Grabstätte (Hochgrab Heinrichs in der Abteikirche, s. A 3) begründet worden. Der klösterliche Güterbesitz konzentrierte sich im Umkreis des Laacher Sees, reichte aber auch bis auf die rechte Rheinseite z.B. bis nach Bendorf. Als pfalzgräfliches Hauskloster fungierte die Abtei allerdings nur kurze Zeit, denn bereits mit Heinrichs Sohn endete die Reihe der Laach-Ballenstedter Pfalzgrafen.

Die pfalzgräfliche Herrschaftsposition im Maifeld hatte noch bis zur Verlagerung der Pfalzgrafschaft an den nördlichen Oberrhein unter den Stauferkaisern Bestand. Die dadurch im Mittelrheinischen Becken erfolgende administrative Neuordnung findet unter anderem in den Pellenzgerichten von Mendig (s. D 2.1) und Münstermaifeld (s. H 6.1) ihren Ausdruck. Diese Gerichte sind zugleich als Relikte der pfalzgräflichen Herrschaft zu deuten. Im Fall von Münstermaifeld knüpfte das dortige Gericht an eine zentralörtliche Bedeutung an, die auf einen fränkischen Königshof mit einer Martinskirche als Sitz einer Großpfarrei zurückreicht. Eine andere Großpfarrei existierte in Koblenz. An deren Spitze stand der Propst von St. Kastor, nach Aufhebung der Propstei das Stift als Pfarr- und Zehntherr.

Münstermaifeld und Koblenz waren zudem die Hauptorte von Kleinarchidiakonaten, sie gehörten zum übergeordneten Archidiakonat Karden. Bei diesem, wie auch bei den vier weiteren (Trier, Tholey, Longwy und Dietkirchen), lag das Visitationsrecht und die geistliche Gerichtsbarkeit (Sendgericht) im Auftrag des Trierer Erzbischofs. Über diese geistliche Rolle hinaus gelang es den Trierer Erzbischöfen jedoch schon im 11. Jh. zunehmend auch ein territorialpolitisches Gewicht im Mittelrheinischen Becken zu erlangen. Das Schlüsselereignis dafür war die Schenkung des königlichen Fiskalbesitzes Koblenz durch Kaiser HEINRICH II. an Erzbischof POPPO im Jahr 1018. Diese Schenkung umfasste den Koblenzer Königshof mit Münze, Zoll und Grundbesitz, „eine Schenkung, die den Bestrebungen des Erzbischofs entgegenkam, seine Besitzungen an der unteren Mosel, am Rhein und an der Lahn zu vergrößern, eine Richtung, die schon durch die Missionstätigkeit seit dem frühen Mittelalter und durch die Ausdehnung des Trierer Bistums vorgegeben war" (DAMS-RUDERS-DORF 1986). Der Trierer Erzbischof hatte damit nicht nur eine territoriale Machtposition am Rhein erlangt, sondern zugleich zwischen die gegenläufigen rheinischen Interessenspitzen der Erzstifte Köln (Andernach und Rhens) und Mainz (Ober-Lahnstein) einen über den Rhein in den Westerwald weisenden Keil geschoben. POPPOS nächstes Interesse galt der rechtsrheinischen, um 1000 von dem Edlen EHRENBRECHT erbauten Burg Ehrenbreitstein, die er bereits 1020 erwerben konnte (s. F 4.2, F 5).

Von Koblenz und Ehrenbreitstein aus untermauerten die Trierer Erzbischöfe systematisch ihre rheinische Stellung. Dies kommt nicht zuletzt darin zum Ausdruck, dass auch Adelshäuser der Region Trierer Erzbischöfe stellten, z.B. im 12. und 13. Jh. mit RUDOLF, JOHANN und THEODERICH II. VON WIED. Vor allem aber waren es territorialpolitisch wichtige Schritte, die im 13. und 14. Jh. erfolgten und die trierischen Positionen im Rhein-Mosel-Bereich ausweiteten:

Erzbischof ARNOLD VON ISENBURG (1242–1259) ließ Münstermaifeld befestigen (s. H 6.1), 1280 wurde unter Erzbischof HEINRICH II. VON FINSTINGEN eine kurfürstliche Burg, die so genannte Genovevaburg (s. D 7.3), in Mayen errichtet und der Ort unter Erzbischof BOEMUND VON WARSBERG nach der Stadtrechtsverleihung von 1291 befestigt. 1371 folgte in der Zeit von Erzbischof KUNO VON FALKENSTEIN der Erwerb der rechtsrheinischen Stadt Engers (s. C 4) und zur Sicherung der neuen Position der Bau der Burg Kunenstein-Engers. Mit diesen Maßnahmen war zugleich die Errichtung von kurtrierischen Ämtern verbunden. In diesen Zusammenhang gehört auch 1402 der Bau der Burg Wernerseck in Ochtendung durch Erzbischof WERNER VON FALKENSTEIN (s. E 11). Am Ende des Mittelalters bestanden im Bereich des Mittelrheinischen Beckens nach einer Zusammenstellung des erzbischöflichen Sekretärs PETER MAIER VON REGENSBURG folgende kurtrierische Ämter: Engers, Ehrenbreitstein, Mayen, Münstermaifeld, Pellenz (Ochtendung) sowie Koblenz Stadt und Koblenz Amt.

Die an der Spitze dieser Ämter stehenden Amtmänner hatten eine ganze Reihe von Aufgaben zu erfüllen; diese ergaben sich aus deren Funktion als lokale Stellvertreter des Landesherrn. Der Amtsrevers für den Mayener Amtsmann GERLACH VON ISENBURG bestimmte z.B. (nach LAUFNER 1985, S. 295): „…daszelbe ampt und alle, die darin gehoren, beide, geistlich und werltlich, edel und unedel, arm und riche, [zu] verantworten [verteidigen], [zu] schirmen und [zu] schuren [beschützen]…". Der Amtsmann fungierte also als Vogt und Burggraf; zudem oblagen ihm das Rechtswesen und die Verwaltung, nicht allerdings die Steuerverwaltung, für die ein Kellerer verantwortlich war.

Diese von Erzbischof BALDUIN VON LUXEMBURG (1308–1354) aufgebaute Ämterorganisation hatte Bestand bis zum Ende des Trierer Kurstaates. Dessen territoriale Ausweitung wie zunehmende administrative Durchdringung machte allerdings schon bald die Einrichtung einer Zwischeninstanz notwendig. Sie wurde für das Oberstift in Trier und das Unterstift in Ehrenbreitstein institutionalisiert. Ehrenbreitstein spielte jedoch bereits im 17. Jh. eine Rolle, die weit über eine bloße Zuständigkeit für das Unterstift hinausging (s. F 5). Hatten die Trierer Erzbischöfe schon im Mittelalter oft auf dem Ehrenbreitstein residiert, so wurde inzwischen eine Dauerregelung daraus, Bischofs- und Verwaltungssitz blieb Trier.

Die Bevorzugung Ehrenbreitsteins als Residenz hatte zahlreiche Gründe. Neben der damit augenfällig dokumentierten Machtposition am Rhein gaben vor allem militärische Belange den Ausschlag. Das war in den politisch unruhigen Zeiten des 17. Jh. ein entscheidender Faktor. Der Ausbau des Ehrenbreitsteins zu einer starken Festung ergab sich deshalb geradezu zwangsläufig. Damit war eine Entwicklung in Gang gesetzt, die schließlich zur völligen Verlegung des kurfürstlichen Hofstaates und des Verwaltungsapparates nach Ehrenbreitstein führte. Architektonischer Ausdruck dafür ist das an Stelle der abgebrochenen Philippsburg errichtete so genannte Dikasterialgebäude am Fuß des Ehrenbreitsteins direkt am Rhein gegenüber der Moselmündung. Rhein und Mosel fließen damit als raumbezogene Denkmuster ausdrucksstark ineinander. Planung und Bauleitung des Gebäudes lagen bei BALTHASAR NEUMANN, der den Bau 1740 im Auftrag von Erzbischof FRANZ GEORG VON SCHÖNBORN begann.

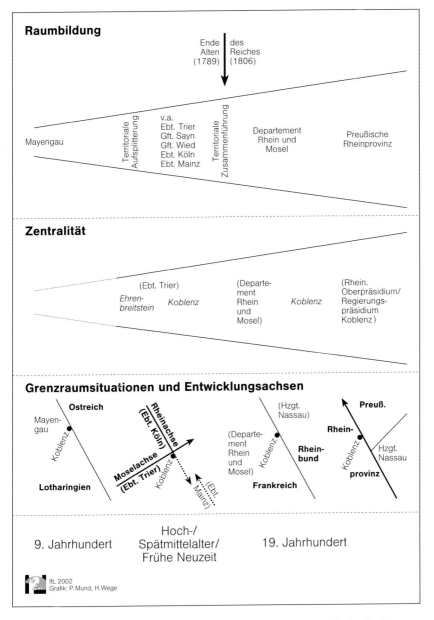

Raumbildung

Ende des
Alten Reiches
(1789) (1806)

Mayengau

Territoriale Aufsplitterung

v.a.
Ebt. Trier
Gft. Sayn
Gft. Wied
Ebt. Köln
Ebt. Mainz

Territoriale Zusammenführung

Departement
Rhein und
Mosel

Preußische
Rheinprovinz

Zentralität

(Ebt. Trier)

Ehren-
breitstein

Koblenz

(Departe-
ment
Rhein
und
Mosel)

Koblenz

(Rhein.
Oberpräsidium/
Regierungs-
präsidium
Koblenz)

Grenzraumsituationen und Entwicklungsachsen

Ostreich

Mayen-
gau

Koblenz

Lotharingien

Rheinachse
(Ebt. Köln)

Moselachse
(Ebt. Trier)

Koblenz

(Ebt. Mainz)

(Hzgt.
Nassau)

(Departe-
ment
Rhein
und
Mosel)

Koblenz

Frankreich

Preuß.

Rhein-

Rhein-
bund

Koblenz

provinz

Hzgt.
Nassau

9. Jahrhundert

Hoch-/
Spätmittelalter/
Frühe Neuzeit

19. Jahrhundert

IfL 2002
Grafik: P.Mund, H.Wege

Abb. 14   Territorialgeschichtliche Strukturen und Prozesse im Mittelrheinischen Becken
(Entwurf K. KREMB 2002)

41

In ihm wurden die Zentralbehörden des Kurstaates zusammengefasst: Regierung mit Registratur und Kanzlei, das Landrentamt, das Kanzleramt, der Hofkriegsrat und die Bibliothek. Ehrenbreitstein war damit zum Verwaltungs-Oberzentrum des Kurfürstentums Trier geworden. Zum Bau eines eigenständigen kurfürstlichen Palais in Ehrenbreitstein kam es nicht. Stattdessen ließ Erzbischof FRANZ GEORG auf der gegenüberliegenden Rheinseite in Koblenz-Kesselheim 1748 Schloss Schönbornslust errichten, das jedoch schon 1806 wieder abgebrochen wurde. Erhalten blieb dagegen das ab 1759 unter Erzbischof JOHANN PHLIPP VON WALDERDORFF erbaute rechtsrheinische Jagd- und Lustschloss in Engers (s. C 4).

Einen letzten kurstaatlichen Bauakzent setzte dann in den 1780er Jahren Kurfürst CLEMENS WENZESLAUS VON SACHSEN-WETTIN. Ihm erschien, trotz der nahen Anlagen in Kesselheim und Engers, die Residenz Ehrenbreitstein nicht mehr zeitgemäß. Aus diesem Grund gab er auf der Koblenzer Rheinseite eine neue umfangreiche Schlossanlage in Auftrag, deren Vollendung er nicht mehr genießen konnte, weil er 1794 vertrieben wurde. 1794 fiel mit dem Einmarsch der französischen Revolutionstruppen in Koblenz jedoch nicht nur der Kurstaat zum Opfer, auch die nichttrierischen Territorien im Mittelrheinischen Becken verloren ihre bisherige Selbstständigkeit. Linksrheinisch waren das vor allem: das kurkölnische Gebiet um Andernach, der Bereich um Winningen, der aus dem sponheimischen Erbe an die Markgrafschaft Baden gekommen war, und in Streulage eine Reihe von Besitzungen der Grafen von der Leyen und der Grafen Waldbott von Bassenheim. Der rechtsrheinische Teil des Mittelrheinischen Beckens blieb zwar mit den internationalen Friedensschlüssen von 1797 (Campio Formio) und 1801 (Lunéville) von einem Anschluss an Frankreich verschont, stand jedoch durch seine Inkorporation in das 1806 als Rheinbundstaat gegründete Herzogtum Nassau unter dem Protektorat des Kaisers der Franzosen. Das betraf im mittelrheinischen Raum die um Neuwied (als Residenzstadt) gelegenen Teile des Fürstentums Wied-Neuwied und das ehemals saynische Gebiet um Bendorf, das 1744 auf dem Erbweg an die Markgrafen von Brandenburg-Ansbach und von da 1791 an die preußische Krone gekommen war. Wied wie Sayn sind Beispiele für Territorien, die sich seit dem 12. Jh. am Rand des Mittelrheinischen Beckens herausgebildet hatten und in der Folge zu bestimmenden raumbildenden Kräften werden konnten. Dies hatte mit der Auflösung des Alten Reiches 1806 auch für die Sayner Territorien, die bis dahin im Westerwald weiter bestanden, sein Ende. Linksrheinisch war das Ende der alten territorialen Ordnung bereits im Jahr 1800 mit der Einrichtung des Departements Rhin-et-Moselle erreicht, das mit der Hauptstadt Koblenz von Bonn bis Bad Kreuznach reichte. Die über Jahrhunderte gewachsene territoriale Situation war damit auch im Mittelrheinischen Becken in neue Strukturen überführt.

Die folgende staatliche Ordnung nach 1815 brachte das Mittelrheinische Becken für fast eineinhalb Jahrhunderte zum Königreich Preußen: den linksrheinischen Teil (die Kantone Mayen, Coblenz, Polch und Münster) als Teil der Provinz Großherzogtum Nieder-Rhein, die rechtsrheinischen Bereiche als Teil der Provinz Jülich-Kleve-Berg. 1822 erfolgte dann die Zusammenlegung beider

Provinzen zur Rheinprovinz, deren Hauptstadt Koblenz wurde. Die Stadt erhielt zugleich den Sitz einer der vier Regierungsbezirke der Rheinprovinz.

Auch als Militärstandort spielte Koblenz in preußischer Zeit eine bedeutende Rolle. So wurde der Ehrenbreitstein bereits im Zeitraum von 1817 bis 1828 zur zweitstärksten Festung in Europa ausgebaut. Es erfolgte eine völlige Neubebauung, denn der alte Ehrenbreitstein war 1801 beim Abzug der Franzosen restlos zerstört worden. Dazu bestimmte der Frieden von Lunéville, dass die Französische Republik förmlich auf ihre Besatzungsrechte auf dem rechten Rheinufer verzichten und die festen Plätze wie etwa den Ehrenbreitstein an das Reich zurückgeben sollte. Dies sollte unter der ausdrücklichen Bedingung erfolgen, dass diese Plätze in dem Zustand verblieben, in dem sie sich bei der Räumung befanden. Preußen errichtete in der nachfranzösischen Zeit sehr schnell neue Fortifikationen, was die politisch gestörten deutsch-französischen Beziehungen im 19. Jh. demonstrierten. Wie schwierig diese auch noch in der ersten Hälfte des 20. Jh. waren, zeigten die 10-jährige französische Besatzungszeit nach dem Ersten Weltkrieg sowie die so genannte Separatistenbewegung. Schon kurz nach dem Ende des Ersten Weltkrieges (etwa ab 1920) waren Bestrebungen aufgekommen, das Rheinland als eine Art Freistaat vom Reich loszulösen und eine unabhängige Rheinische Republik zu gründen; diese sollte zu einem Pufferstaat zwischen Frankreich und dem Deutschen Reich ausgebaut werden. Koblenz sollte für den südlichen Bereich dieses neuen politischen Gebildes die Hauptstadt werden. Auf dem Schloss war bereits eine neu geschaffene Flagge gehisst, und im Schloss selbst residierte die selbsternannte Regierung, unbehelligt und völlig unter dem Schutz der französischen Besatzungsmacht. Im Landkreis Mayen wurde der Landrat im Verlauf eines Handstreichs aus dem Amt entfernt und durch einen Backofenbauer aus Bell ersetzt. Das weithin rücksichtslose und brutale Regime wurde allerdings nur von einer Minderheit der Bevölkerung akzeptiert; in den Städten und auf dem Land wuchs ein innerer und auch aktiver Widerstand. Aber erst das Eingreifen der „Rheinlandkommission", innerhalb derer vor allem Großbritannien gegen die so genannte Revolverpolitik auftrat, beendete das Separatistenwesen.

Genauso wenig Gegenliebe wie die Separatisten fanden auch die Nationalsozialisten. Sie stießen vor allem in den gewerblich orientierten Dörfern des Mittelrheinischen Beckens und in den Industriestandorten auf eine sehr starke Anhängerschaft der Sozialdemokraten. So konnten die Nationalsozialisten bei der letzten freien Wahl in der Weimarer Republik im November 1932 im Landkreis Mayen nur einen Stimmenanteil von 15,4% erringen (durchschnittliches Ergebnis im Reich: 33,1%). Selbst bei den Märzwahlen 1933, den letzten freien Wahlen vor 1946 erzielte die NSDAP hier nur 30,7% (Reich: 43,9%). Mehrheitsträger war in beiden Wahlen vor allem die Zentrumspartei. Aus diesem nahezu zementierten Gegensatz resultierte auch die sehr reservierte Haltung der Bevölkerung gegenüber der NSDAP zwischen 1933 und 1945, was sich dann auch in feindlichen Aktionen der Partei gegen die katholische Kirche und vor allem gegen einzelne katholische Pfarrer widerspiegelte. Koblenz wurde Sitz der Gauleitung für den Gau Koblenz-Trier, der nach dem Anschluss des Saarlandes und der (kriegsbedingten) Erweiterung nach dem W (Luxemburg, Elsass und Lothringen) mehrfach umstrukturiert und auch umbenannt wurde.

Die Konzeptionen der politischen Führungen wurden auch durch Veränderungen in der Kulturlandschaft sichtbar. So wurden die Landwirte gezwungen, im Rahmen der „Erzeugungsschlacht" ihre Produktionen unter Zurückstellung ökonomischer Prinzipien zu steigern, etwa durch Nutzung auch wenig ergiebiger Flurstücke; auch in Siedlungsplanungen und Siedlungsausbauten wurde staatlicherseits eingegriffen. Daneben entstanden Planungsräume für Truppenzusammenziehungen im Falle eines Aufmarsches gegen Frankreich und es wurden bereits vorhandene, strategisch bedeutsame Verkehrswege ausgebaut bzw. modernisiert. Im Gegensatz zur Neuanlage der Hunsrück-Höhenstraße (B 327) wurden jedoch im Mittelrheinischen Becken keine neuen strategischen Verkehrswege angelegt. Auf der Höhe des Stadtteils Karthause in Koblenz entstand hingegen ein Feldflugplatz, der heutige Ortsteil Flugfeld.

Der Zweite Weltkrieg und vor allem sein Ende im Jahr 1945 beendete jegliche Entwicklung im Sinne einer Weiterentwicklung. Dörfer und Städte (vor allem Koblenz und Mayen) waren zerstört, ebenso zahlreiche Verkehrsstränge und vor allem die verbindenden Brücken. Er beendete aber auch die administrative Zugehörigkeit des Mittelrheinischen Beckens zu Preußen nach einer Zeit von rund 130 Jahren. Die preußische Zeit hat aber im Mittelrheinischen Becken, vor allem in den rheinnahen Bereichen im Ostteil sowie in Koblenz, ebenso ihre territorialgeschichtlichen Spuren hinterlassen wie die in Jahrhunderten weit länger als territorialräumliche Prägekraft in Erscheinung getretene kurtrierische Ära.

Klaus Kremb

Aktuelle Raumstruktur

Gebiets- und Verwaltungsgliederung

Die Grundlagen der heutigen Verwaltungsgliederung für den Raum des Mittelrheinischen Beckens wurden hinsichtlich der Kreiseinteilung noch während seiner Zugehörigkeit zur preußischen Rheinprovinz gelegt, spätestens aber nach 1945, als das heutige Bundesland Rheinland-Pfalz zur französischen Besatzungszone gehörte. Damit war das Gebiet aus der preußischen Verwaltungsaufsicht herausgelöst und im weiteren Verlauf der Entwicklung einem neuen Land zugeordnet worden, dessen Regierung von 1946 bis 1950 in Koblenz ansässig war. Von Beginn der Länderbildung an gab es Bestrebungen zu einer Reform der staatlichen und kommunalen Verwaltungen, die mit einer Gebietsreform einhergingen. Wie im ganzen Land bedeutete dies auch für das Gebiet die Auflösung der Ämter, die Neufestsetzung von Kreisgrenzen, die Umgliederung oder die Zusammenlegung von Ortsgemeinden, Eingemeindungen und schließlich die Neueinführung von Verbandsgemeinden. Diese Reform begann mit einem Landtagsbeschluss vom 16. Juli 1968 und wurde durch eine entspre-

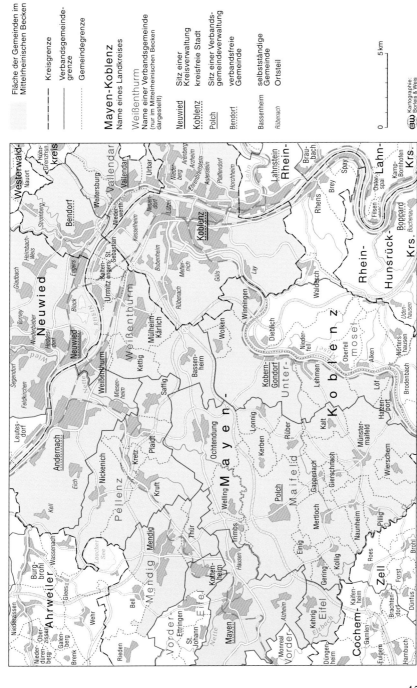

Abb. 15   Administrative Gliederung 2000 (nach Karte der Gemeindegrenzen Rheinland-Pfalz 1:200 000, Ausgabe C. Hg. vom Landesamt für Vermessung und Geobasisinformation Rheinland-Pfalz. 8. Aufl. 2000)

45

chende Gesetzgebung vom Dezember 1973 abgeschlossen, die mit der Gemeindewahl vom 17. März 1974 in Kraft trat (Anhang G).

Den größten Anteil am Mittelrheinischen Becken hat der Landkreis Mayen-Koblenz mit Sitz in Koblenz (Abb. 15); der aus dem ehemaligen Landkreis Mayen und dem Landkreis Koblenz(-Land) entstand. Im Gebiet des Mittelrheinischen Beckens besteht der Landkreis aus den Großen kreisangehörigen Städten Andernach und Mayen, der Verbandsfreien Gemeinde (Stadt) Bendorf und folgenden Verbandsgemeinden bzw. Teilen der Verbandsgemeinden.

Verbandsgemeinde	Sitz der Verbandsgemeinde	Zahl der Ortsgemeinden innerhalb des Mittelrheinischen Beckens
Maifeld	Polch	18
Mendig	Mendig	2
Pellenz	Andernach	5
Untermosel	Kobern-Gondorf	4 (randlich liegende Gemeinden)
Vallendar	Vallendar	4
Vordereifel	Mayen	2
Weißenthurm	Weißenthurm	7

Dazu kommen im östlichen Teil des Mittelrheinischen Beckens: die Große kreisangehörige Stadt Neuwied (aus dem Landkreis Neuwied mit zahlreichen peripheren Stadtteilen) und die Kreisfreie Stadt Koblenz, ebenfalls mit weit ins Becken hineinreichenden Stadtteilen. Es sind also 47 selbstständige Gemeinden, die mit ihren Gemeindeflächen innerhalb des Mittelrheinischen Beckens liegen. Alle Verwaltungseinheiten gehörten zum Regierungsbezirk Koblenz mit Sitz in Koblenz, der als Gebietskörperschaft allerdings im Jahre 2000 aufgelöst wurde. Das Regierungspräsidium als einstige Obere Behörde wurde aus politischen Gründen zur reinen Dienstleistungsbehörde herabgestuft; einige der ehemaligen Verwaltungsbefugnisse gingen auch auf die Kreisverwaltungen über.

Heinz Fischer

Bevölkerungsentwicklung und Bevölkerungsverteilung

Die Bevölkerungsentwicklung von 1817 bis zur Gegenwart (Anhang H) ist stark von der industriellen und gewerblichen Entwicklung des Raumes beeinflusst worden. Wenngleich die Zählungsprinzipien zwischen 1817 und 2001 inzwischen mehrfach abgeändert worden sind, ergeben sich doch einigermaßen vergleichbare Zahlen. Zur Zeit der ersten preußischen Zählung 1817 lebten in den heutigen zum Mittelrheinischen Becken gehörenden Gemeinden 61 811 Menschen, davon allerdings über 32 000 (etwa 52%) in den am Rand des Beckens liegenden Städten Koblenz und Neuwied (Abb. 16). Die erste Volkszählung im neu gegründeten Deutschen Kaiserreich (1871) ermittelte 124 474 Einwohner – die Bevölkerung hatte sich demnach innerhalb von etwas mehr als 50 Jahren verdoppelt. Dieser Anstieg setzte sich fort, nunmehr allerdings etwas langsamer, immerhin wurden 1905 im Mittelrheinischen Becken fast 195 000 Bewohner gezählt. Zur Zeit der letzten Volkszählung vor dem Zweiten Weltkrieg (1939) lebten hier 243 731 Menschen, wobei auf dem Maifeld und in Gemeinden der heutigen Verbandsgemeinde Mendig der Zuwachs unerheblich war. Nach den starken Bevölkerungseinbußen während des Krieges (hohe Todesziffern; Evakuierungen; Wegzug wegen der Zerstörung der Wohnsubstanz durch Bombenangriffe) wuchs die Bevölkerung erst ab etwa 1961 wieder an und erreichte im Jahre 2000 die Zahl von 312 501 Einwohnern. Von ihnen lebten nahezu 175 000 (56%) in Koblenz und Neuwied (Abb. 17). Sowohl die unter dem Vorwand des Datenschutzes oftmals verweigerten Aussagen bei Volkszählungen als auch manche Unsicherheiten in der Bevölkerungsfortschreibung und vor allem die nicht immer problemlos zu erfassenden Zahlen über die Zuwanderung auslandsdeutscher bzw. nichtdeutscher Personen lassen eine exakte Aussage über die tatsächliche Bevölkerungszunahme und den Stand der Bevölkerungszahlen zu gewissen Stichtagen nicht unbedingt zu.

Entsprechend der Bevölkerungszunahme hat sich die B e v ö l k e r u n g s d i c h t e (Einwohner pro km²) verändert. Bereits um 1817 findet man die höchste Bevölkerungsdichte in den Städten (Koblenz, Vallendar, Neuwied und Bendorf) sowie in den Gemeinden entlang des Rheines (Niederwerth, St. Sebastian, Kaltenengers, Urbar, Urmitz und Weißenthurm) sowie im Winzerdorf Winningen an der Mosel; hier ist die Bevölkerungsdichte mit mehr als 175 Einwohnern pro km² auffällig hoch. Kottenheim ist die einzige Gemeinde im Mittelrheinischen Becken mit einer Bevölkerungsdichte von über 100 Einwohnern pro km². Dies hängt mit dem Basaltlavaabbau zusammen, der zum Bevölkerungszuzug führte. Daraus erklärt sich ebenfalls die vergleichsweise höhere Einwohnerdichte von 75 bis 100 Einwohnern pro km² in Mendig. In den Steinabbaugebieten von Bell, Mayen, Ettringen und Kruft variiert die Dichte zwischen 50 und 75 Einwohnern pro km².

Die Bevölkerungsverteilung hat sich bis zur Gegenwart kaum verändert. Die Städte und Gemeinden mit den höchsten Dichtewerten befinden sich weiterhin in Rheinnähe. Die Stadt Weißenthurm weist wegen ihrer kleinen Gemarkungsfläche mit über 1 900 Einwohnern pro km² die höchste Bevölkerungsdichte auf. Auch in der Pellenz verzeichnet die Bevölkerung im Schnitt eine Vervier- bis Verfünffachung, was im Zusammenhang mit Zuzügen, die auf die wirtschaftliche Entwicklung des Bimsabbaus und des Steingewerbes zurückzuführen sind, steht. In Plaidt beträgt die Bevölkerungsdichte sogar 574 Einwohner pro km². Im landwirtschaftlich geprägten Maifeld ist das Bevölkerungswachstum in den kleineren Gemeinden geringer; im südlichen Teil des Maifelds liegt die Bevölkerungsdichte mehrerer kleinerer Gemeinden sogar unter 100; in Wierschem wohnen nur 40 Einwohner pro km².

Vor allem in den Städten Mayen, Mendig und Polch sowie in der Gemeinde Ochtendung hat sich die Bevölkerungszahl relativ schnell vergrößert, die Dichtewerte variieren zwischen 300 und 400. In Kottenheim liegt die Bevölkerungsdichte bei 475 Einwohnern pro km². Auffallend ist, dass in vielen Gemeinden der Verbandsgemeinden Maifeld, Kobern-Gondorf und Vordereifel die Bevölkerungszahl zwischen 1950 und 1980 zurückging und erst seit 1980 wächst. Hier

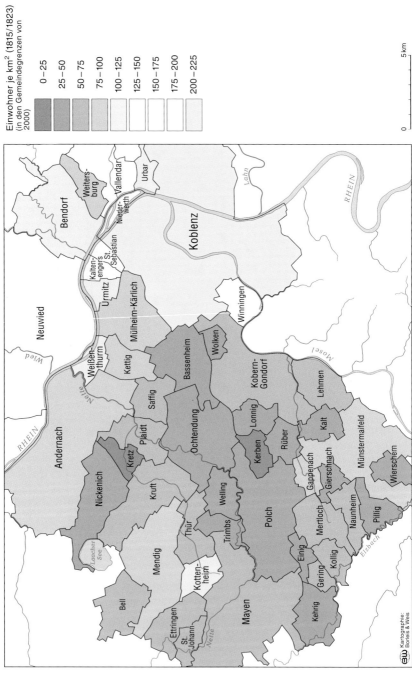

Einwohner je km² (1815/1823)
(in den Gemeindegrenzen von 2000)

- 0 – 25
- 25 – 50
- 50 – 75
- 75 – 100
- 100 – 125
- 125 – 150
- 150 – 175
- 175 – 200
- 200 – 225

0   5 km

Kartographie:
Borleis & Weis

Abb. 16   Bevölkerungsdichte im Mittelrheinischen Becken 1815/1823 (Entwurf P. BURGGRAAFF und K.-D. KLEEFELD 2002)

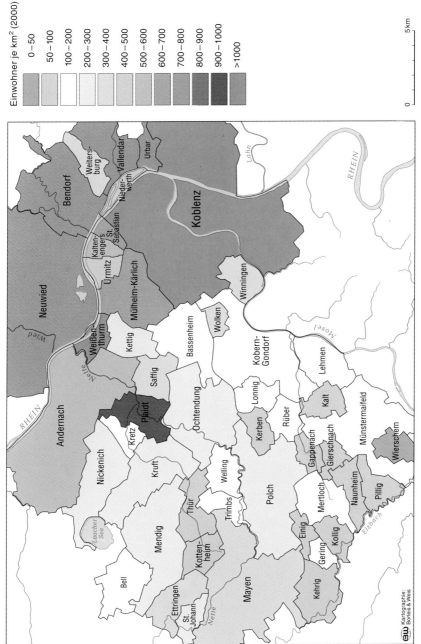

Einwohner je km² (2000)

- 0 – 50
- 50 – 100
- 100 – 200
- 200 – 300
- 300 – 400
- 400 – 500
- 500 – 600
- 600 – 700
- 700 – 800
- 800 – 900
- 900 – 1000
- >1000

0   5 km

Abb. 17   Bevölkerungsdichte im Mittelrheinischen Becken 2000 (Entwurf P. Burggraaff und K.-D. Kleefeld 2002)

Kartographie:
Borleis & Weis

49

setzte zunächst im Zusammenhang mit dem Schwund kleinerer Gewerbebetriebe und vor allem kleiner und mittlerer landwirtschaftlicher Betriebe eine Abwanderung ein, danach kam es infolge nunmehr zur Verfügung stehenden preisgünstigen Baulandes zu einer erneuten Zuwanderung.

Peter Burggraaff, Klaus-Dieter Kleefeld

Siedlungsverteilung und Siedlungstypen

Zahlreiche vor- und frühgeschichtliche Funde weisen auf die frühe Besiedlung des reliefarmen und klimabegünstigten Mittelrheinischen Beckens hin (s. Seite 14). Die dokumentarische Erstnennung der meisten Gemeinden erfolgte hier zwischen dem 10. und dem 12. Jh. (Abb. 18, Anhang F).

Die Verteilung der Siedlungen, also das Siedlungsbild allgemein, ist gekennzeichnet durch eine gewisse Dreiteilung, die deutlich lageabhängig ist. Entlang der so genannten Rheinschiene dicht vor dem Ostrand des Beckens hat sich beiderseits des Stromes eine Städtezone gebildet, die zwischen Koblenz und Andernach insgesamt knapp 25 km lang und fast ununterbrochen bebaut ist. Rechtsrheinisch reihen sich Stadtteile von Koblenz, Vallendar mit Orten der Verbandsgemeinde, Bendorf und schließlich Neuwied mit einer großen Stadtfläche aneinander. Linksrheinisch folgen auf das Stadtgebiet von Koblenz mit seinen Industrie- und Gewerbegebieten und den bereits stark verstädterten Rheindörfern St. Sebastian, Kaltenengers und Urmitz die Städte Weißenthurm und Andernach. In diesen beiden Siedlungsbändern gibt es kaum noch eine unbebaute Lücke. Vom Rheintal nach SW reichend zieht sich entlang des nördlichen Beckenrandes eine Reihe von fast ausschließlich gewerblich bis industriell geprägten bevölkerungsreichen Dörfern, vorwiegend den Verbandsgemeinden Pellenz, Weißenthurm und Mendig zugehörig (s. Seite 46). Fast jeder dieser Orte steht in einer Beziehung zur Industrie der Steine und Erden, die wiederum auf der Gewinnung vulkanogener Rohstoffe basiert.

Die meisten Siedlungen der Verbandsgemeinde Maifeld zeigen noch deutlich Spuren und Relikte ihrer ursprünglich rein agrarischen Struktur: große, sich z.T. noch in ehemaliger Funktion befindliche bäuerliche Hofstellen sind nicht selten; dazu kommen zahlreiche Aussiedlerhöfe in der Dorfgemarkung. Allerdings sind auch die Anzeichen der Entbäuerlichung nicht zu übersehen, wenn etwa ehemalige Wirtschaftsgebäude zu Werkstätten und Garagen umgebaut wurden, durchaus noch unter Verwendung der gebietsüblichen devonischen Bruchsteine oder Basaltblöcke, allerdings auch weithin schon unter Verwendung moderner Hohlblocksteine aus Bims (s. Seite 64). Insgesamt fehlt all diesen ansonsten sehr aufgeräumten und mitunter steril erscheinenden Siedlungen die bunte Romantik, die man von den Dörfern des Rhein- oder des Moseltales gewohnt ist. Eine bemerkenswerte Ausnahme macht hier die Stadt Mayen. Für das Maifeld ist die große Anzahl an Einzelhöfen und Weilern typisch, die schon erheblich älter sind als die Aussiedlerhöfe aus der zweiten Hälfte des 20. Jh. Teilweise handelt es sich um Hof- oder (ehemalige) Rittergüter (Höfe-Gebiet).

50

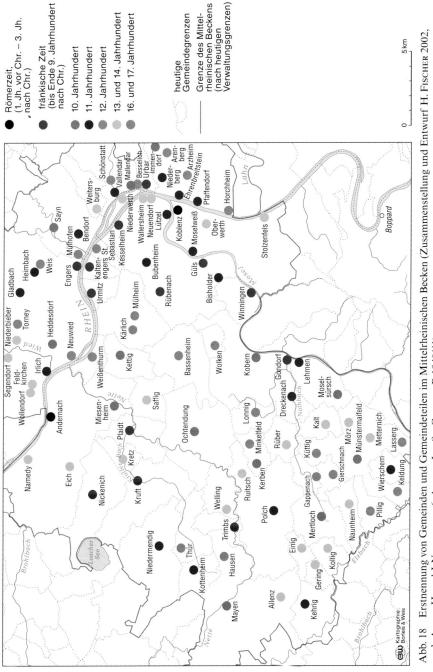

Abb. 18 Erstnennung von Gemeinden und Gemeindeteilen im Mittelrheinischen Becken (Zusammenstellung und Entwurf H. Fischer 2002, nach Aubin, H. und J. Niessen 1926. Arenz, J. 1981. Clemen, P. 1940/41)

Römerzeit,
(1. Jh. vor Chr. – 3. Jh.
, nach Chr.)

fränkische Zeit
(bis Ende 9. Jahrhundert
nach Chr.)

10. Jahrhundert

11. Jahrhundert

12. Jahrhundert

13. und 14. Jahrhundert

16. und 17. Jahrhundert

heutige
Gemeindegrenzen

Grenze des Mittel-
rheinischen Beckens
(nach heutigen
Verwaltungsgrenzen)

0   5 km

Kartographie
Borlès & Weis

51

Außerhalb der rheinparallelen Zone industrialisierter Städte liegen im Mittelrheinischen Becken nur vier Städte: Münstermaifeld (s. H 6.2) mit den typischen Merkmalen einer ehemaligen Ackerbürgerstadt, Mayen als ehemaliger Sitz der Kreisverwaltung (s. D 7.2) sowie Mendig und Polch. Die beiden erstgenannten haben historische Wurzeln – Mayen als kurtrierische Amtsstadt und Münstermaifeld als Sitz eines trierischen Stiftes und einer dazugehörigen Vogtei. Die beiden anderen wurden im Rahmen regionaler Entwicklungsprogramme erst vor wenigen Jahrzehnten zu Städten erhoben (s. D 2, D 11).

Mit 108 000 Einwohnern (EW) ist die Stadt Koblenz mit Abstand die bevölkerungsreichste Siedlung, gefolgt von dem deutlich kleineren Neuwied mit gut 69 000 Einwohnern, wobei allerdings 34 000 Menschen (46%) außerhalb der eigentlichen Stadt in den zahlreichen eingemeindeten Orten wohnen. Die kleinsten Orte sind die Maifeld-Gemeinden Gierschnach (238 EW) und Einig (153 EW). Ordnet man die Gemeinden nach ihrer Bevölkerungszahl, ergeben sich folgende Verhältnisse für das Jahr 2000:

Größenklassen (EW)	Anzahl	Größenklassen (EW)	Anzahl
0 bis unter 250	2	10 000 bis unter 15 000	1
250 bis unter 500	8	15 000 bis unter 20 000	2
500 bis unter 1 000	7	20 000 bis unter 30 000	1
1 000 bis unter 2 500	10	30 000 bis unter 50 000	0
2 500 bis unter 5 000	12	50 000 bis unter 100 000	1
5 000 bis unter 10 000	6	100 000 und mehr	1

Die Übersicht zeigt den hohen Anteil der bevölkerungsarmen Gemeinden – 39 Orte (76% der Gemeinden) haben weniger als 5 000 Einwohner. Von den 22 027 Einwohnern der 17 Maifeld-Gemeinden leben 11 308 in den beiden Gemeinden Ochtendung und Polch, den einzigen mit mehr als 5 000 Einwohnern.

Einige der Gemeinden des Mittelrheinischen Beckens haben auch den Rang von zentralen Orten. Unangefochten ist Koblenz zentraler Ort höherer Stufe (= Oberzentrum; s. F 4.5), wenngleich sein Einfluss auf das Umland auf der Ebene mittelzentraler Angebote mindestens im Bereich des Rheintales durch die unterschiedlich starken Mittelzentren Andernach, Bendorf, Lahnstein und vor allem Neuwied beschnitten wird (s. F 4). Mayen ist ein gut ausgestattetes Mittelzentrum mit einem sehr großen Umland in der Osteifel, in der Pellenz und auf dem Maifeld. Daran hat sich seit der ersten wissenschaftlichen Untersuchung durch E. MEYNEN, R. KLÖPPER und J. KÖRBER (1957) wenig geändert.

Heinz Fischer

Wirtschaft und Verkehr

Dank seiner gelände-, klima- und bodengünstigen Ausstattung sowie seines einstmals unerschöpflich scheinenden Vorrats an Steinen und Erden ist das Mittelrheinische Becken schon früh auf den Weg von der Naturlandschaft zur Kul-

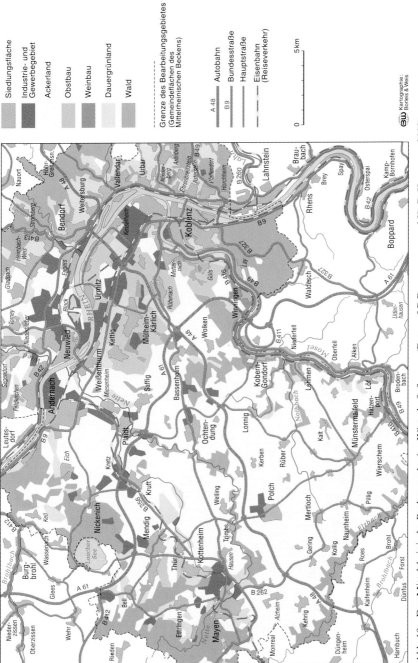

Abb. 19 Das Mittelrheinische Becken und seine Wirtschaftsformen (Entwurf P. Burggraaff und K.-D. Kleefeld 2002)

Siedlungsfläche

Industrie- und
Gewerbegebiet

Ackerland

Obstbau

Weinbau

Dauergrünland

Wald

Grenze des Bearbeitungsgebietes
(Gemeindeflächen des
Mittelrheinischen Beckens)

A 48   Autobahn

B 9   Bundesstraße

      Hauptstraße

      Eisenbahn
      (Reiseverkehr)

0   5 km

Kartographie:
Borleis & Weis

tur- und Wirtschaftslandschaft gebracht worden. Die Zeitspanne zwischen der vorrömischen Zeit und der Gegenwart war von einer fast ununterbrochenen Veränderung der Wirtschaftslandschaft begleitet. Das heutige wirtschaftliche Gefüge des Raumes wird in der Abb. 19 komprimiert dargestellt.

Land- und Forstwirtschaft

Auf Grund der Höhenlage sowie der Klima- und Bodengunst ist das Mittelrheinische Becken ein landwirtschaftlich sehr intensiv genutzter Raum. Aus der Zeit um 1820 liegt ein Sachstandsbericht an die preußische Regierung vor, in welchem das Maifeld und die Pellenz als die Kornkammer des Nieder-Erzstiftes Trier dargestellt wird, auch mit dem Hinweis darauf, dass in diesem Raum die Zweifelderwirtschaft weit verbreitet sei. Bei dieser Wirtschaftsform wurde das Ackerland im ersten Jahr genutzt und blieb dann im zweiten Jahr zur Erholung des Bodens brach liegen. Diese Wirtschaftsform erleichterte den Übergang zur heutigen, beweglichen Fruchtwechselfolge. Bei der Viehwirtschaft hatte die Schweinemast einige Bedeutung. Rinder wurden wegen des geringen Anteiles an Wiesenflächen vorwiegend im Stall gehalten. Damals schon besaß der Obstanbau in einigen Orten einen hohen Stellenwert, der Verkauf von Kirschen erbrachte z.B. in Metternich, Rübenach, Bubenheim, Mülheim, Kärlich und Kettig hohe Erlöse. Der Umfang des Obstbaumbestandes ist gut vorstellbar, wenn man liest, dass beim Einmarsch der Franzosen im Jahr 1791 allein in Metternich 14 000 Obstbäume vernichtet worden sind. Auch der Anbau von Reben hatte früher eine größere Verbreitung: in Plaidt (in der Pellenz) wurde er schon 1439 nachgewiesen und blieb dort bis etwa 1808 erhalten. Im östlichen Teil des Mittelrheinischen Beckens, wo sich heute der Anbau der Reben auf wenige und kleine Parzellen bei Vallendar und bei Ehrenbreitstein beschränkt, kann davon ausgegangen werden, dass die sonnseitigen Steilhänge auf dem rechten Rheinufer allesamt voll mit Reben bestockt waren.

Vor allem nach dem Zweiten Weltkrieg setzte eine bis heute fortdauernde und weit reichende Veränderung der landwirtschaftlichen Verhältnisse ein. Am Beispiel der Verbandsgemeinde Maifeld können Veränderungen in der Landwirtschaft von 1949 bis 1983 statistisch belegt werden (nach: FISCHBACH 1987):

	1949	1983	Veränderung absolut	Veränderung in %
Betriebe				
Zahl	1 589	620	- 969	- 61
davon bis 5 ha	695	94	- 601	- 86
5 bis 20 ha	816	270	- 546	- 67
über 20 ha	78	256	+ 178	+228
landwirtschaftliche Nutzfläche (ha) gesamt	11 849	11 938	+ 89	
davon Ackerland	11 325	11 537	+ 212	

	1949	1983	Veränderung absolut	Veränderung in %
im Einzelnen:				
Getreide	4 973	9 122	+ 4 149	+ 83
Hackfrüchte	3 642	1 403	- 2 239	- 61
davon Grünland	364	376	12	- 84
davon Brachland	160	25	- 185	
Viehbestand (Stück)				
Pferde	2 093	203	- 1 890	- 90
Kühe	3 316	809	- 2 507	- 76
davon Arbeitskühe	239	–	–	- 100
Schweine	8 748	48 172	+ 39 424	+ 451

Im Zeitraum zwischen 1949 und 1983 ist die Gesamtzahl der landwirtschaftlichen Betriebe stark zurückgegangen. Das liegt einerseits an den ständig schrumpfenden Gewinnen aus landwirtschaftlicher Betriebstätigkeit auf Grund instabiler und niedriger Erzeugerpreise, andererseits in den zumindest zeitweise sehr günstigen Arbeitsbedingungen und Verdienstmöglichkeiten in Industrie und Gewerbe. Daher ging der Anteil der Erwerbspersonen in der Landwirtschaft immer mehr zurück. Waren 1950 in der Ackerbürgerstadt Münstermaifeld noch 55% der Erwerbspersonen in der Landwirtschaft tätig, so belief sich dort der Anteil dieses Erwerbssektors 1987 nur noch auf 10% und 1995 auf knapp 3%.

Als Weiteres ergibt sich eine veränderte Betriebsgrößenstruktur. Der Anteil der beiden unteren Betriebsgrößenklassen ist zu Gunsten der obersten Größenklasse zurückgegangen. Hier zeigt sich das Bestreben der Betriebe, dem Anstieg der Betriebskosten durch vermehrte Gewinne infolge erweiterter Anbauflächen zu begegnen. In den kleineren und mittleren Betrieben hat eine Umstellung vom landwirtschaftlichen Haupterwerb auf den Nebenerwerb stattgefunden; dabei wurden freigesetzte Ländereien oft von den großbäuerlichen Betrieben gepachtet, deren Hauptbetriebstätte liegt oftmals mehr als 25 km von der gepachteten Feldflur entfernt. Innerhalb der Kulturarten auf dem Ackerland fällt im Vergleichszeitraum die anteilige und absolute Zunahme der mit Getreide bestandenen Fläche auf. Der Getreideanbau wurde auf Kosten der arbeitsaufwändigeren Erzeugung von Hackfrüchten ausgedehnt. Die Zunahme der Getreideproduktion und die sehr starke Erhöhung der Anzahl der Schweine stehen in engem Zusammenhang: die Körnerfrüchte werden hier in vielen Betrieben im Sinne einer Veredlungswirtschaft als pflanzliches Futter zur Erzeugung von Fleisch verwendet. Die erhebliche Reduktion des Hackfruchtanbaus ist insofern bemerkenswert, als dass das Maifeld und auch die Pellenz in früheren Jahren bekannte und bevorzugte Anbaugebiete von Kartoffeln waren; Kartoffelbauern mit ihren Wagen waren im Spätsommer und im Herbst auf den Märkten weit über den Raum des Mittelrheinischen Beckens hinaus anzutreffen. Während damals die Feldflur weithin von den langen Pflanzenzeilen auf den Kartoffelfeldern geprägt wurde, herrscht heute in frühsommerlicher Zeit das

Gelb der Rapsfelder vor. Das ist unter anderem darauf zurückzuführen, dass der Raps seit etwa einem Jahrzehnt vermehrt auch zur industriellen Kraftstoffgewinnung herangezogen wird.

Während das Maifeld vornehmlich ungestörte Fluren aufweist, sind diese in der Pellenz oft durch Gruben unterbrochen, in denen Bims abgebaut wird oder vor kurzer Zeit noch abgebaut wurde. Die Flurstückseigentümer überlassen die mit Bimsschichten ausgestatteten Parzellen auf eine gewisse Zeit den Bimsabbaubetrieben und erhalten sie nach erfolgter Nutzung (Ausbimsung) zu erneuter landwirtschaftlicher Nutzung zurück. Insofern lässt die Flur der Pellenz auch eine gewisse Unruhe in der Oberflächengestaltung erkennen: mitunter erheben sich Reste der alten, noch mit Bimsablagerungen versehenen Flur, inselartig über das Niveau der nach dem Bimsabbau wieder landwirtschaftlich genutzten Fläche; andererseits werden niveaugleiche Flächen mit darunter liegenden Bimsschichten durch vereinzelte Gruben einer erst in den Anfängen steckenden Bimsabgrabung unterbrochen (s. Seite 62). In den Rheindörfern in der Nähe von Koblenz wird, zur Versorgung der Großstadt, besonders in Kesselheim und auf der Insel Niederwerth Gemüse angebaut. Niederwerth ist auch ein weithin bekannter Standort für die Spargel- und Erdbeerzucht (s. F 2). In der gesamten Koblenz-Neuwieder Talweitung überwiegt Qualitätsobstbau, vor allem von Sauer- und von Süßkirschen. Der Anbau von Reben wurde indessen auf ein Minimum reduziert.

Wälder und Forsten haben im heute größtenteils waldlosen Mittelrheinischen Becken im Gegensatz zur Landwirtschaft kaum Bedeutung als raumprägende Wirtschaftsfaktoren. Auf den mehr oder minder ebenen Flächen von Maifeld und Pellenz war der Wald schon seit der Inbesitznahme des Raumes durch die jungpaläolithischen Dauersiedler zunächst reduziert und schließlich ganz beseitigt worden. Die ursprüngliche Vegetation des Mittelrheinischen Beckens war ein lichter Eichen-Hainbuchenwald, mit Rotbuchenbeständen auf basaltischen Schlackenböden. Hochwälder beschränken sich heute auf die Kuppen und Flanken vulkanogener Berge, auf die Umrandung des Laacher Sees, dort aber schon stark durchsetzt mit Fichtenbeständen. Ein größeres Waldgebiet auf devonischem Verwitterungsboden ist der Koberner Wald. Reste eines ehemaligen Eichenschälwaldes stocken als meist bäuerlicher Niederwald auf den Talhängen über der Nette oder des Elzbaches (s. G 1).

Reinhold Esser

Industrie und Gewerbe

Neben dem schon seit über 5 000 Jahren andauernden Abbau und der Verarbeitung von Gesteinen und mineralischen Rohstoffen ist im Mittelrheinischen Becken vor allem die Eisenverhüttung heimisch gewesen, gefolgt von der späteren Verarbeitung von Eisen (Veredelungsindustrie). Die Grundlage hierfür boten die devonischen Eisenerze aus dem Westerwald und aus den Hängen am östlichen Rand des Beckens. Vor allem im 18. und im frühen 19. Jh. erhielt dieser Wirtschaftszweig eine nachhaltige Förderung durch die rheinische Unternehmerfamilie Remy, die durch die Gründung des Werkes Rasselstein bei Neuwied und von vier Eisenhütten in der Nähe von Bendorf das Eisenhüttengewerbe industriell ausbauten. Von diesen ehemals fünf eisenschaffenden und eisenverarbeitenden Betrieben überdauerten die Krisenjahre zu Beginn des 20. Jh. lediglich das Werk Rasselstein, die Concordia-Hütte und die Sayner Hütte (s. C 9). Da das Neuwieder Werk wegen seiner beengten Lage im Wiedbachtal nicht mehr erweitert werden konnte, wurde noch während des Ersten Weltkrieges südlich von Andernach ein Zweigwerk gebaut, in dem heute Weißbleche für die Fabrikation von Konserven- und Getränkedosen hergestellt werden. Dieses Andernacher Werk zählt gegenwärtig rund 2 500 Beschäftigte und gehört mit einem Jahresumsatz von rund 900 Mio. Euro zu den bedeutendsten deutschen Industrieunternehmen. Im Neuwieder Werk mit derzeit etwa 1 000 Arbeitsplätzen werden vor allem Feinbleche für die Autoindustrie hergestellt. Die beiden erwähnten Hüttenwerke wurden ab 1975 stückweise stillgelegt.

Ein weiteres sehr verbreitetes und auf alten Wurzeln fußendes Gewerbe ist das B r a u e r e i g e w e r b e , vor allem in Orten der Pellenz. Auf Grund sehr günstiger Lagerverhältnisse in den gleichmäßig kühlen unterirdischen Hohlräumen ehemaliger Basaltgruben konnten sich in Mayen und Mendig fast 30 Brauereien entwickeln und auch über lange Zeit halten (s. D 2, D 7). Auch in Koblenz und Weißenthurm gab es große Brauereien, in denen bekannte und verbreitete Biersorten hergestellt wurden. Allerdings zwangen die wirtschaftlichen Verhältnisse und vor allem der Trend zu finanziellen Konzentrationen, nicht zuletzt auch die Konkurrenz von Brauereiprodukten aus entfernteren Regionen dem Brauereigewerbe einen Schrumpfungsprozess auf, der mit einer gewaltigen Reduzierung der Brauereistandorte und -betriebe einherging. Übrig geblieben sind nur wenige Großbetriebe, die ihrerseits von einigen Nahrungsmittelkonzernen aufgekauft und verwaltet werden.

Nach 1960 wurden vor allem in der Pellenz und im Neuwieder Becken weitere Industrie- und Gewerbebetriebe angesiedelt. Maßgebend für die Standortwahl war nicht nur die gute Verkehrsanbindung vor allem an das Straßennetz (s. Seite 66), sondern auch die quantitativ und qualitativ sehr günstigen Angebote auf dem Grundstücksmarkt und das Werben einstmals ländlicher Gemeinden mit niedrigen Gewerbesteuersätzen. Nicht nur an der Peripherie der städtischen Agglomeration zwischen Koblenz und Andernach, sondern auch auf dem flachen Land entstanden große Flächen mit Gewerbe- und Handelsbetrieben, wobei die Qualität nicht mehr in der Konzentration auf wenige Produkte lag, sondern in einer sehr breiten Vielfalt. Verarbeitungs-, Dienstleistungs-, Großhandels- und auch sehr viele Reparaturbetriebe sind auf meist in sich geschlossenen und mitunter von den Ortschaften abgelegenen Arealen vereinigt. Da diese neuen Betriebe fast alle nach sehr rationellen Gesichtspunkten organisiert sind, steht die Zahl der dort Beschäftigten in einem gewissen Missverhältnis zur Zahl der Betriebe oder auch zur Größe der überbauten Flächen. Diese Gewerbeanlagen sind in der Pellenz und – in geringerer Anzahl auch auf dem Maifeld – mehr oder weniger insulär, also auf wenige größere Siedlungen beschränkt, während sich entlang der so genannten R h e i n s c h i e n e (s. Seite 66)

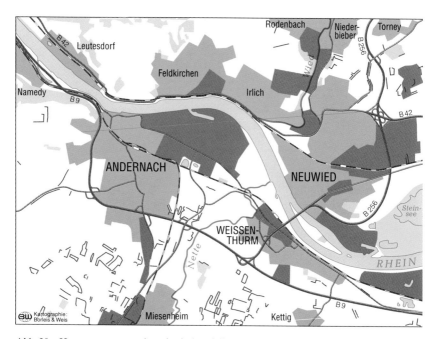

Abb. 20   Hauptnutzungsstruktur im industriell-gewerblichen Verdichtungsraum am Ostrand
des Mittelrheinischen Beckens
(Entwurf P. BURGGRAAFF und K.-D. KLEEFELD 2002, Kartengrundlage: Topographische Karte 1:25 000. Bl. 5510 Neuwied, Bl. 5511 Bendorf)

die gewerblich und industriell genutzten Flächen zu beiden Seiten des Stromes
aneinanderreihen und nur von den bewohnten Arealen der dazwischenliegen-
den Ortschaften unterbrochen werden (Abb. 20). Industrie und Gewerbe sind
daher zusammen mit den rheinparallelen Verkehrsanlagen am Mittelrhein und
an der unteren Untermosel landschaftsprägend, während in der Pellenz und auf
dem Maifeld trotz erheblichen Gewerbe- und Industriebesatzes das Bild einer
Agrarlandschaft bis jetzt noch weithin erhalten geblieben ist.

Peter Burggraaff, Klaus-Dieter Kleefeld

Mineralische Rohstoffe, Gewinnung und Verarbeitung

Infolge seines Charakters als Gruppe abgesunkener Mittelgebirgsschollen hat
das Becken wenig Anteil an den Gesteinen des devonischen Grundgebirges
(s. Seite 6), vor allem an den devonischen Sandsteinen und Grauwacken, aus denen zahlreiche Gebäude innerhalb der Region gebaut worden sind. Diese Bausteine konnten jedoch nur in tieferen Taleinschnitten gewonnen werden oder
aber in den entfernter liegenden Gebirgsrändern von Eifel und Westerwald.

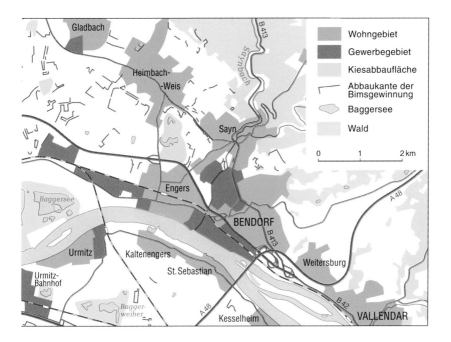

Eine häufigere Verwendung ist daher auch eher in älteren Gebäuden an der Peripherie des Mittelrheinischen Beckens nachzuweisen. Der ebenfalls aus dem Devon stammende Schiefer (Ley) hingegen konnte in zahlreichen Schiefergruben vor allem im Westteil des Beckens abgebaut werden, allerdings unter Tage. Daher sind bzw. waren die Häuser fast vollständig mit Schieferplatten gedeckt, die durch die Leyendecker (Schieferdecker) vorher kunstvoll zurechtgeschlagen worden waren. Heute wird der Dachschiefer allerdings nur noch in einer Grube in der Nähe von Mayen (s. D 8) gewonnen. Im Gegensatz zu den alten Steinbrüchen des Devons, die z.T. bis zur Unkenntlichkeit überwachsen und überwuchert sind, kann man die aufgelassenen Schiefergruben noch an den allmählich zerfallenden Gebäuden und Fördertürmen erkennen, so etwa an der Grube „Margareta" bei Nettesürsch, ebenso an den wegen ihrer Form deutlich auffallenden ehemaligen Halden. Die Grube „Margareta" war eine noch in den 1990er Jahren modernisierte Schiefergrube, deren Abbausystem aus Gründen der Rentabilität vom Schachtbau auf ein anderes Fördersystem umgestellt wurde; Förderturm und Loren mussten den in einen tunnelgroßen Stollen einfahrenden Massengut-Lastkraftwagen weichen. Von geringer Mächtigkeit und nicht allzu guter Qualität war und ist die untermiozäne Braunkohle, die aber im Raum zwischen Plaidt, Saffig, Kettig, Kärlich und auch noch in einem zweiten Vorkommen bei Ochtendung durch die Braunkohlengrube „Oeynhausenzeche" zwischen 1838 und 1852 im Tiefbau gewonnen wurde. Wegen mangelnder Rentabilität konnten die beiden Gruben nicht überdauern.

Landschaftsprägend hingegen sind diejenigen Formen, die auf den Abbau der erdgeschichtlich jüngeren Baustoffe zurückgehen. Hierzu zählen die tertiären Tone, deren Gewinnung heute noch am Karmelenbergrücken (s. E 17) bzw. an dessen Flanken betrieben wird. Die berühmteste Abbaustelle, die Grube „Karl-Heinrich" bei Mülheim-Kärlich ist allerdings aufgelassen und verfüllt (s. E 9). Kies- und Sandgruben finden sich vor allem in der Niederung des Neuwieder Beckens (s. Seite 30), also auf der pleistozänen Rhein-Niederterrasse und in den holozänen Ablagerungen des Rheins. Bis in die Gegenwart hat der Abbau der vulkanogenen Gesteine und Lockermaterialien nicht nur die Wirtschaftskraft der Region gestärkt, sondern auch deren Oberflächenformen gewaltig verändert. Tertiäres Basaltgestein wird zur Herstellung von Blöcken oder Schottern verwendet, Tuffstein wird zu Trass vermahlen und zur Zementgewinnung genutzt, Basaltlavaschlacken (Lavalit) werden – außer als Straßenschotter neben dem Bims für die Herstellung von Leichtbausteinen benötigt.

Außerdem kommen im Mittelrheinischen Becken und seinen Randgebieten Mineralwässer vor, die z.T. als Quellen ans Tageslicht treten oder durch Tiefbohrungen erschlossen wurden. Nach der jeweiligen Zusammensetzung gehören die Mineralwässer zu den Hydrogenwässern oder zu den Säuerlingen, wenn sie mehr als 1 Gramm CO_2 pro Liter führen. Im Tal nördlich von Wassenach befinden sich zwei Sauerbrunnen; südöstlich von Niedermendig liegen der Genovevabrunnen und der Reginarisbrunnen, die industriell genutzt werden; letzterer ist als ein Na-Mg-Ca-hydrogencarbonat-Säuerling zu bezeichnen. Auch oberhalb von Plaidt wurde ein Na-Mg-Ca-hydrogencarbonat-Säuerling in 50 m Tiefe gefasst. Südlich der Flöcksmühle im Nettetal, wo die Straße von Ochtendung nach Mayen das Tal quert, liegt die in 120 m Tiefe gefasste Quelle eines Fe-Na-hydrogencarbonat-Säuerlings. 2 km nordöstlich von Bassenheim entfernt findet sich im Mühltal ein weiterer Säuerling; unmittelbar südlich von Bassenheim ein Mg-Ca-hydrogencarbonat-Säuerling. Nördlich von Kobern im Tal des Hohesteinsbach liegt ein Sauerbrunnen und südlich von Wolken im Tal des Bellbaches finden sich weitere Mineralquellen.

Hellmut Goos

Die B a s a l t l a v a i n d u s t r i e , die auf dem vulkanischen Rohstoff Basaltlava basierende, jahrhundertealte Naturwerkstein-Industrie im Gebiet zwischen Mayen, Ettringen, Kottenheim und Niedermendig, war auf Grund erheblicher Konjunkturschwankungen, gewandelter Produktion und steigender Technisierung im 20. Jh. starken Veränderungen unterworfen und hat ihre ehemals landschaftsprägende Dominanz mittlerweile weitestgehend verloren. Innovationen im Bereich des Gesteinsabbaus und der Verarbeitung bewirkten einen strukturellen Wandel dieses Industriezweiges, der sich in Phasen der Hochkonjunktur und des zumindest scheinbaren Niederganges ausdrückte. Trotz der bundesweiten Stagnation im Bausektor ist die steinverarbeitende Industrie aber auch heute noch ein repräsentativer Wirtschaftsfaktor der Region (s. D 1, D 2.3, D 5, D 6, D 7).

Waren früher für die Steinindustrie flächenhafte Anhäufungen von Steinbrüchen, Verarbeitungsstätten, Lagerplätzen und eine arbeitsintensive Produktion kennzeichnend, so zeichnen sich die heutigen, auf wenige Standorte konzentrierten Betriebsstätten durch komplexe Betriebsanlagen und nahezu vollständig mechanisierte Gewinnungs- und Verarbeitungsabläufe aus. Aus einer ehemals arbeitsintensiven Naturwerkstein-Industrie wurde ein kapitalintensiver Industriezweig. Noch 1987 waren in der westlichen Pellenz 16 Betriebe in der Steinverarbeitung tätig, wovon neun Betriebe insgesamt 14 Basaltlava-Steinbrüche im Tagebau betrieben. Die Betriebe führten überwiegend Sägearbeiten aus, die Produkte wurden für Fassadenverkleidungen, Bodenbeläge, Fensterbänke, Grabeinfassungen, Tür- und Fensterumrahmungen, Treppenstufen und anderes mehr verwendet. Elf Betriebe beschäftigten Steinmetze für die handwerkliche Weiterverarbeitung des Materials, etwa zu Brunnensteinen, Grabmalen, Profilarbeiten und zu Restaurierungsarbeiten an Kirchen oder Profanbauten. Je nach Betriebsgröße war die technische Ausstattung sehr unterschiedlich und reichte von Steinsägen, Trenn- und Vollgattern, bis hin zu automatischen Schleifstraßen und computergesteuerten Konturfräsen. Neben diesen Betrieben waren zwei Schotterwerke und sieben Steinmetz- und Bildhauerwerkstätten in der Natursteinverarbeitung tätig.

Außer dem regionalen Absatzmarkt war insbesondere der nordrhein-westfälische Raum von Bedeutung, wobei die verkehrgünstige Lage zur linksrheinischen Autobahn (A 61) vorteilhaft war. Die noch vorhandene Eisenbahnlinie Andernach – Mayen wurde für den Transport der Fertigprodukte, mit Ausnahme des Schottertransportes, bereits 1987 nicht mehr genutzt. Heute verarbeiten noch insgesamt elf Betriebe Basaltlava, von denen sechs Betriebe Steinbrüche betreiben und acht Betriebe Steinmetze beschäftigen. Gegenüber den früheren Jahren haben sich weder die Verarbeitungstechniken noch die Fertigprodukte grundlegend verändert. Erwähnenswert ist, dass Basaltlava beim Bau des Museums der Moderne in Wien für die Verkleidung der Innen- und Außenfassade Verwendung fand. Die Säge- und Steinmetzarbeiten wurden von einer Liefergemeinschaft aus drei Mayener und einer Mendiger Firma ausgeführt. Zwei ortsfeste Schotterwerke und eine mobile Brechanlage produzieren Schotter und Splitte für den Straßenbau. Neun Steinmetz- und Bildhauerwerkstätten stellen Grabmale, Denkmalsteine, Kunstobjekte und Materialien für die Landschafts- und Gartengestaltung her.

Klaus-Peter Elzer

Bimsgewinnung und -verarbeitung prägen und verändern die Landschaft des Mittelrheinischen Beckens seit dem 19. Jh., das einzige Gebiet in Mitteleuropa, in dem eine Bimsschicht von solcher Mächtigkeit vorkommt, dass sie unter volkswirtschaftlichen Gesichtspunkten abbauwürdig ist. Aus Bims hergestellte Steine nehmen in der deutschen Baustoffindustrie einen hohen Stellenwert ein. Der hier lagernde Bims stammt aus den letzten Vulkanausbrüchen im Laacher See-Gebiet, die vor rund 13 000 bis 11 000 Jahren stattgefunden haben (s. Seite 7). Es handelt sich um Lockermaterial, wobei die durchschnittlichen Bimslapilli einen Durchmesser zwischen 10 und 50 mm haben. Charakteristisch für das Material sind die zahlreichen kleinen Hohlräume und Poren, die beim Emporschießen der Magmen durch die schnelle Ausdehnung von Gasen, speziell von Wasserdampf und Kohlendioxid, entstanden sind. Die Eruptionssäulen mit einem Gesamtvolumen von wahrscheinlich etwa 16 km³ erreichten eine Höhe von mehreren Kilometern, und durch die damals wie heute vorherrschende Westwindströmung wurden die leichteren Bimskörner vornehmlich in östliche Richtungen transportiert. Für den Bims, der ausschließlich im Mittelrheinischen Becken niedergegangen ist, gelten folgende Grundaussagen: der Bims hat sich hier flächendeckend abgelagert, ein Teil ist auf die angrenzenden Höhen des Westerwaldes gefallen, die Mächtigkeit der Bimsdecke nimmt mit der Entfernung von der Ausbruchstelle im Laacher See-Gebiet nach O hin kontinuierlich ab, und schließlich wird der Durchmesser der Bimslapilli mit der Entfernung vom Ausbruchszentrum nach O hin ständig kleiner. Im Laufe der Jahrtausende bildete sich an der Bimsoberfläche durch Verwitterung und angewehte Sande eine sehr fruchtbare Bodenschicht von 0,5 bis 1 m Mächtigkeit.

Während der Abbau zum Beispiel von Basalt und Basalttuff im Mittelrheinischen Becken bereits in der Römerzeit erfolgte, wird Bims erst seit dem 19. Jh. gewonnen – wahrscheinlich hat ein Koblenzer Bauingenieur im Jahre 1845 die Möglichkeit der Verwendung von Bims als Baumaterial entdeckt. Bimssteine, auch Schwemmsteine genannt, werden so hergestellt, dass man den im Tagebau gewonnenen losen Bims mit Wasser und Zement vermischt, die Massen in quaderartige Formen stampft und die noch feuchten Steine in so genannten Arken zum Trocknen übereinanderstapelt.

Rechtlich geregelt wird der Abbau von Bims im Landesgesetz über den Abbau und die Verwertung von Bimsvorkommen vom 13. April 1949 (Gesetz- und Verordnungsblatt von Rheinland-Pfalz 1949, S. 143) und in der Durchführungsverordnung zu diesem Gesetz aus dem Jahre 1952. Der Bims muss nicht zusammenhängend, also auf größeren Flächen von mehreren Quadratkilometern, abgebaut werden, wie dies beispielsweise bei der Gewinnung von Braunkohle der Fall ist. Vielmehr muss eine abzubauende Fläche eine Mindestgröße von 1 ha aufweisen. Es dürfen aber auch kleinere Grundstücke ausgebeutet werden, sofern sie sich unmittelbar an eine bereits abgebaute Fläche anschließen. Dementsprechend erfolgt der Abbau an vielen verschiedenen Stellen des Mittelrheinischen Beckens gleichzeitig und unabhängig voneinander. Zuständig für die Erteilung einer Abbaugenehmigung ist gemäß dem rheinlandpfälzischen Gesetz über die Verwaltungsvereinfachung diejenige Verbandsgemeinde, in deren Bezirk sich das auszubeutende Grundstück befindet. Nachdem die Mutterbodenschicht durch Raupenfahrzeuge beiseite geschoben worden ist, graben Bagger den lockeren Bims ab und verladen ihn zum Abtransport auf Lastkraftwagen für Massengüter.

Die Herstellung von Bimssteinen ist zwischen 1980 (rund 3,6 Mio. t) und 1985 (etwa 1,8 Mio. t), entsprechend der allgemeinen Baukonjunktur, merklich zurückgegangen, jedoch von 1985 bis 1995 (3,2 Mio. t) wieder angestiegen;

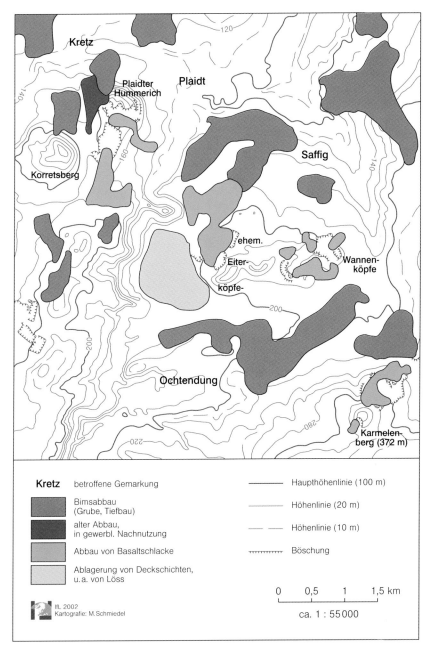

Kretz   betroffene Gemarkung

■	Bimsabbau (Grube, Tiefbau)
■	alter Abbau, in gewerbl. Nachnutzung
■	Abbau von Basaltschlacke
□	Ablagerung von Deckschichten, u.a. von Löss

IfL 2002
Kartografie: M.Schmiedel

—————— Haupthöhenlinie (100 m)

—————— Höhenlinie (20 m)

— — — Höhenlinie (10 m)

ⵟⵟⵟⵟⵟ Böschung

0   0,5   1   1,5 km

ca. 1 : 55000

Abb. 21   Bims- und Schlackenabbau in der Pellenz, Stand 1989
          (Entwurf H. FISCHER 1989)

zwischen 1995 und 2000 (rund 1,5 Mio. t) ist sie dann erneut stark gesunken. Die Produktion verläuft nicht das ganze Jahr hindurch in gleichem Umfang, denn in den Wintermonaten können nur diejenigen Betriebe Steine herstellen, die über heizbare Trockenkammern verfügen. Dementsprechend ist von April bis Oktober die Produktion z.T. drei- bis viermal so hoch wie in den übrigen Monaten. Wenn auch die Zahl der Bimsbaustofffabriken in den letzten Jahrzehnten zurückgegangen ist, prägen diese zusammen mit den Abbaubetrieben noch heute das Landschaftsbild des Mittelrheinischen Beckens als Industrielandschaft (Abb. 21).

Das Hauptabsatzgebiet für Bimssteine liegt wegen der Transportkosten vorwiegend in einem Radius von etwa 120 km um das Mittelrheinische Becken. Die Transportkosten in entferntere Gebiete sind bisweilen so hoch, dass dort der Preis für Bimssteine den für Ziegel- oder Kalksandsteine übersteigt. Dennoch hat die mittelrheinische Bimsbaustoffindustrie auch etwas von dem um 1990 einsetzenden Bauboom in den neuen Bundesländern profitiert, was sich unter anderem im sprunghaften Anstieg der Produktion und des Absatzes zwischen 1989 (2,2 Mio. t) und 1995 (3,2 Mio. t) widerspiegelt. Dabei wurden Bimsprodukte wegen der Transportkosten jedoch hauptsächlich nur im westlichen Teil von Thüringen verkauft. Mit dem Rückgang in der Baukonjunktur seit Mitte der 1990er Jahre lässt sich auch die Verringerung der Herstellung von Bimssteinen ab diesem Zeitpunkt erklären. Hinzu kommt, dass die Bimsvorräte im Mittelrheinischen Becken von Jahr zu Jahr immer mehr abnehmen. Im Übrigen wird nicht die gesamte jährlich abgebaute Bimsmenge in den im Mittelrheinischen Becken befindlichen Fabriken verarbeitet, sondern ein Teil wird auch in außerhalb gelegene Baustoffbetriebe transportiert (im Jahre 2000 waren es ca. 10 000 t); die entferntesten befinden sich in den Niederlanden. Dort wird Bims jedoch nur als Beigabe für die Herstellung von Platten verwendet, so dass die außerhalb des Beckens verarbeitete Menge relativ gering ist.

Der Bimsabbau und die Bimsbaustoffindustrie sind von großer wirtschaftlicher Bedeutung, weil hiermit viele Arbeitsplätze verbunden sind. Zwar ist die Zahl der direkt mit der Steinherstellung befassten Arbeitnehmer wegen des außerordentlich hohen Maßes an Automatisierung relativ gering; im Jahre 2000 waren es nur noch 456 gewerbliche Arbeitnehmer. Aber im gleichen Jahr haben etwa 200 Personen in den Bimssteinfabriken eine Büro- oder Verwaltungstätigkeit ausgeübt, und weitere etwa 1 500 bis 2 000 Beschäftigte waren in Zulieferer- und Transportbetrieben angestellt, die direkt mit der Bimsbaustoffindustrie zusammenhängen. Hierzu zählen auch Zementwerke und Maschinenbaufirmen. Die Automatisierung hat vor allem in den letzten Jahren erheblich zugenommen; der Produktionsanteil der direkt mit der Steinherstellung befassten Arbeitnehmer an der jährlichen Gesamtproduktion betrug im Jahre 2000 im Durchschnitt 3 358.

Im tiefer gelegenen Teil des Mittelrheinischen Beckens in einem mehrere Kilometer breiten Streifen beiderseits des Rheins ist der Bims heute überwiegend ausgebeutet. In diesem Raum hatte Mitte des 19. Jh. der Bimsabbau seinen Ausgangspunkt, weil sich hier die für die Steinherstellung qualitativ besten Bimslapilli (Durchmesser von ca. 20 mm) befanden. Größere Bimsvorräte sind heute noch am Beckenrand vorhanden, vor allem in den Gemarkungen der in der Nähe des Ausbruchszentrums befindlichen Gemeinden Nickenich, Kruft, Mendig und Thür. Die Menge des hier noch vorhandenen Bimses beträgt Schätzungen zufolge 40 Mio. m³. Als Anfang der 1970er Jahre einige Gemeinden begannen, den Bimsabbau bis an die Grenze des 1926 zum Naturschutzgebiet erklärten Laacher Sees und der ihn umgebenden Berge (s. A 2) heranzutreiben und die Bezirksregierung Koblenz einige Ausnahmegenehmigungen zum Abbau von angrenzenden Flächen innerhalb des Naturschutzgebietes erteilte, kamen aus der Öffentlichkeit erhebliche Proteste.

In der Durchführungsverordnung zum Landesbimsgesetz wird im § 5 als Ausgleichsmaßnahme für die mit dem Bimsabbau verbundenen Eingriffe in die Landschaft die Wiedereinplanierung gefordert. Sie erfolgt in der Weise, dass nach der Ausbeute einer Parzelle die zuvor beiseite geräumte Mutterbodenschicht durchmischt und auf die nunmehr um einige Meter tiefer liegende Fläche geschoben und eingeebnet wird. Anschließend werden die Grundstücke meist wieder in der gleichen Form wie vor dem Abbau genutzt, nämlich vorwiegend zu landwirtschaftlichen Zwecken. Damit die Wiedereinplanierung sichergestellt ist, dürfen die Verbandsgemeinden Abbaugenehmigungen erst erteilen, wenn die Unternehmer Geld in Höhe der Kosten für die Wiedereinplanierung hinterlegt haben. Im Normalfall wird vor dem Abbau also nicht die Erstellung eines speziellen Rekultivierungsplanes verlangt. Da der Bims an zahlreichen Stellen des Mittelrheinischen Beckens unabhängig voneinander abgebaut wurde und wird, entstehen entlang von vielen Grundstücksgrenzen das Landschaftsbild beeinträchtigende Geländestufen von oft 2 bis 5 m Höhe.

Rainer Graafen

Verkehr

Wie alle offenen Landschaften innerhalb der deutschen Mittelgebirge ist auch das Mittelrheinische Becken eine ausgesprochene Durchgangslandschaft und damit für jegliche Verkehrsführung geradezu prädestiniert. Besonders gut zugänglich ist das Gebiet aus dem Rheintal, also aus östlicher Richtung. Die Straßenzugänge von S, vom Moseltal her, sind mit Steilstrecken verbunden, ebenso die Ausfahrten nach N und nach W. Mindestens eine erschließende und leistungsfähige Straße muss bereits zur Römerzeit von Andernach aus in den Raum von Mayen geführt haben, denn es ist erwiesen, dass der Basalt aus den Mayener und den Mendiger Gruben auf dem Landwege nach Andernach gebracht und dort auf Rheinschiffe umgeschlagen wurde (s. D 1, D 6). Ein gut erhaltener Mühlstein aus den Mayener Basaltlavagruben wurde nachweislich bis in die römische Siedlung *volubilis* im nördlichen Marokko verbracht. Mit Sicherheit bestanden gut ausgebaute Verbindungsstraßen zwischen der rheinparallelen Heerstraße von *moguntiacum* (Mainz) nach *colonia claudia ara agrippinensium* (Köln) und der den Rhein mit der Mosel verbindenden Heerstraße zwischen Köln und *augusta treverorum* (Trier).

Alle Verkehrsverbindungen in das Mittelrheinische Becken gingen und gehen vom Mittelrheintal aus, wobei Koblenz der bedeutendste Verkehrsknotenpunkt ist (Abb. 19 und 20). Durch das Rheintal verlaufen beiderseits des Stromes je eine Hauptlinie der Eisenbahn (Frankfurt a. M. Wiesbaden – Neuwied/Koblenz – Bonn – Köln; Basel/Frankfurt a. M. – Koblenz – Bonn – Köln) und je eine Bundesstraße (B 42 auf dem rechten und B 9 auf dem linken Rheinufer). Sie bilden zusammen die so genannte Rheinschiene, die innerhalb des Beckens eine Länge von knapp 22 km erreicht. Diese Bezeichnung geht zurück auf die Zeit, da der Schienenweg allein der hauptsächliche Verkehrsträger war. In der Landesplanung wird der Begriff synonym mit Rheinachse oder Entwicklungslinie Rhein verwendet und bezeichnet so die Bündelung wichtiger Verkehrsbänder parallel des Rheinstroms. Das eindeutige Schwergewicht des Verkehrs liegt somit im östlichen Beckenrandbereich und damit im Mittelrheintal. In den schmalen Streifen des östlichen Mittelrheinischen Beckens hinein führte eine Strecke nach Neuwied und, in Bendorf abzweigend, nach Montabaur auf dem Westerwald, wo sie sich weiter verzweigte. Diese Strecke wurde im Rahmen des allgemeinen Streckenrückbaus der Deutschen Bahn AG ebenso stillgelegt wie die Bahnlinie von Koblenz über Polch nach Münstermaifeld (mit einer Abzweigung nach Mayen). Es besteht aber noch die Strecke von Koblenz nach Mayen-Ost über Andernach (Umsteigestation, von dort ca. 26 km) und von dort über Mayen-West nach Kaisersesch. Hier wurden ab 1980 bis etwa 1995 nur noch Güter transportiert, bis die betreibende Deutsche Regionalbahn GmbH auf dieser Pellenz-Eifel-Bahn auch wieder den Personenverkehr einführte (täglich 10 Zugpaare, an Wochenenden weniger). Die einst bestehende Weiterverbindung bis nach Daun und Gerolstein in die Eifel hinein ist allerdings eingestellt worden.

Vor allem der Güterverkehr wechselte von der Bahn auf die Autobahnen, die das Mittelrheinische Becken nach allen Richtungen queren. Die Bundesautobahn (A 48) zweigt auf dem Westerwald von der Frankfurt – Kölner Autobahn ab, quert den Rhein bei Bendorf und führt dann nach SW bis Trier. Sie hat innerhalb des Beckens eine Länge von 41 km. An die rheinparallelen Bundesstraßen 42 und 9 bestehen gut ausgebaute Anschlüsse, vor allem mit der Anschlussstelle Koblenz-Nord. Im weiteren Verlauf wird dann am Koblenzer Kreuz die Verbindung mit der A 61 möglich, die von S her den Hunsrück quert, über ein kühnes Brückenbauwerk bei Winningen über die Mosel führt und das Becken auf 28 km in nordwestlicher Richtung durchzieht und die Verbindung mit dem Bonn – Kölner Raum herstellt. Sie trägt nicht nur den Hauptanteil des Schwerlastverkehrs zwischen den Industriegebieten von Aachen, Köln, Düsseldorf und Süddeutschland, sondern im Sommer vornehmlich auch den Urlauberverkehr von und nach den Benelux-Staaten.

Für die Erschließung des Mittelrheinischen Beckens in der Fläche ist das lokale Straßennetz gut ausgebaut. Fast parallel zur Autobahn 48 führen die Bundesstraßen 256 (Neuwied – Kottenheim bei Mayen) und 258 (Koblenz – Mayen) auf 25 bzw. 36 km quer durch das gesamte Becken. Von ihnen laufen fiederförmig Landesstraßen aus, die insgesamt ein engmaschiges Netz bilden. Über dieses lokale Straßennetz wickelt sich der tägliche individuelle Pendlerverkehr ab, außerdem der Linienverkehr (Omnibusverkehr der Rhein-Mosel-

Verkehrsgesellschaft m.b.H., alle Linien ab Koblenz, insgesamt vier Linien mit stündlich bis zweistündlich je einem Omnibuspaar, reduziert an Ferientagen und an Wochenenden). Schwer belastet wird dieses Netz durch den Schwerlastverkehr der Lava- und Bimsindustrie, wozu es vor allem hinsichtlich der Straßenbreiten nicht uneingeschränkt geeignet ist. Besonders deutlich wird dies in den Pellenz-Gemeinden ohne Umgehungsstraßen.

Wenig Bedeutung für den Verkehr des Mittelrheinischen Beckens haben die Wasserwege. Die Moselorte sind nur mit Anlegestellen für den Personenverkehr ausgestattet. In den Rheinhäfen von Bendorf und von Koblenz werden zwar Massengüter umgeschlagen, also auch Bims- und Basaltbaustoffe, aber insgesamt bleibt der Umschlag mit diesen Gütern relativ gering. Der Luftverkehr vom Flugplatz Winningen ist zwar für den lokalen Geschäftsverkehr von Bedeutung, nicht aber für das gesamte Mittelrheinische Becken.

Das alles mindert aber nicht die Bedeutung des Mittelrheinischen Beckens und seiner Verkehrswege. Allerdings ist die zukünftige Entwicklung nicht abschätzbar. Das hängt zusammen mit der ICE-Trasse, die über den Westerwald führen soll und sehr wahrscheinlich den Verkehrsknotenpunkt Koblenz etwas beeinträchtigen wird. Damit aber wäre dann auch das Mittelrheinische Becken abgekoppelt, wie das in zahlreichen Stellungnahmen von lokalpolitischer Seite verlautet. Die Linie wurde im Dezember 2002 offiziell in Betrieb genommen. Da zu diesem Zeitpunkt auch ein allgemeiner Fahrplanwechsel durchgeführt wurde, können über die befürchteten Folgen noch keine gesicherten Aussagen gemacht werden.

Heinz Fischer

Umweltprobleme und Kulturlandschaftspflege

In dem durch Siedlungs- und Wirtschaftstätigkeit stark beanspruchten Mittelrheinischen Becken sind die Erfassung von U m w e l t s c h ä d e n und deren S a n i e r u n g sowie die K u l t u r l a n d s c h a f t s p f l e g e wichtige Faktoren für eine künftige relativ ausgewogene Raumentwicklung. Der Begriff A l t l a s - t e n erwuchs aus der U m w e l t p o l i t i k und liegt in der Regel auf Bereichen und Objekten, die jemals intensiver menschlicher wirtschaftlicher Nutzung unterworfen waren und die nunmehr entweder einer neuen aktiven Nutzung zugeführt oder aber als Freizeit- und Erholungsräume dienen sollen. Man unterscheidet daher zwischen Altablagerungen und Altstandorten. Im Gebiet findet man Altablagerungen insbesondere in zahlreichen aufgelassenen Steinbrüchen, Bims-, Sand-, Kies-, Lehm- und Tongruben, in alten, recht oft wilden Müllkippen und Auffüllungen. Altstandorte sind unter anderem ehemalige Flugplätze, Schießstände, Sprengplätze, stillgelegte Anlagen der chemischen und metallverarbeitenden Industrie, Gasfabriken, Lokomotivschuppen und Kraftstofflager.

Nach Ausweisung in der Landtagsdrucksache 13/6240 vom 23. Oktober 2000 gab es in Rheinland-Pfalz insgesamt 14 888 Altablagerungen, von denen 10 414 als Altlastverdachtsflächen und 260 als Altlasten eingestuft wurden. In der Stadt Koblenz sind 155 Altablagerungen auf zusammen 2 474 165 m² Fläche mit einem Gesamtvolumen von 7 007 860 m³ erfasst. 105 Altablagerungen enthalten Bauschutt und Aushub, 64 Siedlungsabfälle und 106 sonstige Abfälle; für 77 ist der Inhalt unbekannt. Für den Landkreis Mayen-Koblenz wurden 702 Altablagerungen auf 4 527 286 m² Fläche mit 21 600 550 m³ Inhalt ermittelt; 180 davon enthalten Bauschutt und Aushub, 502 Siedlungsabfälle und 97 sonstige Abfälle und 215 enthalten unbekannte Stoffe. Im Landkreis Neuwied wurden 654 Altablagerungen festgestellt mit 4 556 150 m² Gesamtfläche und 20 870 250 m³ Gesamtvolumen; davon 580 mit Bauschutt und Aushub, 561 mit Siedlungsabfällen, 59 mit sonstigen Abfällen und 506 (Mehrfachnennungen) mit unbekannten Inhaltsstoffen. Für die Altlastensanierung wurden im Einzelfall Kosten zwischen 700 000 DM und 14 Mio. DM aufgewendet.

Bei verschiedenen Altlastverdachtsflächen konnte, z.T. nach aufwändigen Bodenuntersuchungen, der Altlastverdacht ausgeschlossen werden. Mit Hilfe des Vergleichs multitemporaler Karten und Luftbilder konnte festgestellt werden, dass z.B. aufgelassene Kiesgruben südöstlich von Neuwied, der ehemalige Schießstand und spätere Erprobungsplatz der Bundeswehr für Pipeline-Geräte auf der Koblenzer Karthause und der ehemalige Militärflugplatz, dessen Areal inzwischen unter der Bezeichnung Koblenz-Karthause-Flugfeld in das städtische Flächenordnungssystem einbezogen wurde, seinerzeit ohne vorherige gründliche Untersuchung mit Wohnsiedlungen bebaut worden waren. Allerdings sind trotz dieser Unterlassungen und trotz der zahlreichen Funde von Bombenblindgängern aus dem Zweiten Weltkrieg im Stadtgebiet und in der Umgebung von Koblenz Boden- oder Grundwasserverschmutzungen durch Explosivstoffe bisher nicht bekannt geworden.

Im Rahmen der Sanierung einer Grundwasserverschmutzung im Koblenzer Industriegebiet wurden 1985 die im Grundwasserabstrom gelegenen Trinkwassergewinnungsanlagen der Stadt Koblenz und der Rheinhöhen-Wasserversorgung in der Rhein-Niederterrasse durch Abwehrbrunnen geschützt. Die Nitratbelastung des Grundwassers als Folge landwirtschaftlicher Nutzung führte zur Stilllegung mehrerer Brunnen, besonders in der Rhein-Niederterrasse.

Hellmut Goos

Die k u l t u r l a n d s c h a f t l i c h e n   E n t w i c k l u n g e n haben vor allem seit etwa 1810 das Landschaftsbild des Mittelrheinischen Beckens stark verändert und dominieren in dessen Wahrnehmung, nachdem die Inwertsetzung bereits in der Jungsteinzeit eingesetzt hatte. In jeder der folgenden Kultur- und Wirtschaftsepochen wurde der Raum konsequent genutzt; jede dieser Epochen hat auch Spuren und Relikte hinterlassen, die gegenwärtig noch erlebbar sind und die Eigenart des Raumes mit charakterisieren. Man darf daher von einer alten Nutzungstradition sprechen, deren Einzelstadien es wert sind, dokumentiert und aufgearbeitet zu werden. Dies ist – analog zum Naturschutz – die Aufgabe der K u l t u r l a n d s c h a f t s p f l e g e, der eine gründliche Kulturlandschaftsanalyse vorausgehen muss, wobei die Kulturlandschaft grundsätzlich ganzheitlich zu sehen ist. Sowohl Flächen als auch Objekte genießen wie im Bereich des Naturschutzes nach § 2 (1) Nr. 14 der neuen Fassung des Bundesnaturschutzgesetzes einen ausdrücklichen Schutz: „Historische Kulturlandschaften und -landschaftsteile von besonders charakteristischer Eigenart, einschließlich solche von besonderer Bedeutung für die Eigenart oder Schönheit geschützter oder schützenswerter Kultur-, Bau- und Bodendenkmäler sind zu erhalten ...".

Die vom Rheinischen Verein für Denkmalpflege und Landschaftsschutz e.V. (Köln) im Jahre 1997 durchgeführte Kulturlandschaftsanalyse erbrachte für das Mittelrheinische Becken folgende schützenswerte Bereiche:

Gebiete/Areale/Objekte	Sachinhalte	Schützenswerte Relikte
Verbandsgemeinde Weißenthurm entlang des Rheins; um Koblenz und im Moseltal	Weinbau, Obstanbau	Weinbergsbrachen, Streuobstwiesen, Obstgärten
Pellenz und Maifeld	intensiver Ackerbau	persistente Ackerflächen
Bachtäler von Nette, Wied, Krufter Bach, Saynbach	Grünlandnutzung in Auen und Niederungsflächen	persistente Grünlandflächen
Andernach, Mayen, Mendig und Neuwied	nach 1800 entstandene Rodungen und Kultivierungen	Nutzungsrelikte, Sukzessionen
(fast) alle Bachtäler	Laubwald, Niederwald sowie Mischwald	ehemalige Nieder- und Lohwaldbereiche (= Eichen-Schälwald)
Andernach, Bassenheim, Bendorf, Koblenz, Kruft, Mayen, Mendig, Münstermaifeld, Neuwied usw.	historische Stadt- und Ortskerne	Persistenz von Flächen und Objekten
Verbandsgemeinde Pellenz, Weißenthurm, Andernach, Bendorf, Kretz, Kruft, Mayen, Mendig, Neuwied, Plaidt, Thür	Abbau von vulkanogenen Fest- und Lockermaterialien (Tuff, Lava, Bims)	Grubenfelder, Grubenkräne, Schwemmsteinfabriken, (alte) Eisenbahntrassen
Orte an der Rheinschiene und in der Pellenz	Entwicklungsdynamik vor und nach 1945 mit überlagernder Mischnutzung	alte Fabrikationsstätten, Eisenhütten, Förderanlagen

Eine besondere Bedeutung kommt der Kulturlandschaftspflege im Mittelrheinischen Becken dadurch zu, dass es zumindest marginal von der Anerkennung des Mittelrheintales als Weltkulturerbe räumlich und sachlich berührt wird.

Peter Burggraaff, Klaus-Dieter Kleefeld

Bau- und Kunstdenkmale (Anhang K)

Ein Gebiet, das wegen seiner günstigen natürlichen Ausstattung und wegen seiner guten Verkehrslage nicht nur sehr früh besiedelt, sondern auch schon recht bald christianisiert wurde und dazu noch weithin unter die Botmäßigkeit geistlicher Herrschaften geriet, weist in der Regel eine ansehnliche Menge an alten sakralen und weltlichen Bauten auf. Sie sind gegenwärtig nicht nur Objekte und Ziele touristischer Aktivitäten, sondern auch Gegenstand konservierender Bemühungen der öffentlichen Hand oder kirchlicher Körperschaften. Dies gilt auch für das Mittelrheinische Becken, jedoch mit der Einschränkung, dass ein großer Teil der Bauten und anderer Kunstdenkmale im Laufe ihres Bestehens z.t. erhebliche Einbußen an ihrer Substanz und an ihrem Erhaltungszustand erleiden mussten, sowohl aus Gründen ihres Alters als auch durch Fremdeinwirkungen, etwa durch Brandschatzungen meist französischer Truppen während der Kriege des 17. und 18. Jh. oder durch die Bombenangriffe der Alliierten und durch Kampfhandlungen am Ende des Zweiten Weltkrieges, vor allem in den Städten. Insofern sind zahlreiche heute im alten Glanz erstrahlende Bau- und Kunstdenkmale im Mittelrheinischen Becken Ergebnisse von Restaurierungen und Renovierungen der vergangenen drei bzw. vier Jahrzehnte, die in der Regel mit größter Sorgfalt und Genauigkeit vorgenommen wurden, so dass der Bezug zur Geschichte des Raumes glaubhaft erhalten bzw. wiederhergestellt werden konnte.

Die frühesten Bauwerke sind die Kirchen und Kapellen (Abb. 29, 47, 51, 66, 67, 72). Ihre Erstanlage fällt, folgt man den Angaben der urkundlichen Nennungen, oft schon ins 11., spätestens aber ins 12. oder 13. Jh. Die Spuren romanischer Baukunst sind zumeist auf wenige Gebäudeteile reduziert, weil mitunter schon im 15. oder 16. Jh. Um- und Ausbauten erfolgten, teils weil die Gemeinden größer wurden, teils weil dies der seinerzeitige Gebäudezustand erforderlich machte. Nicht selten sind erheblich ältere Kirchen mit einem barocken Turm versehen, der an Stelle eines älteren oder aber als erster Turm der betreffenden Kirche überhaupt errichtet wurde. Häufig ist auch eine barocke Innenausstattung ursprünglich romanischer oder gotischer Kirchenbauten. Es gibt aber auch Kirchen, deren Schiffe und Chöre aus dem 19. Jh. stammen, deren Turm aber noch deutlich romanischen Ursprungs ist. Mitunter wurden Gotteshäuser unter Einbeziehung ehemaliger kleiner Kapellen gebaut, die jetzt als Baptisterium, als Sakristei oder als Chor dienen.

Als Baudenkmale sind innerhalb des Mittelrheinischen Beckens 56 Kirchen (oder Teile davon) und Kapellen ausgewiesen, dazu kommen noch zwei (ehemalige) Synagogen. Die Schwerpunkte historischer sakraler Bauwerke liegen in den Städten (z.B. in Andernach s. B 2.4), Koblenz (s. F 4.6), Mayen (s. D 7.3) oder Münstermaifeld (s. H. 6.1), zahlreiche künstlerisch und baugeschichtlich ebenso wertvolle Dorfkirchen sind über das ganze Gebiet verteilt. Von besonderer Bedeutung sind die Abteikirchen in Bendorf-Sayn (s. C 9.4), in Maria Laach (s. A 3) und in Rommersdorf (s. C 5). Im Inneren der Kirchen und Kapellen finden sich häufig sehr wertvolle Ausstattungen, die z.T. schon im Hochmittelalter entstanden sind und von Vorgängerkirchen oder aus anderen, abge-

Abb. 22 Basaltkreuze in der Pellenz
Links: Hagelkreuz zwischen Kottenheim und Thür
Rechts: Feldkreuz im Wald von Kottenheim

gangenen Kirchen stammen. Dazu zählen Altaraufsätze ebenso wie Skulpturen, Plastiken und Gemälde. Als Beispiele aus jüngerer Zeit seien auch der Koberner Passions-Altar aus dem Jahr 1986 erwähnt, der im Abteihof St. Marien, einem der ältesten erhaltenen Fachwerkbauten Deutschlands (1320/21) ausgestellt ist.

Äußere Zeichen ländlicher Frömmigkeit sind die Feldkreuze (Abb. 22), die vor allem im linksrheinischen Bereich zahlreich auftreten. Sie sind häufig sehr kunstvoll gestaltet. Die Feldkreuze dienten, anstatt von Kapellen und Feldaltären, entweder der Anbetung oder sie wurden als Gedenk- und Sühnekreuze an Stellen von Todesfällen und Verbrechen, aber auch oftmals als Dank für Rettung oder Genesung errichtet. Auf manchen Friedhöfen findet man völlig gleich gestaltete Grabkreuze, die als Ensemble denkmalwürdigen Wert besitzen, so etwa auf dem Friedhof von Kobern.

Bedeutende Repräsentanten weltlicher Baukunst sind, neben wenigen Burgruinen und Schlössern, vor allem Wohn- und Bauernhäuser. Nicht nur in den bekannteren Fremdenverkehrsorten finden sich Kleinodien bürgerlicher Bauweise. In den Städten ist es das mehrgeschossige Fachwerkhaus mit geschmückten Giebelseiten oder aber auch ein Wohnturm nach italienischem Vorbild. Sie stehen häufig auf einem Sockel von grob behauenem Naturstein, mitunter kommt hierzu noch der verzierte Erker. In vielen Fällen wurde die äußere Erscheinung durch den Einbau moderner Isolierglasfenster getrübt. Selten in der Pellenz, häufig jedoch auf dem Maifeld findet sich in den geschlossenen Ortslagen der Dörfer noch das Gehöft mit den mächtigen Toreinfahrten, die oft noch mit Wappenkartuschen oder mit Heiligenstatuetten verziert sind, freistehend oder in die Mauern eingelassen. Ehemalige Adelsgüter besitzen sogar noch eine Art Herrenhaus, wenn auch mit bescheidener Verzierung an der Frontseite, mitunter ist noch ein angedeuteter Mittelrisalit zu finden. Auch hier haben bauliche Verfremdungen stattgefunden, die in direktem Zusammenhang mit dem Funktionsverlust der Gebäude nach Aufgabe des landwirtschaftlichen Betriebs stehen. Mitunter zeugt nur noch die Hofeinfahrt mit dem großen Torbogen von der ehemaligen Bausubstanz.

Die Mehrzahl der sakralen und der profanen Gebäude wurde aus einheimischem Baumaterial erstellt, den Grauwacken des Devon (vorwiegend in den Sockelbereichen) und den basaltischen Lava- und Schlackensteinen. Durch besondere Kompositionen (Grundsubstanz einheitlich aus einer Gesteinsart, Fensterstürze, Ecken und Kanten aus einer anderen, meist dunkleren) wird das an sich düstere Bild der ländlichen Bauweise abwechslungsreicher gestaltet und aufgelockert. Die Kirchen tragen häufig weißen Putz über den vulkanogenen Bausteinen, die hellere Tongebung wird mitunter auch durch die Verwendung von Werksteinen aus dem Weiberner Tuff erzielt, etwa bei den Kirchen St. Kastor und St. Florin in Koblenz (s. F 4.6). Die Abteikirche von Maria Laach besteht aus basaltischen Gesteinen unterschiedlicher Färbung (s. A 3). Die ursprüngliche Dachbedeckung der Gebäude im Mittelrheinischen Becken bestand aus dem Moselschiefer, der auch im Maifeld abgebaut wurde und zum geringen Teil noch wird (s. Seite 59). Gegenwärtig werden jedoch auch auf älteren Bauten Eternit-Schiefer oder dunkle Falzziegel verwendet. Der Basalt ist nicht nur als Baustoff von Bedeutung, er dient weithin auch für künstlerische Zwecke. Es bestehen z.B. zahlreiche Feldkreuze, Grabsteine und Kunstwerke aus Basalt. Gepflegt wird die Basalt-Bildhauerei im westlichen Teil des Mittelrheinischen Beckens (Kottenheim, Mayen, Mendig). Bekannt sind die Basaltarbeiten aus den Maria Laacher Werkstätten.

Zahlreiche Kunstdenkmale sind in den vergangenen Jahrzehnten auch in die größeren Museen verbracht worden, damit notwendige konservatorische Maßnahmen ergriffen und eine sachgerechte Aufbewahrung gewährleistet werden konnten. Zu nennen sind hier neben den Stadtmuseen in Andernach und Neuwied sowie neben dem Eifelmuseum in Mayen vor allem das Mittelrheinmuseum und das Rheinische Landesmuseum in Koblenz. Auch in den Heimatmuseen mancher Maifeld- und Pellenz-Dörfer finden sich neben den Zeugnissen alter Haushaltseinrichtungen und Handwerksausstattungen immer wieder auch Kunstschätze aus der Hand lokaler Künstler und Laien.

Heinz Fischer

Ländliche Volkskultur und Mundart

Die ländliche Volkskultur im Mittelrheinischen Becken ist bis heute im Wesentlichen geprägt von der ursprünglich klein- bis mittelbäuerlichen Struktur des Gebietes. Das Brauchtum wurde früher und wird noch heute, vor allem in den katholischen Regionen des Rhein- und des Moseltales und der Vordereifel, einerseits von den Jahreszeiten und dem Ablauf des Kirchenjahres, andererseits von bedeutenden Begebenheiten im Lebenslauf der Menschen bestimmt. Von Beginn der Christianisierung an war die Kirche bemüht, alte heidnische Bräuche auf christliche Inhalte zu übertragen und sie mit bestimmten Kirchenfesten zu verknüpfen. Daher kam es im Laufe der Zeit zu einer innigen Verbindung von Volks- und christlichem Brauchtum.

Wie das Kirchenjahr mit dem Advent beginnt, setzt auch das Brauchtum mit der winterlichen Jahreszeit im Dezember ein. Nikolaustag (06. Dezember), Weihnachten (24., 25. und 26. Dezember) und Silvester/Neujahr (31. Dezember und 01. Januar) sind die Höhepunkte. „Kresdach" (= Weihnachten) ist das stimmungsvollste und mit größtem Aufwand gefeierte Ereignis des Jahres. Seine Symbole sind der Christbaum, in der Region seit dem 19. Jh. üblich, und die Krippe. Das bedeutsame Familienfest gipfelt im gegenseitigen Beschenken am Heiligabend. Die Silvesternacht bietet im Gegensatz zu dem besinnlicheren Weihnachtskreis schon einen Vorgeschmack der Fastnachtstage. Die nächste Festtagsgruppe, die mit besonderem Brauchtum verknüpft ist, sind Palmsonntag, Karwoche und Ostern. Osterlicht und Osterwasser sind uralte Symbole des Lebens, die die Kirche in ihre Festliturgie integriert hat; aus heidnischem Brauchtum stammt das Fruchtbarkeitssymbol des Ostereies.

Kirmes (soweit der Festtag des Pfarrpatrons im Spätsommer oder Herbst begangen wird) und Martinsfeiern schließen den Jahresrhythmus ab. Die „Kermes", das Kirchweihfest, war ehemals die wichtigste Feier der Dorfgemeinschaft. Der von der Dorfjugend auf dem Kirmesplatz errichtete Kirmesbaum, geschmückt mit bunten Bändern und Eierkranz, ist der Mittelpunkt einer mehrtägigen Belustigung für Jung und Alt. Dazu tragen Jahrmarktstimmung mit Karussells und nicht zuletzt Tanzveranstaltungen bei. Am Martinstag (11. November) stehen Martinszug und Martinsfeuer im Mittelpunkt. Zu Beginn der dunklen Jahreszeit wird das Symbol des Lichts in den Fackeln und Laternen lebendig, die die Kinder unter Absingen von Liedern und in Begleitung eines berittenen St. Martin zum Feuer tragen.

Von Bedeutung in der ländlichen Volkskultur waren und sind, neben den sich jährlich wiederholenden, die an die Personen gebundenen Familienereignisse, vor allem Hochzeit, Taufe und Tod. Die Brautleute trugen an dem mit vielen Einzelbräuchen verknüpften Tag der Heirat noch zu Beginn des 20. Jh. schwarze Festtagskleider. Nicht der Geburtstag (gefeiert wurde in der Regel am Namenstag, dem Tag des Namenspatrons), sondern der Tag der Taufe war früher bemerkenswert. An diesem Tag und danach ein Leben lang begleiteten Pate oder Patin den Täufling. Beim Tod eines Menschen wurde an drei Abenden von Familie und Nachbarschaft die Totenwache gehalten, ehemals im Sterbehaus, später in der Kirche.

Zum wichtigen jährlichen B r a u c h t u m gehören bis heute Flurumzüge (Bittprozessionen), um eine gute Ernte zu erflehen, aber auch Wallfahrten, bei denen man gewissermaßen den Kreuzweg Christi nachvollzieht. Zu Fuß pilgert man zu bestimmten Wallfahrtsorten, um Hilfe und Segen zu erbitten. Von großer Bedeutung waren und sind unter anderem die Ziele Bornhofen (auch Schiffs-Wallfahrten), Maria Hilf in Koblenz-Lützel, Schönstatt in Vallendar, Bendorf-Sayn, Fraukirch in Thür, St. Jost in Langenfeld und Maria Martental. Hier stehen schon seit alter Zeit Kirchen oder Kapellen, die durch Märtyrer, Erscheinungen, Reliquien, Gnadenbilder oder Gebetserhörungen Bekanntheitsgrad erlangten. Seit dem 17. Jh. entwickelten sich Wallfahrtsbruderschaften, welche die Wallfahrten organisierten und besondere Gebete und Lieder tradierten. Fraglos stand und steht das religiöse Erlebnis in der Gemeinschaft im Mittelpunkt dieses christlichen Brauchtums. Von überregionaler Bedeutung sind bis heute die Herbstmärkte: der Michelsmarkt in Andernach und in Mayen der Lukasmarkt. Sehr alte Marktprivilegien, die auf das Mittelalter zurückgehen, boten für die Bewohner der Stadt und des Umlandes eine Möglichkeit, in größerem Umfang Waren zu tauschen, zu kaufen und zu verkaufen. Der Lauksmaat im Oktober hat sich aus einem der größten Viehmärkte der Region entwickelt und erlangte erst im 19. Jh. den heutigen Volksfestcharakter.

Eine charakteristische landschaftstypische Tracht ist im Gebiet kaum nachweisbar, denn besonders bei der Frauenkleidung war die Mode unter dem Einfluss französischer Vorbilder relativ schnell wechselnd. Noch im 19. Jh. trug die Frau Alltagskleider aus blau bedrucktem Leinen (Jedröks), dazu eine Leinenschürze. Länger im Gebrauch waren die Kopfbedeckungen. Die unverheirateten Mädchen schmückten sich mit runden Häubchen. Durch den Haarknoten steckten sie eine verzierte Messingspange, den so genannten Tugendpfeil. Die Braut kam mit der Heirat unter die Haube und trug künftig an Festtagen eine Haubenmütze mit Bändern. Noch bis in die sechziger Jahre des 20. Jh. war der schwarze Zylinder die bei Feierlichkeiten angemessene Kopfbedeckung der Männer.

Sehr wichtig für das Gemeinschaftsleben im ländlichen Raum sind z.T. bis heute die zahlreichen Vereine wie Gesangs- und Instrumentalgruppen, Gesellschaften, die bestimmte Jahresfeste, z.B. die Kirmes, veranstalten, sozial und kirchlich orientierte Vereinigungen und nicht zuletzt die Tierzucht- und Sportvereine. Sie ermöglichen und pflegen gesellschaftlichen Umgang auch in Orten abgelegener Gebiete. Eine große Bedeutung im Zusammenleben spielten früher auch die Nachbarschaften, die sich manchmal, etwa in Andernach, sogar zu organisierten Gemeinschaften entwickelt haben. Ihre Pflichten und Leistungen waren traditionell geregelt und umfassten Hilfe und Unterstützung bei Feiern und in Notlagen.

Die bis heute vorrangig bei der ländlichen Bevölkerung des Rheinlandes, so auch des Mittelrheinischen Beckens, verwendete M u n d a r t ist eine volkstümliche, mündlich tradierte Sprachform, die schon lange vor der Einheitssprache existiert hat. Sie verändert sich ständig, da sie nicht durch staatliche Verordnungen festgelegt ist und in der Regel nur mündlich benutzt wird, wobei sie gegenwärtig kaum noch Erweiterungen erfährt, wenn man die direkten Ein-

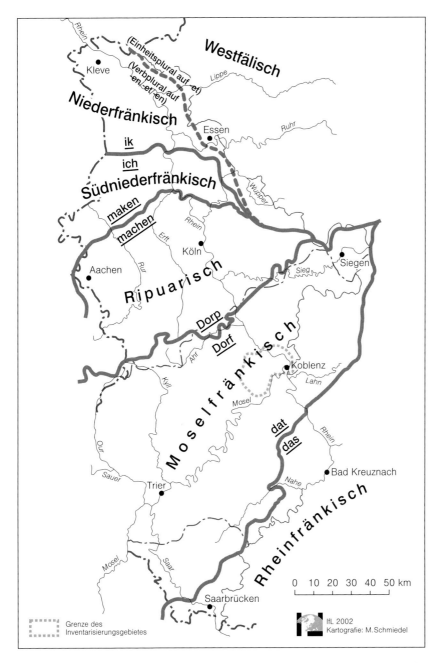

Abb. 23   Verbreitung rheinischer Dialekte (nach LAUSBERG, H. und R. MÖLLER 2000, Bouvier
Verlag, mit freundlicher Genehmigung)

75

flüsse der Hochsprache unberücksichtigt lässt. Es zeigt sich vielmehr der sich beschleunigende Trend eines starken Verlustes von Idiotismen, also spezifischer Begriffe und Wendungen, bedingt durch den allgegenwärtigen Einfluss moderner Massenmedien und die starke Mobilität bzw. Durchmischung der Bevölkerung. Es ist zu erwarten, dass sich allmählich eine regionale Ausgleichssprache mit wenigen Eigentümlichkeiten herausbildet.

Deutsche Dialektlandschaften werden traditionell nach auffallenden Lautgrenzen gegliedert. Für das Mittlere Rheinland ist hier die Aufsplitterung gemäß den Sprachlinien des so genannten „rheinischen Fächers" (LAUSBERG und MÖLLER 2000) charakteristisch (Abb. 23). Damit ist die Auffächerung der Isoglossen (= Linien gleicher Sprachmerkmale) der hochdeutschen Lautverschiebung im Rheinland gemeint. Diese Trennlinien sind auf wichtige Verkehrsstränge und spätmittelalterliche Territoriengrenzen zurückzuführen. Sie grenzen Besonderheiten des hier gesprochenen Moselfränkischen (moselfr.) gegenüber den Spracheigenheiten benachbarter Dialektgebiete ab. Weitgehend fallen diese Sprachlinien mit den ehemaligen Landesgrenzen zwischen Kurköln, Kurtrier und Kurpfalz zusammen (s. Seite 39). Als charakteristische Scheidelinie des Moselfränkischen gegenüber dem Ripuarischen im N gilt die Dorp/Dorf-Linie, die Eifelschranke. Gegenüber dem südlich anschließenden Rheinfränkischen spricht man von der dat/das-Linie, der Hunsrück-Schranke. Die Pund/Pfund-Linie kann als Ostgrenze zum Ostfränkischen herangezogen werden, während der gesamte weiter westlich anschließende Trierisch-Luxemburgische Raum bis nach Frankreich zum Kerngebiet des Moselfränkischen zählt.

Der Gebrauch des D i a l e k t e s ist im dörflichen und kleinstädtischen Bereich bis heute stärker ausgeprägt als in Mittelstädten wie Mayen, Andernach und Neuwied oder in der Großstadt Koblenz. Für den Fremden auffallend ist zunächst die rheinische Akzentuierung der Wortintonation, das rheinländische Singen. Charakteristisch für das Mittelrheingebiet, vor allem die Osteifel, ist, dass anlautendes w zu b gewandelt wird (etwa: wer zu ber, was zu bat oder wie zu bi). Hinzu kommen unter anderem folgende Besonderheiten des Moselfränkischen: Da ist einmal das bei zahlreichen Nomen vom Hochdeutschen abweichende Genus (so: dä Brel – die Brille, di Bach – der Bach, dat Eck – die Ecke). Ein etwas schwerfällig und breit anmutender Klang des moselfränkischen Dialektes ergibt sich daraus, dass die mittelhochdeutschen (mdh.) Diphthonge ie-üe-uo nicht wie im Hochdeutschen zu i-ü-u geworden sind, sondern sich zu ee-öö-oo gewandelt haben (z.B. mhd. liep – nhd. lieb – moselfr. leef; mhd. müede – nhd. müde – moselfr. mööd; mhd. bruoder – nhd. Bruder – moselfr. Broore). Insgesamt erscheint der Dialekt bildhafter und konkreter als die Standardsprache. Er enthält viele Bezeichnungen und Wendungen, die es im Hochdeutschen gar nicht gibt (z.B. trötsche – stark regnen, de Schnüs schware – zu viel reden). Diese eigentümlichen Bezeichnungen sind entweder nicht ins Standarddeutsche übernommene Begriffe der Ursprache, oder sie wurden aus dem Keltischen, dem Lateinischen, dem Französischen, dem Niederländischen und nicht zuletzt dem Jiddischen entlehnt. Die vielfältigen Einflüsse anderer Sprachen sind darauf zurückzuführen, dass es in Deutschland kaum ein Gebiet gibt, das eine so starke ethnische und daher auch volkssprachliche Durchmischung erfahren hat wie das Rheinland.

Mitunter sind mit dem Gebrauch der Mundart auch gleichzeitig lokale Neckereien verbunden, die es – nicht nur im Rheinland – von Ort zu Ort gibt. Ein Beispiel hierfür ist ein Spruch im Menneje Platt, der Mundart aus dem Nahraum von Mendig:

„Niedermeneje Hotten-Totten	„Niedermendiger Hottentotten
han die Krombiere Sopp verschotten,	haben die Kartoffelsuppe verschüttet,
han se wiede offjeleckt,	haben sie wieder aufgeleckt,
hat se wiede jot jeschmeckt."	sie hat wieder gut geschmeckt."

In Bezug auf die kleinregionale Aufteilung des Dialektgebietes ist an der unteren Mosel und in der Südosteifel trotz aller lokalen Besonderheiten eine erstaunliche Übereinstimmung gegeben; sie gewährleistet die Verständigung mit Hilfe des Dialektes ohne weiteres auch über den engen kommunalen Bereich hinaus und suggeriert ein Zusammengehörigkeitsgefühl. Besonders markant dominiert die Mundart das Fastnachtstreiben, aber auch den handwerklichen und den bäuerlichen Alltag. Ältere Menschen benutzen sie eher als junge, die die Mundart zunehmend nur noch verstehen, aber kaum mehr aktiv anwenden können.

Winfried Henrichs

EINZELDARSTELLUNG

Laacher See A 1

Dicht am Nordrand des Mittelrheinischen Beckens, etwa 25 km nordwestlich von Koblenz und nahe der Bundesautobahn (A 61), liegt in einem von höheren und bewaldeten Bergrücken umgebenen Kessel der Laacher See. Er hat die Form eines von SW nach NO gerichteten Ovals (Abb. 24) mit einer Fläche von 3,3 km², einer Längenerstreckung von 2 300 m und einer Breite von 1 900 m. Die mittlere Spiegelhöhe liegt bei rund 274 m, die größte Tiefe bei 51 m. Die umgebenden, zum Teil bis an den See heranreichenden Berghöhen liegen zwischen 400 und 460 m ü. NN. Wenige hundert Meter vom Südwestufer des Sees entfernt breiten sich die Anlagen der Abtei Maria Laach aus (s. A 3).

Auf Grund seiner landschaftlichen Schönheit und seiner erdgeschichtlichen Vergangenheit wurde der See und sein näheres Umland im Oktober 1940 unter Naturschutz gestellt (s. A 2). Die bei der Begründung hierfür gewählte Zuordnung zur Vulkaneifel wurde völlig unreflektiert von H. Falke (1968) in den rheinland-pfälzischen Landschaftsplan Vulkaneifel übernommen, was zumindest aus wissenschaftlicher Sicht verhängnisvoll war. Denn seit jener Zeit wird der Laacher See sowohl vom Tourismusgewerbe als auch von lokalen und regionalen Organisationen als größtes Eifelmaar bezeichnet und vermarktet. Trotz richtiger Deutung der Genese haben auch J. Frechen, M. Hopmann u. G. Knetsch (1967) diese Fehlbezeichnung übernommen. Auch die Bezeichnung Vulkaneifel ist für dieses Gebiet nicht richtig.

Die geowissenschaftlich einwandfreien Landschaftsbezeichnungen fußen auf den Forschungsergebnissen der naturräumlichen Gliederung, die sich seit etwa 1950 besonders des Mittelrheinischen Raumes und seiner Randgebirge angenommen hat (s. Seite 30). Danach beschränkt sich die Vulkaneifel auf das Gebiet um Daun und Manderscheid, das seine besondere Prägung durch die weithin bekannten Eifelmaare erfahren hat. Das Laacher Vulkan-Gebiet liegt aber deutlich vor dem ostwärtigen Rand der Osteifel; es erhebt sich mit den genannten Höhen über einer höheren Terrassenfläche des Ur-Rheins, die nur zwischen 230 und 300 m hoch wird und sich vom Seegebiet in Richtung Rhein abdacht. Die im W angrenzende Eifel hingegen, die nach H. Liedtke (1984) „gut abgrenzbar" ist, präsentiert sich in knapp 5 000 m Entfernung vom westlichen Seeufer mit Höhen von mindestens 500 m, meist sogar mit etwas mehr. Insofern ist die exakte räumliche Zuordnung des Seegebietes in den Bereich vor dem Gebirge unstrittig.

A 1

Abb. 24
Laacher
See-Ge-
biet (Luft-
aufnahme
1983)

Auch die Qualifizierung des Sees als Maar in lokalen und touristisch orientierten Publikationen kann nicht aufrecht erhalten werden, da der Laacher Vulkanismus viel komplizierter als die Entstehung von Maaren ist. Er lief innerhalb des Pleistozäns in einer Zeitspanne von 500 000 Jahren ab und wird in den altpleistozänen Basaltvulkanismus und den jung- bis spätpleistozänen Bimsvulkanismus unterschieden. Nach dem Ausklingen des tertiären Vulkanismus auf dem Westerwald und in der Eifel setzte nach kurzer Ruhepause während der Bildung der älteren pleistozänen Hauptterrasse der Basaltvulkanismus ein, dessen Auswirkungen sich in verschiedenen Formen zeigen: als massive Vulkanbauten, als Lavaströme und als basaltische Lockermaterialien, Tuffe und Schlacken. Dieses Geschehen ereignete sich sowohl in der Pellenz (Karmelenberg, Korretsberg, Plaidter Hummerich und andere Erhebungen) als auch im Laacher See-Gebiet. Die Berge rings um den See wie Veitskopf (428 m), Nickenicher Hummerich (425 m), Heidekopf (428 m), Roter Berg (391 m), Krufter Ofen (463 m), Alte Burg (300 m), Wingertsberg (295 m), Thelenberg (400 m) und Laacher Kopf (443 m) sind keine Vulkankraterumwallung, wie sie bei der Maarbildung üblich ist, sondern sind zum überwiegenden Teil eigenständige Vulkane. Aber auch im direkten Seebereich muss eine frühe Basalteruption stattgefunden haben, denn es finden sich in den späteren Bimsablagerungen des Gebietes große Basaltblöcke, die keinem der bekannten anderen Basaltvulkane zugeordnet werden können.

Nach dem Ende des Basaltvulkanismus, das man spätestens vor 150 000 Jahren ansetzen kann, muss sich unter dem Laacher Vulkan ein Herd von gas- und wasserdampfreicher Substanz erhalten haben, der dann vor ungefähr 13 000 bis

11 000 Jahren eine plinianische Eruption verursachte, also einen nur wenige A 1
Stunden andauernden Ausbruch von Feinmaterial, nämlich von Bims und
Asche – so, wie PLINIUS DER JÜNGERE dies vom Ausbruch des Vesuvs (79 n. Chr.)
beschrieben hatte. Die Eruptionssäule stieg weit in den atmosphärischen Bereich hoch, so dass Feinmaterial über Hunderte von Kilometern weit nach O
hin verfrachtet wurde. Die Masse des Bims gelangte aber im Mittelrheinischen
Becken zum Absatz; an der Wingertsbergwand (s. D 1) ist er weitgehend erschlossen. Verbunden mit der Eruption waren starke Kontaktniederschläge, so
dass sich die Lockermaterialien zum Teil als zähflüssige Schlammströme zum
Beispiel in das nördlich gelegene Brohltal ergossen und als Trass erstarrten. Wenige Tage nach dieser ersten Eruption, die den Weißen Laacher Bims förderte,
beendete eine weitere Eruption mit Grauen Laacher See-Pyroklastika (= Aus-
würfe mit hohem Anteil an devonischem Grundgebirge) den Laacher See-Vul-
kanismus, wenigstens bis auf Weiteres. Denn das Austreten von Kohlendioxid-
blasen am nordostwärtigen Uferbereich des heutigen Sees lässt vermuten, dass
der Vulkanismus im Moment ruht, aber wohl noch nicht erloschen ist. Nachdem der Magmaherd sich so spontan entleert hatte, brach dessen Decke ein. Auf
diese Weise entstand der Laacher Kessel und an dessen tiefster Stelle der Lacher See. Dieser ist also kein Maar, sondern eine grundwasser- und nieder-
schlagsgespeiste Caldera.

NSG „Laacher See"   A 2

Ein Gebiet um den Laacher See mit einer Fläche von 1742,5 ha wurde 1940 zum
Naturschutzgebiet erklärt. Hier kann sich teilweise noch eine spezifische Pflan-
zen- und Tierwelt entwickeln. Der den See umgebende Bergwall ist nahezu vollständig bewaldet, wobei Laubwaldformationen wie Hainsimsen-Buchenwald
und Perlgras-Buchenwald in ihrer durch die Forstwirtschaft veränderten Form
dominieren. Im N und O reichen die Waldbestände bis unmittelbar an den See
heran, hier sind als einzelne Arten erwähnenswert: Alpen-Johannisbeere (*Ribes
alpinum*), Ähriges Christophskraut (*Actaea spicata*), Nickendes Perlgras (*Melica nutans*), Einblütiges Perlgras (*Melica uniflora*), Hohler Lerchensporn
(*Corydalis cava*), Gefingerter Lerchensporn (*C. solida*) und Widerbart (*Epipo-
gium aphyllum*); letzterer konnte allerdings seit Jahren nicht mehr beobachtet
werden. Dagegen reichen – nur durch einen schmalen Streifen Bruchwald am
Ufer getrennt – im S landwirtschaftlich intensiv genutzte Flächen bis an den See.
Dieser Wald besteht aus Schwarz-Erle, Grau-Weide, Hänge-Birke, Moor-Birke
und Esche. Im Bereich des sehr flachen Süd- und Südostufers haben sich Ver-
landungsgesellschaften gebildet, so z.B. die Seerosen-Gesellschaft mit Gelber
Teichrose (*Nuphar luteum*), Weißer Seerose (*Nymphaea alba*) oder Wasser-
Hahnenfuß (*Ranunculus aquatilis*), weiter das Schilfröhricht, die Teichröhricht-
Gesellschaft oder das Spitzseggenried mit Wolfstrapp (*Lycopus europaeus*),
Zungen-Hahnenfuß (*Ranunculus lingua*) oder Wasser-Minze (*Mentha aquatica*). Für den Bereich an der Südgrenze des Naturschutzgebietes wird ein Vor-
kommen des Trespen-Trockenrasens erwähnt, in dem z.B. Gemeine Küchen-

A 2 schelle (*Pulsatilla vulgaris*) neben anderen Charakterarten auftritt. Bereits vor mehr als zehn Jahren wurde eine Verarmung der Feuchtgebietsflora festgestellt.

Aus der Fauna sind zunächst Arten des Laacher Sees als bemerkenswert hervorzuheben, so zum Beispiel aus der Fischfauna die Silberfelchen. Dieses Vorkommen geht auf die Aussetzung von Jungfischen aus Basel, dem Bodensee und aus Polen im Zeitraum von 1864 bis 1872 zurück. Danach geriet die Art in Vergessenheit; erst AUGUST THIENEMANN beschäftigte sich zu Beginn des 20. Jh. wieder mit den Silberfelchen (*Coregonen*) und stellte bei diesen bemerkenswerte morphologische Veränderungen des Kiemen-Reusenapparates als Anpassung an die hier herrschenden besonderen Nahrungsverhältnisse fest. Im Jahr 1939 wurde erneut Silberfelchenlaich aus dem Bodensee eingesetzt. Der Laacher See gilt als guter Felchensee, seine Population wird bewirtschaftet und durch künstliche Brutmaßnahmen erhalten. Im NO finden die Fische geeignete Lebensbedingungen (sauerstoffreiches, tiefes Wasser), im SW bedingen die Nutzungen am Laacher See eine zunehmende Eutrophierung und jahreszeitliche Sauerstoffdefizite.

Der Südwestbereich ist als Vogelschutzzone zu erwähnen. Auf Grund des geringen Verlandungsgürtels und der massiven Störungen durch Touristen spielt der Laacher See für Wasservögel keine besondere Rolle als Brutgebiet. Als Arten können unter anderem Haubentaucher, Wasserralle, Teichralle, Teichrohrsänger und Rohrammer genannt werden. Im Winterhalbjahr finden sich zahlreiche Gastvögel ein. Die Rallen und Enten erreichen hierbei erhebliche Individuendichten. Aus der Libellenfauna wurden bisher acht Arten, darunter Großer Blaupfeil (*Orthetrum cancellatum*) und Braune Mosaikjungfer (*Aeshna grandis*) nachgewiesen. Aus der Krebsfauna ist als Eiszeitrelikt der Muschelkrebs *Cytherissa lacustris* besonders zu erwähnen.

A 3 Abtei Maria Laach (Abb. 25)

Die Benediktinerabtei Maria Laach gehört im Rheinland zu den letzten großen Gründungen des benediktinischen Mönchtums im Mittelalter. Sie befindet sich am Südwestufer des Laacher Sees und ist mit ihrer sechstürmigen Baugruppe eines der Hauptwerke salisch-staufischer Romanik in Deutschland. Während ihrer Erbauung (1093–1230) und noch lange nach der Bauzeit reichte der Spiegel des nur durch Niederschläge und Quellen gespeisten, ursprünglich abflusslosen Sees bei Hochwasser bis an die Fundamente der Kirche, die auf einer Höhe von weniger als 289 m ü. NN liegen.

Der Grundriss des Klosters entsprach den Bestimmungen, die 816/817 auf der Synode von Aachen durch BENEDIKT VON ANIANE festgelegt wurden und im Plan des Klosters St. Gallen überliefert sind. Die nach O ausgerichtete, dreischiffige, doppelchörige Basilika (Abb. 26) besteht aus einem fünfjochigen, gratgewölbten Langhaus mit gleicher Jochtiefe in den Mittel- und Seitenschiffen. Auf das östliche Querschiff mit den großen Nebenapsiden folgen das Chorgeviert mit Halbkreisapsis und Krypta. Zwischen den Nebenapsiden und dem oktogonalen, unbelichteten Vierungsturm sind quadratische Flankentürme ein-

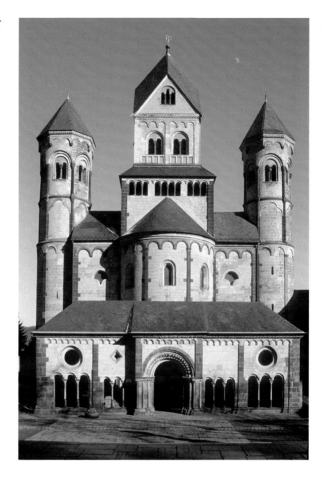

Abb. 25 Westwerk der Abteikirche Maria Laach (Aufnahme 2002)

gestellt. Das dreitürmige Westwerk schließt mit einem Querriegel, der im Innern eine Empore aufnimmt, ab. Zwischen vorspringender Halbkreisapsis und zwei runden Treppentürmen leiten die beiden Westportale zu dem vorgelagerten Paradies über. Eine markante Überhöhung erhält der Westbau durch den im unteren Teil leicht querrechteckigen Mittelturm, der sich über eine dreiseitige Zwerggalerie zu einem durch das hohe Langhaus bedingten quadratischen Turm mit Giebeln und Rautendach verjüngt. Während die Ostturmgruppe deutlich an das Vorbild des Domes zu Speyer erinnert, folgt das Westwerk dem wenig älteren Ostbau des Domes zu Mainz, der um 1100 seine endgültige Gestalt erhielt.

Der Stifter des Klosters, Pfalzgraf HEINRICH II. BEI RHEIN, besaß am Südostufer des Laacher Sees eine Burg, deren archäologische Reste als kulturgeschichtliches Denkmal Alte Burg bekannt sind. Er gründete 1093 das Kloster, das als repräsentativer Ort seiner Grablege dienen sollte, und besetzte es mit Mönchen aus der Abtei Maximin in Trier. Die Bauarbeiten begannen der Überlieferung nach an allen Fundamenten. Bis zu dem frühen Tod des Pfalzgrafen im Jahr 1095 wurden neben der Krypta nur die Umfassungsmauern, ohne das Langhaus, bis zu einer Höhe von bis zu 3,5 m fertig gestellt. Danach ließ seine Gattin ADELHEID VON ORLAMÜNDE die Bauarbeiten fortführen. In dieser Zeit entstanden das Ostquerhaus bis zu einer Höhe von 10 m ohne Wölbung und der Vierungsturm. Seit dem Tod der Pfalzgräfin im Jahre 1100 wurden nur noch Bauarbeiten an den Langhausmauern durchgeführt. Erst 1112 erneuerte Heinrichs Stiefsohn SIEGFRIED VON BALLENSTEDT die elterliche Stiftung und unterstellte sie dem Kloster Affligem in Brabant, das Mönche nach Laach entsandte. Da SIEGFRIED seinen Herrschaftsschwerpunkt verlagerte, gab er seine Laacher Burg auf. Bei den baulichen Aktivitäten unter dem ersten Abt GILBERT VON AFFLIGEM (1127–1152) kam es zur Wölbung der Krypta, der Bau des flach gedeckten Langhauses wurde vollendet sowie der Westchor aufgebaut. Der zweite Abt FULBERT (1152–1177) ließ die Arbeiten an Westwerk, Westempore und Ostchor fortführen.

Am 24. August 1156 weihte Erzbischof HILLIN VON TRIER die Kirche, wobei der Altarraum unvollendet gewesen sein soll. Um bei Hochwasser die Gefahr für die Kirchenfundamente zu bannen und fruchtbares Land zu gewinnen, ließ FULBERT um das Jahr 1164 einen 880 m langen und im Querschnitt etwa 1,5 x 3,5 m messenden Entwässerungsstollen mit 1,2 Promille Gefälle durch die niedrige südliche Umwallung des Seekessels graben, der die Bezeichnug Fulbertstollen erhielt. Der Seespiegel wurde dadurch auf 279,7 m ü. NN abgesenkt. 1169 war der Dachstuhl über dem Westbau fertig gestellt. Gräfin HEDWIG VON ARE stellte ab 1170 Mittel zur Vollendung des Ostchores und der drei Obergeschosse der Flankentürme bereit. 1185 erhielt das Mittelschiff einen neuen Dachstuhl. Unter diesem wurden die Gewölbe ausgeführt. Erst unter Abt GREGOR (1217–1235) kamen um 1220 mit dem Bau des Paradieses die Arbeiten zum endgültigen Abschluss. Seine Bauzier, zu der unter anderem die seitlich des Eingangsportals befindlichen Haarraufer und ein Teufelchen, das die *peccata populi* aufzeichnet, gehören, stammt aus der Hand des Samsonmeisters, der diesen Notnamen nach einem im Kreuzgang gefundenen Skulpturenfragment erhielt. Wahrscheinlich im zweiten Viertel des 13. Jh. wurde die Flachdecke über dem Langhaus durch ein Kreuzgratgewölbe mit sichelförmigen Gurtbögen ersetzt.

Spätere bauliche Eingriffe veränderten das romanische Bauwerk nur partiell. In die Chorwände wurden unter Abt THEODERICH II. VON LEHMEN (1256–1295) gotische Fenster eingesetzt, der Vierungsturm erhöht und der Hochaltarbaldachin fertig gestellt. 1255 ließ er die Gebeine des Stifters aus dem Kreuzgang, in dem sie vor dem Eingang zum Kapitelsaal beigesetzt worden waren, in das Mittelschiff umbetten und um 1270/1280 das Pfalzgrafenhochgrab als repräsentative Grablege schaffen. Aus der Zeit des Abtes SIMON VON DER LEYEN (1491–1512) stammen die Fresken auf den Mittelschiffpfeilern mit den Darstellungen der Heiligen Benedikt, Christophorus und Nikolaus. Letzteres Fresko zeigt auch toposartig die Darstellung der Pfalzgrafenburg. Das Paradies

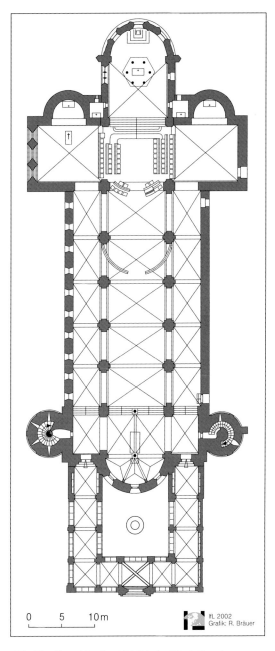

Abb. 26 Grundriss der Abteikirche Maria Laach
(nach Kubach, H. E. und A. Verbeek 1976)

A 3 erhielt ein zweites Obergeschoss, das im 19. Jh. wieder entfernt wurde. Abt PLA-
CIDUS VON KESSENICH (1662–1698) ließ die Kirche barockisieren und 1695 den
Baldachin und das Pfalzgrafenhochgrab im Westchor aufstellen. Die 1802 sä-
kularisierten und ausgeplünderten Klostergebäude gingen nach einer Versteigerung 1820 in das Eigentum des Trierer Regierungspräsidenten DAVID H. DE-
LIUS über. Ab 1815 begannen durch den preußischen Staat Maßnahmen zur Sanierung der Kirche. DELIUS ließ von 1842 bis 1845 einen neuen Entwässerungsstollen von 1 040 m Länge und 0,8 Promille Gefälle anlegen und den
Seespiegel um weitere 5 m auf 274,7 m ü. NN absenken. Dies führte zu erheblichen statisch-konstruktiven Schäden an den Klostergebäuden.

Nachdem im Winter 1855 die Prälatur einem Brand zum Opfer gefallen war,
verkauften die Erben 1862 das Monasterium Sanctae Mariae Ad Lacum an den
Jesuitenorden, der während des Kulturkampfes Laach 1872 verlassen musste.
1892 erfolgte die Neubesiedlung mit 33 Mönchen aus Beuron. Von der wilhel-
minischen Innenausstattung blieben nur die drei Apsidenmosaiks erhalten. 1937
wurden die bei der Einwölbung vorgenommene Aufmauerung des Langhauses
und die Erhöhung des Ostturmes von 1220 rückgängig gemacht. Zum 900-jähri-
gen Gründungsjubiläum 1993 wurden Kirche und Stiftergrabmal einer Gene-
ralrestaurierung unterzogen.

Während die beiden ersten Bauabschnitte der Basilika stilistisch der ober-
rheinischen Baukunst (Speyer, Mainz) nahe stehen und sich ab der Mitte des
12. Jh. die Verbindungen zum Niederrhein (Koblenz, Bonn) verdichten, ist sie
durch ihre Baumaterialien auf das Engste in die umgebende Landschaft eingebunden. Die Basilika wurde überwiegend mit Natursteinen aus den reichen Vorkommen der Pellenz und der Osteifel erbaut. Neue Bauabschnitte zeichnen sich
durch wechselnde Baumaterialien ab. Neben dem rötlichen Laacher Tuffstein
von der östlichen Seekesselseite für das Querhaus, den Vierungsturm mit den
Flankentürmen und die Hochschiffwände des Langhauses kamen z.B. am Giebel des nördlichen Querhauses braune Tuffsteine, der so genannte Römertuff
aus den Vorkommen um Kruft, und am Westbau Tuffe aus Weibern zum Einsatz. Die Architekturgliederungen bestehen meist aus der tephritischen Basaltlava aus Niedermendig, deren oberen Lavastrom man erst für den Kloster-
bau erschloss. Nur in der ersten Bauphase verwendete man für die Lisenen
Buntsandstein aus dem Kylltal. Die Sockel des Ost- und Westbaus zeigen die
harte Augitlava des Veitskopfes und an den Seitenschiffen schlackige Krotzen
vom Laacher Kopf. Wertvollere lothringische Kalkgesteine finden sich an den
inneren Pfeilern des Westchores, des Presbyteriums und an den Säulen bzw.
Gurten in der Krypta. Die Säulen am Süd- und Mittelturm des Westwerkes und
zum Teil am Hochaltarbaldachin bestehen aus Kanalsinter der römischen Wasserleitung nach Köln. Die Säulen des Paradieses sind aus Schiefer und Unter-
karbon-Kohlenkalk gearbeitet, wie er zwischen Aachen und Namur ansteht,
grünliche Lava vom Perler Kopf findet sich an den Abaci der lothringischen
Kalkstein-Kapitelle.

Zur Innenausstattung der Basilika gehört die in Originalfassung erhaltene,
überlebensgroße Liegefigur des hochgotischen Stiftergrabmales, die im Westchor unter der Empore auf den Resten eines mittelalterlichen Terracotta-Fuß-

bodens steht. Sie besteht aus Nussbaumholz mit Ergänzungen aus Eichenholz $\quad$
und liegt einer gotischen, zweimal farblich überarbeiteten Steintumba auf. Gekleidet mit Pelzhut und in einen Tasselmantel über gegürtetem Leibrock, hält
der Pfalzgraf in der rechten Hand das Modell der Klosterkirche. Der spätromanische, auf sechseckigem Grundriss errichtete Altarbaldachin, 1695 über das
Grabmal versetzt, steht seit 1947 wieder über dem Hochaltar. Die ursprünglich
vorhandene Zwerggalerie wurde jedoch aus Unkenntnis entfernt.

Die Klosteranlage des 18. Jh. wurde nach dem Brand von 1855 stark verändert wieder aufgebaut. Von der 1220/1230 erbauten Nikolauskapelle blieb nur
der spätstaufische, zweigeschossige Westturm aus Tuffsteinen über Basaltlavasockel und mit Rautendach erhalten. Das dreiachsige Langhaus mit eingezogener Apsis stammt von 1757. Nach gut erhaltenen Befunden erneuerte man
1964 die Außenbemalung. Entlang der westlichen Klostermauer wurde ein
Steinlehrpfad eingerichtet, der wichtige Gesteine der Region vorstellt. Über diesen Lehrpfad erreicht man auch das Naturkundemuseum St. Winfried. Maria
Laach und der Laacher See haben sich zu einem stark frequentierten Ausflugsziel des Tagestourismus entwickelt. Das Kloster besitzt wegen seiner theologischen Wirkungen, der Kunstwerkstätten, des Kunstverlages und des inzwischen
zum Teil verpachteten, auf 170 ha ökologisch arbeitenden Hofgutes (davon
60 ha Ackerbau, extensive Viehhaltung mit etwa 300 Limousin-Rindern), des
Obstbaus auf 6,5 ha, der Gärtnerei und des Seehotels eine wirtschaftlich
autarke Basis.

Die Pellenz (betr.: Suchfelder A, D und E)

Die natürliche Landschaft der Pellenz wurde bereits innerhalb des Landeskundlichen Überblicks und besonders bei der naturräumlichen Gliederung als
Naturraum definiert (s. Seite 30); es gibt indessen auch eine historische und eine wirtschaftsgeographische Deutung dieser Landschaftsbezeichnung. Pellenz
leitet sich ab vom lateinischen *palatium* = Palast oder von *terra palatina* = Pfalzgrafenland bzw. von dem mittelhochdeutschen Wort *phalenze* = Pfalz. Die Pellenz war somit Herrenland und gehörte zum Herrschaftsbereich der Grafen von
Virneburg, keinesfalls übrigens als karges und bewaldetes Mittelgebirgsland,
wie es die Eifel war und ist, sondern als zumindest mäßig günstiges und offenes
Ackerland im Vorland des Gebirges. In der modernen Wirtschaftsgeographie ist
der Begriff Pellenz identisch mit der durch den Abbau von Bims, Lava- und
Tuffstein geprägten Kulturlandschaft zwischen dem Rhein und dem ostwärtigen Eifelrand. Insofern gleichen sich auch die Pellenz-Dörfer in Struktur und
Aussehen in starkem Maße; es sind – historisch, nicht unbedingt landschaftlich
gesehen – die Dörfer Bell, Betzing, Eich, Ettringen, Hausen, Kottenheim, Kretz,
Nickenich, Niedermendig, Plaidt, Thür, Trimbs, Wassenach und Welling. In
der Verwaltungsgliederung wurde als Rückgriff auf die historischen Quellen ab
1. Januar 1992 der Name Pellenz zur Benennung einer Verbandsgemeinde verwendet (s. Seite 44; Abb. 15).

A 4 Nickenich, Landkreis Mayen-Koblenz, Verbandsgemeinde Pellenz

Die rund 3 600 Einwohner zählende Gemeinde liegt im Übergangsbereich vom Mittelrheinischen Becken zu den Randbereichen des Laacher Vulkan-Gebietes. So treten innerhalb der Ortslage erhebliche Höhenunterschiede auf: 200 m ü. NN am südlichen Ortsrand (in der Pellenz) und fast 300 m ü. NN in den nördlichen Siedlungsteilen (unterhalb des Hummerichs am Rande des Vulkangebietes). Der Ort geht auf eine sehr frühe Siedlungszeit zurück. Auf Grund von zahlreichen Ausgrabungsfunden nehmen die Archäologen eine Frühbesiedlung während der Eisenzeit an (Hunsrück-Eifel-Kultur, 6. bis 2. Jh. v. Chr.). Die Inhalte eines ausgegrabenen römischen Tumulus sowie ein dreiteiliges figürliches Familiengrab aus der Mitte des 1. Jh. n. Chr. befinden sich im Rheinischen Landesmuseum in Bonn. Die urkundliche Ersterwähnung erfolgte 1069 als *nethenis*. Wie eine größere Anzahl der Pellenz-Dörfer war auch Nickenich im Mittelalter befestigt, allerdings nicht mit einer Mauer, sondern nur mit Wall und Graben.

Trotz eines nicht zu übersehenden Baugeschehens der vergangenen fünf Jahrzehnte konnte Nickenich eine Reihe von baugeschichtlich interessanten Gebäuden bewahren. Im Ortskern findet man Häuser aus dem 18. Jh. und solche, die um die Wende vom 19. zum 20. Jh. erbaut wurden. Die Pfarrkirche St. Arnulf steht auf römischen Bauresten, der viergeschossige Turm ist zumindest in seinem unteren Teil romanisch. Im Verlauf von Jahrhunderten wurde sehr viel abgebrochen sowie um- und angebaut. Darauf deutet z.B. die spätgotische Sakristei an der Nordseite des Chores hin, die beim Neubau der Kirche von 1845 bis 1848 von JOHANN CLAUDIUS VON LASSAULX übernommen und eingebaut wurde. Auch die Schule gehört zu den zahlreichen von LASSAULX um 1835 im Rheinland erbauten Schulgebäuden – allein im Mittelrheinischen Becken sind es über 20 Gebäude. Sehenswert ist auch der ehemalige Kartäuser Hof des Stiftes St. Alban bei Trier, der um 1755 erbaut wurde. Auffällig ist sein hohes Walmdach mit Gauben.

Vor allem am südlichen Ortsrand liegen große Gewerbeflächen, und über dem nordostwärtigen Ortsrand ragen die Abbaugeräte an den Abbaustellen der Lavaindustrie auf. In Nickenich befindet sich das ab 1981 eingerichtete Pellenz-Museum mit Exponaten aus der Vor- und Frühgeschichte, aber auch mit gelegentlichen Sonderausstellungen zu Kunst und Kultur.

B 1 NSG „Nastberg"

Der 240 000 Jahre alte Vulkankegel Nastberg liegt westlich des Andernacher Ortsteils Eich und ragt mit einer Höhe von 319 m ü. NN deutlich aus seiner Umgebung hervor. Er gehört zu den von Bimsschichten überlagerten jungpleistozänen Vulkanen. Von ihm ist allerdings nur noch eine Flanke erhalten, denn durch die Abbautätigkeit zweier seitlich liegender Basaltlavagruben kam es zur Zerstörung des gesamten östlichen Walles und des Ausbruchszentrums. 1978 wurde der Nastberg zum Naturschutzgebiet (NSG „Nastberg") erklärt. Der

höher gelegene Bereich der erhaltenen Flanke ist von lichtem Traubeneichen- B 1
Buchen-Niederwald bestanden. Hier treten Kamm-Wachtelweizen (*Melampyrum cristatum*), Sandkresse (*Cardaminopsis arenosa*), Nelken-Leimkraut (*Silene armeria*) und Wohlriechende Weißwurz (*Polygonatum odoratum*) auf. Besonders bemerkenswert sind die offenen Felsfluren mit *Potentilla rupestris*-Säumen und Felstrockenrasen.

Im Jahr 2001 wurden die Arbeiten an der Erschließung des didaktisch-touristisch konzipierten Vulkanparkprojekts Nastberg im Rahmen des Vulkanparks (s. E 6) fertig gestellt. Über die Entstehungsgeschichte des Vulkankegels, den Abbau von Krotzen, Schaumlava und Lavalit sowie die seit Jahrtausenden wirkenden Erosionsprozesse informieren seitdem zahlreiche Informationstafeln entlang eines neu angelegten Nastbergweges, der zum Gipfelkreuz mit einem eindrucksvollen Landschaftspanorama in das Mittelrheinische Becken führt. Der einstige Vulkan Nastberg ermöglicht Einblicke in die komplexen erdgeschichtlichen Vorgänge eines Vulkankegels. Diese sind geprägt durch Prozesse mit hochexplosiven Kontakten von glühend heißem Magma mit Wasser, die sich vor etwa 240 000 Jahren abgespielt haben.

Das Neuwieder Becken (betr.: Suchfelder B und C)

Dieser Teilraum des Mittelrheinischen Beckens ist einerseits charakterisiert durch seine Ebenheit und seine tiefe Lage (unter 65 m ü. NN) beiderseits des Rheinstroms, jeweils mit randlichen Terrassenflächen; zum anderen handelt es sich hier um eine sehr dicht besiedelte, sehr stark industrialisierte, verkehrsmäßig optimal erschlossene und völlig verstädterte Landschaft. Sie ist zumindest aus kulturgeographischer und aus historisch-geographischer Sicht auch ein Teil des Mittelrheintales und daher in die Förderungen im Rahmen der Maßnahmen zum UNESCO-Weltkulturerbe mit einbezogen.

Andernach, Landkreis Mayen-Koblenz   B 2

Die Stadt Andernach liegt an der Stelle des Rheins, wo der Fluss das Mittelrheinische Becken verlässt und in das enge Untere Mittelrheintal eintritt. Dieser schmale Durchlass zwischen dem Andernacher Krahnenberg und dem gegenüberliegenden Felsvorsprung mit der Bezeichnung Engwetter bei Leutesdorf trägt den Namen Andernacher Pforte. Die Stadt nimmt eine Höhe zwischen 60 und 190 m ü. NN ein. Sie besitzt einschließlich der eingemeindeten Orte E i c h (s. B 3), M i e s e n h e i m (s. B 4), K e l l und N a m e d y (außerhalb des Betrachtungsgebietes) eine Fläche von 53,2 km² und zählte im Jahre 2001 insgesamt 30 200 Einwohner (Anhang H). Das Stadtbild von Andernach zeigt zwei bestimmende und dabei recht unterschiedliche Aspekte. Aus Richtung Rheinufer ist es geprägt durch die hoch aufragenden Türme der katholischen Pfarrkirche Maria Himmelfahrt (oder: Liebfrauenkirche), durch den „Runden

B 2 Turm" im Verlauf der ehemaligen Stadtbefestigung sowie durch eine Reihe von malerisch anmutenden Hotel- und Gasthausbauten entlang der Rheinpromenade, nicht übersehen werden kann ferner der Hochbau einer ansässigen Mälzerei. Aus dem eigentlichen Becken heraus stellt sich die Stadt aber durch zunächst vereinzelt stehende oder in lockerer Bauweise gruppierte, gegen den Stadtkern jedoch immer mehr aneinander heranrückende und sich dabei verdichtende Gewerbe- und Wohnhausflächen dar.

B 2.1 Vor- und Frühgeschichte

Die ältesten Zeugnisse über das Auftreten des Menschen in Andernach sind aus dem zugehörigen Stadtteil Miesenheim bekannt. Sie besitzen ein Alter von mehr als 300 000 Jahren (s. B 4). Menschen der späten Altsteinzeit traten in Andernacher Flur am Ende der Eiszeit vor rund 14 000 bis 12 000 Jahren auf wie Funde vom Martinsberg, die bereits im ausgehenden 19. Jh. gemacht wurden, beweisen. Da die Fundschichten von Bims überlagert waren, konnte erstmals nachgewiesen werden, dass hier bereits vor dem Bimssteinausbruch der Laacher Vulkane Menschen lebten. Ein besonderes Fundobjekt stellte ein Vogelköpfchen dar, das aus einer Abwurfstange eines Rentieres gefertigt worden war. Ende der 1970er bis Anfang der 1980er Jahre wurden auf dem Martinsberg erneut Grabungen vorgenommen. Dabei stellte man in der untersuchten Lössablagerung zwei übereinander angeordnete Siedlungshorizonte fest. Die Funde der unteren Schicht ließen sich einer hochspezialisierten Jägerkultur zuweisen und der Zeit um 10 400 v. Chr. zuordnen. Die aufgefundenen Steinwerkzeuge waren für die Bearbeitung der jeweiligen Materialien speziell hergerichtet. Zur Herstellung von Geschossspitzen, Harpunen, Nadeln und Pfriemen dienten Späne, die aus Geweihen und Mammutstoßzähnen gewonnen wurden. Als Bestandteile von Schmuckstücken fanden sich durchbohrte Fuchszähne, Hirschgrandeln und Schneckengehäuse. Zu den Fundstücken gehörten auch Schieferplatten mit eingeritzten Darstellungen von Pferden und Frauenkörpern sowie Frauenstatuetten aus Elfenbein. Die obere Fundschicht belegt die Anwesenheit einer weiteren Jägergruppe auf dem Martinsberg um 10 000 bis 9 000 v. Chr. am Ende der Eiszeit, als das Klima wärmer wurde. Die Angehörigen dieser Jägerkultur werden nach einem von ihnen benutzten Steingerät als Federmessergruppe bezeichnet. Zuvor war das Fundgebiet, nachdem die Vorgängergruppe es verlassen hatte, etwa 400 Jahre unbesiedelt geblieben.

Aus der Jungsteinzeit, die zeitlich ab 5 000 v. Chr. angesetzt wird, der sich anschließenden Bronze- und der darauf folgenden vorrömischen Eisenzeit liegen für das Andernacher Stadtgebiet zahlreiche Fundstellen vor, die von der Anwesenheit des Menschen Zeugnis geben (Abb. 27). Viele Fundstellen mit Gräbern und Siedlungen zeugen im Stadtgebiet und in Miesenheim von der Hunsrück-Eifel-Kultur, die von 600 bis 250 v. Chr. dauerte. Im 5. Jh. v. Chr. setzte mit der jüngeren Hunsrück-Eifel-Kultur die Epoche der La-Tène-Zeit ein, die etwa 450 Jahre dauerte und deren Kulturträger die Kelten waren. In die letzte Phase der La-Tène-Zeit (130–15 v. Chr.) wurden Scherbenfunde aus dem west-

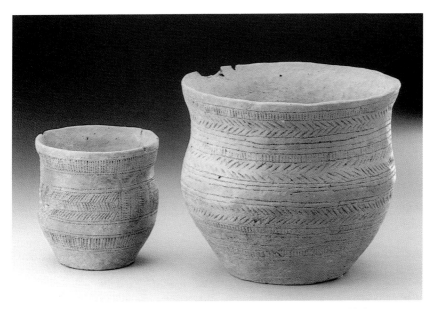

Abb. 27   Becher der späten Jungsteinzeit von Andernach und Saffig (2000 v. Chr.)
(Archäologische Denkmalpflege, Amt Koblenz, mit freundlicher Genehmigung)

lichen Bereich der Altstadt von Andernach eingeordnet, die als Nachweis dafür angesehen werden, dass hier bereits in der Zeit zwischen 50 und 15–12 v. Chr. eine keltische Siedlung bestand. Sie befand sich auf einem inselartigen, etwas erhöhten Terrain, wurde im N durch den Rhein, im S und W durch einen damals schon versumpften Nebenarm des Flusses sowie im O durch ein Sumpfgelände begrenzt und besaß dadurch eine geschützte Lage. Auch der frühere Name der Stadt Andernach *antunnacum* dürfte auf die Kelten zurückgehen. Die bei ihnen gebräuchliche Nachsilbe *-acum* steht in Verbindung mit dem Begriff Besitz. Danach würde *antunnacum* = Besitz des Antunnus bedeuten.

Nach der Eroberung Galliens durch die Römer in der Mitte des 1. Jh. v. Chr. und der Ausdehnung ihres Machtbereiches bis an den Rhein, den immer wieder erfolgten Germaneneinfällen sowie dem gescheiterten Versuch der Römer, ihrem Imperium das Gebiet zwischen Rhein und Elbe dauerhaft einzugliedern, zogen sich diese auf die linke Rheinseite zurück und begannen die Rheingrenze durch die Anlage von Kastellen zu sichern. Innerhalb des heutigen Stadtbereichs entstand wahrscheinlich im Zeitraum von 20 bis 30 n. Chr. etwa 400 m östlich der keltischen Siedlung ein Kastell. Mit der Errichtung des römischen Limes im rechtsrheinischen Gebiet wurde dieses Kastell funktionslos. Der Ort wurde ein wirtschaftliches Zentrum für den Handel mit Mühlsteinen aus Basalt und mit Tuffgestein. Diese wurden von Mayen (s. D 7), Kottenheim (s. D 5) und Kruft (s. E 1) auf ausgebauten Straßen nach Andernach transportiert und im dortigen Hafen zur weiteren Versendung auf Schiffe verfrachtet. Nachdem der

B 2.1 Limes von fränkischen und alemannischen Kriegern um die Mitte des 3. Jh. n. Chr. überrannt und auch das römische Hinterland ausgeplündert worden war, bildete der Rhein wieder die Grenze des Römerreiches. Am Ende des gleichen Jahrhunderts wurde zur Sicherung der Siedlungen mit dem Bau von Verteidigungseinrichtungen begonnen. Bei erneuten Germaneneinfällen im 4. Jh. n. Chr. wurde das Kastell in Andernach zerstört, anschließend jedoch von den Römern wieder aufgebaut und mit Soldaten belegt. Dieses spätrömische Kastell war durch eine 910 m lange und 3 m breite Mauer geschützt, die eine Fläche von 5,6 ha umschloss und auch den Kern der zivilen Siedlung mit einbezog.

B 2.2 Frankenzeit und Stadtentwicklung bis zum 18. Jh.

Mit den zunehmenden Germaneneinfällen um die Mitte des 5. Jh. n. Chr. in das Gebiet des Römischen Reiches am Rhein geriet auch Andernach in die Hände der Franken. Die fränkische Siedlungszeit ist hier durch eine Vielzahl von Grabstätten belegt. Die Frankenkönige aus dem Hause der Merowinger besaßen im nordöstlichen Teil des spätrömischen Andernacher Kastells, wo sich gegenwärtig in Rheinnähe die Mälzereigebäude erheben, eine Pfalz. Dieser war eine Genovevakapelle angegliedert. Die Verwaltungseinrichtung, von der aus die Besitzungen des Königs im hiesigen Raum (= Reichsgut) verwaltet sowie die königlichen Rechte ausgeübt wurden, förderte das wirtschaftliche Leben am Ort und führte zur Ansiedlung von Händlern und Handwerkern. Die kostbaren Beigaben in den aus fränkischer Siedlungszeit stammenden Grabstellen geben Zeugnis von der Kunst der angesiedelten Goldschmiede. Von Steinmetzen gefertigte Mahlsteine gelangten bis nach England und Dänemark. Die Genovevakapelle mit dem ihr zugeordneten Zehnten des königlichen Fiskus wurde vor 814 dem Kloster Stablo-Malmedy überlassen, das daraufhin im Bereich der Pfalz eine Propstei errichtete. Die Normannen suchten bei ihren Raubzügen rheinaufwärts bis Koblenz Andernach im Jahre 883 heim und zerstörten die außerhalb des Kastells gelegenen Niederlassungen. Nach dem Normanneneinfall ließen sich wahrscheinlich vor dem Kastell mit seinen Schutzmauern, im Gelände nördlich der jetzigen Hochstraße in Richtung Rheinufer, zuerst Schiffer und Fischer, dann auch Kaufleute nieder. Im südlichen Anschluss errichteten Handwerker ihre Häuser. Diese Siedlungserweiterung kommt in den dortigen Straßennamen Fischgasse, Kramgasse, Eisengasse und Wollgasse zum Ausdruck.

Im Jahre 1169 überließ Kaiser FRIEDRICH BARBAROSSA seinem Kanzler RAINALD VON DASSEL, dem Erzbischof von Köln, wegen seiner Heeresdienste bei kriegerischen Auseinandersetzungen in Italien den Reichshof Andernach einschließlich Münze und Zoll als Schenkung. Seitdem zählte Andernach bis zur Besetzung durch das französische Revolutionsheer im Jahre 1794 zum Territorium des Kurfürstentums Köln. Die Anfänge der Anlage einer Wasserburg als Sitz der Kurkölner Erzbischöfe am östlichen Ende der heutigen Hochstraße gehen wohl noch auf das 12. Jh. zurück. Von dieser Stadtfestung aus wurden

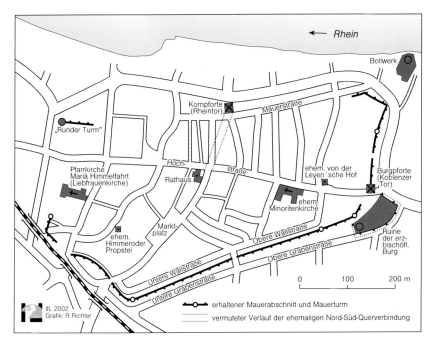

Abb. 28 Mittelalterlicher Stadtkern von Andernach
(Entwurf H. Fischer 2002, nach: Andernach. Stadtplan 1978. Bartels, D. 1960. Heyen, F.-J. 1988. Timme, F. 1953)

die vorbeiführende Rheintalstraße sowie die in der Nähe liegende Rheinzollstation beherrscht. Es ist anzunehmen, dass man den Siedlungsbereich vor dem Kastell erst von 1211 bis 1250 durch die Errichtung einer Mauer im Anschluss an die Kastellbefestigung sicherte. Von deren nördlichem Teil aus führte die erweiterte Stadtmauer entlang der Rheinfront stromaufwärts zum Zollgebäude und ab diesem im spitzen Winkel in südlicher Richtung verlaufend bis an die kurfürstliche Burg (Abb. 28). An der Nordostecke der Stadtbefestigung wurde in den Jahren von 1659 bis 1661 ein Bollwerk als Verteidigungsbastion erbaut. In diesem wurde die Zollstelle untergebracht. In der Zeit um 1440 bis 1452 errichteten die Andernacher Bürger auf eigene Kosten an der Nordwestecke der Stadtmauer den 56 m hohen Runden Turm, der zu den schönsten Wehrtürmen Deutschlands gehört. Von 1555 bis 1558 baute man am Rheinufer einen Kran aus Stein, der einen Ersatz für den bisher benutzten Schiffskran darstellte. Mit Hilfe des Kranes wurden vor allem Weinfässer, Mühl- und Tuffsteine verladen. Im Jahre 1561 begann der Neubau des Rathauses an der Hochstraße. Es war ursprünglich mit einer offenen Halle ausgestattet, an die sich südlich der Rats- und Gerichtssaal anschloss. Unter dem Rathaus ist das vor 1349 errichtete, doppelgeschossige Judenbad gelegen, zu dem eine Treppe mit 63 Stufen führt. Eine jüdische Gemeinde fand in Andernach erstmals 1170 Erwähnung. Nach Aus-

93

B 2.2 schreitungen von 1287 gegen die Juden konnten diese dennoch eine Synagoge erbauen. Ein jüdischer Friedhof wurde erstmals im Jahre 1423 erwähnt.

Auseinandersetzungen der Bürger mit der Stadtregierung wegen der Mitbeteiligung im Magistrat, Aufstände der Zünfte mit Besetzung der Burg und der Vertreibung der Schöffen zeugen von auftretenden Spannungen zwischen Bürgerschaft und Obrigkeit und beeinträchtigten das städtische Zusammenleben. Hinzu kamen Bedrohungen von außen. Während des Dreißigjährigen Krieges wurde die Stadt 1632/33 von den Schweden durch Eroberung, Plünderung und Brandschatzung heimgesucht und in der Folge von verschiedenen Heeren belagert und eingenommen. 1689 kam es durch Soldaten des französischen Königs LUDWIG XIV. in der Stadt zu einer Brandkatastrophe.

Im Jahre 1705 gab es in Andernach 278 Haushalte, deren Anzahl bis 1792 auf 395 anstieg. Der Anteil der Handwerkerhaushalte belief sich 1705 auf 47%, im Jahr 1792 auf 39%. Dafür stiegen die Haushalte der Ackerer (= Bauern) und Wingertsleute (= Winzer) anteilig von 11% auf 17% und die der Tagelöhner von 8% auf 19%. Daraus wird deutlich, dass die Bevölkerung gegen Ende des 18. Jh. in zunehmendem Maße ihre Erwerbsgrundlage in der Landwirtschaft und im Weinbau sowie durch Beschäftigung als Tagelöhner hatte. Als der Stadtrat im Jahre 1788 das Heu der Gemeindewiesen unterhalb der Nette versteigern lassen wollte, erhoben die Zunftmeister Einspruch: Auf diese Wiesen könne man wegen der Viehhaltung in Andernach nicht verzichten, da die Stadt ohne Gewerbe sei. Im Erhebungsjahr 1813 umfasste die Viehhaltung 50 Pferde, 36 Ochsen, 200 Kühe, 800 Schafe, 150 Schweine und 100 Bienenstöcke. Die Gemarkung wies nach den Angaben für das gleiche Jahr 3 522 Morgen Acker, 54 Morgen Wiese, 30 Morgen Weinberge, 700 Morgen Gemeindewald und 800 Morgen Hecken (einschließlich 400 Morgen in Privathand) auf und belief sich damit auf insgesamt 5 106 Morgen (rund 1 600 ha). Die Einwohnerzahl betrug zu diesem Zeitpunkt 2 524 Personen.

Im 18. Jh. kam es im rheinischen Raum durch eine Reihe von Kriegen zu Truppendurchzügen und damit auch zur Besetzung von Andernach und zu Einquartierungen in der Stadt, was für die Bevölkerung starke Belastungen mit sich brachte. 1794 wurde das linke Rheinufer von französischen Truppen besetzt und die linksrheinischen Lande mit Frankreich vereinigt. Damit waren die traditionellen Ordnungen aufgehoben.

Die Familie Remy, die in Neuwied 1784 Eigentümerin des ehemals gräflich Wiedischen Hütten- und Hammerwerkes geworden war, hatte sich 1769 erstmals in Deutschland der Herstellung von Blech durch Walzen zugewandt. Diesen Produktionszweig hat die Unternehmung 1797 in Andernach angesiedelt. In dem dortigen Werk wurden Bleche im Walzverfahren gewonnen und zu Küchengerätschaften weiterverarbeitet. Seit 1742 hatte Remy den Nettehammer von der Abtei St. Thomas in Andernach gepachtet. 1803 ging er in sein Eigentum über. Hier erfolgte die Fertigung von Stabeisen als Ausgangsprodukt für die Blecherzeugung.

Stadt- und Wirtschaftsentwicklung vom 19. Jh. bis zur Gegenwart

Im Jahre 1815 kamen die Rheinlande an Preußen. Bei der Schaffung von Landkreisen als Verwaltungseinheiten wurde wegen der nunmehr peripheren Lage von Andernach Mayen als Kreisstadt ausgewählt (s. D 7.1).

In Andernach gab die Fabrik zur Herstellung von Eisenblechen sowie von Küchengerätschaften der Firma Remy 1824 ihre Produktion auf, 1841 wurde der Nettehammer stillgelegt. Auch eine 1811 in der Stadt gegründete Lederfabrik wurde um 1827 geschlossen. Zu dieser Zeit erfuhr jedoch der Andernacher Hafen eine Belebung, als dort der Trass (vulkanisches Tuffgestein) des Nettetales vermehrt umgeschlagen wurde, nachdem man ihm die gleiche technische Qualität wie dem des Brohltales zuerkannt hatte.

In der zweiten Hälfte des 19. Jh. entwickelte sich die Stadt, der 1857 die Städteordnung verliehen worden war, zum Industriestandort. Die Wende in der wirtschaftlichen Entwicklung ist in Zusammenhang mit drei Gegebenheiten zu sehen, das waren die Lage am Rhein als Weg für den Gütertransport, die zur Ansiedlung von Industrien auf östlich der Altstadt verfügbaren Flächen und die leichte Verbindung zum Hinterland für die dortige Güterausfuhr.

In der Zeit von 1852 bis 1854 wurde die Mayen – Andernach – Neuwieder Aktienstraße mit privatwirtschaftlichen Mitteln gebaut. 1858 konnte die Eisenbahnstrecke Remagen – Andernach – Neuwied eröffnet werden, wobei der Bahnhaltepunkt in der südöstlich an die Stadt Andernach grenzenden Gemeinde Weißenthurm (s. B 5) die Bezeichnung Bahnhof Neuwied trug. Von 1878 bis 1880 wurde die Eisenbahnverbindung Andernach – Mayen hergestellt. 1861 erfolgte die Niederlassung eines Trasswerkes und 1864 entstand eine Mälzerei. In Andernach ist gegenwärtig noch ein Unternehmen der Malzherstellung in Betrieb. 1915 belief sich ihre Zahl auf 34. Im nahen Niedermendig gab es mehrere Brauereien, in denen ein großer Teil des in den Andernacher Mälzereien erzeugten Malzes zu Bier verarbeitet wurde, welches in den stillgelegten unterirdischen Niedermendiger Basaltabbauen durch die dort herrschende gleichmäßige Kühle gut gelagert werden konnte (s. D 2). 1865 wurde in Andernach ein Sägewerk eingerichtet, aus dem weitere Firmen der Holzverarbeitung hervorgingen. Später kamen weitere Sägewerke hinzu sowie 1887 eine Fassfabrik. Außerdem gab es zahlreiche Betriebe der Bimsbausteinherstellung. Anfang der 1920er Jahre entstand östlich der Stadt ein Bandstahlwerk, das heute als Kaltwalzwerk Weißbleche produziert. Ursprünglich waren die Betriebsarten der Holzverarbeitung und der Bimsbaustofffabrikation bezeichnend, gegenwärtig sind Firmen unterschiedlichster Branchen angesiedelt. So finden sich im Gewerbegebiet westlich der Südhöhe ein Unternehmen für Therapeutische Systeme, ein Hersteller von Anlagen, Maschinen und Formen für die Baustoffindustrie sowie ein Fachgroßhandel, in dem Siedlungsgelände nördlich der Straße nach Eich Büros, Dienstleistungen und Freizeiteinrichtungen. Mit seinem Angebot an Versorgungsmöglichkeiten und Dienstleistungen, mit Höheren Schulen und einem Krankenhaus ist Andernach ein zentraler Ort für ein kleines Umland.

B 2.3 Nach der Verlegung des Hafens 1911 rheinaufwärts von der Stadt, wo er 1912 in Betrieb genommen wurde, gestaltete man die nunmehr freie Uferzone ab 1928 mit Grünanlagen. Der Hafen ist ein Stromhafen mit einer Uferlänge von 700 m. 1970 kam ein Hafenbecken von 650 m Länge und 90 m Breite in Richtung Weißenthurm dazu. Zu den Verladeeinrichtungen gehören Krane, Verladebrücken und Bandanlagen. Für die Lagerung des Transportgutes stehen Lagerplätze, Tiefbunker und Hochsilos zur Verfügung. Im Jahr wird der Hafen von etwa 2 500 bis 3 000 Schiffen angelaufen. Er ist gegenwärtig der größte Hafen am Mittelrhein. Zu den herkömmlichen Umschlagsgütern zählen Lava, Bims, Basalt und Getreide. Der jährliche Umschlag liegt bei 2,7 Mio. t.

Die Niederlegung des größten Teiles der Andernacher Stadtmauer an der Rheinfront erfolgte während der ersten Hälfte des 19. Jh. Auch auf der Landseite erhielt die Maueranlage einige Durchlässe. Durch einen von diesen wurde die Bahnhofstraße geführt, welche die Verbindung der Bahnstation der rheinischen Eisenbahnlinie zu der nördlich von ihr gelegenen Altstadt herstellte. Mit der Bebauung dieses Straßenzuges sowie der dazu angelegten Quer- und Parallelstraßen erfuhr die Stadt eine Erweiterung in südlicher Richtung. Südlich vom Stadtgebiet wurde im Jahre 1864 die Provinzial-Heilanstalt (Landesnervenklinik) eingerichtet. Um die Wende zum 20. Jh. erfuhr die Vorstadt eine weitere Ausdehnung in Richtung S. An den Hängen des Kirchberges und des Martinsberges entstanden Wohnviertel, die nach dem Ersten Weltkrieg ebenfalls in südlicher Richtung erweitert wurden. Das flache Terrain nach O beiderseits der Koblenzer Straße wurde zur Industrieansiedlung ausgewählt.

In den 1950er Jahren wurden die Wohngebiete wiederum in südlicher Richtung erweitert. Nach der Gründung der Bundeswehr zogen 1955 die ersten Soldaten in Andernach in die Unterkünfte eines ehemaligen Luftwaffenlazarettes aus dem Jahre 1938 ein. Zu Beginn der 1960er Jahre breiteten sich die Wohngebiete mit Einfamilienhäusern am Kirchberg aus, die Südstadt erfuhr eine Ausdehnung in Richtung der Eisenbahnanlage der Strecke Andernach – Mayen. 1964 wurde die Bundesstraße 9 als Umgehungsstraße für Andernach dem Verkehr übergeben. Die Siedlungserweiterung über diese Barriere hinaus erfolgte im sich anschließenden Jahrzehnt nur durch die Bebauung des Bereiches an der Miesenheimer Höhe. Sonst dehnte sich die Siedlungsfläche bis zu Anfang der 1970er Jahre nur von den vorhandenen Neubaugebieten in westlicher und südwestlicher Richtung aus. Mit der Schaffung des Baugeländes Südhöhe von den späten 1970er bis frühen 1980er Jahren hat ein weiteres Mal die Ausdehnung der Stadt über die Umgehungsstraße hinweg stattgefunden, wobei gleichzeitig eine Verbindung zum Siedlungsplatz der Miesenheimer Höhe entstand. Da die Flächen nach S und W zum Wohnsiedlungsbau herangezogen wurden, ging die Inanspruchnahme des Geländes für Gewerbe und Industrie von der Innenstadt Andernachs aus in östlicher Richtung vonstatten. In jüngster Vergangenheit wurde die Siedlungsfläche westlich des Abschnittes der Umgehungsstraße in Richtung Eich großräumig erweitert. Als westlicher Anschluss an das Wohngebiet Südhöhe ist ein ausgedehntes Gewerbezentrum entstanden. Im Industriegelände nördlich der Koblenzer Straße nahe der Altstadt wurden Flächen stillgelegter Betriebe einer erneuten Nutzung zugeführt. Auf dem Areal eines

ehemaligen Werkes der Holzbearbeitung hat man z.B. umfassende moderne   B 2.3
Wohnanlagen geschaffen, deren Erweiterung noch nicht am Ende ist, auf dem
Terrain einer früheren Mälzerei ist nach der Beseitigung der Fabrikanlage ein
Einkaufsmarkt errichtet worden.

Bau- und Kunstdenkmale (Anhang K)   B 2.4

Ein bedeutendes Bauwerk Andernachs ist die katholische Pfarrkirche Maria
Himmelfahrt, auch als Liebfrauenkirche bezeichnet. Ihr Baubeginn ist um 1200
anzusetzen. In einer Urkunde von 1220 wird der Trierer Erzbischof JOHANN, der
von 1189 bis 1212 im Amt war, als Fundator (= Gründer) bezeichnet. Die Kirche erfuhr über lange Zeit keine Veränderungen. Erst 1740 wurden die Wände
der Seitenschiffe und -gewölbe abgetragen und erneuert, allerdings in einfache-
rer Art. Von 1877 bis 1899 wurde das Gebäude grundlegend restauriert. Die
Liebfrauenkirche ist aus Tuffstein erbaut, durch die Hereinnahme von Trachyt
aus dem Siebengebirge wurde eine farbliche Gliederung erzielt. Auch Basaltlava

Abb. 29   Katholische Kirche Maria Himmelfahrt in Andernach

B 2.4 und Bruchsteine fanden Verwendung. Die Kirche gilt als Haupt- und Musterbeispiel für spätromanischen Kirchenbau im Unteren Mittelrheintal (Abb. 29). Sie ist eine dreischiffige, gewölbte Emporenbasilika ohne Querhaus, besitzt ein Westwerk mit zwei 55 m hohen Türmen und zwei 41 m hohen Osttürmen beiderseits der Apsis. Der Nordostturm ist der älteste Teil der Kirche und stand während des Baus zunächst isoliert daneben. Der etwa 80 Jahre später erbaute Südwestturm ist ebenfalls quadratisch, er weist aber eine andere Geschosseinteilung und eine geringere Grundfläche auf. Aus diesem Grund ist das südliche Seitenschiff auch schmaler als das nördliche. Von bau- und kunstgeschichtlich besonderer Bedeutung ist die Westfassade mit ihrer reichen horizontalen Gliederung und ihrem zentralen Stufenportal. Im Inneren der Kirche finden sich zahlreiche zierende Wandmalereien. Sie mussten 1899 erneuert werden. Es waren jedoch noch reichlich erhaltene Reste der Dekorationen aus der Bauzeit vorhanden. Bemerkenswert ist die Kreuzigung aus der ersten Hälfte des 13. Jh. in der Kapelle der Südempore. Zur Ausstattung gehören der spätgotische Sakramentsschrein (um 1500), die mit Schnitzwerk verzierte Kanzel (17. Jh.), die Orgel von 1752, ein Heiliges Grab (um 1525) und zahlreiche andere künstlerisch wertvolle Objekte wie der Taufstein und der Hochaltaraufsatz.

Ein weiteres Wahrzeichen der Stadt ist der so genannte Runde Turm. Dieser von 1448 bis 1452 erbaute mittelalterliche Wehrturm besitzt eine Höhe von 56 m und einen Durchmesser von 15 m. Die Mauerstärke beträgt 5 m. Seine künstlerische Bedeutung liegt in seinem oberen Teil, der 33 m hohe Unterbau ist völlig ungegliedert und schmucklos. Er endet mit einer vorkragenden Wehrgangsmauer über einem so genannten Dreipassfries. Darüber erhebt sich, deutlich schmaler, der zweigeschossige und achteckige Aufbau mit acht Giebeln und einem relativ gedrungenen Steinhelm.

Die ehemalige Minoritenkirche St. Nikolaus ist gegenwärtig evangelische Pfarrkirche. Vor 1245 war sie Ordenskirche, ab 1615 Kirche der Franziskanerobservanten. 1802 wurde die Ordensbindung gelöst. Die Kirche ist eine asymmetrische zweischiffige Halle von sechs Jochen (= Grundrisselemente), das Seitenschiff ist nur halb so breit wie das Hauptschiff, das Langhaus ist etwa 50 m lang und 23,5 m hoch. Die seitlichen Strebepfeiler erscheinen in einfacher Art. Das Westportal ist dagegen reich gegliedert. Hohe Arkadenöffnungen, schlanke profilierte Pfeiler und das Kreuzrippengewölbe des Chores sind hervorstechende Elemente des Innenraumes. Das einfache spätgotische Dekorationssystem wurde sowohl während der Barockzeit als auch 1916 wiederhergestellt. Es handelt sich um ein fortlaufendes Bandornament. Der neugotische ehemalige Lettner wurde 1854 erbaut und ist jetzt Orgelempore.

Nur als Ruine ist die ehemalige Erzbischöfliche Burg erhalten. Sie wurde 1331 erstmalig urkundlich erwähnt und galt als die südlichste Burg der Kölner Erzbischöfe. Als Eckbastion war sie zwar in die Stadtbefestigung einbezogen, aber auch in Richtung Stadt durch einen Schutzgraben gesichert. Die ältesten gegenwärtig noch erhaltenen Bauteile, bestehend aus Basaltlava, stammen aus der Zeit um 1370, also aus der Zeit nach der Zerstörung durch Andernacher Bürger und dem Wiederaufbau unter Erzbischof ENGELBERT. Die jüngeren Bauteile, bestehend aus Bruchsteinmauerwerk, können auf etwa 1500 datiert

98

Abb. 30   Alter Rheinkran in Andernach (erbaut 1554–1559)

werden. Aus der ersten Bauzeit stammt der quadratische Hauptturm an der Nordwestecke. Nur das oberste Geschoss mit den Erkern auf den Ecken ist spätgotisch. Die flach geneigten Zeltdächer stammen aus dem 19. Jh. Auf der Südwestecke erhebt sich der dicke Rundturm, der so genannte Pulverturm. Sein Kellergeschoss besteht aus Basaltlava, die Obergeschosse aus Bruchsteinen, gekrönt wird der Turm mit einem Dreipassfries. In die dicken Mauern sind Geschützkammern mit Schießscharten eingelassen.

Innerhalb der Stadt finden sich noch einige bemerkenswerte bürgerliche Bauten. Zu erwähnen ist z.B. das Rathaus, erbaut von 1561 bis 1574, das rund einhundert Jahre später durch die Franzosen stark beschädigt und im 18. Jh. restauriert und renoviert wurde. Sehenswert sind sowohl die barocke Front in zwei Geschossen und das Mansarddach mit Zwerchhaus und Dachreiter als auch der Rats- und Gerichtssaal mit einem dreijochigen Rippengewölbe. Unter dem Hof liegt das ehemalige Judenbad (Mikwe), das bereits kurz nach 1400 genannt wird. Die Bausubstanz der Himmeroder Propstei trägt deutliche Züge des 17. und des 18. Jh., obgleich sie wahrscheinlich älter ist. Die der Gotik nachgebaute Kapelle mit einem Kreuzrippengewölbe stammt von 1701, die Toreinfahrt von 1704. Ende des 16. Jh. erbaut wurde der ehemalige Von der Leyensche Hof. In ihm ist gegenwärtig das Heimatmuseum untergebracht. Sein Mansarddach stammt aus dem 18. Jh. Die reich gegliederte Renaissancefront besitzt einen von Säulen getragenen Giebelvorbau mit Wappenzier und allegorischen Figuren.

B 2.4 An der Ostseite schließt sich ein dreigeschossiger Treppenturm mit welscher Haube an.

Vor der Stadt liegt dicht am Zugang zum Unteren Mittelrheintal der berühmte Rheinkran (Abb. 30). Er wurde zwischen 1554 und 1559 nach dem Plan eines Kölner Werkmeisters erbaut und war an der Umschlags- und Verladestelle für Eifelbasalt bis 1911 in Betrieb. Sein Grundriss ist ein Kreis, darüber erhebt sich eingeschossig der verputzte Baukörper. Über einem sehr späten gotischen Maßwerkfries zieht sich eine Brüstungsmauer mit acht Pilastern aus Basalttuff. Eine der Zugangstüren zeigt ein Tuffrelief aus dem Jahre 1556, einen Engel, der das Andernacher Stadtwappen hält.

Hingewiesen sei auf das Burghaus im Ortsteil Namedy (außerhalb des Betrachtungsgebietes), eine ehemalige Wasserburg, die wohl im 15. und 16. Jh. entstanden ist und seitdem mehrfach erweitert und ausgebaut wurde. Die Burg befindet sich im Besitz des Hauses Hohenzollern-Sigmaringen. Auf dem Grund eines um 1255 genannten Zisterzienserinnenklosters steht die ursprünglich frühgotische katholische Pfarrkirche St. Bartholomäus, deren Chor zu den ersten frühgotischen Bauteilen am Unteren Mittelrhein gehört. Das Langhaus wurde bereits 1521 erhöht und erweitert.

B 3 Eich, zu Andernach seit 1970

Der Ortsteil Eich liegt etwa 5 km westlich des Stadtkerns von Andernach in einer Höhe von 200 bis 225 m. Im Jahr 2001 zählte er 1 914 Einwohner. Der Ort findet sich unter dem Namen *eichin* in einer Anfang des 13. Jh. auf das Jahr 1103 gefälschten Urkunde. In Eich standen ursprünglich zwei Burgen. Auf der Eicher Gemarkung liegt auch der Krayer Hof, der ursprünglich eine Wasserburg war, die 1366 in den Besitz von Kurköln kam und im frühen 19. Jh. bürgerliches Eigentum wurde. Die heutige Pfarrkirche stammt aus dem Jahre 1896/97. Ihr Turm, romanischen Ursprungs, stammt aus dem Jahr 1748. Die älteren Gebäude im Ort wurden vielfach mit braun-rotem Lavaschlackenmaterial (Krotzen) errichtet und stellen Gehöfte dar, in denen gegenwärtig kaum mehr landwirtschaftliche Betriebe ansässig sind. In der jüngeren Vergangenheit wurde die Siedlungsfläche nach NW durch die Errichtung zeitgemäßer Wohnbauten, unter denen Einfamilienhäuser vorherrschen, ausgedehnt. Die erwerbstätigen Ortsbewohner sind zu einem Großteil außerhalb des Wohnortes beschäftigt. Über ein ausgebautes Straßennetz erfolgt die Verbindung zu den Nachbarorten.

B 4 Miesenheim, zu Andernach seit 1970

Miesenheim erstreckt sich südlich von Andernach-Stadt, nimmt eine Höhe von ca. 80 bis 95 m ü. NN ein und zählte im Jahre 2001 insgesamt 3 381 Einwohner. An der Westflanke des Kettiger Berges wurden vor etwa 20 Jahren Steingeräte und Tierknochen in tonigen und lehmig-sandigen Ablagerungen freigelegt. Die Funde dieser Schicht sind 300 000 Jahre alt und der Altsteinzeit zuzuordnen.

100

Der damals hier auftretende Mensch zählte zum Typ des *homo erectus*. Diese Funde sind die ältesten Zeugnisse für das Auftreten des Menschen um Andernach. Außerdem zeugen in Miesenheim Fundstellen mit Gräbern und Siedlungen von der Hunsrück-Eifel-Kultur, die von 600 bis 250 v. Chr. dauerte (s. B 2.1).

Miesenheim wurde schon 1330 als Pfarrei ausgewiesen. Durch seinen unregelmäßigen Straßenverlauf lässt der Ortskern die Anlage als Haufendorf erkennen, die regelmäßige Anordnung der Straßen im südlichen und nördlichen Ortsbereich verdeutlicht den dortigen Ausbau durch neue Wohngebiete. Im Ort finden sich noch mehrere Gehöfte, die nur noch in wenigen Fällen der Landwirtschaft dienen. Die älteren Gebäude besitzen Mauern aus Natursteinen wie Basalt, Basaltschlacke und Tuff. Von der alten Pfarrkirche ist der viergeschossige romanische Westturm, der wahrscheinlich auf die Zeit Ende des 12. Jh. zurückgeht, erhalten. Die heutige Pfarrkirche wurde im Jahre 1891 erbaut und stellt eine eindrucksvolle Basilika dar, deren Außenwände aus Basaltbruchstein bestehen, die Gliederungen aus Tuff besitzen.

Die Gemarkung von Miesenheim war mit reichen Bimsvorkommen ausgestattet, die zur Herstellung von Bimsbetonsteinen herangezogen wurden. Miesenheim besitzt gegenwärtig mehrere Bimsbaustofffabriken. An der Hauptzufahrtsstraße zum Ort aus Richtung Bundesstraße 256 ist ein Betrieb angesiedelt, in dem Dämmstoffe produziert werden. Nordöstlich von Miesenheim befand sich der Nettehammer, eine Produktionsstätte, in der man früher durch das Ausschmieden von glühenden Eisenstäben Eisenbleche herstellte. Dies geschah mit Hämmern, die durch die Wasserkraft der vorbeifließenden Nette angetrieben wurden. Erhalten sind Reste des Gutes Nettehammer.

Weißenthurm, Landkreis Mayen-Koblenz, B 5

ist eine vergleichsweise junge Gemeinde, die erst am 08. November 1865 von König WILHELM I. VON PREUSSEN legitimiert wurde, wofür die Gemeinden Andernach, Bassenheim, Kärlich und Kettig Gebiete abtreten mussten. Die Siedlung Weißenthurm ist allerdings älter. Ihre Geschichte begann mit dem Bau des so genannten Weißen Turms am Rhein durch den Trierer Bischof KUNO VON FALKENSTEIN (1362–1388) als Grenzbefestigungsanlage zwischen den Kurfürstentümern Köln und Trier (Abb. 31). Der Siedlungsname *wießen thorn* wurde in Andernacher Ratsprotokollen von 1550 erstmals erwähnt; 1606 ist eine kleine Ansiedlung am Turm bezeugt. 1663 erhielt die Siedlung Weißenthurm im kurtrierischen Amt Bergpflege vom Trierer Bischof das Jahrmarktrecht. Hierdurch wurde die weitere Besiedlung vom kurtrierischen Landesherrn gefördert. 1684 gab es fünf Feuerstellen und seitdem wuchs die Siedlung kontinuierlich: 1784 zählte man 39 Häuser und 1817 lebten in der Gemeinde 438 Einwohner. 1724 erhielt Weißenthurm eine gemeine Weide als Allmende.

Weißenthurm gehörte zur Pfarrei Kärlich, aber um 1700 hatte die Siedlung so viele Einwohner, dass der Wunsch nach einer eigenen Kapelle geäußert wurde. Die der Allerheiligsten Dreifaltigkeit geweihte Kapelle wurde 1705 erstmals genutzt. Die von LASSAULX errichtete größere Filialkirche ist 1839 eingeweiht,

Abb. 31 Weißer Turm
in Weißen-
thurm

1844 endgültig fertig gestellt und 1872 zur Pfarrkirche erhoben worden. Zu Beginn der Franzosenzeit ab 1794 wurde Weißenthurm an Andernach angegliedert und kam am 12. Dezember 1806 (bis 1865) zur Gemeinde Kettig (Kanton Bassenheim). An den Rheinübergang der französischen Truppen unter General LAZARE HOCHE am 18. April 1797 erinnert ein Obelisk, der sich rechts neben dem Kirchturm befindet. 1815 ging das ehemalige Amt Bergpflege in den Landkreis Koblenz über und Weißenthurm fiel als Teil der Gemeinde Kettig zum Amt Bassenheim mit Verwaltungssitz in Rübenach. 1867 erfolgte die Verlegung des Verwaltungssitzes des Amtes Bassenheim nach Weißenthurm. 1966 wurde Weißenthurm zur Stadt erhoben und hatte 2000 insgesamt 7 189 Einwohner.

Seit Mitte des 19. Jh. entwickelt sich der Bimsabbau und die Herstellung von so genannten Schwemmsteinen im Verfahren der Kalkverbindung und seit 1924 der mit Zement hergestellten Bimssteine zu einem wichtigen Wirtschaftsfaktor.

1850 wurde die Brauerei zur Nette GmbH errichtet, die 1938 von der Königs- **B 5**
bacher Brauerei übernommen worden ist. 1857 gründete HERMANN SCHULTHEIS
eine weitere Brauerei, die sich zu einem großen Betrieb entwickelte. 1921 entstand in den ehemaligen Gebäuden einer Zucker- und Kartoffelflockenfabrik
zwischen der heutigen Bundesstraße 9 und der 1858 angelegten Eisenbahnlinie
Koblenz – Bonn eine Blechwarenfabrik. Bims, Bier und Blechwaren waren über
lange Zeit die wichtigsten Produkte. Heute ist Weißenthurm eine wirtschaftlich
bedeutende Stadt mit großen Gewerbegebieten entlang der Rheinschiene mit
zahlreichen Produktions- und Dienstleistungsbetrieben. Die Stadt kann mit
Mülheim-Kärlich zur linksrheinischen Agglomeration Koblenz-Andernach gerechnet werden. Weißenthurm ist Sitz der gleichnamigen Verbandsgemeinde.

Die Geschichte der Verbandsgemeinde beginnt historisch mit der Bürgermeisterei Bassenheim, die 1798 von der französischen Verwaltung eingerichtet
wurde. Diese Einteilung behielten die preußischen Behörden nach der Über-
nahme des Rheinlandes mit dem Amt Bassenheim bei. Kurz nachdem
Weißenthurm zur Gemeinde erhoben worden ist, wurde der Verwaltungssitz des
Amtes Bassenheim bereits 1867 von Rübenach auf Betreiben von Bürgermeister HUBERT HUBALECK nach Weißenthurm verlegt. Das Amt Bassenheim bestand aus elf Gemeinden, von denen im Rahmen der Kommunalreform 1969
Bubenheim, Kesselheim und Rübenach nach Koblenz eingemeindet und die Gemeinden Mülheim und Kärlich zusammengeschlossen wurden. 1935 erfolgte die
Umbenennung des Amtes Bassenheim in Amt Weißenthurm. 1970 wurde
schließlich aus dem Amt Weißenthurm die Verbandsgemeinde Weißenthurm
mit 27 400 Einwohnern.

Heute gehört die Verbandsgemeinde mit den sieben Gemeinden Bassenheim, Kaltenengers, Kettig, Mülheim-Kärlich, St. Sebastian (seit 1937), Urmitz und die Stadt Weißenthurm zu der am dichtesten besiedelten Industrielandschaft des Mittelrheinischen Beckens. Mülheim-Kärlich (s. E 9) ist die
größte Gemeinde mit 10 200 Einwohnern, Kaltenengers mit 1 929 die kleinste
(s. C 7). Die Verbandsgemeinde hatte 32 330 Einwohner (2001) und ist damit
die größte im Bundesland Rheinland-Pfalz. Sie zählt zu den attraktivsten
Wirtschaftsstandorten am Mittelrhein. Die unmittelbare Nähe zu den Mit-
telgebirgsräumen Eifel, Westerwald und Hunsrück gewährleistet ein Einzugsgebiet mit rund 1 Mio. Menschen. Mit einer Gesamtfläche von über 2 km² verfügt Mülheim-Kärlich über ein sehr großes Gewerbegebiet. Es bietet bereits
über 6 000 Menschen aus der Region einen Arbeitsplatz. Auch in der Stadt
Weißenthurm sowie in den Gemeinden Bassenheim, Kaltenengers, Kettig und
Urmitz/Rhein existieren attraktive Gewerbeanlagen. Für die angesiedelten
Firmen ist die bemerkenswerte verkehrstechnische Infrastruktur von eminen-
ter Bedeutung; von jedem Gewerbestandort aus können die regionalen und die
überregionalen Straßenverbindungen erreicht werden, ebenso wichtige Bahn-
verbindungen (s. Seite 66).

B 6 Kernkraftwerk Mülheim-Kärlich

Das Kernkraftwerk Mülheim-Kärlich liegt direkt am Rheinufer bei Flusskilometer 605 auf dem Gebiet der Stadt Mülheim-Kärlich (s. E 9). Mit den Planungen für das Kraftwerk wurde bereits am Anfang der 1970er Jahre begonnen, der Bau erfolgte ab 1975. Erst nach 11-jähriger Bauzeit, die durch mehrere Unterbrechungen mit Baustopps, bedingt durch Klagen von Privatpersonen und Kommunen, verursacht wurde, konnte die Anlage 1986 ihren nuklearen Probebetrieb aufnehmen. Formale Mängel, die der Genehmigungsbehörde von den Gerichten angelastet wurden, führten zur Aufhebung der Betriebsgenehmigung, es folgte ein langjähriger Rechtsstreit, in dem klar wurde, dass die Stilllegung des Kernkraftwerks nicht mit sicherheitstechnischen Mängeln zu begründen war. Dies ist insofern bemerkenswert als seitens der Kläger immer wieder behauptet wurde, der Lage des Kraftwerks in einem tektonisch gestörten Gebiet würden die installierten sicherheitstechnischen Vorkehrungen nicht entsprechen.

Das Kernkraftwerk Mülheim-Kärlich ist seit dem 09. September 1988 stillgelegt. An diesem Tag hob das Bundesverwaltungsgericht die erste Teilgenehmigung von 1975 als rechtswidrig auf. Der damalige Minister für Umwelt und Gesundheit des Landes Rheinland-Pfalz erließ daraufhin am 20. Juli 1990 eine neue so genannte Erste Teilgenehmigung, welche die beanstandete Genehmigungslücke schließen sollte. Dies führte wiederum zu Klagen mehrerer Städte und Gemeinden sowie Privatpersonen. Mit dem Urteil vom 21. November 1995 hob das

Abb. 32   Ehemaliges KKW Mülheim-Kärlich, Rheinbrücke, rechts Neuwied

Oberverwaltungsgericht von Rheinland-Pfalz die neu gefasste Teilgenehmigung
auf, eine Revision wurde nicht zugelassen. Dies bedeutete, dass der Betrieb des
Kernkraftwerks Mülheim-Kärlich nicht aufgenommen werden konnte.

Im Rahmen des beschlossenen Atomausstiegs der seit November 1998 amtierenden Bundesregierung verständigten sich die Kernkraftwerksbetreiber am 14. Juni 2000 mit der Bundesregierung auf den Ausstieg aus der Kernenergie in der Bundesrepublik Deutschland. In diesem Zusammenhang wurde dem Betreiber RWE Power die noch theoretisch zu produzierende Strommenge des Kernkraftwerks Mülheim-Kärlich angerechnet, so dass dieses Kontingent den anderen Kernkraftwerken der RWE zugerechnet werden kann, was die Begründung für den Abriss des Kernkraftwerkes lieferte. Am 29. Juli 2002 wurden die letzten 17 Brennstäbe ausgebaut und abtransportiert. Die Genehmigung zum endgültigen Rückbau wird für 2003 erwartet; er soll bis etwa 2012 erfolgt sein. So wird der mächtige Kühlturm des Werkes nur noch einige Zeit eine weithin sichtbare Landmarke sein (Abb. 32).

Neuwied, Landkreis Neuwied

Die Stadt Neuwied liegt am Rhein, am nördlichen Rand des Mittelrheinischen Beckens vor dem Anstieg zum Westerwald. Ihre Fläche beträgt rund 86,6 km². Neuwied hatte im Jahr 2001 insgesamt 68 817 Einwohner. Das Stadtgebiet umfasst einschließlich der Kernstadt, der hier die schon 1904 eingemeindete Ortschaft Heddesdorf zugerechnet wird, insgesamt 13 Ortsteile, bei denen es sich nicht nur um ehemals selbstständige und später eingemeindete Orte handelt. Von diesen gehören lagemäßig vollständig bzw. vorrangig F e l d k i r c h e n , I r - l i c h , N i e d e r b i e b e r , T o r n e y , G l a d b a c h , H e i m b a c h - W e i s , B l o c k und E n g e r s dem Mittelrheinischen Becken an. Der Stadtkern Neuwieds liegt bei 62 m bis 64 m ü. NN., in Heddesdorf steigt das Siedlungsgelände bis auf 110 m ü. NN an. Die Längsausdehnung der Stadt entlang des Rheines beträgt 16 km und die Entfernung innerhalb des Stadtgebietes zwischen dem Rheinufer und dem Anstieg zum ostwärtigen Beckenrand bei Rommersdorf (s. C 5) 8 km.

Im Gegensatz zu Andernach wird die Stadtansicht aus Richtung Rhein nicht durch hoch aufragende Türme und Gebäude bestimmt, sondern durch die markante Horizontale der Deichkrone, hinter der sich die Giebel der Häuser zeigen. Aus der Richtung des östlichen Beckenrandes gesehen, stellt sich das Stadtgebiet als eine Anzahl von (ehemals) selbstständigen kleinen Orten oder von kleineren Wohnplätzen dar, die mitunter im Stadium des Zusammenwachsens sind.

Vor- und frühgeschichtliche Siedlungen

Die frühesten Spuren von der Anwesenheit des Menschen im Neuwieder Raum wurden bei umfassenden Grabungen in Gönnersdorf, das zum Ortsteil Feldkirchen gehört, in den Jahren von 1968 bis 1976 entdeckt (Abb. 33). Von den

B 7.1 Bandkeramikern als ersten hiesigen Ackerbauern rühren ein in Heimbach-Weis entdeckter Schuhleistenkeil, der als Hacke zur Feldbearbeitung herangezogen wurde, sowie Scherbenmaterial und gefäßartiges Gerät her. Nachweise der Michelsberger Kultur sind die typischen spitznackigen Beile, auf die man in Heimbach-Weis, Gladbach und Irlich gestoßen ist, sowie ein großes keramisches Vorratsgefäß mit gerundetem Boden, das in Gladbach gefunden wurde. Keramikgefäße der so genannten Becherleute wurden in Niederbieber und Gladbach geborgen. Ein für sie bezeichnendes Hockergrab hat man in Engers festgestellt. Steingepackte Gräber und Grabkammern in Heimbach-Weis werden der nordischen Megalithkultur zugeordnet. Bronzezeitlichen Ursprungs sind eine Brillenspirale, eine Radnadel, eine Dolchklinge, das Fragment eines Diadems sowie ein verziertes Tongefäß aus Heimbach-Weis und die Klinge eines Kurzschwertes aus Heddesdorf. Aus der Zeit der älteren Hunsrück-Eifel-Kultur gibt ein aufwändiger Bronzeschmuck Zeugnis, mit dem man die Toten zierte. Arm-, Hals-, Ohrreifen und Kopfschmuck wurden in Heimbach-Weis, Gladbach und Irlich entdeckt. Kennzeichen der jüngeren Hunsrück-Eifel-Kultur ist das auf der Drehscheibe gefertigte Gefäß. Zeugnisse dieser Epoche finden sich in Engers, Gladbach und Heimbach-Weis.

Abb. 33   Neuwied-Gönnersdorf: Gravierte Schieferplatte mit Menschendarstellung aus dem Jungpaläolithikum
(Archäologische Denkmalpflege, Amt Koblenz, mit freundlicher Genehmigung)

Während des Gallischen Krieges drang der römische Feldherr GAIUS JULIUS CAESAR in den Jahren 55 und 53 v. Chr vom linken Rheinufer aus in rechtsrheinisches Gebiet vor. Als Rheinübergänge ließ er mehrere Brücken errichten. Es wird angenommen, dass diese im Uferabschnitt zwischen Neuwied und Engers lagen. Während der lange andauernden Herrschaftszeit der Römer wurden zahlreiche Einrichtungen geschaffen. Um 100 ist z.B. im Ortsteil Heddesdorf ein Kastell angelegt worden. Es war von einer im Geviert 183 m langen und 154 m breiten Schutzmauer umgeben, die mit vier Toren versehen war. Vor der Umfassungsmauer an der südöstlichen Seite des Kastells befand sich eine römische Badeanlage mit Schwimmbassin, Heiß- und Kaltwasseranlagen. Im gleichen Bereich war das Lagerdorf mit den Wohnhäusern der Soldatenfamilien. Das Kastell ist wahrscheinlich zur Sicherung der Limesanlage gebaut worden. Seine Bedeutung sank mit der Anlage des Kastells Niederbieber knapp 100 Jahre später (s. B 12). Dieses befand sich nordöstlich des heutigen Ortsteils auf der Erhebung zwischen Wied- und Aubachtal und war strategisch für den nördlichen Limesabschnitt bedeutsam. Aus seiner fast 1 000 Mann umfassenden Besatzung rekrutierten sich die Wachmannschaften für die Türme des Limes und die dortigen kleinen Kastelle. Das Geviert der Umfassungsmauern des Kastells in Niederbieber war 265 m lang und 200 m breit.

Der Limes selbst war die Befestigungsanlage entlang der Ostgrenze des Römischen Reiches. Er begann bei Rheinbrohl, verlief über die Randhöhen des Westerwaldes, schloss den Neuwieder Raum in einem wechselnden Abstand zum Rhein von 3 bis 8 km mit ein und führte über Taunus und Odenwald bis zur Donau. Der Bau der Grenzanlage wurde in den 80er Jahren n. Chr. unter DOMITIAN aufgenommen und unter HADRIAN (117–138 n. Chr.) weiter verstärkt. Ihre Bestandteile waren von außen nach innen betrachtet: ein Palisadenzaun, Graben und Wall. In kurzen Abständen war sie mit bis zu 6 m hohen Wachttürmen ausgestattet, von denen die Grenzschutzanlage eingesehen und auch Signale zu den Nachbartürmen und zu den rückwärtig gelegenen Kastellen gegeben werden konnten. In der Zeit um 260 kam es zur teilweisen Zerstörung der Limesanlage durch von O in das Römische Reich eindringende Germanen. Danach bildete im Neuwieder Becken der Rhein die Grenze des Römischen Reiches. Das rechtsrheinische Ufergelände zählte weiterhin zum Nutzungsbereich der Römer. Ab der Zeit um 350 drangen erneut Franken und Alemannen in das römische Gebiet ein und bildeten eine anhaltende Bedrohung. Ein letztes Zeugnis hinsichtlich der Erhaltung der römischen Macht im Neuwieder Raum ist der wohl im Jahre 369 im Ortsteil Engers am Rheinufer angelegte Burgus. Er diente als Wachstation der römischen Rheinflotte zur Kontrolle des Schiffsverkehrs. Aus einem turmartigen Gebäude mit zwei bis zum Fluss reichenden turmbewehrten Flügelmauern bestehend, stellte er eine zweckmäßige Befestigungsanlage zur sicheren Anlandung der Schiffe dar.

Seit Beginn der ersten Hälfte des 5. Jh. n. Chr. wurde die Herrschaft der Römer durch nachdrängende Franken immer mehr eingeschränkt, bis diese spätestens nach ihrer Eroberung von Köln im Jahre 459 auch im Neuwieder Becken die

Herrschaft übernehmen konnten. Im rechtsrheinischen Teil dieses Raumes erfolgte die Besiedlung durch die Franken ab dem ausgehenden 5. Jh. bis zum Anfang des 8. Jh. Zeugen für fränkische Siedlungen stellen die häufig aufgefundenen Bestattungsplätze dar, die so genannten Reihengräberfelder. Grabstätten sind nach O oder nach N orientierte Körpergräber in reihenmäßiger Anordnung, in denen die Toten mit ihrer Tracht und Beigaben bestattet wurden. Wichtige Indizien für die fränkische Besiedlung und Lebensweise sind die Grabgegenstände. Im Umfeld vieler Ortsteile von Neuwied konnten Gräberfelder festgestellt werden. Für Heddesdorf wurden drei fränkische Friedhöfe nachgewiesen. Zwei in Engers in einem Gräberfeld freigelegte Gefäße lassen durch ihre Datierung die Nutzung des Bestattungsplatzes für die zweite Hälfte des 5. Jh. erkennbar werden. Damit ist die erste Besiedlung für den Ort in dieser Zeit anzunehmen. In der Gemarkung des Stadtteiles Gladbach wurden die Reste eines fränkischen Dorfes freigelegt und 70 Gräber eines zugehörigen Friedhofes untersucht.

B 7.3 Stadtgründung und Stadtentwicklung bis 1850

Die Stadt Neuwied stellt eine planmäßige junge Stadtgründung dar. Ihr Gründer Graf FRIEDRICH III. zu Wied war Landesherr eines wenig bedeutenden Territoriums im Vorderen Westerwald mit Verwaltungssitz in Altwied im Wiedbachtal. Durch Errichtung einer Residenz im verkehrsgünstigen Rheintal erwartete er nach den Rückschlägen und nach den Beeinträchtigungen in der Folge des Dreißigjährigen Krieges einen wirtschaftlichen Aufschwung seines Landes. Zum Aufbau der Residenz am Rhein stand nur die etwa 7 km lange Grenzstrecke der Wiedischen Herrschaft am Flussufer zwischen den zu Kurtrier gehörigen Rheinorten Engers und Leutesdorf zur Verfügung. Graf FRIEDRICH III. ließ zur Abwehr feindlicher Angriffe im Bereich der durch Kriegseinwirkung weitgehend zerstörten Ortschaft Langendorf ein Schloss erbauen, das mit Wällen, Gräben, Bollwerken und Kurtinen ausgestattet war. Dieses wurde im Jahre 1694 im Pfälzischen Erbfolgekrieg von den Franzosen zerstört.

Gleichzeitig mit dem Schlossbau begann Graf FRIEDRICH III. mit der planmäßigen Anlage einer Siedlung. Sie erhielt den Namen *Newen Wiedt*. Der Siedlung wurden von Kaiser FERDINAND III. am 26. August 1653 gemäß dem Wunsche des Grafen die durch Kaiser KARL IV. im Jahre 1357 dem wiedischen Ort Nordhofen erteilten Stadtrechte übertragen, die von letzterem nie in Anspruch genommen worden waren. Die Stadt war mit ihrer schachbrettartigen Anlage nicht auf das Schloss ausgerichtet und erhielt keine Befestigung. Das rasterförmige Straßennetz bestand nicht aus gleich großen Rechtecken sondern passte sich der Wegsituation und der Grundstückslage der Ursprungssiedlung Langendorf des Nachbarortes Heddesdorf an (Abb. 34). Die Stadtrechtsverleihung Neuwieds von 1653 erfuhr ihre Umsetzung durch das gräfliche Stadtrechtsprivileg vom Jahre 1662. Dieses war in Anlehnung an das Stadtrecht von Friedberg in der Wetterau verfasst. Es zielte auf die Förderung der jungen Stadt und auf den Zuzug von weiteren Bürgern ab. Die Privilegien sicherten den Bewohnern der Stadt freie Ausübung der Religion, Freiheit von Leibeigenschaft und

B 7.3

Abb. 34 Entwicklung des Stadtkerns von Neuwied bis 1900
(Entwurf H. Fischer 2002, nach Meinhardt, A. 1966)

allen Frondiensten, das Recht der Freizügigkeit, das Recht zur Durchführung
mehrerer Märkte und Handelsvergünstigungen zu. Außerdem wurden ihnen
das Recht zur Magistratswahl, der niederen Gerichtsbarkeit, der Erhebung von
Steuern sowie umfassende Vergünstigungen beim Erwerb von Grund und Boden und beim Bau von Häusern zugestanden. Zur gleichen Zeit verlegte der
Graf den Sitz der bisher in Altwied angesiedelten Verwaltung seines Landes in
die neue Residenz.

Bis zum Jahre 1680 gab es in Neuwied 52 Häuser. 1684 wurde der Bau der
reformierten Kirche fertig gestellt. Nach der Verleihung des Rechts, das auch
den anderen Konfessionen die Errichtung von Kirchen zubilligte, entstand 1683
das Bethaus der Lutheraner. Bis zum Jahre 1690 erfuhr die Stadt an fünf
Straßen eine Erweiterung auf 130 Häuser. Zur Zeit der Wende zum 18. Jh. belief sich der Bestand an Häusern auf über 200. Die Stadt dehnte sich quer zum
Rhein von der Schlossstraße über zwei weitere Straßen und parallel zum Fluss

B 7.3 über drei Straßenzüge aus. Die Rheinfront wurde erst nach 1740 in die Bebauung einbezogen. Der Sohn des Gründers der Stadt, Graf FRIEDRICH WILHELM ZU WIED (1684–1737), erließ verschiedene Vorschriften zur Förderung des Ausbaus der Stadt. So ordnete er die zweistöckige Bebauung des zugeteilten Grundstückes innerhalb der Frist eines Jahres an und schrieb die Länge und die Breite der zu errichtenden Häuser vor. Ergebnis dieser Vorschriften war die Entstehung gleichartiger Straßenzüge. Die Häuser waren in geschlossener Bauweise angeordnet. Das Straßenbild prägten Bauten mit gleichen Geschoss- und Traufhöhen sowie gleichen Dachneigungen. Anfangs waren Dächer mit etwa gleichartigen Zwerchhäusern üblich. Um die Mitte des 18. Jh. wurden zunehmend Dächer mit einzelnen Giebelgauben erstellt. In der zweiten Hälfte des 19. Jh. fanden Mansarddächer Verbreitung.

Um 1735 gab es in der Stadt 356 Gebäude, in denen rund 3 000 Personen ansässig waren. Das bebaute Gelände erstreckte sich im Jahr 1750 bis zu der nördlich des ehemaligen Ortes Langendorf verlaufenden Senke, Schleidt genannt, die einen verlandeten ehemaligen Rheinarm darstellt. In der Zeit von 1744 bis 1748 erbauten die Juden in der damaligen Judengaß nahe beim Schloss ihre Synagoge. Seit dem Jahre 1680 bestand in der Stadt die Gemeinde der Mennoniten, einer Glaubensgemeinschaft vom Niederrhein, deren Bethaus und deren Gemeindehaus von 1766 bis 1769 gegenüber dem Schloss errichtet wurden. 1750 ließ sich die Herrnhuter Brüdergemeine in Neuwied nieder. Die Herrnhuter errichteten am südöstlichen Ortsrand ein eigenes Stadtviertel (s. B 7.5). Zu deren wirtschaftlichen Aktivitäten zählten Manufakturen, Betriebe des Kunsthandwerks, eine Brauerei und eine Weinkellerei mit gastronomischen Einrichtungen sowie eine Ofenfabrik. Die Herrnhuter Kunsttischler ABRAHAM und DAVID ROENTGEN erlangten weltweite Berühmtheit. In ihrer Werkstatt gefertigte Möbel wurden bis an den russischen Zarenhof verkauft. Die Herrnhuter unterhielten außerdem angesehene Bildungseinrichtungen, die von Schülern aus ganz Europa, vor allem aus der Schweiz und England, besucht wurden.

Graf JOHANN FRIEDRICH ALEXANDER gründete im Jahre 1738 das im unteren Wiedtal gelegene Hüttenwerk Rasselstein, aus dem später eines der führenden Stahl- und Walzwerke Deutschlands entstanden ist. 1835 wurden hier die Schienen für die Anlage der ersten deutschen Eisenbahnstrecke Nürnberg – Fürth gewalzt.

Nachdem das Schloss 1694 durch die Franzosen zerstört worden war, musste die Grafenfamilie Wohnung in einem Privathaus nehmen. Planungen und Modelle für einen neuen Schlossbau wurden von dem Nassau-Weilburgischen Landhauptmann LUDWIG ROTHWEIL im Jahr 1706 ausgeführt. Bis 1711 wurde das Hauptgebäude des heute noch bestehenden Schlosses errichtet. Die Bautätigkeit für die beiden Seitenflügel war 1756 abgeschlossen. Der sich rheinabwärts an das Schloss angliedernde Schlosspark, wahrscheinlich vom gleichen Planer entworfen, schien zumindest in Teilen zwischen 1715 und 1725 fertig gestellt. In Stadtplänen aus der Mitte des 18. Jh. und von 1789 ist ersichtlich, dass die Gartenanlage in dieser Zeit in barocker Form gestaltet war. Später wurde sie zu einem englischen Park umgestaltet (s. B 7.5). Das wiedische Grafenhaus wurde 1784 in den Reichsfürstenstand aufgenommen. Während der Zeit

der Regierung des 1791 verstorbenen Fürsten JOHANN FRIEDRICH ALEXANDER
war die Stadt um etwa 200 Häuser erweitert worden.

Von 1795 bis 1797 war Neuwied vier französischen Überfällen ausgeliefert, wobei die wechselnden Besetzungen zu mancherlei Schäden führten. Als Folge des Reichsdeputationshauptschlusses von 1803 wurde das Fürstenhaus Wied mediatisiert. Sein Territorium wurde zunächst der Hoheit des Herzogtums Nassau-Usingen unterstellt und kam 1815 schließlich an Preußen. Ein Jahr später kam es zur Bildung des Kreises Neuwied mit Neuwied als Sitz der Kreisverwaltung.

In der Zeit um 1810 begann der Ausbau der Landstraße nach Engers. Ab 1837 war die rechtsrheinische Straßenverbindung Niederlahnstein – Neuwied – Beuel befahrbar. Im Jahre 1824 trat eine neue Bauregelung für die Stadt in Kraft, die besagte, dass ein neues Straßenkarree zur Bebauung erst freigegeben werden dürfe, nachdem die Bebauung der begonnenen Geviere vollständig abgeschlossen ist. Im Jahre 1817 richtete man eine so genannte fliegende Brücke, eine Gierfähre, ein. Diese sollte an Stelle der bisher verwendeten Nachen die Verbindung Neuwieds mit der linken Rheinseite gewährleisten. Noch im gleichen Jahr begann man am damaligen südlichen Stadtende mit dem Bau eines Winterhafens für die Fähre. Im Jahre 1823 wurde der Unterlauf der Wied zu einem Schiffskanal erweitert, der bis heute zur Anlieferung der Rohmaterialien für das nahe Rasselsteinwerk und zum Abtransport von dessen Fertigprodukten auf dem Wasserwege dient. In der Zeit bis 1850 erfolgte der vollständige Ausbau des zweiten Herrnhuter Viertels, das im Anschluss an das erste in südöstlicher Richtung liegt. Die quer vor dem Schloss verlaufende Straße sowie die rheinaufwärts vorgelagerte Parallelstraße wurden in nordöstlicher Richtung verlängert. An der von Neuwied nach Heddesdorf führenden, kaum bebauten Straße, die eine Verbindung zum Westerwald gewährleistete, entstanden zahlreiche Gebäude. Zum Ausbau der Straße als eine über Heddesdorf in den Westerwald führende Fernverkehrsstraße wurde 1837 eine eigene Aktiengesellschaft gegründet, weshalb die neu eingerichtete Strecke als Dierdorfer Aktienstraße bezeichnet wurde. Für den Bau einer Verbindungsstraße links des Rheins in die Pellenz, wurde der Mayen-Andernach-Neuwieder-Straßenbau-Verein gegründet, der in der Zeit von 1852 bis 1854 die Landstraßenverbindung zwischen Mayen – Andernach – Neuwied anlegte. Seit den letzten Jahrzehnten des 19. Jh. entstanden im Anschluss an das alte Neuwieder Stadtgebiet besonders im O, N und NW durch neue Häusergruppen die jüngeren Stadtteile. Um 1800 zählte die Stadt insgesamt zehn Straßen, von denen fünf parallel und fünf quer zum Rhein verliefen. 1818 besaß Neuwied 500 Wohnhäuser, sieben Kirchen und 14 öffentliche Gebäude, 1849 betrug die Zahl der Häuser 570.

Entwicklung und wirtschaftliche Bedeutung von 1850 bis zur Gegenwart

Ab 1850 entstand südlich Neuwieds nahe dem Rheinufer das erste Industriegebiet. In ihm siedelte sich als erstes Unternehmen eine Weißblechfabrik an, die später als Eisenwalzwerk „Germania" weitergeführt wurde. Im Jahre 1857 wur-

B 7.4 de außerdem die Hermannshütte errichtet. Sie ging als Hochofenwerk 1871 an Krupp über und bestand als solches bis in die Zeit nach dem Ersten Weltkrieg fort. 1911 ließ sich an der Stelle, des inzwischen geschlossenen Germania-Werkes, eine Furnierfabrik nieder. Zur Entstehungszeit der Industrieunternehmen wurden im Gelände rheinabwärts die ersten Siedlungshäuser für die Betriebsangehörigen errichtet.

Im Jahre 1870 erfolgte die Inbetriebnahme der rechtsrheinische Eisenbahnstrecke. Sie verläuft nordöstlich bis etwa nördlich von der Neuwieder Altstadt durch das Gebiet der ehemals selbstständigen Nachbargemeinde Heddesdorf. Zur Verbindung zwischen der Altstadt Neuwied und dem auf Heddesdorfer Flur liegenden Neuwieder Bahnhof entstand die Bahnhofstraße. Von 1875 bis 1905 wurde nordwestlich der Bahnhofstraße bis zur Heddesdorfer Straße ein neues Wohngebiet erbaut. Die Anlage der ersten Straßen südöstlich der Bahnhofstraße wurde nicht vor 1900 durchgeführt. Der sich zwischen dem damaligen Stadtgebiet von Neuwied und der Eisenbahnlinie entwickelnde Stadtteil war nicht an den bisher rasterförmig angelegten Straßenkarrees ausgerichtet, sondern hauptsächlich an den in der Gemarkung vorhandenen alten Wegeführungen. Mit der Bebauung des Geländes bis zur Bahnanlage hatte sich Neuwied in die Flur von Heddesdorf ausgedehnt. Auch Heddesdorf wuchs in Richtung zur Stadt. In Bahnhofsnähe war ein weiteres Industriegebiet entstanden. 1869 hatten sich in ihm ein Unternehmen für Brücken- und Tiefbau, 1870 eine Schwemmsteinfabrik und 1877 ein Werk für Verzinkerei und Eisenkonstruktionen angesiedelt. In der Folgezeit kamen weitere Firmen hinzu, so 1879 eine Couvertfabrik, 1885 eine Fabrik für feuerfeste Produkte, 1888 eine Glas- und Spiegelmanufaktur, 1896 eine Besteckfabrik und 1909 eine Brotfabrik.

Im Jahre 1904 erfolgte die Eingemeindung von Heddesdorf, in dessen Gemarkung auch das Walzwerk Rasselstein im Wiedtal lag. Damit vergrößerte sich das Stadtgebiet Neuwieds um das Dreieinhalbfache. Die Zahl der Wohnhäuser belief sich für Neuwied vor der Eingemeindung Heddesdorfs bis zum Jahre 1904 auf etwa 950 bis 1 000, für Heddesdorf selbst auf etwa 600 bis 650 und betrug im Jahr 1905 für die gesamte Stadt 1 623. Bis zum Ersten Weltkrieg kamen durch erneute Bautätigkeit 200 weitere Wohnhäuser hinzu. Im neuen Stadtteil entstanden zahlreiche repräsentative Zweckbauten. Zu diesen gehören das Gericht, die Post, der Bahnhof, das Seminar, Krankenhäuser, Schulen, das Landratsamt und die Stadtwerke. Durch bauliche Maßnahmen behob man das frühere kleinstädtische Aussehen. Bisher zweigeschossige Wohnhäuser erhielten ein zusätzliches Stockwerk, ihre Außenwände aus Fachwerk wurden verkleidet oder durch Steinmauern ersetzt. In der Innenstadt und im bahnhofsnahen Viertel künden gegenwärtig noch Gebäude von der Vielfalt der damals geschaffenen Bau- und Zierformen.

Bis in die 1920er Jahre wurde Neuwied wiederholt von Hochwasserkatastrophen heimgesucht. Der Grund dafür ist die Lage der Stadt im Bereich der Inselterrassenfläche, die bei Hochwasser des Rheins nicht überschwemmungsfrei bleibt. Hinzu kommt, dass ein jungalluvialer ehemaliger Rheinarm, die Schleidt, der bei der Engerser Eisenbahnbrücke am Flussufer beginnt und in einem weiten nach N weisenden Bogen schließlich auf Neuwied hin ausgerich-

Abb. 35   Rheinufer mit Rheindeich in Neuwied

tet, in einer Verzweigung wieder zum Rhein hinführt. Während ein Arm gegenüber der Insel Weißenthurmer Werth den Rheinstrom erreicht, verläuft der andere durch die Stadt und endet am Rhein etwas vor der Wiedmündung. Durch diese normalerweise trockene Stromrinne gelangte das Rheinhochwasser rückläufig in die Stadt. Nach mehreren Rheinüberschwemmungen, die in Neuwied starke Schäden anrichteten (um die Jahreswende 1925/26 standen über 1 000 Wohnungen und 200 Ladengeschäfte unter Wasser), wurde 1928 der Bau eines Hochwasser-Schutzdeiches beschlossen, der bis 1931 ausgeführt wurde. Die gesamten Kosten für die Errichtung des 7,5 km langen Deiches beliefen sich auf 7,7 Mio. Rentenmark. 2 450 Notstandsarbeiter waren beim Deichbau tätig und verrichteten etwa 180 000 Tagwerke. Der Damm erhielt einen Kern aus wasserundurchlässigem Westerwälder Ton und im Bereich der Stadtfront auf einer Länge von 600 m eine Mauerverkleidung aus Würzburger Muschelkalk. Die 4 bis 5 m hohe Deichmauer (Abb. 35) wurde auf einem Eisenbetonrost mit 2 000 Pfählen von jeweils 7,5 bis 8,5 m Länge errichtet. Um eine Unterspülung auszuschließen wurden vor der Mauer Spundwände bis zu 11 m Tiefe in den Untergrund vorgetrieben. Zur Vermeidung des Grundwasseranstieges in der Stadt bei Hochwasser des Rheines legte man drei Pumpwerke an, durch die das steigende Wasser abgepumpt werden konnte.

Seit Anfang des 20. Jh. kam es zu neuen Industrieansiedlungen und zum Ausbau der bestehenden Werke. Im Jahre 1914 wurde in der Nähe des Bahnhofsgeländes eine Fabrik gegründet, die auf die Herstellung von Spezialmaschinen ausgerichtet ist. Etwa 1925 schloss die Hermannshütte am Rhein. Nach der

B 7.4 Schließung entstand auf dem Gelände ein Zementwerk. Die Zementproduktion gewann mit der Ausdehnung der Bimsbaustoffindustrie im Neuwieder Raum eine ständig steigende Bedeutung. Im Industriegelände am Rhein ließ sich ferner ein Werk der Emballageproduktion (Verpackungsmittel) nieder.

Nach dem Ersten Weltkrieg wurde das Neuwieder Stadtgebiet besonders durch die Anlage von Wohnsiedlungen erweitert. Im Jahre 1919 begann an der Engerser Landstraße der Bau der Kleinwohnsiedlung „Sonnenland". Die Anzahl der Wohnhäuser stieg von 1 830 im Jahre 1918 auf 2 300 im Jahr 1940 an. 1935 wurde in Neuwied die erste Brücke über den Rhein gebaut. Über sie führt die Bundesstraße 256, die die Verbindung zwischen der Eifel westlich von Mayen und dem Westerwald bei Altenkirchen herstellt. Die rechts des Rheines verlaufende Talstraße bildet die Bundesstraße 42, die durch Neuwied zieht und die Stadt mit dem östlichen Ortsteil Engers und dem rheinabwärts gelegenen Leutesdorf verbindet. Nach dem Zweiten Weltkrieg erfolgte der Wiederaufbau der zerstörten und beschädigten Gebäude in der Stadt. Der städtische Zerstörungsgrad lag bei 18%. In der Zeit zwischen 1948 und 1952 wurden insgesamt 125 Wohngebäude mit 425 Wohnungen errichtet. Nach 1960 erfolgte vor allem der siedlungsmäßige Ausbau östlich des Ortsteiles Heddesdorf durch die Wohnanlage des Raiffeisenrings, die für rund 5 000 Bewohner ausgerichtet ist. Ab 1966 entstand das Wohngebiet nördlich des gleichen Ortsteiles, als „Heddesdorfer Berg" bezeichnet.

Seit dem Jahr 1980 führt die Bundesstraße 256 im Anschluss an die Neuwieder Brücke durch Umlegung in einem östlichen Bogen um die Stadt. Ebenso wurde der Verlauf der Bundesstraße 42 durch eine Verlagerung nach N teilweise außerhalb des bewohnten Stadtgebietes abgeändert. Ab etwa 1980 ist in Neuwied ein neues Gewerbe- und Industriegebiet östlich des Raiffeisenringes mit seinen Siedlungseinrichtungen und des älteren Industriegeländes in Bahnhofsnähe entstanden. Es erstreckte sich zunächst von der Eisenbahnlinie im S bis zur Bundesstraße 42 im N und dehnt sich gegenwärtig bereits über diese aus. Das Gewerbe- und Industriegebiet ist vielseitig ausgerichtet. In ihm sind z.B. eine Couvertfabrik und ein Zulieferwerk für den Kraftfahrzeugbau angesiedelt. Einbezogen in dieses gewerblich-industrielle Zentrum ist auch eine Schamottefabrik, die ihren Standort am Stadtrand in der Nähe der Eisenbahnstrecke hat.

Der Neuwieder Rheinhafen, ursprünglich als Umschlagplatz für die verschiedensten Güter eingerichtet, dient gegenwärtig der Versorgung der sich in der Nähe befindlichen Zementfabrik mit Rohmaterialien. Zu dem Industriegebiet am Rheinufer gehört außer dem Zementwerk weiterhin der Betrieb der Emballageherstellung. Das ehemals hier ansässige Furnierwerk wurde inzwischen geschlossen. An seiner Stelle befinden sich ein Furnierhandel und Holzgroßhandel und daneben rheinaufwärts ein industrielles Stahlservice Center mit Spaltanlagen für Stähle, das über eine spezielle Ladevorrichtung im angrenzenden Rheinhafen verfügt. In dem zweiten Industriebezirk, dem Gelände nahe der Eisenbahnlinie und des Bahnhofs, sind gegenwärtig noch die traditionell angesiedelten Unternehmen, eine Firma für Stahlbau und Verzinkerei sowie ein Hersteller von Spezialmaschinen, tätig. Außerdem haben sich an dem Standort weitere gewerbliche und industrielle Betriebe niedergelassen. Zurückgegangen ist dagegen die Anzahl der Bimsbaustoffwerke, die sich im Neuwieder Becken im Jahre 1952 auf 740 belief (s. Seite 64). Die Produktivität dieser Unternehmen hat sich jedoch erhöht. Neuwied entwickelte sich zu einem Mittelzentrum mit einem weit reichenden Einzugsgebiet, das in gewissen Bereichen in Konkurrenz zu den zentralörtlichen Einrichtungen des nahe gelegenen Koblenz tritt (s. F 4.3).

Bau- und Kunstdenkmale (Anhang K)

In der fürstlichen Stadtgründung Neuwieds nimmt das Schloss hinsichtlich seiner Lage und als Bauwerk eine besondere Stellung ein. Nachdem der erste Schlossbau 1694 durch die Franzosen niedergebrannt worden war, entstand ab 1706 ein Neubau, der allerdings erst von 1748 bis 1756 fertig gestellt wurde. Die ursprünglich geplante geschlossene Hufeisenform kam nicht zur Ausführung, so dass drei selbstständige Gebäude vorhanden sind, zwischen denen ein weiter Ehrenhof liegt. Der repräsentative Hauptbau (= Corps de logis) ist zweigeschossig und mit einem Mansarddach bedeckt, die hofseitige Front wird betont durch einen leicht vorkragenden Mittelrisalit mit flachem Giebel, vier Säulen gliedern ihn in drei Achsen und tragen den Hauptbalkon. Im Inneren führt ein Treppenhaus mit offenen Arkaden zum oberen Vestibül. An den Voutendecken finden sich Stuckfiguren der vier Jahreszeiten und Reliefs, welche die vier Tu-

Abb. 36   Stadtschloss der Fürsten zu Wied in Neuwied (Luftaufnahme 1987)

115

genden verkörpern. Der rechteckige, zweigeschossige Festsaal geht oberhalb der umlaufenden Balkone in ein Achteck über, dessen Decke von Karyatiden getragen wird. Die seitlichen isolierten Seitentrakte gliedern sich je in einen einstöckigen Mittelbau, die von zweistöckigen Eckpavillons flankiert werden, die ebenfalls mit Mansarddächern ausgestattet sind (Abb. 36). Die Lage des Schlosses außerhalb der eigentlichen Siedlungsfläche von Neuwied ermöglichte die Anlage eines großen, rheinparallel und stromabwärts gelegenen Schlossparks, an dessen Nordseite die ehemalige Fasanerie zu finden ist, ein zweigeschossiger Pavillonbau.

Eine wenigstens in Teilen noch weithin im ursprünglichen Umfang erhaltene Bauanlage ist das so genannte Herrnhuter Viertel (s. B 7.3). Seine Bebauung erfolgte ab 1759 in zwei Abschnitten. Das „Erste Karree" (Abb. 37) von Engerser Straße, Pfarrstraße, Langendorfer Straße und Friedrichstraße, ist wegen seiner einheitlichen Straßenfronten bemerkenswert: zweigeschossige Mansarddach-Bauten mit z.T. kunstvoll gestalteten Haustüren. Am jetzigen Altersheim (Ecke Engerser Straße/Friedrichstraße) ist eine solche Bebauung noch gut sichtbar. Das zweite Karree schloss sich ab 1781 jenseits der Friedrichstraße nach SO an. Hier wurde von 1783 bis 1785 auch der Kirchensaal angebaut, das Gottesdienstgebäude der Brüdergemeine. Es steht in der Reihe der Häuserfront, ein schlichtes rechteckiges Gebäude von vier Achsen mit einem gaubenbesetzten Walmdach, das von einem Dachreiter überragt wird. Die Eingangsräume an beiden Seiten sind zurückversetzt, wodurch der Hauptbau etwas hervortritt. Dessen Ecken werden durch gequaderte Pilaster betont. Seine gegliederte Front mit den vier Rundbogenfenstern in Rechteckblenden ist relativ schmucklos, aber beeindruckend.

Das zwischen 1766 und 1768 entstandene Gotteshaus der Mennoniten zeichnet eine schlichte Ausstattung aus. Ein quadratischer Saal wurde mit dem direkt angebauten zweistöckigen Pfarrhaus unter einem mächtigen Mansarddach vereinigt; die innerbauliche Trennung zwischen Kirchenraum und Pfarrhaus wird äußerlich durch gequaderte Ecken kenntlich gemacht. Über der Eingangsfront ragt ein gleichschenkliger Giebel mit Okulus (= Rundfenster) auf; die Ost- und die Nordseite (Schauseiten) sind durch je drei hohe schmale Fenster gegliedert. Der Dachreiter wurde erst 1860 hinzugefügt. Er ist der einzige Turm auf einer deutschen Mennonitenkirche. Die Kirche brannte 1984 aus und dient nach ihrer Restaurierung und Renovierung kulturellen Zwecken.

Benannt seien noch einige profane Bauwerke, die sich durch eine kunstvolle Giebel- und Straßenfrontgestaltung auszeichnen. Dazu gehören das 1696 erbaute ehemalige gräfliche Salzmagazin und spätere Steuer- bzw. Zollamt in der Mittelstraße, das alte Brauhaus (die Maan) in der Rheinstraße, 1694 erbaut, mit massivem Erdgeschoss und Fachwerk im Obergeschoss und im Zwerchhaus. Jünger ist das Haus Pfarrstraße 30, ein doppelstöckiges Haus mit Mansarddach und symmetrischer Vortreppe. Es wurde von 1774 bis 1776 erbaut und war Wohnhaus und Werkstatthaus der berühmten Möbelschreiner ABRAHAM und DAVID ROENTGEN. Noch fast ein Jahrhundert jünger ist das von FERDINAND NEBEL 1825 erbaute Heimathaus in der Schlossstraße, ein zweigeschossiger klassizistischer Bau mit Mittelrisalit und Zwerchgiebel. Aus der Bauperiode des Ju-

Abb. 37   Teil des ehemaligen Herrnhuter Viertels („Erstes Karree")

gendstils stammt das Gebäude der Badeanstalt in der Marktstraße, erbaut 1907/08. Typisch für dieses Gebäude sind die geschweiften Giebel und die von Säulen getragene Überdachung des Haupteingangs. In klassizistischer Formsprache wurde 1928 das Kreismuseum am Raiffeisenplatz erbaut. Es besitzt in seiner vor- und frühgeschichtlichen Abteilung wertvolle Exponate, ebenso mittelalterliche Bildwerke und Glasmalereien, Möbel aus der Werkstatt der Familie Roentgen, kunstgewerbliche Objekte und künstlerische Erzeugnisse der Sayner Hütte.

In den ehemals selbstständigen Orten des Umlandes, durch Eingemeindungen nunmehr zu Stadtteilen von Neuwied geworden, finden sich einige Zeugen früherer Baukunst. Zu ihnen gehören z.b. die Baulichkeiten der ehemaligen Prämonstratenserabtei von Rommersdorf (s. C 5) und das von 1759 bis 1764 erbaute Jagdschloss für den Trierer Kur-Erzbischof im Stadtteil Engers (s. C 4). Das Gebäude ist zweieinhalbgeschossig und besitzt an der Hoffront kurze Seitenflügel, die Mittelrisalite sind durch Lisenen, Wappen- und Vasenaufsätze geschmückt. Im Obergeschoss des Mittelrisalits befindet sich der ehemalige Festsaal, der mit Stuckaturen und Malereien ausgestattet ist. Das große Deckenbild stammt vom Hofmaler JANUARIUS ZICK. 1968 erneuert wurde das 1770 erbaute von Spee'sche Haus, das durch eine Terrassenmauer, in die ältere Bauteile, unter anderem gotische Portale, einbezogen sind, mit dem Schloss verbunden ist. In einigen Stadtteilen befinden sich Kirchen, deren Bausubstanz z.T. auf älteste Grundlagen zurückgeht. Eine spätromanische Pfeilerkirche mit einem Westturm aus der ersten Hälfte des 13. Jh. steht als evangelische Pfarrkirche in Feld-

B 7.5 kirchen (s. B 8), die katholische Pfarrkirche St. Margareta in Heimbach-Weis besitzt einen dreigeschossigen gotischen Turm und besteht aus einem 1772 erstellten Saalbau (s. C 2). Die evangelische Pfarrkirche in Niederbieber-Segendorf besitzt von dem spätromanischen Vorgängerbau noch den quadratischen Chor und den vierstöckigen Turm an der Nordseite. Das dreischiffige Langhaus, das auf älteren Grundmauern steht (s. B 12) stammt vom Ende des 15. Jh.

Schon außerhalb des Beckens, etwa 6 km nördlich des Neuwieder Schlosses liegt in 329 m über dem unteren Wiedtal das „Museum für die Archäologie des Eiszeitalters". Es steht auf dem Gelände des zwischen 1757 und 1767 als Sommersitz und Lusthaus des Grafen Johann Friedrich Alexander zu Wied-Neuwied erbauten und 1969 abgebrannten Schlösschens „Monrepos". Das Museum versteht sich als Schaufenster für den Forschungsbereich Altsteinzeit. Es zeigt die Entwicklungsgeschichte der Jäger und Sammler vor der Kulturepoche des Ackerbaus und der Viehhaltung. Angeboten wird ein Überblick über Zeit und Raum, besonders zum Vulkanismus der Osteifel und des Mittelrheinischen Beckens; sodann werden die frühesten Besiedlungen der Menschen bis zum Ausbruch des Laacher Vulkans dargestellt und auch die Funde aus dem nahen Gönnersdorf präsentiert.

B 8 Feldkirchen, zu Neuwied seit 1970

Feldkirchen besteht aus den vier Orten Wollendorf, Gönnersdorf, Fahr und Hüllenberg und hatte sich mit diesen 1966 zu einer Großgemeinde zusammengeschlossen. Es liegt etwa 2 km vom Neuwieder Stadtkern rheinabwärts, erstreckt sich in einer Höhe von rund 60 bis 198 m ü. NN und zählte im Jahre 2001 insgesamt 5 743 Einwohner. Insgesamt handelt es sich bei dieser Siedlung um eine Agglomeration ehemaliger kleiner haufendorfähnlicher Orte, die von den jeweiligen Ortsmittelpunkten aus zur Peripherie hin gewachsen und damit miteinander verwachsen sind. Wenige größere Industrie- bzw. Gewerbebetriebe und vor allem Wohnbauflächen bestimmen das Gesamtbild und die Struktur dieses Stadtteils.

Um Feldkirchen gibt es von alters her große Waldungen. Zur geregelten Pflege und gezielten Nutzung des Waldes haben sich die Waldbesitzer zu einer Waldgenossenschaft, der Märkerschaft Feldkirchen, zusammengeschlossen, deren älteste Rechtsgrundlage das so genannte Märkerweistum aus dem Jahre 1494 bildete, welches 1607 erneuert wurde. Die Bezeichnung Feldkirchen entlehnte man dem so genannten Kirchspiel zwischen Rhein und Wied. Den Mittelpunkt dieses Pfarrbezirks bildete die bei Wollendorf gelegene Feldkirche, urkundlich 1204 als *veltkirgen* ausgewiesen. Die spätromanische ursprünglich basilikale, querhauslose Pfeilerbasilika mit Emporen und Westturm aus der ersten Hälfte des 13. Jh. wurde in spätgotischer Zeit zur Emporenhalle umgestaltet. Ein dreischiffiger Vorgängerbau konnte durch Ausgrabungen festgestellt werden. Nach der Einführung der Reformation in der Grafschaft Wied wurde das Patronat über die Feldkirche von der wiedischen Herrschaft übernommen. Nördlich des Kirchengebäudes befindet sich eine ehemalige Gerichtsstätte, deren Lage neben dem Kirchhof 1343 ausdrücklich bezeugt wird. Unter einer alten Linde steht ein steinerner viereckiger Sockeltisch, der auf drei Seiten von einer Steinbank umgeben ist. Links und rechts von ihr sind zwei Steinsäulen aufgestellt, eine davon ist mit dem wiedischen Wappen versehen.

Dicht benachbart von Wollendorf, dessen Name in einer 1202 ausgestellten Stiftungsurkunde erstmals als *wolvendorp/wolvindorph* urkundlich erwähnt wird, befindet sich Gönnersdorf. Den Kern dieser fränkischen Siedlung bildet der ehemalige Beunehof. Die Siedlung wird erstmals in einer Urkunde von 1180 unter dem Ortsnamen *gindisdorb* angeführt. Fast genau gegenüber von Andernach liegt auf der rechten Rheinseite in der typischen so genannten Sessellage auf der dort gut ausgebildeten Mittelterrasse über dem Rhein in unmittelbarer Nähe eines kleinen, unscheinbaren Rheinzuflusses eine der bedeutendsten Fundstellen des Spätpaläolithikums im gesamten Rheinland. Sie wurde 1968 beim Ausheben einer Baugrube entdeckt. Die Fundschicht lag etwa 20 bis 40 cm unter der Bimsschicht des Laacher Vulkan-Ausbruchs unmittelbar im fahlgelben Löss der letzten Kaltzeit. Somit gehören die Funde in die Kulturstufe des Magdalénien, sind also auf ungefähr 15 000 bis 13 000 v. Chr. zu datieren. Bei den archäologischen Untersuchungen konnten Reste von vier Hütten mit einem Durchmesser von etwa 6 bis 10 m und zwei Zeltgrundrisse festgestellt werden. Neben Werkzeugen aus Feuerstein wurden auch solche aus Mammutelfenbein gefunden, ebenso Geschossspitzen. Überregional bedeutsam sind die gefundenen Kleinkunstobjekte, etwa aus Bein geschnitzte Venusstatuetten und besonders die zahlreichen Gravierungen auf Schieferplatten, die teils figürliche und ornamentale Frauendarstellungen wiedergeben. Besonders bemerkenswert sind aber auch sehr naturgetreue Tierdarstellungen, vorwiegend von Pferden, ferner von Mammut, Nashorn, Wolf und verschiedenen Vogelarten. Die Gönnersdorfer Funde bilden einen wesentlichen Beitrag zur Dokumentation der künstlerischen Ausdrucksfähigkeit des Altsteinzeitmenschen in Mitteleuropa.

Der Feldkircher Ortsteil Fahr liegt am Rhein und ist gegenwärtig baulich weitgehend mit Gönnersdorf verbunden. Er entwickelte sich im Umfeld der alten Fährstelle am Rhein gegenüber von Andernach. Diese Fährstelle wird in einer Urkunde bereits im Jahre 1152 angeführt. 1194 findet der Ort Erwähnung unter seinem damaligen Namen *vare*. Das kurkölnische Andernach, auch Inhaber der Fährgerechtsamen, und Kurtrier haben bis in die Neuzeit versucht, den Grafen von Wied das Fahrer Fährrecht streitig zu machen, was ihnen jedoch nicht gelang. Im Ortskern von Fahr finden sich einige eindrucksvolle Fachwerkhäuser, darunter die 1686 errichtete gräfliche Bannmühle und das so genannte Rheinische Haus mit der Datierung 1584 und einer Hausmarke im Türsturz.

Oberhalb von Fahr und Gönnersdorf liegt am Rand der Hauptterrasse des Rheintales Hüllenberg. Der Ort wird zuerst in einer Urkunde über die Feldkirche als *villa de hulenberg* im Jahre 1280 genannt. Die Besiedlung des randlichen Terrassengeländes erfolgte im Mittelalter von Gönnersdorf aus. Hüllenberg war zunächst Ortsteil von diesem und galt erst ab dem 18. Jh. als eigene Gemeinde.

B 9 Irlich, zu Neuwied seit 1969

Irlich grenzt als Stadtteil im NW an die Kernstadt Neuwied einschließlich Heddesdorf. Es liegt in einer Höhe von 58 bis 99 m ü. NN. Seine Einwohnerzahl belief sich auf 5 697 im Jahre 2001. Der Ort wurde erstmals als *irlocha* in einer Urkunde von 1022 anlässlich einer Schenkung HEINRICHS II. erwähnt. Die ehemalige Kapelle entstand in romanischer Zeit. Die jetzige Kirche geht auf das Jahr 1836 zurück, stellt einen weiträumigen lang gestreckten Saalbau im spätklassizistischen Stil dar und dient der katholischen Pfarrgemeinde als Gotteshaus. Sie besaß ursprünglich einen Dachreiter und erhielt 1914/15 linksseitig einen Glockenturm. Die erste Brücke in Irlich über die Wied nahe ihrer Mündung in den Rhein wurde 1818 errichtet.

B 10 Segendorf, zu Neuwied seit 1970

Der Stadtteil Segendorf liegt fast nördlich, rund 4 km von der Innenstadt Neuwieds entfernt. Er erstreckt sich über eine Höhe von 72 bis 130 m ü. NN im Ausgangsbereich der Talung des Reichelbaches zum Wiedtal. Segendorf hatte im Jahre 2001 insgesamt 1 979 Einwohner. In einer Urkunde aus dem Jahre 1218 wird der Ort unter dem Namen *sehtendorf* erstmals urkundlich erwähnt. Im südlichen, spitz zulaufenden Teil der Segendorfer Gemarkung breitete sich das wiedische Herrengut Nodhausen aus, das bereits für das Jahr 1226 urkundlich nachgewiesen werden konnte. Im Jahre 1910 schlossen sich Segendorf und Niederbieber, am Gegenufer der Wied gelegen, zu einer Gemeinde zusammen. Seit 1970 stellen sie wieder zwei eigene Stadtteile dar. Segendorf war ursprünglich landwirtschaftlich geprägt. Durch die frühe Ansiedlung von Industrie und Gewerbe im unteren Wiedbachtal und in der Neuwieder Talweitung wurde es zur Wohnsiedlung umgewandelt.

B 11 Rodenbach, zu Neuwied seit 1969

Der Stadtteil Rodenbach ist etwa 4 km nordwestlich des Stadtzentrums von Neuwied in einer Höhe von rund 125 m ü. NN gelegen. Er dehnt sich beiderseits der Talhänge des Buchbaches aus, der östlich davon in die Wied mündet. Die Einwohnerzahl des Ortes belief sich im Jahre 2001 auf 1 351. Rodenbach ist nach der urkundlichen Quellenlage der älteste Stadtteil. Sein Name tritt bereits im Jahre 773 im Zusammenhang mit einer Schenkung auf. Es ist wahrscheinlich, dass es wie Segendorf in späterer Zeit zur alten Grundherrschaft der Grafen von Wied gehörte. Deren Zehnthaus in Rodenbach wurde erst 1874 niedergelegt. Der Ort war von alters her dem Kirchspielgericht Feldkirchen zugeordnet. Rodenbach war ursprünglich landwirtschaftlich geprägt. Durch frühe Ansiedlung von Gewerbe und Industrie im unteren Wiedbachtal und in der Neuwieder Talweitung wurde der Ort zur Wohnsiedlung umgewandelt.

Niederbieber, zu Neuwied seit 1970 **B 12**

Der Stadtteil Niederbieber liegt ungefähr 3 km nördlich der Innenstadt von Neuwied in einer Höhe von 67 bis 88 m ü. NN. Niederbieber war ursprünglich siedlungsmäßig auf den Talboden der Wied beschränkt. Gegenwärtig dehnt sich der Ort auch auf die Hänge aus. Im Jahr 2001 hatte Niederbieber 5 054 Einwohner. Frühe schriftliche Nachweise über die Siedlung fehlen. Aus dem Jahre 1204 ist eine Urkunde vorhanden. Der damalige Name von Niederbieber ist mit *biuerne* angegeben, also nur mit dem zweiten Bestandteil der Ortsbezeichnung. Von ihm aus wird die Verbindung zu *biuira* = Biberbach hergestellt, womit der heutige Aubach angesprochen sein könnte, der den Ort durchfließt. Aus der Urkunde ergibt sich, dass Niederbieber damals Hauptort eines Kirchspiels war. In die erste Hälfte des 13. Jh. fällt die Erbauung einer Kirche, von der der quadratische Chor und der vierstöckige Turm heute noch bestehen. Ausgangs des 15. Jh. ersetzte man das Langhaus durch einen dreischiffigen Baukörper. Die schmalen Seitenschiffe sind mit drei Kreuzrippen- sowie einem Netzgewölbe ausgestattet. Im Jahre 1556 wurde die erste protestantische Kirchenvisitation durchgeführt. Etwa von 1450 bis 1580 diente die Kirche als Grablege der Grafen von Wied. Unter dem Altar befindet sich die Ruhestätte des HERMANN VON WIED, der 1522 verstarb. Bis zu seinem erfolglosen Versuch, in Köln die Reformation durchzusetzen, hatte er das Amt des dortigen Erzbischofs inne.

Nordöstlich des heutigen Ortsteiles Niederbieber, auf der Erhebung zwischen Wied- und Aubachtal, lag eines der bekanntesten römischen Kastelle entlang des gegen Ende des 1. Jh. n. Chr. errichteten obergermanischen Limes. Etwa zwischen 180 und 190 wurde dieses Kastell zur Stationierung einer Reiterkohorte, die fast 1 000 Mann umfasste, in massiver Steinbauweise ausgebaut. Das Geviert der Umfassungsmauern des Kastells war 265 m lang und 200 m breit. Von der Innenbebauung ist bis auf die Grundrisse des Kastellbades wenig erhalten. Die gesamte Anlage wurde im Zuge der Germaneneinfälle 259 und 260 vollständig zerstört und ist gegenwärtig durchweg modern überbaut.

Torney, Stadtteil von Neuwied **B 13**

Torney liegt rund 4 km nördlich des Stadtkerns von Neuwied in einer Höhe von 115 m ü. NN. Im Jahre 2001 zählte es insgesamt 2 011 Einwohner. Torney ist der jüngste Stadtteil von Neuwied; es wurde von Neuwied aus besiedelt und war nie ein selbstständiger Ort im Sinne einer Gemeinde. Die erste Benennung wird 1644 in Protokollen über einen Hexenprozess in Verbindung mit Hexentänzen „*vff der torney*" angeführt. Später findet sich der Name für ein Wäldchen. Nachdem man die dort gefundenen Bimsablagerungen abgebaut hatte, was nach 1930 erfolgt war, begann man mit der planmäßigen Besiedlung der Flur Torney. In der Zeit zwischen 1936 und 1938 wurden die ersten 38 Kleinsiedlungshäuser für die ständigen Arbeiter der umliegenden Fabriken erbaut. Nach dem Zweiten Weltkrieg kam bis 1955 noch einmal die gleiche Anzahl von Häu-

B 13 sern hinzu, die für Flüchtlinge und Heimatvertriebene bestimmt waren. Torney ist ein Pendlerwohnort geblieben.

B 14 Heddesdorf, zu Neuwied seit 1904

Heddesdorf schließt sich dem ursprünglichen Stadtgebiet Neuwieds unmittelbar nach N an (s. B 7.4). Der Ortsteil ist in einer Höhe von 61 bis 110 m ü. NN gelegen und zählte im Jahr 2001 etwa 11 200 Einwohner. Eine Pfarrei Heddesdorf fand unter dem damaligen Namen *hedenestorp* im Jahre 962 Erwähnung. Die Kirche scheint schon in der Merowingerzeit gegründet worden zu sein. Christlich-fränkische Grabfunde bei dem heutigen, von 1842 bis 1844 errichteten evangelischen Gotteshaus zeigen an, dass auch der erste Kirchenbau seinen Standort an dieser Stelle hatte. Das Kirchengebäude ist ein lichter Saal mit Apsis in neuromanischen Formen mit klassizistischem Einfluss. Auf Heddesdorfer Gemarkung entstand in der Nähe des Schiefersteinbruchs Rasselstein im Wiedbachtal 1738 ein landesherrliches Eisenhüttenwerk. Daraus entwickelte sich im Laufe der Zeit ein modernes Kaltwalzwerk, das bis heute fortbesteht. FRIEDRICH WILHELM RAIFFEISEN (1818–1888), der Begründer des landwirtschaftlichen Genossenschaftswesens, war in der Zeit von 1852 bis 1865 Bürgermeister von Heddesdorf.

C 1 Gladbach, zu Neuwied seit 1970

Der Stadtteil von Neuwied liegt von der Neuwieder Innenstadt etwa 4 km in nordöstlicher Richtung entfernt und nimmt eine Höhe von 100 bis 140 m ü. NN ein. Im Jahr 2001 zählte er 3 418 Einwohner. Der Ort wurde erstmals im Jahre 1098 urkundlich als *gladebach* erwähnt. Die Abtei Rommersdorf, bei Heimbach-Weis gelegen (s. C 5), gründete um 1140 in der Nähe von Gladbach das Prämonstratenserinnenkloster Wülfersberg, das 1531 aufgelöst wurde. Auf dem Gelände des ehemaligen Nonnenklosters befindet sich eine Ende des 18. Jh. geweihte kleine Kapelle. Mit dem Friheimgericht (= selbstständiges Bauerngericht) in dem zum Kirchspiel Heimbach gehörigen Gladbach waren die Grafen von Wied belehnt (s. C 2). Im Jahre 1570 wurde der Ort vom Grafen JOHANN VON WIED an den Erzbischof von Trier abgetreten. 1710 entstand in Gladbach eine Kapelle, die bis 1914 als Gotteshaus diente. Im Jahr 1914 wurde eine neue Kirche im Stile der Nachgotik errichtet. Durch neue Wohngebiete erfuhr Gladbach eine starke Erweiterung der Siedlungsfläche bis in die Gegenwart.

C 2 Heimbach-Weis, zu Neuwied seit 1970

Die beiden Dörfer Heimbach und Weis wurden im Jahr 1965 zu einer Gemeinde zusammengeschlossen. Diese zählte 2001 rund 7 540 Einwohner. Sie liegt fast 5 km von Neuwied entfernt und breitet sich in Höhen zwischen 86 und

130 m ü. NN aus. Heimbach wurde schon 1093 unter dem Namen *hembach* genannt. Weis wurde 1192 als *wyse* erstmals urkundlich erwähnt. Da im Mittelalter und danach im Kirchspiel von Heimbach und Weis weder die Kirche noch die
zahlreichen adeligen Herrschaften eine territoriale Vormacht erringen konnten,
schloss sich die bäuerliche Gesellschaft zusammen und behauptete sich bis zum
Anfang des 17. Jh. als selbstständiges Friheimgericht (s. C 1), dessen Rechte dann
auf Kurtrier übergingen, das bis zum Ende des 18. Jh. die Herrschaft über beide
Dörfer besaß. Die Kirche in Heimbach geht auf eine alte Kirche von 1204 zurück.
Der Langbau der heutigen Kirche entstand erst 1772 und wurde 1891 durch Seitenschiffe vergrößert. Die Orgel wurde von den Gebrüdern Stumm erbaut und
stand ursprünglich in der Abteikirche von Rommersdorf (s. C 5). In Weis besteht
eine Kapelle, die auf Grund einer Stiftung im Jahre 1711 erbaut wurde.

Bis Mitte des 19. Jh. war die erwerbstätige Bevölkerung vorwiegend in der
Landwirtschaft tätig. In der zweiten Hälfte des 19. Jh. fand sie zunehmend Arbeit in der Eisengewinnung und -verarbeitung umliegender Orte, vor allem in
Neuwied (s. B 7.4), Heddesdorf, Mülhofen und Sayn. Nach 1870 entstand auf
der Basis des Bimsabbaus eine umfangreiche Kunststeinherstellung. 1960 gab
es in Heimbach 33 und in Weis 30 solcher Betriebe. Auf Grund technischer und
wirtschaftlicher Entwicklungen der vergangenen Jahrzehnte ging ihre Zahl
erheblich zurück.

Block, zu Neuwied seit 1970

Der heutige Stadtteil Block liegt 2 km östlich vom Neuwieder Stadtkern entfernt und nimmt eine Höhe von etwa 66 bis 68 m ü. NN ein. Seine Einwohnerzahl belief sich im Jahre 2001 auf 1 015 Personen. Das Siedlungsgebiet
Block ist eine Gründung des 19. Jh. und stellt den zweitjüngsten Stadtteil von
Neuwied dar. Seine Entstehung ist auf den Bau der Eisenbahnteilstrecke Neuwied – Niederlahnstein zurückzuführen, die 1869 eröffnet wurde. An ihr richtete man etwa entfernungsgleich zu den Bahnhöfen Neuwied und Engers eine
Blockstelle der Eisenbahn ein, die die allmähliche Anlage einer Siedlung zur
Folge hatte. Mit dem aufkommenden und bald expandierenden Bimsabbau
ließen sich Bimsbaustofffirmen nieder, was mit einer Siedlungserweiterung verbunden war. Der Name Blockstelle wurde auf die Siedlung als Ortsname Block
übertragen. Bereits vor dem Ersten Weltkrieg gab es am Block mehr als 50 Häuser in denen über 500 Einwohner lebten. Nach dem Zweiten Weltkrieg entstanden an der Eisenbahnstrecke und im Blockstellenbereich weitere neue Wohnbauten sowie gewerbliche und industrielle Betriebe.

Engers, zu Neuwied seit 1970

In einer Höhe zwischen 62 und 71 m ü. NN liegt Engers am rechten Rheinufer
etwa 7 km stromaufwärts der Weißenthurm-Neuwieder Rheinbrücke. 2001
zählte es 5 633 Einwohner. Engers, das während seiner Zugehörigkeit zu

C 4 Preußen seine Stadtrechte verloren hatte, wurde 1957 erneut zur Stadt erklärt. Bis zu seiner Zuordnung als Stadtteil von Neuwied war es Sitz einer Verbands-gemeindeverwaltung für die Gemeinden Engers, Block, Gladbach und Heim-bach-Weis.

Seine Gründung reicht ins 8. Jh. zurück. Engers war ein Vorort des karolin-gischen Engersgaus. Im 10. Jh. war es Sitz eines trierischen Dekanats. Graf WIL-HELM VON WIED erwirkte 1357 das Stadtrecht für Engers und begann mit der An-lage einer Stadtbefestigung und einer Burg. Da Stadt und Gericht im Jahr 1371 an Kurtrier übergingen, konnten die Bauten erst nach 1400 fertig gestellt wer-den. Die Burg wurde während der Raubzüge des französischen Königs LUD-WIG XIV. zerstört. 1758 wurden ihre Reste vollständig abgebrochen. An dieser Stelle entstand zwischen 1759 und 1764 nach den Plänen des Hofbaumeisters JO-HANNES SEIZ das jetzige Schlossgebäude (s. B 7.5). Weitere bedeutende Bau-denkmale der Stadt sind das Alte Rathaus aus dem Jahre 1642 mit einem Fach-werkgiebel und die Schlossschenke von 1621 mit reich verziertem Fachwerk. Res-te der Stadtmauer sind im Unterbau der Häuser an der Rheinfront erhalten.

Stromabwärts von Engers lag die aus mehreren Höfen bestehende Siedlung Reil, schon im Jahre 1338 als *ryle* urkundlich belegt. Der Weiler soll im Dreißig-jährigen Krieg zerstört worden sein. Seine Bewohner suchten in Engers Zu-flucht.

C 5 Abtei Rommersdorf

Die ehemalige Prämonstratenserabtei Rommersdorf liegt auf der breiten Schot-terfläche der mittleren Mittelterrasse über dem Helmbach im Stadtteil Heim-bach-Weis rund 6,5 km nordostwärts vom Stadtzentrum Neuwied entfernt in einer Höhe von 125 m ü. NN. Der Siedlungsname geht wohl auf die schon in die Zeit vor 700 als Sippenniederlassung verfolgbare fränkische Siedlung *hruot-maresthorp* zurück, wo dann wahrscheinlich 1117 von den ansässigen Edelher-ren ein Kloster gegründet wurde. Auf dieses ging der Siedlungsname bzw. der Sippenname über. Zunächst betrieben süddeutsche Benediktiner das Kloster, die den Ort wegen unzureichender wirtschaftlicher Bedingungen bereits 1125 wieder verließen. Zehn Jahre später erfolgte eine Neugründung durch den Trie-rer Erzbischof, der Brüder des Prämonstratenserordens aus Floreffe (Belgien) zur Wiederbesiedlung veranlasste. Einer dieser Brüder, vom Mutterkloster zum Abt bestimmt, gilt als der später heilig gesprochene Gründungsabt DIETRICH VON ROMMERSDORF.

Die Geschicke der Abtei waren wechselvoll, ihr Wirken für das Umland je-doch von erheblicher Bedeutung. Ganz abgesehen davon, dass sie (im Übrigen eher ein Chorherrenstift als ein Kloster) viel zur Kultivierung im unteren Mit-telrheingebiet beitrug und auch landwirtschaftlich expandierte, erfolgten von Rommersdorf aus auch mehrere Klostergründungen, vor allem im rechtsrhei-nischen Schiefergebirge. Neben dem räumlich nahen Kirchspiel (Heimbach, Weis und Gladbach) wurden das ostwärtige Mittelrheinische Becken und das untere Moselgebiet von Rommersdorf aus geistlich betreut. 1210 wurde die

Abb. 38 Kirche der ehemaligen Prämonstratenserabtei Rommersdorf

kreuzförmig konzipierte Klosterkirche geweiht, die zeitweise auch Grablege der regional begüterten Adeligen von Isenburg und Wied war. Im Jahre 1541 schädigte ein Brand die Kirche in solchem Maß, dass das Nordschiff abgebrochen werden musste, wodurch die Kreuzesform verloren ging. Nach dem Dreißigjährigen Krieg und den Franzoseneinfällen ging man ab 1698 daran, die baufällig gewordenen Klostergebäude zu retten und zu erneuern. Neu entstanden hierbei in barockem Stil das Westportal und zwei Flügel des Abtsgebäudes, allerdings unter Einbeziehung des Westflügels des ehemaligen Kreuzganges.

Die politische Entwicklung des ausgehenden 18. Jh. machte auch vor Rommersdorf nicht halt. Schon 1794 verlor es alle linksrheinischen Besitzungen an die eingedrungenen Franzosen, und nach der Säkularisierung durch den Reichsdeputationshauptschluss wurde das Kloster 1803 aufgehoben. Im Juni verließ der 59. Abt mit neun Brüdern das Kloster, welches im Rahmen der Gebietsentschädigungen an die Grafen von Nassau-Usingen fiel und 1820 wieder versteigert wurde. 1875 zerstörte ein Blitzschlag die Turmhaube, 1913 stürzte nach einem Brand das Gewölbe der Kirche ein und der auch äußerliche Verfall war nicht aufzuhalten.

C 5　　Im Jahre 1972 entstand als Bürgerinitiative der Förderkreis Rommersdorf e. V. mit dem Ziel, die verbliebenen Baulichkeiten zu retten und zu sanieren. 1976 übernahm die Nachfolgeorganisation Abtei Rommersdorf-Stiftung die historische Bau- und Gartensubstanz in ihr Eigentum und betrieb die Restaurierung mit einem sehr hohen Kostenaufwand, der zu einem erheblichen Teil durch staatliche Fördermittel gedeckt war. So wurde das Kirchenschiff wieder überdacht; der Kirchturm erhielt eine Barockhaube (Abb. 38). Zwei der alten Kreuzgangflügel sind nach alten Befunden farblich ausgemalt worden, der seinerzeit in das Abtsgebäude integrierte Westflügel wurde neu errichtet und dient jetzt als Ausstellungsraum. Ein beachtliches Aufsehen erregte im Jahr 2000 die Entdeckung von Putz- und Farbresten aus der Zeit um 1200 in einem ehemaligen Seitenschiff, die für Deutschland als selten angesehen werden dürfen. Baulich saniert wurden auch die Abtskapelle, die frühere Sakristei, und der Kapitelsaal mit seinem zu Beginn des 13. Jh. verlegten Fliesenboden. Auch die jüngeren barocken Baubestandteile – etwa die beiden Refektorien im Konventsgebäude – sind in ihrer alten Pracht wiedererstanden, ebenso der Französische Garten und die Englische Parkanlage sowie der Kräutergarten im Innenhof. Klosterbauten und Klosteranlagen können besichtigt werden; zwischen Ostern und Allerheiligen erfolgen auch Führungen.

C 6　Urmitz, Landkreis Mayen-Koblenz, Verbandsgemeinde Weißenthurm

Während des Bimsabbaus wurde unmittelbar bei Urmitz eine große Erdbefestigung der spätsteinzeitlichen Michelsberger Kultur mit einer Länge von 1 275 m und einer Breite von 600 bis 800 m gefunden. Sie bestand aus einer Palisadenwand sowie aus 22 befestigten Ausgängen und Wällen. Bereits bei Ausgrabungen um 1900 wurden Pfähle einer Brücke mit einem römischen „Drusus-Castell" freigelegt. Es wird angenommen, dass es sich um eine hölzerne römische Rheinbrücke aus dem Jahr 55 v. Chr. handelt, die im Zusammenhang mit CAESARS Rheinübergängen von 55 und 53 v. Chr. steht. 1918 wurde die so genannte Kronprinzenbrücke als Eisenbahnbrücke über den Rhein in Stahlkonstruktion eröffnet; 1945 wurde sie zerstört, nach dem Kriege wieder aufgebaut, jedoch erst 1954 erneut dem Verkehr übergeben.

Die erste urkundliche Erwähnung von Urmitz erfolgte 754 als fränkisches Hofgut *auromoncium*. 1022 schenkte Kaiser HEINRICH II. diesen Hof dem Domstift zu Bamberg (Georgshof). 1204 wurde Urmitz als Pfarrei erwähnt. Die heutige dem hl. Georg geweihte Kirche ist 1772 gebaut worden, das Pfarrhaus von 1810 bis 1812. Der Ort liegt am westlichen Rheinufer 60 m ü. NN und ist nach der Kartenaufnahme der Rheinlande durch JEAN JOSEPH TRANCHOT und KARL VON MÜFFLING (1810) als ein mehrzeiliges Straßendorf zu identifizieren.

Bis zur Industrialisierung war Urmitz landwirtschaftlich geprägt. Im Laufe des 19. Jh. gewann auf Grund guter Absatzmöglichkeiten in den nahe liegenden Städten auch der Obstanbau schnell an Bedeutung, die er heute noch hat. Die gute Verkehrslage ermöglicht es der Bevölkerung, abgesehen vom Broterwerb in der eigenen Gemeinde auch in den benachbarten Industrie- und Ge-

werbegebieten von Koblenz, Mülheim-Kärlich, Weißenthurm, Andernach und
Neuwied zu arbeiten. Entsprechend nahm die Bevölkerungszahl zu: seit 1815
hat sie sich versiebenfacht. Urmitz zählte im Jahr 2001 3 720 Einwohner. Durch
den Kiesabbau entstanden südlich des Ortes Baggerseen, in denen sich unge-
stört eine reichhaltige Flora und Fauna entwickeln konnte. Dieser Bereich ist
heute Wasserschutzgebiet und das Urmitzer Werth, eine Rheininsel, ist seit 1980
ein Naturschutzgebiet (s. Seite 27, Anhang D).

Kaltenengers, Landkreis Mayen-Koblenz, Verbandsgemeinde
Weißenthurm

Am linken Rheinufer liegt zwischen Urmitz (s. C 6) und St. Sebastian (s. C 8)
die Gemeinde Kaltenengers. Ihre erste urkundliche Erwähnung erfolgte 755. Im
Jahr 1137 ist von einem *engersche trans rhenum* die Rede; 1302 wurde der Ort
als *klein-engers* und 1438 unter dem Namen *callen-engers* erwähnt. Seit 1545
gehört Kaltenengers zum Kurfürstentum Trier und kirchlich zur Pfarrei Urmitz. Am 02. Dezember 1699 gestattete der Trierer Erzbischof HUGO VON ORS-
BECK den Einwohnern, in der Kapelle am Rhein Messen zu feiern. 1563 gab es
in Kaltenengers 17 Feuerstellen. 1784 bestand der Ort aus 25 Häusern und hatte 100 Einwohner. Er ist – wie andere so genannte Rheindörfer – ein mehrzeiliges Straßendorf mit einer deutlichen Ausrichtung der Seitenstraßen zum Rhein,
was als Hinweis auf die ehemals betriebene Rheinfischerei gilt.

Im Mittelalter und in der Frühneuzeit wurde verstärkt Ackerbau betrieben.
Kaltenengers war in der Frühneuzeit außerdem ein bedeutender Weinort. Es
gab 1720 in der Kaltenengerser Gemarkung insgesamt 25 000 Weinstöcke. Der
Weinbau musste wie im nahe gelegenen Kettig (s. E 8) auf Grund ungünstiger
Klimabedingungen im frühen 19. Jh. aufgegeben werden. Auf der Tranchot-
karte von 1810 ist kein Weinbauland mehr verzeichnet. In Laufe des 19. Jh.
nahm – wie in manchen Nachbarorten – jedoch der Obst- und Gemüsebau zu.
1869 wurde der Ort zur eigenständigen Pfarrei erhoben. Die Erbauung der
Pfarrkirche St. Sylvester erfolgte in den Jahren 1870/71.

Mit rund 2 000 Einwohnern (2001) ist Kaltenengers der kleinste Ort der Verbandsgemeinde. Er ist vorwiegend eine Wohngemeinde und besitzt ein kleines
Gewerbegebiet. Kaltenengers liegt verkehrsgünstig zwischen den Städten Koblenz und Andernach. Über eine Landesstraße (L 126) und eine Kreisstraße
(K 65) bestehen Anschlüsse an das Bundesstraßennetz (B 9) und darüber hinaus zu den Bundesautobahnen (A 48 und A 61).

St. Sebastian, Landkreis Mayen-Koblenz, Verbandsgemeinde
Weißenthurm

Die Gemeinde grenzt direkt an die Stadt Koblenz und feierte im Jahr 2000 auf
Grund der Ersterwähnung als *engersheim* ihr 850-jähriges Bestehen. Schon um
1150 wurde eine Kirche als Vorläufer der heutigen Pfarrkirche mit einem 1000-

C 8 jährigen Glockenturm erwähnt, die auch als Wallfahrtskirche fungierte. 1410 hatte der Ort ein eigenes Dorfgericht, wurde 1445 kurtrierisch und 1563 wohnten hier 126 Menschen. Der seit 1365 bekannte Weinbau wurde um 1750 eingestellt. Nach der Kartenaufnahme der Rheinlande (TRANCHOT 1810) ist sein Grundriss nahezu identisch mit dem anderer Dörfer am Rhein und entspricht einem mehrzeiligen Straßendorf (s. C 7). Auch die Wirtschaftsgeschichte gleicht der benachbarter Dörfer: frühe Rheinfischerei, danach überwiegend Obst- und Gemüseanbau, wobei die Marktorientierung auf das expandierende Koblenz eine große Rolle spielte. Mit dem Bau der Eisenbahnstrecke Köln – Bonn – Koblenz wurde der Ort ans Eisenbahnnetz angeschlossen.

St. Sebastian bildete im Landkreis Koblenz die Bürgermeisterei gleichen Namens. Der Verwaltungssitz wurde 1856 nach Wallersheim verlegt. 1879 bildeten St. Sebastian und Rhens (im oberen Mittelrheintal) die Bürgermeisterei Koblenz-Land. 1937 wurde St. Sebastian der Bürgermeisterei Weißenthurm angegliedert (s. B 5). Nach 1950 hat sich St. Sebastian stark erweitert und bildet zusammen mit Kaltenengers und Urmitz ein fast zusammenhängendes Band mit Siedlungs- und Gewerbeflächen. St. Sebastian ist gegenwärtig vor allem Wohngemeinde und Auspendlerort. Größere Teile der Gemarkung sind als Wasserschutzgebiet ausgewiesen.

C 9 Bendorf, Landkreis Mayen-Koblenz

Die Stadt Bendorf liegt etwa 8 km nördlich von Koblenz am rechten Rheinufer. Zwischen Bendorf und dem nordwestlich gelegenen, ebenfalls an den Rhein angrenzenden Stadtteil M ü l h o f e n, mündet der Saynbach in den Rhein, der hier eine frühe Industrialisierung ermöglichte. Nordöstlich von Bendorf, vor den steil aufsteigenden Ausläufern des Westerwaldes, am Zusammenfluss des Sayn- und Brexbaches, befindet sich der Stadtteil S a y n. Der dritte Stadtteil von Bendorf, S t r o m b e r g, liegt bei einer Höhe von rund 300 m ü. NN nicht mehr im Mittelrheinischen Becken, sondern am Übergang zum Westerwald.

C 9.1 Siedlungsgeschichtliche Entwicklung

Im Gebiet des heutigen Bendorf sind vereinzelte Siedlungsplätze aus vorrömischer Zeit nachgewiesen. Der Siedlung Bendorf wuchs in der Römerzeit wegen der Nähe zu dem den Bendorfer Wald durchschneidenden Limes Bedeutung zu. Ausgrabungen belegen, dass die Römer zur Sicherung des Limes nahe der Mündung des Saynbaches in den Rhein ein Kastell mit einem Ausmaß von etwa 190 m Länge und 170 m Breite angelegt hatten. Als eines der frühesten Limeskastelle wurde es vermutlich schon in der Flavierzeit errichtet. In der Umgebung des Kastells bildete sich eine kleine Bürgersiedlung, deren Bewohner (wahrscheinlich Händler und Bauern) die Soldaten versorgten.

Nach der Vertreibung der Römer aus dem Rheinland wurden das Kastell und ein Großteil der Zivilsiedlung zerstört. Wegen der geographisch günstigen Lage, in Bendorf zweigte seit der Römerzeit ein Handelsweg in den Westerwald nach Höhr-Grenzhausen ab, ließen im 9. und 10. Jh. die fränkischen Könige die drei Höfe Oberhof, Mittelhof und Niederhof errichten. Zu diesen Höfen, die den Landesherren Abgaben entrichten mussten, gehörten große Flächen an Land, welche als Äcker, Weiden, Gärten, Obstbaumpflanzungen und Weinberge genutzt wurden. 1093 wurde die Abtei Maria Laach durch Schenkung Besitzerin des Niederhofes, 1105 schenkte Kaiser HEINRICH IV. als Rechtsnachfolger der fränkischen Könige der Abtei Siegburg den Mittelhof. Der Oberhof schließlich kam nach 1152 zunächst in den Besitz des Marienstiftes zu Utrecht und seit 1290 in den Besitz der Grafen von Sayn, die bereits anderen Besitz in Bendorf hatten. Seit 1301 besaßen die Grafen von Sayn auch die Vogtei über die beiden anderen Höfe (Niederhof und Mittelhof) und übten in Bendorf die Gerichtsbarkeit aus. Die drei Bendorfer Höfe bestehen gegenwärtig nicht mehr.

Urkundlich erwähnt wurde Bendorf ab dem Hochmittelalter als *bethingdorph* (1064), *beddendorf* (1076), *bettendorp* (1093), *bettindorp* (1105), *beytendorp* (1139), *bedindorph* (1204), *bedindorf* (1352), *bedendorff* (1367), *bededorf* (um 1560) und schließlich ab 1743 als Bendorf (KEYSER 1964). Für die Erklärung des Ortsnamens gibt es verschiedene Interpretationen. In der altdeutschen Sprache bedeuten *bede* und *bedin* = Zins, Abgabe oder Steuer. Da die fränkischen Könige in Bendorf drei große Höfe besaßen, die Abgaben zahlen mussten, könnte der Name *bethingdorph* (1064) oder *bedindorf* (1352) davon abgeleitet sein. Eine weitere Interpretation ist, dass Bendorf auf Grund der Einmündung des Handelsweges aus dem Westerwald in die Straße am Rhein ein wichtiger Handelsplatz und Übernachtungsort von Handelsreisenden war. Dies könnte die Grundlage einer Bildung des Namens *beddendorf* (1076) sein.

Im den folgenden Jahrhunderten entwickelte sich Bendorf beiderseits des etwa parallel zum Saynbach fließenden Großbaches. Entlang des Großbaches führte der bereits erwähnte Handelsweg in den Westerwald, an dem auch der Ober-, Mittel- und Niederhof lagen. Der Bau der Bendorfer Kirche erfolgte im Jahre 1204. Die Stadtrechtsverleihung ist urkundlich nicht erwähnt. Um 1560 wurde Bendorf von einer Mauer umgeben. Zwei der insgesamt vier Tore befanden sich an den Stellen, an denen der vom Rhein in den Westerwald führende Handelsweg die Ummauerung durchstieß. Der zwischen den beiden Toren liegende, rund 450 m lange Wegabschnitt wurde für viele Jahrhunderte die bedeutendste Straße von Bendorf. Um 1560 erhielt Bendorf durch Kaiser FERDINAND das Marktrecht für zwei Jahrmärkte, die am Montag vor dem Michaelstag und am Donnerstag vor Allerheiligen stattfanden. Das Marktrecht wurde später auf 13 Tage erweitert. Bei den Märkten handelte es sich vor allem um Vieh- und Krammärkte.

1743 zerstörte ein Brand den gesamten nördlichen Teil der Stadt. Der Landesherr plante einen neuen, großzügigen Stadtgrundriss mit breiten, rechtwinklig aufeinander stoßenden Straßen. Das Vorhaben gelangte jedoch nur teilweise, hauptsächlich in dem zerstörten, nördlichen Stadtbereich, zur Ausführung. Dabei wurde eine Verschiebung der Hauptverkehrsachse, die bis zu dem Brand parallel zum Großbach verlief, vorgenommen. Die im rechten Winkel auftreffende Hauptstraße ist seitdem die wichtigste Achse Bendorfs.

Abb. 39   Historische Gießhalle der Sayner Hütte (Frontalansicht)

Seit dem Mittelalter gab es in Bendorf drei Zünfte: die Fassbinder-, die Hammer- und die Rotgerberzunft. Neben dem Handwerk war im Mittelalter und in der Frühneuzeit der Handel mit Wein, Obst und Getreide eine wichtige Einnahmequelle für viele Bendorfer Bürger. Seit dem 18. Jh. wuchsen Bergbau und Industrie an. Zwar hatte es bereits zur Römerzeit und im Mittelalter in der Bendorfer Gemarkung Bergbau gegeben, mit der Entwicklung neuer Abbauverfahren von Bodenschätzen und der guten Nutzungsmöglichkeit der Wasserkraft der aus dem Westerwald zum Rhein fließenden Bäche wurde jedoch eine frühe Industrieentwicklung begünstigt. Die Tonvorkommen des Westerwaldes förderten die Töpferei. Bereits 1629 kam es zu einer beachtlichen Erzgewinnung und -verhüttung im Steinebrücker Hammer im Brextal. WILHELM REMY und seine Nachkommen betrieben seit 1728 Erzgruben und Schmelzhütten in Bendorf. Diese gingen in der zweiten Hälfte des 19. Jh. an FRIEDRICH KRUPP in Essen über. Erwähnt sei in diesem Zusammenhang die 1769/70 erbaute Sayner Hütte (Abb. 39). Sie ist eine der wenigen Bendorfer Industrieanlagen, die bis heute erhalten geblieben sind und stellt ein Industriedenkmal von europaweiter Bedeutung dar. Die für viele Jahrzehnte größte Bendorfer Eisenhütte war die 1838 an der Stelle eines Eisenhammers gegründete Concordiahütte. Weitere Fabrikgründungen aus dem 19. und beginnenden 20. Jh. waren eine Kupferhütte, mehrere auf der Basis von Ton arbeitende Fabriken zur Herstellung von feuerfesten Steinen und Wandplatten, Bimsbaustoffbetriebe, Maschinenbaufirmen, Färbereien, Wollwarenwebereien, zwei Brauereien, eine Nudelfabrik, eine Zigarrenfabrik und Werke zur Herstellung chemischer Produkte. Die meisten dieser Anlagen sind gegenwärtig nicht mehr in Betrieb.

Begünstigend für die Industrieentwicklung Bendorfs wirkte sich auch die Eröffnung des Bahnhofes an der rechtsrheinischen Bahnstrecke Niederlahnstein – Köln im Jahre 1869 aus. 1884 wurde von der Rheintalstrecke ein Anschluss über Sayn in den Westerwald geschaffen, wobei der Sayner Bahnhof ebenfalls als Verladeplatz für Waren von Bendorfer Betrieben diente. Eine weitere wichtige Voraussetzung für die industrielle Entwicklung Bendorfs stellte die Eröffnung des Rheinhafens im Jahre 1899 dar. Bereits 1936 betrug der Warenumschlag 225 000 t.

C 9.1

Jüngere Entwicklung, gegenwärtige Struktur und wirtschaftliche Bedeutung

C 9.2

In den ersten Jahrzehnten nach dem Zweiten Weltkrieg expandierten die meisten Bendorfer Betriebe. In zunehmendem Maße fanden auch Ausländer Arbeit. Die Mehrzahl von ihnen kam aus der Türkei, Italien und dem damaligen Jugoslawien. Die Einwohnerzahl stieg Anfang der 1970er Jahre auf über 15 000 an. Wirtschaftsgeographisch war Bendorf bis zu dieser Zeit auf Grund der großen Zahl an Industrieunternehmen als Industriestadt einzustufen. Nach 1975 gerieten viele Bendorfer Industriebetriebe in eine wirtschaftliche Krise. Diese wurde unter anderem durch den Rückgang der Nachfrage nach Baustoffen und deutschen Stahlprodukten hervorgerufen. Außerdem waren zahlreiche Betriebe mit der zunehmenden Öffnung der Märkte anderer europäischer Staaten nicht mehr konkurrenzfähig. Nach 1975 mussten eine große Anzahl Bendorfer Unternehmen schließen, so auch die Concordiahütte, die noch in den 1960er Jahren bis zu 1 500 Beschäftigte hatte (GRAAFEN 1970). Ab 1975 ging die Einwohnerzahl zurück.

Zu den Maßnahmen, die die wirtschaftliche Lage der Stadt wieder verbessern sollten, gehörten der Ausbau des Rheinhafens und die Umwandlung der Flächen ehemaliger Industrieunternehmen in moderne Gewerbegebiete, auf denen sich mittelständische Betriebe und Filialen von Kaufhausketten ansiedelten. Daneben hat man seit einigen Jahren zur Stärkung der Wirtschaft vor allem im Stadtteil Sayn damit begonnen, neue Fremdenverkehrseinrichtungen zu schaffen und die dort vorhandenen hochrangigen Bau- und Kulturdenkmale für den Tourismus weiter zu erschließen (s. C 9.3). Ein bedeutender Schritt war in diesem Zusammenhang die Eröffnung des Gartens der Schmetterlinge im Sayner Schlosspark durch die fürstliche Familie im Jahr 1987. In der zum großen Teil aus Glas bestehenden Halle ist eine mit tropischen Pflanzen bewachsene Landschaft nachgebildet, in der die Besucher vom Frühjahr bis zum Herbst tropische Schmetterlinge in ihrem Lebensraum bewundern können. Einen weiteren Markstein für die Stärkung des Fremdenverkehrs stellte der Wiederaufbau des Schlosses, das seit seiner Beschädigung im Zweiten Weltkrieg allmählich zu einer Ruine verfallen war, in einem Zeitraum von 1984 bis 2000 dar (s. C 9.4). Bendorf, verkehrsgünstig zwischen den Städten Koblenz und Neuwied in der Nähe zu den Autobahnen 48 und 61 und zu zahlreichen Bundesstraßen gelegen, hat sich in den letzten Jahren zu einem Wohnort für Auspendler entwickelt. Seit etwa 1985 ist die Einwohnerzahl wieder kontinuierlich angestiegen. Anfang 2002 betrug sie 17 254, wobei in Bendorf 8 870, in Sayn 4 617, in Mülhofen 2 168 und in Stromberg 1 599 Einwohner lebten. Der Anteil an ausländischer Bevölkerung beträgt 11% (2002 = 1 850 Menschen, davon 77% Türken, 12% Jugoslawen und 11% Italiener).

C 9.3 Eingemeindungen und Vororte

Im Stadtteil S a y n , 1928 nach Bendorf eingemeindet, erhebt sich auf dem durch den Zusammenfluss von Sayn- und Brexbach gebildeten Bergsporn die Stammburg der Grafen von Sayn. Diese wurde 1152 anstatt einer zerstörten, oberhalb im Brextal gelegenen Burg errichtet. Die Schweden haben 1633 die weiträumige Burganlage teilweise zerstört. Am Berghang befanden sich zwei weitere Burgsitze, die ebenfalls nur noch als Ruinen vorhanden sind.

Am Südhang des Burgberges dehnt sich der alte Ort Sayn aus, dessen Anlegung in engem Zusammenhang mit den drei Burgen steht. Die Mauer, die einst den Ort umgab, zog sich entlang des Brexbaches und hatte nur an der Ost- und Westseite Tore, die durch zwei Straßen verbunden waren. Die höher gelegene Straße ist gleichzeitig die kürzere, während die andere im Bogen entlang des Brexbaches führt. Beide Straßen sind durch mehrere, teils sehr enge und steil ansteigende Gassen miteinander verbunden. Die mittlere Gasse ist auffallend breit und diente als Dorfplatz. Sayn ist gegenwärtig ein Wohn- und Gewerbeort mit dem alten Ortskern und peripheren Wohnstraßen, hauptsächlich von Anfang des 20. Jh.

Als die Grafen von Sayn um die Wende vom 12. zum 13. Jh. auf dem Höhepunkt ihrer Macht standen, entschloss sich Graf Heinrich II. talaufwärts von Sayn ein Kloster zu gründen. Die Einweihung der Prämonstratenserabtei fand bereits im Mai 1202 statt.

Sayn war im Vergleich zu den anderen Siedlungen des Mittelrheinischen Beckens verkehrsungünstig gelegen. Es bot durch die steil ansteigenden Hänge des Sayn- und des Brexbachtales wenig Fläche für die Acker- oder Weidelandnutzung. Der überwiegende Teil der Bevölkerung stand im Dienste der Burgherren. Schwer getroffen wurde die Sayner Bevölkerung in der Frühneuzeit durch mehrere Pestepedemien sowie einen schweren Brand im Jahre 1605. In der Folgezeit wurden kleinere Betriebe z.B. zur Herstellung von Tonkrügen errichtet, um die wirtschaftliche Lage zu verbessern.

Im Jahr 1851 wurde der Bau des Schlosses von Ludwig Fürst zu Sayn-Wittgenstein-Sayn beendet (s. C 9.4). Bedingt durch einige günstig sich entwickelnde Faktoren zu Beginn des 20. Jh., z.B. durch den Ausbau des Hotel- und Gaststättengewerbes, durch den Umbau der Maschinenfabrik Krupp in ein Erholungsheim, durch die Anlegung gepflegter Wanderwege mit schönen Aussichtspunkten, durch die Verkehrsanbindung an Koblenz durch eine elektrische Straßenbahn und durch den Bau eines Schwimmbades, wurde der Fremdenverkehr zu einem beachtlichen Wirtschaftszweig für die Sayner Bevölkerung.

Sayn erhielt offiziell die Bezeichnung Luftkurort verliehen. Eine weitere Ausdehnung Sayns in Richtung Westerwald war auf Grund der engen Täler nicht
möglich. Neue Wohnviertel bildeten sich etwa ab 1900 in Richtung Mülhofen
und Bendorf. Das in Richtung Bendorf entstandene Viertel erhielt auch den Namen Vorstadt und wuchs seit etwa 1948 mit Bendorf zusammen.

1928 wurde auch M ü l h o f e n nach Bendorf eingemeindet. Mülhofen liegt
unterhalb der Mündung des Brexbaches in den Saynbach am rechten Ufer des
Letzteren und erstreckt sich bis zum Rhein. Der Name Mülhofen geht wahrscheinlich auf Mühlen zurück, die hier in der Frühneuzeit gestanden haben; 1652
wurde es als *mü(h)lhoffen* erstmals urkundlich erwähnt. Die siedlungsmäßige
Entwicklung von Mülhofen ist eng mit den großen Industriebetrieben im NW von
Bendorf, vor allem mit der Concordiahütte, verbunden. Außerdem erfolgte 1858
auf Mülhofener Flur die Eröffnung der Mülhofener Hütte, die jedoch bereits Ende der 1920er Jahre ihren Betrieb wieder einstellte. Die Industrieunternehmen
zwischen Bendorf und Mülhofen hatten im ausgehenden 19. und 20. Jh. zeitweise mehrere tausend Beschäftigte, die zu einem Teil aus den umliegenden Orten in
die Fabriken pendelten. Auf der rechten Seite des Saynbaches, im Gebiet von
Mülhofen, errichteten die Unternehmer zahlreiche Werkswohnungen, später kamen kleine Eigenheime hinzu. Die Hauptverkehrsachse von Mülhofen ist die von
Engers nach Bendorf führende Straße. Entlang dieser Straße ist Mülhofen mit
Engers völlig zusammengewachsen.

Bau- und Kunstdenkmale

Abb. 40 Fürstlich Sayn-Wittgensteinsches Schloss in Bendorf-Sayn

C 9.4   Die Bendorfer Pfarrkirche wurde 1204 im romanischen Baustil errichtet. 1230 erfolgte der Anbau einer kleinen Seitenkapelle, des so genannten Reichardsmünsters. Im Zuge der Reformation fand 1578 die Übergabe der Kirche an die Protestanten statt. Die Katholiken erhielten zur Ausübung ihrer Gottesdienste das kleine Reichardsmünster zugewiesen. In den Jahren von 1790 bis 1792, 1810 und 1864 erweiterten sie das Reichardsmünster zu einer eigenen, großen Pfarrkirche. Der ebenfalls 1204 erbaute romanische Glockenturm wurde und wird auch gegenwärtig noch von beiden Pfarreien gemeinsam genutzt. Nach einer weitgehenden Zerstörung der Doppelkirche durch Bombenangriffe im Zweiten Weltkrieg erfolgte 1956 ihr Wiederaufbau im ursprünglichen Baustil.

Die Sayner Hütte (Abb. 39) wurde in den Jahren 1769/70 vom letzten Kurfürsten von Trier, CLEMENS WENZESLAUS, erbaut. Sie bezog die Erze hauptsächlich aus Gruben im Westerwald und die Holzkohle vornehmlich aus der Eifel. KARL LUDWIG ALTHANS errichtete in den 1820er Jahren eine neue Werkshalle aus Gusseisen. Sie war der erste monumentale Gusseisenbau in Europa. Die Form der Sayner Hütte ist einer dreischiffigen Kirche nachgeahmt und umfasst eine Fläche von etwa 24 x 43 m (CUSTODIS 1986). Das Mittelschiff ist etwas höher als die beiden Seitenschiffe und wird von diesen durch je neun runde, gusseiserne Hohlsäulen mit dorischen Kapitellen getrennt. In der Mitte der Säulen waren auf Kugellagern ruhende Drehkräne angebracht, die mehrere hundert Zentner schwere Lasten heben konnten. ALTHANS gilt als der erste Ingenieur, der in einem Industriebetrieb zur Erhöhung der Beweglichkeit der Krane Kugellager eingebaut hat. Die Sayner Hütte verfertigte für Auftraggeber aus ganz Preußen Gusseisenwaren, wie z.B. stilvolle Öfen, Gitter, Treppen, Brunnen und Blumenschalen. Außerdem wurden technische Gegenstände aus Gusseisen hergestellt, wozu auch die Säulen der Gießhalle gehören. 1865 ging die Hütte in das Eigentum der Firma Krupp über. Nachdem in Mülhofen weitere Hüttenanlagen entstanden waren und eine starke Konkurrenz bildeten, stellte die Sayner Hütte ihren Betrieb 1926 ein. Sie zählt gegenwärtig noch zu den bedeutendsten Bauwerken aus Gusseisen in ganz Europa. Produkte der Sayner Hütte sind im Rheinischen Eisenkunstguss-Museum ausgestellt, das sich im Sayner Schloss befindet.

1848 kaufte LUDWIG ADOLPH FRIEDRICH Fürst zu Sayn-Wittgenstein-Berleburg-Ludwigsburg (ab 1861 nannte er sich Fürst zu Sayn-Wittgenstein-Sayn) ein am Fuße des Sayner Burgberges befindliches Herrenhaus, das JOSEPH Graf BOOS VON WALDECK gehörte. Dieses Gebäude hatten die Grafen Boos von Waldeck 1753 als ein spätmittelalterliches Burghaus erworben und 1757 zu dem Herrenhaus umbauen lassen. LUDWIG ADOLPH FRIEDRICH Fürst zu Sayn-Wittgenstein-Berleburg-Ludwigsburg beauftragte 1848 den Architekten FRANCOIS JOSEPH GIRARD, den späteren Chefarchitekten des Louvre, mit der Umgestaltung des Herrenhauses zu einem Schloss. GIRARD verwandte als Baustil die englische Neugotik und konnte seine Arbeiten 1851 weitgehend abschließen. Beim Bau des Schlosses wurden viele Produkte aus Gusseisen verwendet (z.B. die Fensterrahmen), die in der Sayner Hütte hergestellt worden waren. Das Schloss bildet einen Komplex mit dem ihm vorgelagerten Schlosspark, mit dem es durch eine Freitreppe verbunden war. Von 1860 bis 1862 errichtete der Koblenzer

Abb. 41   Brunnen im Kreuzgang der Abtei Bendorf-Sayn

Stadtbaumeister NEBEL am Ostende des Schlosses eine Kapelle, die unter anderem als Aufbewahrungsort der Reliquie des Arms der hl. Elisabeth von Thüringen diente. Diese Reliquie befindet sich gegenwärtig in der Sayner Abteikirche. Das Dach des Schlosses wurde Ende des Zweiten Weltkrieges stark beschädigt. Damit begann der Verfall des Gebäudes zur Ruine. In den 1990er Jahren wurde sein Wiederaufbau geplant und 1994 in Angriff genommen. Seit 2000 erstrahlt es in seinem alten Glanz (Abb. 40). Beim Wiederaufbau des Schlosses wurde die alte Substanz wiederhergestellt und somit auch der alte Grundriss des Gebäudes gewahrt, so der Hauptbau und seine neugotische Fassade mit dem maßwerkbelegten Staffelgiebel und den beiden seitlichen Fialen, der Kapellentrakt mit der Schlosskapelle am Ostende des Schlosses und der in der Anlage einbezogene Torturm, der einst ein Teil der Ortsbefestigung war. Im Inneren wurden allerdings die Raumfolgen geändert und ein neues Haupttreppenhaus eingebaut.

Die ehemalige Prämonstratenserabtei Sayn wurde 1202 als Tochterkloster der berühmten Abtei Steinfeld in der Eifel gegründet. Gleichzeitig wurden die Burg und der Ort Sayn von der Pfarrei Engers getrennt und als selbstständige Pfarrei der neuen Abtei Sayn unterstellt. Ihre Besitzungen verdankte die Abtei

C 9.4 größtenteils ihrem Erbauer, dem Grafen HEINRICH II. sowie dessen Brüdern EBERHARD, BRUNO (dem späteren Erzbischof von Köln) und GERLACH. Erzbischof BRUNO II. von Köln schenkte 1206 der Abtei eine Armreliquie des hl. Apostels Simon, wodurch die Abtei schnell eine überregionale Bedeutung erlangte. Die Blütezeit der Abtei endete vorerst durch Auswirkungen der Reformation im 16. Jh. Mit dem Tod HEINRICHS IV. im Jahre 1606 fielen Burg und Ort Sayn an das Kurfürstentum Trier. Seitdem konnte sich auch die Abtei wieder langsam weiterentwickeln. Nach der Eroberung durch die Franzosen fiel sie mit dem Reichsdeputationshauptschluss (1803) zunächst dem Fürsten von Nassau-Usingen und später Preußen zu, das sich zur Instandhaltung von Kirche und Pfarrhaus verpflichtete. Diese Pflichten sind nach 1947 auf das Land Rheinland-Pfalz übergegangen.

Die ehemalige Abteikirche, die heute Pfarrkirche des Stadtteils Sayn ist, besitzt mit ihrer farbigen Außenbemalung der Nordwand in einer in der rheinischen Kunst einmaligen Weise, mit dem farbig ausgemalten Kreuzgang (1230) mit spätromanischem Brunnen (Abb. 41) sowie mit dem Armreliquiar der hl. Elisabeth von Thüringen und mit der von den Gebrüdern Stumm 1778 gebauten Orgel große kunsthistorische Bedeutung.

C 10 Weitersburg, Landkreis Mayen-Koblenz, Verbandsgemeinde Vallendar

Die 2 178 Einwohner zählende Gemeinde liegt 160 m ü. NN auf der Hauptterrassenfläche und damit etwa 100 m über dem Rheinspiegel. Das ehemalige Bauerndorf hat sich in seinem Kernbereich weitgehend verändert. An vielen Gebäuden erkennt man am Grundriss, an den Gebäudezufahrten oder an den Sockeln aus Bruchsteinen die ehemalige bäuerliche Funktion. Sie sind fast ausnahmslos zu Wohnhäusern, Läden oder kleinen Gewerbebetrieben umfunktioniert worden. Daneben findet man im alten Dorfkern Wohnhäuser ohne Wirtschaftsgebäude mit Stilelementen aus der Zeit um 1900. Im östlichen Teil liegen aber an der Peripherie des Ortes noch intakte landwirtschaftliche Betriebe, neben zwei Vollerwerbsbetrieben sind dies überwiegend Nebenerwerbsbetriebe.

Bis an die rheinseitige Terrassenkante ziehen sich neuzeitliche Wohnbauten von z.T. aufwändiger und anspruchsvoller Gestaltung. Sie lassen Weitersburg auch rein physiognomisch als Wohnort erkennen. Das alte Dorf wird überragt vom 44 m hohen Turm der Pfarrkirche St. Marien, die erst seit 1904 an Stelle einer damals abgebrochenen, um 1700 erbauten Kapelle steht. Von baugeschichtlicher Bedeutung ist die alte Dorfschule im Ort, die 1837 durch den Baumeister JOHANN CLAUDIUS VON LASSAULX (1781–1848) erbaut wurde, eine von ungefähr 30 Schulen gleichen Stils innerhalb des Mittelrheinischen Beckens und des unteren Moselgebietes. Typisch für diese Bauten sind der Mittelrisalit mit rundbogigem Eingang und die doppelbögigen Fenster. Eine neue Schule liegt am nördlichen Ortsrand, nicht mehr in die Ortslage integriert.

Auch Weitersburg steht auf früh besiedeltem Gelände. Gefäßscherben der Hallstattzeit wurden in einer Sandgrube am Südende des Dorfes gefunden, graphitierte Näpfe aus der Früh-La-Tène-Zeit in einer benachbarten Tongrube. Im Jahr 1896 wurde ein römisches Gehöft mit zahlreichen Gefäßscherben ausgegraben. Der Name der Gemeinde wird auf eine Burgstelle zurückgeführt, die 1202 als *witersberch* erstmalig urkundlich genannt wurde. Nahe bei Weitersburg liegt der Wüstenhof, wo JOHANN WOLFGANG GOETHE anlässlich eines Besuches in Vallendar sein Gedicht „Heideröslein" geschrieben haben soll; verbürgt ist dies jedoch nicht.

NSG „Graswerth"

Die etwa 2,5 km lange Rheininsel Graswerth (60,5 m ü. NN bis 63,6 m ü. NN) liegt unmittelbar südlich der Ortschaften Bendorf und Weitersburg und erstreckt sich bis Vallendar (Stromkilometer 596–599). Der Vallendarer Stromarm trennt die Insel vom nördlichen Rheinufer ab, nach S wird sie durch die Rothe Nahrung von der Insel Niederwerth getrennt. Zum Naturschutzgebiet gehören außerdem die kleine Insel Ketsch sowie der nordwestliche Teil des Vallendarer Stromarmes und ein schmaler, etwa 1 km langer Uferstreifen zwischen der Bundesautobahn (A 48) und dem Rhein. Die Insel liegt in der anthropogen stark überformten Rheinaue. Als Feuchtgebiet mit Weichholzaue-Resten ist sie ornithologisch bedeutsam, da sie ein wichtiger Brut- und Rastplatz ist und Trittsteinfunktionen für den Vogelzug erfüllt.

Auf Graswerth sowie am gegenüberliegenden Rheinufer bei Bendorf hat sich fragmentarisch ein Weiden-Auenwald erhalten. Darin eingestreut finden sich Brennnessel-Zaunwinden-Bestände, Schilfröhricht (*Phragmitetum australis*) sowie an den trockengefallenen Ufern die Krötenbinsen-Gesellschaft. Weiter finden sich Wasserlinsendecken mit Teichlinse (*Spirodela polyrhiza*), Schlammufergesellschaften wie die Flussknöterich-Gesellschaft mit wildem Knöterich (*Polygonum mite*), Brittinger-Knöterich (*Polygonum brittingeri*), Wasserpfeffer (*Polygonum hydropiper*), Sumpfkresse-Gesellschaften mit den Kressearten Wasserkresse (*Rorippa amphibium*), Sumpfkresse (*Rorippa islandica*), Wilde Kresse (*Rorippa sylvestris*), Rohrglanzgras (*Phalaris arundinacea*) und Schwarzer Senf (*Brassica nigra*). Bemerkenswert ist das reiche Vorkommen der Schwanenblume (*Butomus umbellatus*), die hier am ständig nassen Rheinufer mit über 1 000 Exemplaren gedeiht. Aus der Flora sind Mandel-Weide (*Salix triandra*), Bachbungen-Ehrenpreis (*Veronica beccabunga*), Pfennigkraut (*Lysimachia nummularia*), Schilf (*Phragmites australis*), Gronovius-Seide (*Cuscuta gronovii*), Brennnessel-Seide (*Cuscuta europaea*), Wasserschwertlilie (*Iris pseudacorus*), Lanzettblättrige Aster (*Aster lanceolatum*), Rote Lichtnelke (*Melandrium rubrum*), Sumpf-Storchschnabel (*Geranium palustre*), Hopfen (*Humulus lupulus*), Waldrebe (*Clematis vitalba*), Purpurweide (*Salix purpurea*), Schwarzer Holunder (*Sambucus nigra*), Topinambur (*Helianthus tuberosus*) sowie die aus Nordamerika stammende Gaucklerblume (*Mimulus guttatus*) erwähnenswert.

Aus der Fauna liegen hauptsächlich Beobachtungen zur Vogelwelt und zum Vogelzug vor. Insgesamt wurden 135 Arten, darunter 50 Brutvogelarten gemeldet, so Teichralle, Rebhuhn, Pirol (bis zu sechs Paare), Eisvogel, Nachtigall

C 11   (25–30 Paare) und Gelbspötter. Als Nahrungsgäste, Wintergäste oder Durchzügler wurden beobachtet: Fischadler, Kormoran (bis 31 Tiere), Purpurreiher, Gänsesäger, Kranich (1961 ca. 1 000 Tiere), sowie Saatgänse (eine Beobachtung von 150 Tieren). Bemerkenswert ist die erste Meldung des Thorshühnchens für Rheinland-Pfalz aus dem Jahr 1971. Aus der Säugetierfauna wird der Iltis erwähnt. Unter den fünf nachgewiesenen Libellenarten befinden sich die Gebänderte Heidelibelle *Sympetrum pedemontanum* und die Federlibelle *Platycnemis pennipes.*

C 12   **Vallendar,** Landkreis Mayen-Koblenz,

eine Stadt mit knapp 10 000 Einwohnern und Sitz einer Verbandsgemeindeverwaltung, ist zwar ein alter Siedlungsplatz, hat aber keine sehr alte städtische Tradition. Die Gemeinde erhielt niemals urkundlich Stadtrechte oder städtische Privilegien, ihr wurde lediglich durch königlich-preußische Kabinettsorder vom 02. November 1856 die „Städte-Ordnung für die Rhein-Provinz" verliehen, die damals als Ergebnis einer Art Verwaltungsreform gerade ein halbes Jahr alt war. Mit diesem Verwaltungsakt bekam Vallendar das Recht, sich Stadt zu nennen. Gleichzeitig wurde es Sitz einer Landbürgermeisterei Vallendar, einer Vorläuferin der heutigen Verbandsgemeinde.

C 12.1   Historische und wirtschaftshistorische Entwicklung

Wie bei zahlreichen Orten des Mittelrheinischen Beckens gibt es auch bei Vallendar sehr alte Siedlungsspuren: aus der jüngeren Steinzeit wurden ebenso wie aus der älteren Bronzezeit Scherben von Gefäßen und Teile von Werkzeugen gefunden, aus der Hallstattzeit Brandgräber sowie zahlreiche Reste von Gerätschaften, sogar Spuren von Erzgewinnung und Eisenverhüttung. Auf die Besiedlung während der Römerzeit weisen neben einigen Münzfunden auch die Fundamente eines Gehöftes hin. Aus der frühen fränkischen Besiedlungszeit stammt ein aus Kies- und Bruchsteinen gebautes Skelettgrab mit Resten eines Kurzschwertes und mit Trümmern von Gefäßen. Es ist daher nicht abwegig, von einer lokal fixierbaren Siedlungskontinuität zu sprechen, zumal schon um 840 eine Grundherrschaft der Erzbischöfe von Trier über Vallendarer Gebiet erwähnt wurde. Als Ort selbst ist Vallendar allerdings erst im 11. Jh. genannt worden (1049 *valentrum,* 1052 *valentra*). Es war wahrscheinlich ein alter fränkischer Königshof, den Kaiser Heinrich II. einem Stift in Goslar schenkte. Beide Namensformen sollen auf die Lage über einem Bachtal (Meerbachtal oder Ferbachtal) hinweisen, doch ist dies nicht verbürgt.

    Die Geschichte Vallendars im Mittelalter und in der frühen Neuzeit ist bewegt und mit manchen Herrschaftswechseln verbunden. 1143 kam der Ort als Lehen an die Grafen von Isenburg, im gleichen Jahr, als auch das Augustinerkloster in Schönstatt gegründet wurde (s. C 12.2). 1232 verkauften die Isenburger die Herrschaft Vallendar an den Grafen Heinrich III. von Sayn. Dieses

Grafengeschlecht, das die Herrschaft über die Stadt bis 1767 innehatte, trug einiges zur Entwicklung von Vallendar bei. Die Grafen übernahmen das ehemalige pfalzgräfliche Hochgericht, dessen Richtstätte auf dem heutigen Rathausplatz war. Hier errichtete man auch das erste Vallendarer Rathaus, das von 1294 bis 1789 Bestand hatte. Um 1240 erbauten die Grafen am nördlichen Stadtrand eine Burg, auf deren Fundament später die Marienburg errichtet wurde. Zur gleichen Zeit entstand die erste Stadtbefestigung, eine Stadtmauer mit vier Toren. Die letzten Reste dieser Ummauerung wurden erst 1809 abgebrochen. Im 14. Jh. war Vallendar bereits Mittelpunkt einer Herrschaft, die damals Hillscheid, Höhr, Grenzhausen und Weitersburg umfasste. Als Handelsort und vor allem als Stapel- und Umschlagplatz für das Keramikgewerbe des Vorderwesterwaldes erhielt es sogar Münzrecht. Eingesessene Euler (= Töpfer), ein Eisenhammer sowie Gerbereien und Lederhersteller vervollständigten das Bild einer gewerbefleißigen Stadt am Rhein, die einen eigenen Hafen besaß. Schon 1445 sind auch die ersten Zünfte nachweisbar.

Durch wiederholte Erbgänge und Besitzerwechsel sowie durch Verpfändungen und Verkäufe vor allem im 14. Jh. kam es zu Rechtsunsicherheiten und zu temporären wirtschaftlichen Rezessionen. Im Dreißigjährigen Krieg wurde die Stadt 1633 teilweise zerstört, 1640 verwüstete eine Feuersbrunst die Innenstadt. Im Jahre 1767 kamen Vallendar und seine Herrschaft durch Kauf an das Kurfürstentum Trier und im gleichen Jahr wurde Vallendar selbst Sitz eines trierischen Oberamtes. Damit setzte wieder ein Aufschwung ein – die lokale Geschichtsschreibung ist der Ansicht, dass die Gemeinde im ausgehenden 18. und im 19. Jh. ihre wirtschaftlichen Höhepunkte erreicht hatte. Unter anderem zeigte sich das in der Gründung industrieller Betriebe, 1770 einer Sohllederfabrik, um 1780 einer Porzellanmanufaktur. Wegen des damit verbundenen Zuwachses an regionaler Bedeutung erfolgte 1790 die Erhebung zum Marktflecken mit dem Recht zur Abhaltung eines Vieh- und eines Krammarktes. In den Wirren der Französischen Revolution und deren Folgen erlitt der Ort auf Grund von Brandschatzungen und Plünderungen durch französische Truppen starke materielle Verluste. Außerdem kam es erneut zu einem Herrschaftswechsel, denn als Folge des Reichsdeputationshauptschlusses kam Vallendar 1803 an das spätere Herzogtum Nassau-Usingen und nach dem Wiener Kongreß 1815 an Preußen und wurde in den damaligen ebenfalls neuen Landkreis Koblenz eingegliedert. Als Amtsort war Vallendar auch für die Verwaltung der beiden Gemeinden Mallendar (heute eingemeindet, s. C 12.2) und Weitersburg (s. C 10) zuständig.

1842 erhielt der Ort eine Postanstalt der preußischen Post, 1869 erfolgte der Anschluss an das preußische Eisenbahnnetz Koblenz – Ehrenbreitstein – Neuwied. Interessant in diesem Zusammenhang ist, dass die Stadt durch den Bau des Bahnviadukts im Jahre 1890 zumindest optisch vom Rhein getrennt wurde. Verstärkt wurde diese Trennung nach dem Zweiten Weltkrieg durch den Ausbau der Bundesstraße 42 parallel zum Rhein und zur Bahnstrecke. Insgesamt entwickelte sich Vallendar zu einem zunächst in sich geschlossenen Gemeinwesen mit sich stetig verbessernder Infrastruktur. 1894/95 entstanden die städtischen Werftanlagen mit Eisenbahnanschluss, 1897 wurde ein Wasserwerk erbaut, 1898 die erste Wasserleitung verlegt, 1902 der städtische Schlachthof eingerichtet. Auf weitere Besonderheiten wird in MEYERS Ortslexikon von 1912/13 hingewiesen: „....elektrische Straßenbahn Koblenz – Sayn, Vallendar – Grenzhausen ..., Schiffahrt, Ladeplatz ..., Tuch- und Weinhandel, Weinbau, Fabrikation von Farben, Lincrusta ... Pfeifen, Sägen ... Schamotte, Schwemmsteine, Watte, Werkzeuge; Färberei, Kalkbrennerei ... Zigarren ...“ und noch einiges mehr. Zur Unterbringung dieser gewerblichen und kommerziellen Angebote sowie des damit verbundenen Bevölkerungswachstums wurde die Bebauungsfläche der Stadt z.T. erheblich erweitert.

C 12.2 Stadtbild, Strukturen und Funktionen

Das heutige Vallendar hat eine Fläche von 13,22 km² und umfasst somit fast die Hälfte der Verbandsgemeindefläche. Es erstreckt sich vom Rheinufer (64 m ü. NN am Vallendarer Stromarm) bis hinauf in die alte Trogfläche (200 m ü. NN am Berg Schönstatt und 180 m ü. NN auf dem Mallendarer Berg) und gliedert sich in mehrere Siedlungteile, deren Bausubstanz unterschiedliche und uneinheitliche Züge aufweist. Grob gesehen ähnelt der Grundriss des Stadtkerns einem Dreieck, dessen Grundlinie parallel zum Rhein verläuft. Im Zweiten Weltkrieg erlitt die Stadt erhebliche Schäden, und der Wiederaufbau sowie die spätere Bauentwicklung erfolgten im Verlaufe länger andauernder Baupha-

Abb. 42   Bürgerhaus von
Vallendar (1663), jetzt
Fremdenverkehrsbüro
(seit 1994)

sen. Außerdem wurde im Verlauf des Straßenausbaus sowohl entlang des Rheins als auch in Richtung zum Westerwald einiges an ehemaliger, teilweise historischer, Bausubstanz entfernt.

Der Stadtkern gruppiert sich auf einer Terrassenfläche in rund 95 m Höhe um die katholische Pfarrkirche innerhalb einer Straßenführung, die noch sehr deutlich dem ehemaligen mittelalterlichen Mauerring entspricht, vor allem im Verlauf von Heerstraße, Hellenstraße und Kirchstraße. In diesem Bereich und an dessen Peripherie ist noch eine Reihe alter Baulichkeiten erhalten (Abb. 42). Die katholische Pfarrkirche St. Marzellinus und Petrus steht an der Stelle einer älteren romanischen Pfarrkirche; sie wurde von 1836 bis 1841 von JOHANN CLAUDIUS VON LASSAULX als dreischiffige Hallenkirche erbaut. Kunsthistoriker sehen in ihr die größte Hallenkirche am Mittelrhein und – wegen ihrer Ausgewogenheit zwischen der klassizistischen Grundform und den neuromanischen Einzelformen – einen der schönsten der deutschen romanischen Kirchbauten. Nicht viel jünger ist die neugotische, 1885 eingeweihte evangelische Pfarrkirche an der Peripherie der Altstadt.

Vom alten Vallendar zeugen auch noch einige ältere Wohnbauten, die heute unterschiedlich genutzt werden. Als vornehmstes gilt das Haus Krummgasse 5 aus der Mitte des 18. Jh. Aus dem Jahre 1698 stammt das Haus Meffert am Rathausplatz, ein dreigeschossiger Eckbau mit zwei geschweiften Giebeln. Der ältere Teil des heutigen Rathauses in der Eulerstraße wurde 1845 als Schulhaus gebaut; das ehemalige Haus Itschert an der Heerstraße entstand 1898 und dient gegenwärtig als Gästehaus der Neurologischen Klinik. Zu den aufwändigeren und größeren Bauten gehört der um 1695 als Adelssitz erbaute Wiltberger Hof, ein zweigeschossiger, durch Fenster in drei Achsen gegliederter Bau mit dreigeschossigen Flankentürmen. Seine Rückseite und sein Inneres sind leider teilweise verbaut, weil das Gebäude seit 1794 unter anderem auch als Fabrik dienen musste, bis es 1931 von den Schönstätter Marienschwestern übernommen wurde. Außerdem ist das Haus d'Ester zu nennen, welches 1773 an Stelle der alten Burg als zweistöckiger Barockbau mit elf Achsen entstand. Die Mittelachse wird durch die Aufeinanderfolge von Toreinfahrt, Balkongitter, Pilaster und Segmentgiebel betont. 1888 wurde der Besitz von den Schwestern Zum hl. Karl Borromäus übernommen und mit dem Namen Marienburg belegt und gehört gegenwärtig zur Wissenschaftlichen Hochschule für Unternehmungsführung. Der Altbau des St. Josefs-Krankenhauses wurde 1859 vollendet und gehört ebenfalls noch in den historischen Stadtbereich. Dieser ist gleichzeitig auch die Geschäftsstadt mit Fußgängerzone und Ladenstraßen; das damit verbundene Warenangebot reicht zur Deckung des nichtalltäglichen Bedarfs und stützt die Rolle von Vallendar als gut ausgebautes Unterzentrum. Die Geschäftswelt von Vallendar beschränkt sich jedoch nicht nur auf die Innenstadt, wo in den letzten Jahren auch Einzelhandelsgeschäfte von Handelsketten eröffnet wurden, sondern erstreckt sich auf die Randbereiche, wo häufig Großmärkte entstanden.

Die Altstadt ist umgegeben von mehreren peripher liegenden Stadtteilen, die vor allem nach dem Zweiten Weltkrieg geplant und gebaut wurden und die sich später nach außen und in Richtung Stadt entwickelt haben. Dadurch bildete sich eine in sich geschlossene Stadtfläche, lediglich die steilsten Hänge blieben unbesiedelt. Schon 1939 wurde M a l l e n d a r mit einer Fläche von 178 ha und 465 Einwohnern nach Vallendar eingemeindet. Diese Siedlung erstreckte sich entlang des Mallendarer Baches und der Straße nach Urbar, von dort nach Simmern am Anstieg zum Westerwald. Sie war vorwiegender Wohnsitz von Arbeitern in Tongruben und Fabriken sowie von Kleinstbauern und ist heute ein Wohngebiet. An der zentralen Deutschherrenstraße reihen sich einige Gewerbebetriebe und Geschäfte auf. Hier findet sich auch hinreichender Parkraum, so etwa auf dem 1975 eingerichteten Großparkplatz. Der Straßenname deutet auf die ehemalige Existenz eines um 1216 gegründeten Deutschordenshofes hin. Diese Niederlassung stand in enger Verbindung mit der 1216 gegründeten Deutschordensballei am Deutschen Eck in Koblenz.

Ab 1954 wurde am Monte Casino im NW der Stadt ein neues Wohngebiet erschlossen und bebaut, 1955 begann die Erschließung und Besiedlung unterhalb des Gummschlag, eines Terrassenriedels in etwa 175 m ü. NN zwischen den Tälern des Meerbachs und des Ferbachs. Ab 1964 wurde das Gelände des Terrassenhügels mit dem ehemaligen Ausflugslokal „Humboldt-Höhe" bis zum Mallendarer Berg erschlossen und bebaut. Es entstand die später so genannte Gartenstadt mit mehreren hangparallelen Straßenzügen und einem relativ dichten Straßennetz im Anschluss an den 1898 errichteten „Kaiser-Friedrich-Turm", einem Aussichtsturm in Stahlkonstruktion. Die Stadt wuchs zunehmend die Höhe hinauf, was seinen Fortgang mit dem Erwerb von Grundstücken auf dem Mallendarer Berg und dessen bis jetzt anhaltender Überbauung nahm. Weil das Rheinufer durch Verkehrsanlagen von der Stadt getrennt ist, wegen des starken Verkehrs auf der B 42 nicht nur optisch, hat Vallendar keine unmittelbare Schauseite zum Rhein. Das schloss allerdings nicht aus, dass sich entlang des Stromes im Anschluss an das Bahnbetriebsgelände eine bescheidene Gewerbesiedlung entwickelt, in der unter anderem Speditionen und Lagerhäuser angesiedelt sind.

Ein Stadtgebiet ganz eigener Art liegt im O von Vallendar, entlang des Hillscheider Baches und der Hillscheider Straße sowie nördlich davon auf einem weiteren Terrassenriedel in rund 180 m ü. NN. Man könnte es, seinen Funktionen entsprechend, auch als geistliches Stadtviertel bezeichnen, weil dort sowohl die Gebäude des Pallottiner-Ordens liegen als auch die der Marienstätter Schwestern. Denn schon seit der Mitte des 12. Jh. war Vallendar ein Ort klösterlicher Niederlassungen (s. C 12.1).

C 12.3 Vallendarer Besonderheiten

Wenngleich die Stadt Vallendar nicht ohne Gewerbe und Kleinindustrie ist, wurde dort früh erkannt, dass die Lage der Stadt nicht dazu angetan war, große Industrien zu entwickeln. Weder der schmale Terrassensaum entlang des Rheins und die verhältnismäßig engen, aus dem Gebirge austretenden Täler von Meerbach, Ferbach oder Hillscheider Bach boten genügend Raum für industrielle Ansiedlungen, noch die verkehrsfern gelegenen Höhenterrassen. So suchte man schon vor dem Zweiten Weltkrieg Alternativen, um die Attraktivität und die Wirtschaftskraft der Stadt zu steigern, wofür schließlich der Fremdenverkehr gewählt wurde. Aus vielerlei Gründen war aber klar, dass man in Vallendar nicht an die Rheinromantik des Oberen Mittelrheintales anknüpfen konnte. Es fehlten hier die steilen „romantischen" Talwände bzw. die „romantische" Bausubstanz und ein traditionstragender Winzerstand. Auf Grund einer Bürgerinitiative wurde geprüft, ob sich der Standort als Kurort eignen würde, und im Jahr 1932 konnte das erste Kneipp-Badehaus im Meerbachtal in Betrieb genommen werden, zunächst von privater Seite, später von der Stadt, die sich damit zwar nicht Bad, aber immerhin Kneippkurort nennen durfte. Der Badebetrieb erzielte gute wirtschaftliche Ergebnisse; die Hotels und Privatvermieter hatten Mühe, die erforderlichen zahlreichen Fremdenbetten zur Verfügung zu stellen. Der Zweite Weltkrieg unterbrach diesen Aufschwung. Es dauerte einige Zeit, bis – wieder durch private Initiative – der Badebetrieb erneut aufgenommen werden und die Kneippanlagen vergrößert bzw. vermehrt werden konnten. Die im Jahr 1980 in der Hellenstraße aufgestellte Plastik auf dem „Plattpopo-Brunnen" bezeugt, dass der Badebetrieb auch innerhalb der Stadt populär ist. Die Funktion als Kneippbad war eine Stütze der Bemühungen um wirtschaftliche Stärkung der Stadt.

Im Jahr 1958 wurde an der Heerstraße auf dem ehemaligen Besitz Itschert auf Grund der Bestrebungen des Bundes Deutscher Hirnbeschädigter eine Kuranstalt mit einer neurologischen Station eingerichtet, wo vor allem unfallgeschädigte Menschen behandelt werden sollten. Im Januar 1959 wurden die ersten Patienten aufgenommen. Auch hier überstieg die Nachfrage die anfänglichen Erwartungen, und so musste die Anstalt erweitert und ausgebaut werden. Die Neurologische Klinik verfügte 1980 über 160 Betten sowie umfangreiche und leistungsfähige Behandlungsabteilungen, die gegenwärtig auch Nicht-Kurgästen zur Verfügung stehen. Die eigentliche Klinik wurde durch ein Rehazentrum für hirngeschädigte Jugendliche ergänzt.

Wenn man von Koblenz kommend auf der Bundesstraße 42 fährt, fällt einem schon auf einige Entfernung ein 17-stöckiges Hochhaus auf der Humboldthöhe auf, das keinesfalls in die Landschaft und schon gar nicht in die Stadtlandschaft von Vallendar passt. Es wurde ab 1971 auf der Stelle einer älteren Ausflugsgaststätte erbaut, der 1953 noch ein Hotelbetrieb angegliedert worden war. Die Käuferfirma errichtete ein Seniorenwohnheim, in das schon 1973 die ersten Senioren einzogen, die Besitzer gingen bald in Konkurs. Nach Jahren der Ungewissheit und eines erneuten Besitzerwechsels ist das Objekt von einem Konsortium von Privatleuten übernommen worden. Innerhalb der Anlage haben verschiedene Unternehmer und Organisationen Funktionsbereiche eingerichtet, so eine Senioren-Wohnsitz-Betriebsgesellschaft, eine Altenpflege-GmbH, ein Wellamare-Sport- und Fitness-Center und ein Rheumatorium des Rheumahilfswerks Deutschland. Dazu kommt noch ein Hotel, in dem neben Touristen auch Gäste des Rheumatoriums aufgenommen werden.

An der östlichen Peripherie von Vallendar, im Tal und beiderseits des Hillscheider Baches, liegt der Ortsteil Schönstatt. Hier gründete ein Trierer Erzbischof 1143 auf Bitten des Augustinerinnenkonvents von Lonnig bei Mayen ein

C 12.3　Kloster an einem *locus bellus* (= Schöne Stätte). Das Kloster gedieh zunächst, so konnte man 1226 sogar eine romanische Kirche mit zwei Türmen und einigen Nebengebäuden errichten. Doch setzte zweihundert Jahre später ein Niedergang ein: 1487 wurde der Konvent aufgelöst und das Kloster von Augustinerinnen aus Ehrenbreitstein übernommen. Aber die wirtschaftliche Lage des Klosters besserte sich nur kurzzeitig, und 1567 wurde es endgültig geschlossen. In den folgenden Jahrhunderten wechselten die Funktionen der Baulichkeiten häufig (landwirtschaftlicher Betrieb, Eisenhammer, Stahlschmiede, Porzellan- und Pfeifenherstellung), 1633 wurden die Gebäude von schwedischen Truppen stark beschädigt. Im Jahr 1901 erwarb die Gesellschaft des Katholischen Apostolates, nach ihrem Gründer Pallottiner genannt, die gesamte Liegenschaft und richtete ein Studienheim (Gymnasium mit Internat) ein, zunächst im direkten Klosterbereich, im Alten Haus, einem zweigeschossigen Bau aus der Mitte des 17. Jh. Vor allem im Zusammenhang mit der Errichtung der Hochschule erfolgten später bis in die Gegenwart zahlreiche Aus- und Neubauten. Vom ehemaligen Kloster ist nur noch der Nordturm erhalten, der Südturm stürzte 1932 ein, und das Kirchenschiff wurde bereits im Dreißigjährigen Krieg zerstört.

Ein zweiter geistlicher Schwerpunkt im O von Vallendar ist Berg Schönstatt. Dieser Name deutet nicht nur auf die Lage der Siedlung auf einem Berg hin, sondern auch auf die Entstehung der später so genannten Schönstattbewegung aus dem Bereich der Pallottiner in Schönstatt. In der 1914 entstandenen Marianischen Kongregation sah der Pallottinerpater Joseph Kentenich eine Chance, die Gedanken des Ordensstifters Vinzenz Pallotti zu realisieren: die Berufung aller Christen zur Vertiefung, Verteidigung und Verbreitung des Glaubens und der Liebe. Die alte Kapelle von Alten Haus wurde zum Marienheiligtum geweiht, in dem Maria als Dreimal Wunderbare Mutter verehrt wurde. Diese Kapelle, ursprünglich als Friedhofkapelle der Augustinerinnen genutzt, 1319 erstmals urkundlich erwähnt und im Dreißigjährigen Krieg zerstört, wurde 1947 von der katholischen Kirche offiziell als Wallfahrtsort anerkannt und entwickelte sich rasch zum Ziel der einsetzenden Wallfahrtsbewegung. Sie besteht bis heute in 110 Nachbildungen, vor allem in Südamerika. Die Schönstattbewegung griff sehr rasch um sich und äußerte sich in zahlreichen Kooperationen mit den Pallottinern, vor allem bei Tagungen, religiösen Freizeiten und Exerzitien, seit 1929 auch mit katholischen Jugend- und Berufsverbänden. Mit dieser Kooperation verbunden war auch die gemeinsame Nutzung von Gebäuden, etwa der 1938 vollendeten Wallfahrtskirche, der Kapelle des Pallotti-Hauses und der Kapelle der Theologischen Hochschule. Alle diese Liegenschaften befinden sich im Klosterbereich oder an dessen Peripherie.

Im Oktober 1964 wurde zur Feier des Goldenen Jubiläums von Schönstatt die Schönstattbewegung von den Pallottinern durch päpstlichen Erlass getrennt und rechtlich selbstständig gemacht. Äußerlich sichtbares Zeichen hierfür ist die 1968 erbaute und geweihte Anbetungskirche zur Heiligen Dreifaltigkeit, ein burgartiges Gebäude (Abb. 43), das auch von einigen Standorten auf dem westlichen Rheinufer deutlich sichtbar ist und auf die Lage von Berg Schönstatt hinweist. In dieser Kirche starb Pater Kentenich nach seiner ersten Eucharistiefeier am 15. September 1968 und wurde dort auch zur letzten Ruhe gebettet.

144

Abb. 43   Anbetungskirche auf dem Berg Schönstatt bei Vallendar

Zahlreiche Bauten entlang der Straße von Schönstatt nach Berg Schönstatt künden von den Aktivitäten und von der Organisation der Schönstätter.

Während die Schönstatter Schwestern und Patres sehr vielseitig aktiv sind,
z.B. im Gymnasium in Vallendar, im Brüderkrankenhaus in Koblenz, mit zwei
Verlagen sowie mit seelsorgerischen Betreuungen für und an der Familie – Frau-
enbund, Mütterbund, Familienliga, Männerbund und Männerliga, Diözesan-
Priesterverband u.a. –, haben sich die Pallottiner von Anfang an auf die theo-
logisch-wissenschaftliche Bildung und Ausbildung verlegt. Das 1901 eröffnete
Gymnasium mit Internat wurde im Sommer 1945 nach Rheinbach bei Bonn
verlegt. An seine Stelle trat die Theologische Hochschule der Pallottiner, die vordem in Limburg an der Lahn betrieben wurde. Im Oktober 1945 fanden die ersten Vorlesungen in Vallendar statt. Der Zustrom an Studierenden – zunächst
nur künftige Priester – machte An- und Neubauten notwendig, unter anderem
ein Studentenwohnheim. Seit 1974 ist hier auch für Laientheologen ein Studium, an dem auch Frauen teilnehmen können, möglich. Daher wurde die Hochschule vom Land Rheinland-Pfalz als „staatlich anerkannte wissenschaftliche
Hochschule in freier Trägerschaft" für den Diplomstudiengang Katholische
Theologie qualifiziert.

Ebenfalls über den engeren Bereich von Vallendar hinaus bekannt ist das ab
1974 eingerichtete und ausgebaute Berufsförderungswerk Vallendar, dessen Gebäude auf der Hochfläche des Mallendarer Berges liegen, knapp über dessen
südlichem Hang. Es wurde vom Christlichen Jugenddorfwerk Deutschlands e.V.
mit Sitz in Stuttgart eingerichtet, um als Ausbildungszentrum zur Rehabilitie-

rung erwachsener Behinderter zu dienen. Zunächst schuf man 500 Ausbildungsplätze für zehn verschiedene Facharbeiterberufe. Die aus der gesamten Bundesrepublik stammenden Teilnehmer an der Ausbildung in Werkstätten, Hör- und Lehrsälen und in eigens geschaffenen Übungsfirmen sind internatsmäßig untergebracht. In den folgenden Jahren wurde das Angebot des Förderungswerkes auf die Umschulung von schwer zu vermittelnden erwachsenen Arbeitslosen ausgedehnt, die dort staatlich anerkannte Prüfungen (auch im kaufmännischen Bereich) ablegen können. Diese Nutzergruppe kommt – vorwiegend ambulant – aus dem näheren Umland.

Das jüngste Objekt in der Vallendarer Bildungslandschaft ist die Wissenschaftliche Hochschule für Unternehmungsführung (WHU), die wie die Theologische Hochschule eine „als staatlich anerkannte Hochschule in freier Trägerschaft" ist. Sie hatte sich als ein Ergebnis der Bestrebungen um eine durchgreifende Hochschulreform der ausgehenden 1970er und der beginnenden 1980er Jahre entwickelt, ihre Gründung stand auch in zunächst engem, dann immer lockerer werdenden Zusammenhang mit dem Aufbau und dem Ausbau der Universität in Koblenz (s. F 4.4.1). Diese völlig neuartige und modern konzipierte Hochschule hielt ihre ersten Lehrveranstaltungen in nicht genutzten Räumen der Grundschule auf der Karthause in Koblenz. Im Gegensatz zu dem relativ freizügigen Studienbetrieb an einer herkömmlichen Universität ist die Ausbildung zum Manager streng geregelt, einschließlich der unabdingbaren Auslandsaufenthalte und der Studiendauer, wo kaum zeitliche Überziehungen möglich sind. Da die Stadt Koblenz für den weiteren Ausbau der Hochschule weder geeignete Baulichkeiten noch geeignetes Baugelände zur Verfügung stellen konnte, nutzte die Leitung der WHU das Angebot der Stadt Vallendar, das im Stadtzentrum gelegene Haus d'Ester als Sitz der Hochschule zu wählen und auf benachbart liegenden Parzellen die Erweiterungsbauten auszuführen. Weil die Hochschule in ihrer Struktur, ihrem Lehrangebot und ihrem Lehrziel zu den wenigen Reformhochschulen in Europa gehört, befinden sich unter den Studierenden zahlreiche Angehörige fremder Staaten, was auch die internationalen Kontakte von Vallendar fördert. Der Studienbetrieb in Vallendar wurde im September 1988 aufgenommen.

Die Pellenz und das Maifeld (betr.: Suchfelder D und E)

Neben den bereits geschilderten Merkmalen der Pellenz als Herkunftsgebiet vulkanogener Steine und Erden (s. Seite 32) soll hier auf die Rolle hingewiesen werden, welche die Pellenz und das Maifeld als landwirtschaftliche Kultur- und Produktionsräume spielen, ebenso auf die bedeutende Vor- und Frühgeschichte. Als eine einigermaßen nachvollziehbare, weil im Gelände deutlich hervortretende Grenze zwischen der Pellenz und dem südlich davon gelegenen Maifeld kann man die Bundesautobahn Koblenz – Trier ansehen, wenngleich dies natürlich keine wissenschaftlich fundierte Landschaftsgrenze ist; eine durchaus plausible naturräumliche Grenze stellt der Karmelenbergrücken dar. Im Übrigen wird der Unterschied zwischen den beiden Landschaften auch in der Reliefgestaltung deutlich; wenngleich auch das Maifeld von kleinen Taleinschnitten durchzogen wird, dominieren hier doch die flacheren Formen und die Verebnungen.

Wingertsbergwand **D 1**

Südlich des Laacher Sees erhebt sich nordwestlich des Wingertsberges eine gut 40 m hohe Wand aus Bimsschichten, die fast mit Kalendergenauigkeit die Abläufe beim Ausbruch des Laacher Vulkans dokumentieren (s. A 1, Abb. 44). Die Wingertsbergwand stellt ein erdgeschichtliches Denkmal von globalem Rang dar, das dank der Initiative der Deutschen Vulkanologischen Gesellschaft seit 1994 unter Grabungsschutz nach dem Denkmalschutz- und Denkmalpflegegesetz steht. Die einzelnen der drei Hauptabschnitte in der aufgeschlossenen Wand repräsentieren jeweils verschiedene Ausbruchphasen des Laacher See-Vulkans.

Die untere Einheit dokumentiert den Beginn der Eruption des Laacher See-Vulkans, die Aschenlagen sind reich an tertiären und quartären Gesteinsfragmenten des Untergrundes, Pflanzenresten, Blattabdrücken und Asthohl-

Abb. 44   Bimsablagerungen der Wingertsbergwand bei Mendig
(Deutsche Vulkanologische Gesellschaft e. V., mit freundlicher Genehmigung)

D 1   räumen, Reste, die der ehemaligen Landoberfläche zugeordnet werden können. Außerdem enthalten sie reichlich Fragmente des devonischen Sockels. Die mittlere Tephra-Abfolge lässt sich noch einmal dreifach untergliedern, beginnend mit Ablagerungen aus einer hochexplosiven Reaktion, die beim Kontakt des vulkanischen Magmas mit Oberflächenwasser (phreatomagmatisch) ausgelöst wurde. Als nächstes folgen Ablagerungen eines kurzfristigen Ausbruches, wobei davon ausgegangen werden kann, dass die Eruptionssäule bis zu 40 km Höhe erreichte (SCHMINCKE 1988). Diese Abfolge wird von einer weiteren plinianischen Eruptionsablagerung dunkler Magmen abgelöst. Die obere Tephra signalisiert das Endstadium, als Eruptionen offensichtlich vorwiegend heißen Schlamm und Wasserdampf förderten, was durch charakteristische Dünenstrukturen nachgewiesen werden kann (SCHMINCKE und PARK 1995).

Die Wingertsbergwand spielt heute eine Schlüsselrolle in der wissenschaftlichen Vermittlung grundlegender Informationen über die Laacher See-Eruption. Sie ist inzwischen eingebunden in die Exkursionsrouten des Vulkanparks (s. E 6 und Anhang M) und durch eine Reihe von Schautafeln gut erläutert. Auch innerhalb der rheinland-pfälzischen Geotope nimmt sie eine erste Stelle ein (Anhang C). Kleinere Schichtlücken oder Aushöhlungen in der Wand bieten Platz für nistende Vogelarten und auch horstende Uhus wurden schon beobachtet.

D 2   Mendig, Landkreis Mayen-Koblenz, Verbandsgemeinde Mendig

Im Jahr 1950 wurde die Gemeinde Niedermendig zur Stadt erhoben; 1969 schloss sie sich mit der Nachbargemeinde Obermendig zur Stadt Mendig zusammen, die nunmehr eine Fläche von 2 371 ha und eine Bevölkerungszahl von 8 374 aufweist. Mendig liegt südlich des Laacher Kessels, am Westrand des Mittelrheinischen Beckens und an seinem allmählichen Anstieg zur Osteifel. Niedermendig befindet sich zwischen 198 und 250 m ü. NN, das westlich davon gelegene Obermendig bereits zwischen 270 und 280 m ü. NN. Die verkehrsgünstige Lage der Stadt an der Bundesautobahn (A 61) Ludwigshafen – Koblenz – Köln, an der Bundesstraße 262 und an der Bahnstrecke Koblenz – Andernach – Mayen sowie die Querverbindungen zur Bundesautobahn (A 48) Koblenz – Trier und zur Bundesstraße 256 (Neuwieder Becken) förderten die wirtschaftliche Entwicklung von Mendig sehr nachhaltig. Ausgangspunkt aller gewerblichen Aktivitäten war seit dem Mittelalter der Abbau der Basaltlava aus den Lavaströmen der Osteifel, die sich hier weit in das Mittelrheinische Becken vorgeschoben hatten.

D 2.1   Frühe Entwicklung

Erstmals urkundlich erwähnt wurde Mendig (Niedermendig) im Jahre 1041 in einem Vertrag zwischen dem Trierer Erzbischof POPPO und einer Witwe aus (Bad) Hönningen. Diese vergab ihr Gut an das Domkapitel und erhielt dafür das lebenslange Wohnrecht in „... jenem Hof, der *menedich* heißt ...". Die Herleitung des Namens ist unsicher, jedoch spricht manches dafür, dass folgende Worte (oder Wortteile) in die Namensbildung einflossen: bretonisch *men* = Stein, *ig* = *acum* oder keltisch, gallorömisch *iacum* = Ort. Damit wäre Mendig gleichsam ein Steinort, der als Einzelsiedlung am Kreuzungspunkt der Straße ins Brohltal (mit seinen Trasslagern) mit der Heerstraße von Trier zum Rhein lag. Über 100 gefundene keltische Gräber in unmittelbarer Nähe dieser vorgeschichtlichen Wege lassen dies als möglich erscheinen. Im Übrigen nehmen Steine in der Geschichte und in der Gegenwart der Stadt einen ersten Platz ein. Das Schöffensiegel von 1458 führt in seinem Wappenteil einen Mühlstein, was zweifelsohne ein wichtiger Hinweis auf den damals schon betriebenen Lavaabbau für Mühlsteine ist. Früher schon kündet davon auch ein Pachtvertrag, der im Oktober 1344 zwischen dem Kloster Dünnwald und einem Bürger JOHANN, genannt HUONT DER JÜNGERE, abgeschlossen wurde und in dem neben einer landwirtschaftlichen Nutzung auch der mögliche Ertrag aus einer Mühlsteingrube an der Wasserlei (heute: Wasserkaul) im Detail geregelt wurde.

Etwa einhundert Jahre nach der ersten urkundlichen Nennung der Siedlung erfolgte durch eine Urkunde von Papst EUGEN II. im Jahre 1145 die Aufgliederung von *menedich* in ein *menedich inferiori* (Niedermendig) und in ein *superiori menedich* (Obermendig). Für die weitere Entwicklung des Ortes war die Politik der Pfalzgrafen bei Rhein von einiger Bedeutung. Der Stifter des Klosters Maria Laach, Pfalzgraf HEINRICH II. verwaltete die Königsgüter um und in Mendig und übte dort auch die Gerichtsbarkeit aus. Als das Virneburger Grafengeschlecht ausstarb, ging die Gerichtshoheit 1550 an Kurtrier über, und zwar für einen Kaufpreis von 21 000 Goldgulden. Daraus ist zu erkennen, wie begehrt Mendig und sein Steingewerbe waren. (Nieder-)Mendig wurde schon damals Sitz des Gerichtsbezirks Pellenz; in Obermendig gab es ein Hochgericht, worauf die dortigen Flurnamen Am Galgen und Am Urteilsstein auch heute noch hinweisen.

1792 geriet das gesamte linksrheinische Gebiet unter französische Herrschaft. Mendig kam mit Thür, Bell, Ettringen, Kirchesch, Waldesch und St. Johann zur Mairie St. Johann und hörte – zunächst – auf, ein zentraler Ort für die Pellenz zu sein. Durch die Wiener Kongressakte von 1815 kamen die Rheinlande und damit auch die Pellenz und das Maifeld zum Königreich Preußen und wurden 1822 der Rheinprovinz zugeschlagen, die ihren Sitz in Koblenz hatte (s. Seite 43).

Entwicklung vom 19. Jh. und wirtschaftliche Struktur der Gegenwart

Um die Mitte des 19. Jh. begann ein vielseitiger Aufschwung. Nachdem um 1840 ein großer Teil der Lavaströme unter Tage abgebaut und ausgebeutet worden war, erfuhren die verbliebenen Tiefenhöhlen eine neue Nutzung als Gärkeller und Bierlagerkeller. Die in der Region gebrauten rheinischen Biere waren im Sommer recht verderblich und konnten mit dem lagerfähigen bayerischen

D 2.2 Bier nicht konkurrieren. Da es damals noch keine Kühlmaschinen gab, nutzten die Brauereien des Mittelrheinischen Beckens die mit zwischen +6° und +9°C immer gleich bleibende Temperatur in den verbliebenen Lavahöhlen als Lager. Den Anfang machte um 1840 die Brauerei der Herrnhuter Brüdergemeine aus Neuwied. Bis 1842 folgten weitere 28 Brauereien, eine davon verlegte sogar ihre Produktion unter Tage. Diese Nutzung ging zurück, als 1876 die Lindesche Kühlmaschine erfunden wurde, vor allem nach dem Zweiten Weltkrieg, als das große Brauereisterben begann. Gegenwärtig besteht in Mendig nur noch eine größere Brauerei. Die Mühlsteinhöhlen unter der Stadt sind Bestandteil des Vulkanmuseums (s. D 2.3).

Nachdem 1863 ein preußisches Postamt eröffnet und 1870 ein Krankenhaus gestiftet und eingerichtet worden war, erfolgte bald darauf der Bau einer Eisenbahnlinie von Andernach nach Mayen, an die Mendig seit 1878 angeschlossen ist. 1905 wurde in Obermendig das Marienstift als Altersheim erbaut, das auch heute noch den Ansprüchen einer modernen Seniorenbetreuung Rechnung trägt. Das derzeitige Gebäude der Verbandsgemeindeverwaltung wurde 1912 errichtet und von 1994 bis 1996 baulich verändert. In der Basaltverarbeitung wurde 1926 die erste Steinsäge eingesetzt; das war ein erster Schritt in Richtung der heutigen Mechanisierung der Steinmetzarbeit. Allerdings bedeutete dies auf die Dauer auch eine Reduzierung der Arbeitskräfte im Steingewerbe. So war es für Mendig ein günstiger Umstand, dass sich schon 1943 durch Bombenangriffe zerstörte Textilbetriebe aus Düsseldorf und Köln in zwei ehemaligen Brauereien ansiedelten und rund 300 Arbeitsplätze im Ort schufen. Es folgten nach dem Krieg besonders am Nordrand der Stadt Betriebe der Bimsbaustoffindustrie, ebenso der Eisen-, der Kunststoff- und der Textilindustrie, wodurch der einstige Steinort auf den Weg zu einem Gewerbe- und Industrieort geführt wurde. In jüngster Zeit waren Rückschläge hinzunehmen, sowohl durch die wirtschaftliche Rezession als auch durch die Demobilisierungsmaßnahmen innerhalb der Bundeswehr. So wurden im Bereich des schon 1937 angelegten Militärflugplatzes, der 1958 von den Heeresfliegern der Bundeswehr übernommen wurde, durch Umstrukturierungen rund 600 Planstellen gestrichen. Bereits 1977 musste das erst 1954 ausgebaute Krankenhaus St. Nikolaus wegen finanzieller Schwierigkeiten geschlossen werden; es wurde ein Jahr später jedoch in ein Pflegeheim für geistig oder körperlich behinderte Menschen umgewandelt. Als solches besitzt es jedoch nicht die zentralörtliche Ausstrahlung des ehemaligen Fachkrankenhauses mit Abteilungen für Chirurgie, Gynäkologie und Innere Medizin. Mit dem Sitz einer Verbandsgemeindeverwaltung, mit einem Versorgungsangebot über den täglichen Bedarf hinaus, mit Sporteinrichtungen und mit weiterführenden Schulen ist Mendig jedoch weiterhin zentraler Ort für ein kleines Umland.

D 2.3 Baudenkmale und Museen

Trotz seiner frühen geschichtlichen Bedeutung gibt es in Mendig nur wenige Zeugen der älteren Baukunst. Von der ehemaligen Stadtbefestigung blieben fast keine Reste erhalten, die ehemaligen Kirchen erfuhren mancherlei Um- und Ausbauten. So war die katholische Pfarrkirche St. Cyriakus in Niedermendig eine gewölbte Pfeilerbasilika mit einem Westturm aus dem 12. Jh., wurde aber von 1852 bis 1857 auf der Nordseite durch einen neugotischen Neubau erweitert. Die alte Kirche wurde allerdings erhalten und in die Erweiterung einbezogen. In deren Innerem wurden 1887 und 1897 einige Wandmalereien freigelegt, Ornamente und, etwas jünger, auch figürliche Darstellungen z.B. verschiedener Apostel und Heiliger, allein oder in Gruppendarstellung. Romanisch ist auch die Altarmensa in der Südapsis. Aus der zweiten Hälfte des 15. Jh. stammen die Reste eines Sakramentsschreins. Im neuen Teil befindet sich ein spätgotischer Flügelaltar, außerdem gibt es dort zahlreiche Bildwerke aus dem 17. und dem 18. Jh.

Die katholische Pfarrkirche St. Genoveva in Obermendig geht auf eine dreischiffige spätgotische Stufenhalle ohne Strebepfeiler zurück, muss aber älter sein, denn sie besitzt einen romanischen Westturm. Sie wurde 1879 durch ein Querschiff sowie im Chorbereich erweitert, das Mittelschiff wurde erhöht und damit die Kirche (baulich) zur Basilika umgewandelt. Das gotische Langhaus ist dreijochig mit Spitzbogen-Arkaden auf achteckigen Pfeilern. Auf Figurenkonsolen stehen zwei Apostel und Engel mit Leidenswerkzeugen. Aus der Zeit um 1500 stammt eine Ölberggruppe, weitere Bildwerke vor allem die des barocken Hochalters sind ins 18. Jh. datiert.

Die museale Ausstattung von Mendig konzentriert sich auf die Vergangenheit der Stadt als Steinort. In der Brauerstraße befindet sich am Rande einer ehemaligen Grube die Museumslay, wo durch originale Geräte und Einrichtungen dokumentiert wird, in welcher Weise vor allem im 19. Jh. und auch zu Beginn des 20. Jh. die Basaltlava verarbeitet und bearbeitet wurde. In einem auf diesem Areal gelegenen Steinmetzbetrieb kann man die heute übliche Steinbearbeitung nachvollziehen, außerdem aber auch bildhauerische Kunstwerke in Augenschein nehmen. Unweit des Freilichtmuseums liegt das Vulkanmuseum der Deutschen Vulkanologischen Gesellschaft. Es wurde ab 1995 in der Hofanlage Michels eingerichtet und dient sowohl zu Ausstellungszwecken als auch zum Studium und zur Weiterbildung in Fragen des Basaltvulkanismus, vor allem der Mendiger Region. Im Gegensatz zum Abbau bei Mayen, der bereits für das Neolithikum belegt ist (s. D 6), wurde die Niedermendiger Lava in vorgeschichtlicher Zeit nicht und in römischer und fränkischer Zeit nur in geringem Umfang abgebaut. Die gezielte Ausbeutung des Mendiger Basaltstromes scheint in direktem Zusammenhang mit dem Bau der Laacher Klosterkirche zu stehen (s. A 3) – an deren Sockeln und Lisenen des Gründungsbaus taucht um etwa 1 100 erstmals Niedermendiger Basaltlava auf. Unter dem Vulkanmuseum, das selbst bedeutende Exponate auch zum globalen Vulkanismus besitzt, befindet sich eine der einstigen Abbaustellen der Lava. 32 m unter dem Erdboden liegt eine große Mühlsteinhöhle, die über 150 Stufen erreichbar ist. Die 10 m hohe Halle wird durch stehen gelassene Basaltpfeiler gestützt, an der Decke erkennt man die sechseckige Grundstruktur der einzelnen Basaltsäulen (Abb. 45). Während der Winterzeit ist die Höhle nur beschränkt zugänglich, weil hier die nach Individuenzahl und Anzahl der Arten größte Fledermauskolonie in Deutschland regelmäßig ihr Winterquartier bezieht und nicht gestört werden soll.

Abb. 45   Basaltgruben Mendig (Basaltkeller, Mendig)
(Landesamt für Vermessung und Geobasisinformation Rheinland-Pfalz, Koblenz 2002/P. Camnitzer, mit freundlicher Genehmigung)

D 3   Thür, Landkreis Mayen-Koblenz, Verbandsgemeinde Mendig,

liegt südlich von Mendig an der Bundesstraße 256, besitzt eine Bahnstation und hat 1 460 Einwohner (31. Dezember 2001). Die Gemarkung mit einer Fläche von 826 ha erreicht Höhenlagen zwischen 184 und 245 m ü. NN. Am Fuße des Lavastromes des Vulkans Hochstein, dessen Tätigkeit vor etwa 350 000 Jahren begonnen hatte, siedelten später Kelten. Gräber aus dem 1. Jh. v. Chr., zwischen 1970 und 1990 durch die Archäologische Denkmalpflege, Amt Koblenz freigelegt, geben davon Kunde. Hier bestatteten die Kelten nach zentraler Einäscherung kleine Urnen mit Trachtbestandteilen wie Fibeln und Nadeln. Neben Lanzen und Schwertern wurden Hämmer und Reibsteine gefunden. Den nachfolgenden Römern konnten 700 Grabstätten zugeordnet werden; von den Franken konnten 600 Gräber freigelegt werden (HEYEN 1998). Werkzeuge als Grabbeigaben beweisen, dass Thür seit der Keltenzeit ein Steinhauerdorf war. Mit Hartbasalthämmern vom Lorenzfelsen am Laacher See wurden vor allem Reibsteine hergestellt. Heute bestehen dort noch 36 Betriebe der Steinindustrie mit 68 Beschäftigten. In der Nähe der Fraukirch (s. D 4) wurden durch Luftbilder deutliche Grundrisse von Gebäuderesten einer großen Siedlungsanlage bekannt. Aus Oberflächenfunden ergab sich eine Zuordnung in die Römerzeit (2. bis 4. Jh. n. Chr.). Das gesamte Areal wurde von einer Mauer umgeben. Es handelt sich hier um ein bedeutendes archäologisches Denkmal, auch wenn an der Erdoberfläche zumindest für den Laien nicht viel zu erkennen ist.

Die erste urkundliche Erwähnung des Ortes ist auf die Zeit um 1131 datiert, als Erzbischof ALBERO VON TRIER dem dortigen Domkapitel das Hofgut *thure* schenkte. Im 15. und 16. Jh. hatte die Pfarrei längere Zeit mit Niedermendig einen gemeinsamen Pfarrer. Die heutige Kirche wurde 1867 nach den Plänen von FRIEDRICH VON SCHMITT errichtet und ersetzte eine seit 1565 an gleicher Stelle stehende romanische Kirche, von der nur noch das untere Geschoss des Turmes erhalten ist. Das bekannteste geschichtliche Relikt im Dorfbereich ist das so genannte Haus Thur, ein zweigeschossiger verputzter Bruchsteinbau mit Fenster- und Türrahmen aus Basaltlava von 1738, so wie es das Wappen von der Leyen auf dem Türsturz zeigt. Die Gemeinde hat dieses bis ins 15. Jh. zurückgehende Gebäude vollständig und fachgerecht renoviert und nutzt es jetzt als Dorfgemeinschaftshaus.

Auf der Anhöhe zwischen Thür und Niedermendig befindet sich das Hochkreuz, früher auch Pellenzkreuz genannt, aus dem Jahre 1507 – eine Kreuzigungsgruppe, die unter einer hohen Halle geschützt ist. Auf der dem Kreuz gegenüberliegenden Verbindungsstraße von Mendig nach Thür erschließt sich das ehemalige Grubengelände des Dorfes. 25 Basaltbrüche waren für die Zeit von 1897 bis 1918 beim Bergamt in Koblenz registriert. Das poröse Material fand allerdings wegen der schlechteren Qualität sowie der Konkurrenz aus Mendig, Kottenheim und Mayen bald keinen Absatz mehr.

Abb. 46   Ehemaliges Kurhaus „Reginarisbrunnen" bei Thür

D 3   Unmittelbar an der Bundesstraße 256 befindet sich das so genannte Golo-
kreuz, ein etwa 2,50 m hoher Bildstock aus Basaltlava aus dem Jahre 1472.
Sockel, Schaft und Nischenrand sind mit der bemerkenswerten Inschrift des
Salve Regina in deutscher Übersetzung in enger Anlehnung an den lateinischen
Originaltext behauen und stellen die älteste Form des Mariengebetes dar. Es
handelt sich zugleich um ein Denkmal zur Sprachentwicklung (s. D 4).

Von Thür führt eine schmale Kreisstraße in Richtung Ochtendung und
berührt nach etwa 2 km das Quellgebiet des Reginarisbrunnens (links der
Straße; Abb. 46) und des Genovevabrunnens (rechts der Straße). Der ältere Genovevabrunnen ist seit dem 13. Jh. bekannt. Die beiden von 1984 bis 1986 wieder erbohrten Quellen wurden in Tiefen von 240 und 420 m gefasst und unter
dem Namen Reginaris II und Ariston nach der Mineral- und Tafelwasser-Ver-
ordnung anerkannt und zugelassen.

D 4   Die Fraukirch (Abb. 47)

Nur 3 km südöstlich von Thür liegt an der Flanke einer Bodenerhebung, fast
verdeckt durch Bäume und Gebüsch, die Fraukirch. Ihr Vorgängerbau entstand
im 8. Jh. auf dem freien Feld zwischen Mayen, Mendig, Thür, Kruft und Ochtendung als karolingische Saalkirche, die Maria geweiht wurde. Die heutige Kirche wurde Anfang des 13. Jh. als dreischiffiger Bau auf den Fundamenten der
Vorgängerkirche errichtet. Nach Abbruch der Seitenschiffe 1829 sind nur noch
Mittelschiff und Chor erhalten geblieben. Bemerkenswert ist die Verbindung
der spätromanischen Formen des Mittelschiffes mit denen der frühen Gotik im
Chor. Der Westturm wurde 1718 abgebrochen und durch einen Dachreiter ersetzt.

Urkundlich ist die Fraukirch erstmalig 1279 als *vrouwenkirchgin* erwähnt. Als
Eigenkirche des Bischofs von Trier war sie religiöser Mittelpunkt der 14 Pellenz-
Dörfer. Hier wurden Urkunden angefertigt und Verträge abgeschlossen. Außer-
dem bildete sie bis ins 18. Jh. die Gerichtsstätte der umliegenden Dörfer. Das
Pellenzgericht tagte alljährlich am Kirmesmontag der Fraukircher Kirchweih
(erster Sonntag im August) im so genannten Pellenzhaus neben der Kirche. An
seiner Stelle steht heute der Frauenhof, der 1765 von Abt HEINRICH der Abtei
Maria Laach als Priorat errichtet worden ist. Zuvor übergab der Trierer Erzbischof 1764 Fraukirch der Abtei Maria Laach. Nach der Säkularisierung der
Abtei wurde die Kirche 1804 verkauft und blieb bis zu der Schenkung 1906 an
die katholische Pfarrgemeinde St. Johannes Apostel in Thür in Privatbesitz.

Bekannt ist die Fraukirch vor allem durch die Genovevalegende, die auf dem
barocken Altaraufsatz des Hochaltars mit der Jahreszahl 1664 dargestellt ist. Auf
einem romanischen Altartisch, der noch aus der Erbauungszeit des Chores
stammt, erhebt sich über dem Sockel mit der Verkündigung Mariens das Mittel-
feld des Altars mit den Hauptszenen der Genovevasage, der Gründungslegende
der Fraukirch. Der Altar schließt mit der Himmelfahrt von Maria und Apostel
Johannes im oberen Bereich ab. Die Genovevalegende erzählt die Geschichte des
Pfalzgrafen SIEGFRIED und seiner treuen Gemahlin GENOVEVA VON BRABANT so-

Abb. 47   Katholische Wallfahrtskirche St. Maria (Fraukirch) bei Thür

wie seines ungetreuen Hofmarschalls GOLO, der GENOVEVA der Untreue be-
schuldigt hatte und die deshalb vom Grafen vertrieben wurde. Nach der Legende ließ der Pfalzgraf an der Stelle, an der er seine Gemahlin mit seinem Sohn
SCHMERZENREICH wieder gefunden haben soll, die Fraukirch errichten. Weitere
wichtige lokalisierbare Orte der Genovevalegende sind die Genovevaburg in May-
en (s. D 7.4), wo der Pfalzgraf mit seiner Gemahlin wohnte, die Hochsteinhöhle,
wo GENOVEVA sich mit ihrem Sohn nach ihrer Vertreibung von der Burg aufhielt
und das so genannte Golokreuz (Duplikat) bei Mendig, wo GOLO dann doch hingerichtet worden sein soll. Die vermuteten Gräber des Pfalzgrafen SIEGFRIED, seiner Ehefrau GENOVEVA und deren Sohn in der Fraukirch wurden das Ziel vieler
Wallfahrten. Die Kirche entwickelte sich zum Zentrum der Genovevaverehrung
in der Pellenz. Im hinteren Teil der Kirche ist ein weiteres Kulturdenkmal zu sehen: ein Nischenmal (Golokreuz), das ursprünglich am Wallfahrtsweg von Thür
und Mendig nach Fraukirch stand. Neben der Jahreszahl 1472 und dem Namen
CLAIS BEIIGEN ist in der Volkssprache des 15. Jh. umlaufend um den Säulenschaft
das Gebet „Gegrüßet seist du, Königin" in Stein gehauen.
   Seit dem Mittelalter ist die Kirche als Wallfahrtsziel zu Ehren der Muttergottes, aber vor allem der hl. Genoveva durch Ablässe, Stiftungen, Bruder-
schaften sowie den Wallfahrtsprozessionen von Mendig und Thür, Mayen,
Kruft und Ochtendung nachgewiesen. Heute befinden sich an den sternförmig
auf die Fraukirch hinführenden Pilger- und Prozessionswegen noch immer viele gestiftete Basaltkreuze des 17. und 18. Jh. Während der Fraukircher Kirmes
pilgern noch heute viele Menschen über diese Wege zur Fraukirch.

D 5 Kottenheim, Landkreis Mayen-Koblenz, Verbandsgemeinde Vordereifel

Am Übergang der Pellenzsenke zum Gebiet der Ettringer Vulkankuppen und somit am Übergang des Mittelrheinischen Beckens zum östlichen Eifelrand liegt in wechselnder Höhenlage zwischen 200 und 260 m ü. NN und etwa 2 km nord-östlich von Mayen die Ortsgemeinde Kottenheim, mit 2 853 Einwohnern (31. Dezember 2001) die zweitgrößte Ortschaft in der Verbandsgemeinde. Land-schaftsgestaltend für diesen Bereich ist der mit der quartären Bruchtektonik in Zusammenhang stehende Vulkanismus während des Pleistozäns. Das Gebiet gehört somit zu den jüngsten Vulkangebieten Mitteleuropas. Markant für die Ortslage ist der vor 200 000 Jahren entstandene und zur Bellerberg-Vulkan-gruppe gehörende Kottenheimer Büden. Hierbei handelt es sich um den Rest eines großen Ringwalls, der nach N und S von Basaltströmen durchbrochen wurde. Der nördliche Lavastrom, 1 km lang und an der breitesten Stelle 60 m mächtig, bildete das Winnfeld, mitunter auch als Winfeld bezeichnet.

Kottenheim geht auf eine fränkische Gründung zurück, wurde bereits 1008 urkundlich als *cutenheym* und *cuttenheim* erwähnt (LUNG 1962) und ist in sei-ner Dorfentwicklung eng mit dem Grubenbetrieb auf dem Winnfeld, mit der Arbeit auf der Lay, verbunden. Bis zum Beginn des 19. Jh. erfolgte die Herstel-lung von Mühlsteinen überwiegend in Familien- und Kleinbetrieben. Ab Mit-te des 19. Jh. kann von der Bildung einer Steinindustrie auf dem Winnfeld ge-sprochen werden, deren Entwicklung durch den nach 1872 einsetzenden allge-meinen Wirtschaftsaufschwung des Deutschen Reiches in der Gründerzeit und durch die steigende Technisierung (etwa die Elektrifizierung, der Einsatz elek-trischer Hebekräne, Presslufthämmer und Steinsägen) zu Beginn des 20. Jh. be-günstigt wurde. Zeitweilig arbeiteten auf dem Winnfeld bis zu 650 Steinbrecher, Steinmetze und Pflastersteinschläger, welche Mühlsteine, Tür- und Fensterein-fassungen, Bord-, Mauer- und Grenzsteine herstellten. Die bei der Verarbeitung anfallenden Steinabfälle wurden ab 1913 in einem Steinbrechwerk zu Schotter und Splitt verarbeitet. Seit 1919 war diesem auch eine Betonwarenfabrik ange-gliedert, deren Betonrohre, Betonplatten und Bordsteine, ebenso wie die Werk-steine der Grubenbetriebe und die Brechprodukte des Schotterwerkes über die 1880 fertig gestellte Eisenbahnlinie Andernach – Mayen zu den überregionalen Absatzmärkten transportiert wurden. Auch im Ortsbild selbst zeugen zahlrei-che Bauwerke aus jener Zeit von der vielfältigen Verwendungs- und Bearbei-tungsmöglichkeit der Basaltlava. Dies wird eindrucksvoll deutlich an dem nach Plänen von VINCENZ STATZ 1857 vermutlich auf den Resten einer romanischen Anlage vollendeten Neubau der Pfarrkirche St. Nikolaus und an der Gestaltung des oberen Glockenturmes durch den in Kottenheim geborenen Düsseldorfer Architekten CASPER PICKEL im Jahre 1904.

Weitere Bauwerke im unmittelbaren Umfeld der Pfarrkirche, bei denen so-wohl die dunkle Basaltlava, als auch der helle Tuff vielseitig als Bau- und Ge-staltungsmaterial eingesetzt wurde, sind die Kreuzkapelle, ein Neubau vermut-lich von 1804, die 1922 im romanischen Stil vollendete Gedächtniskapelle und die 14 Kreuzwegstationen aus dem Jahre 1923. Das 1834 errichtete, nach mehreren Anbauten 1904 fertig gestellte und noch heute als Grundschule genutzte D 5 Schulgebäude in der Schulstraße ist ebenfalls ein imposantes Beispiel für die Verwendung von Basaltlavabruchsteinen und bearbeiteten Mauersteinen zu Bauzwecken. Maßwerke, Kreuzblumen, Säulen, Kapitele, Ornamente in und an diesen Bauten; Votiv-, Nischenkreuze und Bildstöcke im Ort selbst und in der Flur, sowie die große Zahl von Basaltlavagrabmalen auf dem Friedhof in der Hausener Straße, beweisen die jahrhundertealte Tradition der handwerklichen Bearbeitung des heimischen Gesteins.

In dieser Tradition stehen auch die so genannten Blausteinhäuser. Diese Wohnhäuser, bei denen die dunkle Basaltlava als Bruchstein oder behauener Mauerstein als Baumaterial benutzt wurde, charakterisieren noch heute manche Straßen im älteren Ortskern: Burgstraße, Bürresheimer Straße, Hochstraße, Bahnhofstraße, Lainsteiner Straße, Von der Leyen-Straße, Junker-Schilling-Straße, Nikolausstraße, Schulstraße und Kirchstraße. Ausgehend von diesem durch die Blausteinhäuser auffälligen Ortskern dehnte sich die Wohnbebauung im Laufe des 20. Jh. fast bis zur heutigen Kreisstraße 93 und bis zur Eisenbahnlinie aus. Bei Neubauten wird auch heute noch häufig auf Basaltlava aus Mayen oder Niedermendig für Treppenstufen, Sockelplatten, Fenster- und Türumrahmungen zurückgegriffen, ebenso bei der Gestaltung von privaten oder öffentlichen Flächen, z.B. mit Brunnen oder Blumentrögen.

Beginnend mit dem Ende des traditionellen Grubenbetriebes Ende der 1930er Jahre und der Einstellung des Brechwerkbetriebes im Jahre 1981 endete das Kapitel der Naturwerksteinindustrie, das Kottenheim so nachhaltig prägte. Heute sind nur noch zwei steinverarbeitende Betriebe und eine Bildhauerwerkstatt in Kottenheim ansässig, die zwar auch noch Basaltlava aus Mayen und Niedermendig verarbeiten, jedoch hat dieser Naturstein nicht mehr den Vorrang vergangener Jahrzehnte. Ein besonderes Beispiel bildhauerischen Schaffens mit Basaltlava und zugleich eine plastische Darstellung der Dorfgeschichte ist die von dem Kottenheimer Bildhauer PAUL MILLES gestaltete Steinsäule neben der Pfarrkirche.

Mayener Grubenfeld D 6

Vulkanausbrüche des Bellerberg-Komplexes schufen im Quartär vor etwa 200 000 Jahren die natürlichen Voraussetzungen für die spätere bergbauliche und gewerbliche Geschichte des Grubenfeldes nordöstlich von Mayen. Diese so entstandene Basaltlava ist auf Grund ihrer Porosität für die Herstellung von Reib- und Mühlsteinen hervorragend geeignet. Nach dem Vulkanausbruch floss der südliche Lavastrom ins Tal und erstarrte. Durch die Abkühlung entstanden relativ dicke fünf- bis sechseckige vertikale Säulen, die im darauffolgenden erdgeschichtlichen Ablauf von Deckschichten zwischen 3 und 4 m überlagert wurden.

Um 3 000 v. Chr. entdeckte der Mensch die besondere Eignung der Mayener Basaltlavasteine für das Mahlen von Getreide. Seitdem wurde im Grubenfeld Basaltlava für die Herstellung von Reib- und Mahlsteinen und seit der Römer-

D 6 zeit auch für Mühlsteine abgebaut. Der vor- und frühgeschichtliche sowie der mittelalterliche Steinabbau erfolgte über Tage. Von etwa 1400 bis um 1870 wurde der Basalt hauptsächlich unter Tage abgebaut. Es entstanden zahlreiche einzeln abgeteufte und danach mit Mauerwerk gesicherte Schächte. Der Abbau der Basaltlava erfolgte säulenweise. Für die Stabilisierung der dadurch entstehenden so genannten Glockenhallen ließ man Säulen stehen, die als Träger für die Decke fungierten (s. D 2.3). Die Steine wurden mit einem von Pferden angetriebenen Göpelwerk durch den Schacht nach oben gezogen.

Etwa 1870 entstanden bei Mayen die ersten kleineren Tagebaue, deren Zahl und Umfang in der Folgezeit kontinuierlich zunahm. Nach 1880 ging innerhalb der bisherigen Produktpalette die Herstellung von Mühlsteinen allmählich zurück, während die Produktion von Pflastersteinen für den Straßenbau sowie von Schotter (Kies) für die Befestigung von Eisenbahntrassen stark zunahm. Der Schotter wurde zunächst von Hand durch so genanntes Kiesklopfen und nach 1900 in mechanisierten Kies- oder Brechwerken hergestellt. Für die Schotterproduktion konnten auch die früheren Halden wieder herangezogen werden. Auch andere Erzeugnisse wie Kreuze und Grabmale wurden hergestellt, Basalt fand außerdem zunehmend Anwendung als Baumaterial.

Die historischen Spuren des Basaltabbaus sind durch die dynamische Entwicklung des Tagebaubetriebes seit 1870 mit zunehmend größeren Flächen bis auf wenige herausragende Stellen überlagert oder ganz verschwunden. Viele der Glockenhallen und Gruben sind verfüllt worden. Außerdem befanden sich im Grubenfeld zur Weiterverarbeitung der Steine zahlreiche Hütten und Arbeitsplätze. Die Steine wurden bis zur Einführung des elektrisch angetriebenen Grubenkrans 1903 mit Göpelwerken aus den Tagebauen hochgewunden, verarbeitet und mit Loren zum Mayener Ostbahnhof für den Transport nach Andernach oder für die Schotterherstellung zum Kieswerk gebracht. Die Eisenbahnlinie Mayen – Mendig – Andernach wurde 1878 eigens für den Basalttransport angelegt.

Vor dem Ersten Weltkrieg waren Tausende Menschen im Mayener Grubenfeld beschäftigt. Es war eine sehr intensiv genutzte gewerbliche Kulturlandschaft, von der heute noch Grubenkräne, Gruben (Tagebaue), Schächte, Glockenhallen, Hütten, Arbeitsplätze und Gleise zeugen. Damals sah das Grubenfeld wie eine Steinwüste ohne jegliche Vegetation aus. Beim Vergleich zeitlich aufeinander folgender Kartierungen seit 1895 (Abb. 48) wird die dynamische Entwicklung mit sich ständig verändernden Abbauflächen deutlich. Auch das Wegenetz und die Standorte der Hütten verlagerten ihre Lage je nach Abbaustand. Seit den 1960er Jahren wurden die Tagebaue immer größer, und der Einsatz von Maschinen reduzierte den Personalbedarf. In den 1970er Jahren wurde der Abbau in größeren Teilen des Grubenfeldes stillgelegt, in diesen konnte sich danach eine Folgelandschaft mit Trockenrasenflächen, Birkenwäldern u.a. entwickeln. Diese Vegetation veränderte das Aussehen des einstigen Grubenfeldes stark. In einigen tiefen Gruben sind durch das aufsteigende Grundwasser kleinere Weiher entstanden, wie der so genannte Silbersee. Heute ist das Mayener Grubenfeld Bestandteil des Vulkanparks und ausgeschilderte Rundrouten (Anhang M) erläutern die Bergbaugeschichte (Burggraaff und Kleefeld 1999).

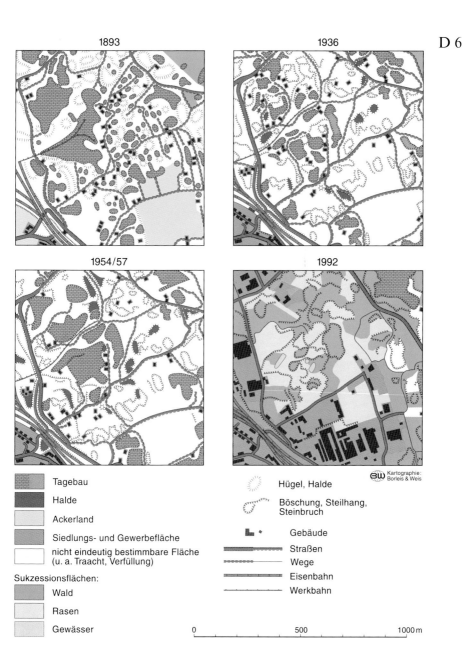

1893   1936

1954/57   1992

Kartographie: Borleis & Weis

Tagebau

Halde

Ackerland

Siedlungs- und Gewerbefläche

nicht eindeutig bestimmbare Fläche (u. a. Traacht, Verfüllung)

Sukzessionsflächen:

Wald

Rasen

Gewässer

Hügel, Halde

Böschung, Steilhang, Steinbruch

Gebäude

Straßen

Wege

Eisenbahn

Werkbahn

0   500   1000 m

Abb. 48   Nutzungen und Folgenutzungen des Mayener Grubenfeldes (Entwurf P. BURGGRAAFF und K.-D. KLEEFELD 2002, nach Grundlagen: Preußische Neuaufnahme 1893. Fortführung der Preußischen Neuaufnahme 1936. Topographische Karte Stand 1954/57. Topographische Karte Stand 1992, Bl. 5609 Mayen)

D 7 **Mayen,** Landkreis Mayen-Koblenz

Mayen liegt im Übergangsraum zwischen dem Mittelrheinischen Becken und der Eifel, somit in verschiedenen Höhenlagen. Zusammen mit seinen peripheren Stadtteilen ist Mayen die einzige städtische Agglomeration am Westrand des Untersuchungsgebietes. Der Bachgrund der Nette, die das zentrale Stadtgebiet von NW nach SO durchfließt, liegt etwa 200 m hoch, der Bahnkörper, der die Stadt von N her halbmondförmig umgreift, erstreckt sich in einer Höhe von 270 bis 280 m ü. NN, die Bundesstraße 258 überwindet zwischen dem westlichen Rand der geschlossenen Bebauung (286 m ü. NN) und der Abspaltung der Straße nach Monreal (384 m ü. NN) auf nur 1 800 m einen Höhenunterschied von 98 m. Die geschlossene Siedlungslage von Mayen ist im SW, W und N von den hier schon deutlich über 420 m hohen Randstreifen der Eifel umgeben. Im Rahmen der Begriffszuweisung bei der „Geographischen Landesaufnahme 1:200 000, Naturräumliche Gliederung" wurde die Lage der Stadt treffend als „Mayener Kessel" benannt (Anhang B). Mitten durch das Stadtgebiet verläuft die Grenze zwischen den Landschaften Pellenzsenke und Obermaifeld einerseits und der Östlichen Hocheifel andererseits.

D 7.1 Historische Entwicklung bis 1945

Fruchtbare Böden, wichtige Bodenschätze und die besondere klimatische Gunst der Landschaft um Mayen haben den Menschen immer wieder dazu bewogen, hier zu siedeln. Die ältesten Spuren reichen bis in die Altsteinzeit (bis 10 000 v. Chr.) zurück. Die Menschen dieser Zeit haben den Ausbruch des Lacher See-Vulkans, der die Landschaft für lange Zeit unbewohnbar machte, miterlebt. Seit der Jungsteinzeit (4 500–1 700 v. Chr.) wurde das Gebiet der heutigen Stadt Mayen in allen Kulturepochen immer wieder neu besiedelt. Der Lavastrom des Bellerberg-Vulkans wird seit dieser Zeit und verstärkt seit der Eisenzeit (1 250–50 v. Chr.) abgebaut und seine Basaltlava zu Getreidereiben und Mühlsteinen verarbeitet (s. D 6). Von der Besiedlung dieser Zeit zeugen heute zahlreiche Funde im Eifelmuseum in der Genovevaburg (s. D 7.3).

Der eigentliche Ursprung von Mayen liegt in keltischer Zeit. Der Ortsname geht auf das keltische Wort *magos* = Ebene, Feld zurück. Womit nach Auffassung der historischen Forschung das Steinbruchgelände, das so genannte Grubenfeld, angesprochen wurde (s. D 6). Reib- und Mühlsteine waren zu dieser Zeit bereits ein begehrtes, nicht mehr allein für den örtlichen Bedarf hergestelltes Handelsgut. Als Gaius Julius Caesar um 50 v. Chr. das Land am Rhein eroberte, fand er eine hoch entwickelte Kultur vor, die der Siedlung Mayen bereits feste Konturen gegeben hatte. Mit der Eingliederung der linksrheinischen Gebiete in die römische Provinz Obergermanien begann auch für Mayen eine Zeit des Aufschwungs. Mit dem Ausbau des Straßennetzes entwickelte sich hier ein bedeutender Etappenort. In unmittelbarer Nachbarschaft des Grubenfeldes entstand ein *vicus* mit Werkstätten verschiedenster Handwerkszweige. Erste Schiefersteinbrüche wurden angelegt. Der Abbau der Basaltlava erfolgte im größeren Maßstab. Die Produkte wurden über den Rheinhafen in Andernach in weite Teile des mitteleuropäischen Raumes verhandelt.

In spätrömischer Zeit entwickelte sich in Mayen die Töpferproduktion als zweites wichtiges Wirtschaftselement. Nach dem Fall des Limes wurden die bisherigen Töpfereistandorte im unsicher gewordenen Grenzland aufgegeben und ins Hinterland nach Mayen verlegt. Hier entstanden ausgedehnte Produktionsstätten, deren Waren bis nach Britannien sowie in den Alpenraum geliefert wurden. Zur Sicherung des Wirtschaftsstandortes Mayen gegen immer wieder in das linksrheinische Gebiet einfallende Germanenstämme wurde auf dem nahen Katzenberg eine Befestigungsanlage errichtet (s. D 8), die auch der fränkischen Eroberung zum Opfer fiel. Während der merowingischen und karolingischen Zeit behielt das Basaltlava- und Töpfereigewerbe seine Bedeutung bei. Tief greifende Veränderungen hat es im Siedlungsbild gegeben. Die bis dahin auf beiden Seiten der Nette gelegene Siedlung wurde nun endgültig samt den Töpfereien auf den Talbereich rechts der Nette verlegt. Urkundliche Ersterwähnungen stammen von 943 (*megina*) und 1041 *(megena)*; als „Stadt" wurde Mayen 1291 erwähnt.

Um das Jahr 1000 bot Mayen das Bild eines aus verschiedenen Höfen bestehenden lockeren Siedlungsgebildes. Kristallisationskern war die aus einfachen Anfängen hervorgegangene Clemenskirche, um die sich die Höfe und Mühlen gruppierten. Als Besitzer und Grundherren erscheinen Adelige, Klöster und Stifte, die in einem genossenschaftlichen Verband zusammengeschlossen waren. Deren einflussreichste Vertreter waren die Trierer Erzbischöfe und die Grafen von Virneburg. Beide hatten in Mayen ausgedehnten Grundbesitz, der im 13. Jh. zum Ausgangspunkt eines Konkurrenzkampfes um die territoriale Vormachtstellung wurde, aus dem das Erzstift Trier als Sieger hervorging. Unter Erzbischof HEINRICH II. VON FINSTINGEN (1260–1286) hatte das Erzstift in den 1270er Jahren seinen Besitz bedeutend vergrößern können. Mit dem Bau einer mächtigen Burg und einer Ortsgründung um 1280 und der von Heinrichs Nachfolger BOEMUND I. VON WARSBERG (1289–1299) 1291 erwirkten und durch König RUDOLF VON HABSBURG (1273–1291) vergebenen Stadtrechte für Mayen, wurde der Einfluss der Virneburger rigoros zurückgedrängt. 1297 verkauften sie ihre Mayener Vogtei an Trier.

Damit war das Erzstift Trier nicht nur bedeutendster Grundbesitzer, sondern auch unangefochtener Territorial- und Stadtherr geworden. Über 500 Jahre blieb Mayen in den entstehenden Kurstaat eingebunden. Die Trierer Erzbischöfe nutzten nun ihrerseits das Stadtrecht zum weiteren Ausbau von Mayen. Bei St. Clemens war ein auf die lokalen Bedürfnisse zugeschnittener Markt entstanden. In dessen Nachbarschaft ließen sich die ersten Juden nieder. Nach dem Burgbau begannen die Erzbischöfe mit der Errichtung einer Ortsbefestigung, die zunächst wohl aus einer provisorischen Graben-, Wall- und Palisadenanlage bestand. Die Burg wurde Sitz der trierischen Verwaltung von Amt und Oberamt Mayen. Unter dem Erzbischof BALDUIN VON LUXEMBURG (1307–1354) entwickelte sich Mayen stürmisch – die Stadt erhielt feste Mauern und Tore, in deren Rund die weiter verstärkte Burg eingebunden war. In der Mitte des städtischen Siedlungsareals entstand ein neuer, großzügiger Markt mit

Kaufhäusern, Hallen, Buden und einem Spielhaus. Ansiedlungswillige Neubürger stellte Erzbischof BALDUIN Bauland zur Verfügung. Es entstand ein komplettes Neubauviertel. Aus der jüdischen Ansiedlung war ein fest umrissenes Viertel mit einer Synagoge (1317) als Mittelpunkt hervorgegangen.

Nach der Fertigstellung des ersten Mauerbaus 1326 verlegte Erzbischof BALDUIN das in Lonnig ansässige Augustiner-Chorherrenstift nach Mayen an St. Clemens. Hier errichteten die Chorherren mit Unterstützung BALDUINS die notwendigen Klosterbauten und einen Kreuzgang. Am Kloster wurde auch die erste Schule unterhalten. Ein durch großzügige Stiftungen gefördertes Hospital ist 1355 für Durchreisende und Pilger erbaut worden. Handel und Gewerbe konnten sich entfalten. Das Handwerk organisierte sich in Zünften. Bedeutendstes Handwerk war zu dieser Zeit die Wollweberei. Dahinter trat die Steinbruchtätigkeit und die Mühlsteinproduktion zurück. Die vor den Toren der Stadt gelegenen Töpfereien waren rückläufig und gingen im Spätmittelalter gänzlich ein.

Die wirtschaftliche Entwicklung wurde durch die 1348 wütende Pest, in deren Folge auch die jüdische Bevölkerung ermordet und vertrieben wurde, wesentlich beeinflusst. Kaufleute und Adel verließen die Stadt. Kriege und Missernten, besonders in der Zeit der Manderscheider Fehde (1430–1436) hatten zu einer starken Verarmung der Bevölkerung beigetragen. Kostspielige Bauvorhaben, wie die Erweiterung der Clemenskirche (1360–1387/91, 1401–1436) zu einer modernen Hallenkirche und der Ausbau der Stadtbefestigung, mit den ins monumentale getriebenen Tor- und Turmbauten, wurden umgesetzt. Vom 16. bis zum Ende des 18. Jh. war Mayen von Stadtbränden und kriegerischen Ereignissen heimgesucht. Äußerlich wandelte sich das Erscheinungsbild der Stadt (Abb. 49). Sie erhielt ein barockes Gepräge. Nach den verheerenden Zerstörungen des Jahres 1689 wurde z.B. die kurfürstliche Amtsburg zu einer schlossartigen Anlage umgebaut und erweitert (1701–1711) und 1717/18 ein neues Rathaus errichtet. Mayen blieb trotz dieser Maßnahmen bis zum Ende des Kurstaates (1794) eine unbedeutende Landstadt mit überwiegend handwerklicher Struktur.

Die Zeit unter französischer Herrschaft (1794–1814) brachte für die Stadt wirtschaftlich keine Besserung. Das Clemensstift wurde aufgelöst, geistlicher und adeliger Besitz, darunter die kurfürstliche Stadtburg, beschlagnahmt und meistbietend veräußert. Mayen wurde mit der Angliederung der linksrheinischen Gebiete an Frankreich 1798 endgültig Sitz eines gleichnamigen Kantons, der zwei Jahre später wieder aufgelöst wurde. Seit 1800 bildete Mayen mit anderen Gemeinden die Mairie Mayen. Damit verlor es den Status einer Stadt.

Mit dem Übergang an Preußen wurde Mayen 1816/17 Teil der neu gebildeten Landbürgermeisterei Mayen und ein Jahr später Sitz des großflächigen Landkreises Mayen. Die wirtschaftlichen Verhältnisse besserten sich langsam. Entlang der Nette entstanden Mühlen- und Fabrikationsbetriebe. Aus vormals handwerklichen Bereichen entwickelten sich halbindustriell arbeitende Betriebe, wie die Tuch-, Hut- und Garnfabrikation. Am Katzenberg stellte sich um 1820 der Müller J. B. RATHSCHECK auf die Gewinnung von Dachschiefer um

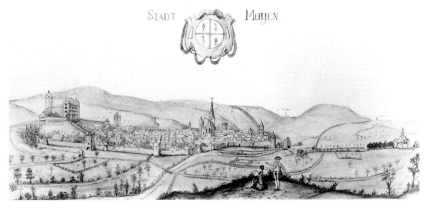

STADT MAYEN

Abb. 49   Mayen im Jahre 1783
(Federzeichnung von Heinrich Alken, 1753–1827. Eifelmuseum Mayen, mit freundlicher Genehmigung)

(s. D 8). Der Basaltlavabetrieb gewann seit 1830 wieder an Bedeutung. Außerdem entstanden zahlreiche Brauereien. In Mayen war ein verstärkter Zuzug von Beamten, Fabrikarbeitern und Handwerkern zu verzeichnen. Mit den preußischen Beamten kamen die ersten Protestanten in die Stadt. Sie bildeten 1821 eine Gemeinde und errichteten 1837/38 eine eigene Kirche. Die jüdische Bevölkerung schritt 1855 zum Bau einer Synagoge. Mayen gewann allmählich auch für die Bevölkerung des Umlandes als zentraler Ort an Bedeutung. 1857 erhielt es mit der Verleihung der preußischen Städteordnung den Rang einer Stadt zurück. Die Stadt wuchs über den mittelalterlichen Bering hinaus. Es entstanden Vorstadtbereiche. Im 19. Jh. wurde Mayen mehrfach von Seuchen und Epidemien heimgesucht. Vor diesem Hintergrund errichtete man in dem Zeitraum von 1857 bis 1859 das Marienhospital.

Nach 1871 setzte im Basaltlavabetrieb eine bis dahin nicht gekannte Phase der Hochkonjunktur ein, die in den 1880er und 1890er Jahren ihren Höhepunkt erreichte. Die Basaltlava war wegen ihrer guten Eigenschaften ein gefragter Baustoff für Straßen-, Ingenieur-, Wasser- und Brückenbauten. Im Hausbau fand sie nun als Werk- und als Massenmauerstein breite Verwendung. In Mayen entwickelte sich eine eigenständige Hausbaukultur mit steinsichtigen Basaltlavafassaden und schiefergedeckten Dächern, die zusammen mit dem Grau des Straßenpflasters der Stadt ein dunkles Aussehen gaben. Der Anschluss Mayens an das Eisenbahnnetz förderte den Aufschwung des Basaltlavabetriebes und des Schieferbergbaus erneut. 1880 erhielt Mayen die wirtschaftlich wichtige Verbindung zum Rheinhafen in Andernach. 1895 wurde die Strecke mit dem Viadukt über dem Nettetal in die Eifel weitergeführt. 1904 war der Anschluss nach Koblenz fertig gestellt. Der Schieferbergbau expandierte, mit der Einführung dampfmaschinenbetriebener Pumpen wurden nun Teufen bis unter den Nettespiegel erreicht. Im Basaltlavabetrieb kamen elektrische Kräne zum Einsatz.

D 7.1 Steinabbau und -verarbeitung hatten sich zum Haupterwerbszweig der Stadt entwickelt. Um die Jahrhundertwende vom 19. zum 20. Jh. beschäftigte die Steinindustrie über 3 000 Menschen. Die Ausdehnung des Siedlungsgebietes ging stetig weiter. Zwischen der Altstadt und dem Ostbahnhof entstand ein größeres Neustadtgebiet. Unterhalb der St.-Veit-Kapelle entwickelte sich ein besonderes Verwaltungsviertel. Für das Landratsamt wurde dort an exponierter Stelle 1891 ein stattlicher Neubau, das Kreisständehaus, errichtet. Es folgten das Postamt (1890/91), die Kreissparkasse (1904) und das Amtsgericht (1908/11). Um die Jahrhundertwende wurden sieben neue Schulhäuser gebaut. 1911/12 entstand die Herz-Jesu-Kirche. Den gestiegenen Anforderungen im Gesundheitswesen wurde mit dem Bau des Wilhelm-Auguste-Victoria-Krankenhauses von 1906 bis 1909 begegnet.

Die Zulassung skandinavischer Natursteinprodukte auf dem deutschen Markt und eine zunehmende Vorliebe für hellere Natursteine oder Kunststeine drohten die Basaltlava zu verdrängen. Der Beginn des Ersten Weltkrieges mit der Mobilmachung und der Einberufung vieler Arbeiter und Grubenbesitzer sowie der Sperrung des Eisenbahnverkehrs zog den völligen Stillstand im Steinbetrieb nach sich. In den 1920er Jahren wurden die bereits vor dem Krieg bemerkbar gewordenen Absatzschwierigkeiten deutlich. 1920 war der gesamten Belegschaft der Basaltlava- und Schieferindustrie für ein halbes Jahr gekündigt worden. An dieser Situation änderte sich wenig, sie erhielt mit der Inflation 1923 einen neuen Rückschlag. Der Niedergang der Basaltlavawirtschaft hielt weiter an.

Mit der Machtergreifung der Nationalsozialisten begann auch in Mayen die Ausgrenzung, die Verfolgung und letztlich die Vernichtung der jüdischen Einwohner. Gegen Ende des Zweiten Weltkrieges, vor allem nach der anglo-amerikanischen Invasion im Juni 1944, wurde Mayen zunehmend zur Frontstadt. Seine Bedeutung als regionaler Verkehrsknotenpunkt und die nach W führende Eifelbahn mit dem Viadukt über dem Nettetal, machte die Stadt zum Ziel alliierter Luftangriffe. Nach schweren Luftangriffen im Dezember 1944 sank die Stadt bei einem Bombardement am 02. Januar 1945 endgültig in Schutt und Asche. Knapp 400 Menschen verloren ihr Leben und 86% der Bausubstanz wurde zerstört oder beschädigt. Einem Großteil der Bevölkerung konnte bei den Luftangriffen durch den Aufenthalt im unter der Burg befindlichen Stollenbunker das Leben gerettet werden.

D 7.2 Stadtentwicklung nach 1945

Mayen erhielt nach dem Zweiten Weltkrieg wieder ein eigenes, unverwechselbares Stadtbild mit Häusern aus den heimischen Materialien: Tuff, Basaltlava und Schiefer. Mit dem kontinuierlichen Wiederaufbau gelang auch der Ausbau von Mayen zu einem modernen Mittelzentrum. Die Innenstadt bietet gegenwärtig eine Vielfalt an Geschäften und Läden für den gehobenen Bedarf. Durch den Ausbau von Fußgängerzonen im Rahmen der Stadtsanierung wurde sie attraktiv weiterentwickelt.

Die Wirtschaftspolitik war von den Bemühungen, die Monostruktur im Bereich der Steinindustrie zu überwinden, gekennzeichnet. Erstmals betrieb die Stadt eine massive Werbung und Ansiedlung neuer Betriebe. Konkurse und Schließung von Großbetrieben seit den 1970er Jahren brachten immer wieder empfindliche Rückschläge. Nach langen Bemühungen wurde die Stadt 1975 als Förderort zur Verbesserung der regionalen Wirtschaftsstruktur anerkannt. Mit den Fördermitteln konnten neue Gewerbe- und Industriegebiete im O und N der Kernstadt und an der Anschlussstelle der Eifelautobahn im Stadtteil Alzheim erschlossen und neue Betriebe angesiedelt werden. Die Monostruktur wurde weitgehend durchbrochen und die wirtschaftlichen Verflechtungen zum Umland weiter ausgebaut.

Beeinflusst durch den Sitz des Landratsamtes entstanden im 19. und 20. Jh. wichtige Behörden und Einrichtungen. 1962 wurde Mayen Garnisonstadt. Zahlreiche Ver- und Entsorgungsträger, Banken, Sparkassen, Berufsorganisationen, Krankenkassen, Hilfs- und Notdienste sind bis heute in der Stadt ansässig, die sich außerdem zu einem bedeutenden Schulstandort entwickelte. Neben allen Schultypen des allgemeinen Bildungssystems verfügt sie über eine Reihe verschiedenster Fachschulen sowie die 1982 eingerichtete Fachhochschule für öffentliche Verwaltung. Mayen hatte sich damit zum Standort eines gehobenen Bildungs- und Ausbildungswesens entwickelt. Heute genießt es den Ruf einer Stadt der Schulen. Auch im Sozialwesen hatte Mayen zunehmend zentrale Aufgaben für ein Umland übernommen. An erster Stelle ist das St.-Elisabeth-Krankenhaus zu nennen, an dessen Seite zwei größere Alten- und Pflegeheime sowie eine Reihe Sondereinrichtungen für behinderte Menschen mit einem räumlich weit über den Standort reichenden Aufgabenbereich traten. Auf dem Sportsektor entstand in städtischer Regie ein beheiztes Frei- und Hallenbad (1957/1975), das auch dem Umland zu Gute kommt.

Die Entwicklung Mayens zum ausgebauten Mittelzentrum erhielt mit der Auflösung des Landkreises Mayen 1970 und der Bildung des neuen Landkreises Mayen-Koblenz einen Rückschlag, ebenso mit der drei Jahre später beschlossenen Verlegung des Kreissitzes von Mayen nach Koblenz. Gleichzeitig mit der Verwaltungsreform wurden die bisher selbstständigen Gemeinden Alzheim (Allenz und Berresheim), Hausen mit Betzing, Kürrenberg und das kleine Nitztal der Stadt eingemeindet. Die Einwohnerzahl stieg auf rund 20 000 Einwohner an. Begleiterscheinung des Wirtschafts- und Bevölkerungswachstums war eine stürmische Siedlungsentwicklung. Neue Wohngebiete entstanden und füllten allmählich den Talkessel der Nette auf. Von 1960 bis 1990 verdoppelte sich die Größe des Siedlungsgebietes. Für die gestiegenen Anforderungen an den Verkehr musste eine Umgehungsstraße gebaut werden, die Teil einer Kurzverbindung zwischen den beiden linksrheinischen Autobahnen A 61 und A 48 wurde.

Mayen gilt gegenwärtig als kulturelles Zentrum des westlichen Mittelrheinischen Beckens und von Teilen der Osteifel. Zahlreiche Einrichtungen reichen weit über den engeren Einzugsbereich hinaus. Zu ihnen zählt das 1904 vom Geschichts- und Altertumsverein gegründete Eifelmuseum, das in den Räumen der Genovevaburg zu einem bedeutenden Regionalmuseum heranwuchs und heute zentrales Museum der Eifel ist (s. D 7.3). Im Innenhof der Burg finden seit 1982 jährlich Freilichttheateraufführungen statt. Sie sind als Burgfestspiele zu einer festen Einrichtung im rheinland-pfälzischen Kultursommer geworden, die seit 1988 unter eigener Intendanz mit eigenem Ensemble auftritt. Auf dem Grubenfeld, im Bereich stillliegender Steinbrüche, findet seit 1985 das Internationale Steinhauer-Symposion „Lapidea" statt. Künstler aus verschiedenen Ländern treffen sich hier alle drei Jahre und gestalten ohne jede thematische Vorgabe am heimischen Stein. Auch am Vulkanpark hat Mayen einen gewichtigen Anteil (s. E 6).

D 7.3 Stadtbild und Baudenkmale

Im Stadtbild weithin sichtbar erhebt sich auf einer devonischen Felskuppe die Genovevaburg (Abb. 50). Um 1280 unter Erzbischof HEINRICH II. VON FINSTINGEN zur Sicherung und zum Ausbau des Trierer Territoriums errichtet, wurde die Burg zu Beginn des 14. Jh. unter Erzbischof BALDUIN VON LUXEMBURG um die Unterburg erweitert und als Amtssitz zentraler Ort in der Trierer Landesverwaltung. Von der castrumförmigen Oberburg sind der Bergfried (Goloturm) und Wehrmauern im O, S und W sowie Teile der Zwingeranlage der Unterburg erhalten. 1689 von französischen Truppen zerstört, wurde die Burg in den Jahren von 1700 bis 1710 unter Kurfürst JOHANN HUGO VON ORSBECK (1676–1711) in barocken, schlossartigen Formen wieder aufgebaut und die Unterburg um eine Reihe neuer Flügel erweitert. Mit der Beschlagnahmung und Versteigerung während der französischen Besatzungszeit geriet die Burg zu Beginn des 19. Jh. in private Hände. Das Amtshaus wurde abgerissen, Teile der Burg als Fabrik genutzt und schließlich als großbürgerlicher Wohnsitz und Villa (1893) in Formen der Neurenaissance umgebaut. Nach einem Brand 1902, dem die Bauten der Unterburg zum Opfer fielen, fand der letzte große Umbau 1918 statt, unter dem Architekten ERNST STAHL erhielt sie ihre heutige Gestalt. Im Zweiten Weltkrieg 1945 zerstörte Teile wurden 1967–1985 wiederhergestellt.

Mit dem Bau der heutigen Kirche St. Clemens, der bis um 1430 dauerte, ist bald nach Verlegung des Augustinerklosters 1326 begonnen worden. Die Kirche hat bis in die Mitte des 7. Jh. zurückreichende Vorgängerbauten, von denen der Turm der romanischen Anlage in den heutigen gotischen Bau einbezogen wurde. Die gotische Kirche gehört zwei Bauphasen an. Nach Niederlegung des romanischen Nordschiffes wurde mit dem Bau des Mittel- und Nordschiffes begonnen. Dieser erste Bauabschnitt war um 1390 abgeschlossen, wie die Errichtung von Altären und der Guss neuer Glocken belegen. Ein zweiter Abschnitt begann 1401 mit der Niederlegung der verbliebenen romanischen Kirchenschiffe und der Errichtung des gotischen Südschiffes, das mit seiner Einwölbung um 1430 fertig gestellt wurde. St. Clemens gehört zu den ältesten Hallenkirchen des linksrheinischen Raumes. Hier ist das Langhaus – ein quadratischer Raum mit vier Stützen – erstmals ohne störende Empore ausgebildet. Außen werden die Schiffe des Kirchenbaus von einem Dach überdeckt und die Joche des Langhauses durch quer gestellte Dächer hervorgehoben. Auch nach der Umwand-

Abb. 50 Wehrhafte Befestigungen in Mayen
Links: Rundturm und Wehrmauer
Rechts: Genovevaburg

lung des Klosters in ein weltliches Kollegiatstift bis zu seiner Auflösung zu Beginn des 17. Jh. diente St. Clemens als Stifts- und Pfarrkirche. Im W der Kirche befand sich die mehrfach erweiterte Klosteranlage mit Kreuzgang. Nach Aufhebung des Stifts wurde sie in Abschnitten abgerissen. Ein letzter Rest fiel zusammen mit der Kirche 1944/45 den Bomben zum Opfer. Ein erster notdürftiger Wiederaufbau folgte von 1947 bis 1953. Die endgültige Wiederherstellung der Außenfassade und des Innenraumes einschließlich der Neuausstattung und der Restaurierung des Inventars fällt in die letzten 30 Jahre.

Das Alte Rathaus befindet sich im Zentrum der Mayener Innenstadt zwischen der Burg und der Kirche. An der Stelle des 1689 zerstörten mittelalterlichen Vorgängerbaus wurde es in den Jahren 1717/18 nach den Plänen des Mayener Steinmetzen JOHANNES NÜRNBERG errichtet. Der Bau spiegelt die um 1700 herrschende Bauauffassung in Kurtrier wider. An der Seite zum Marktplatz besaß das Rathaus ursprünglich sieben Fensterachsen. Um 1826 wurde es für das königliche Landratsamt des neuen preußischen Landkreises Mayen sowie für das Friedensgericht durch den Kgl. Bauinspektor CARL MAEBER erweitert. Als Pendant zur Burg bestimmt es die Nordwand des Marktplatzes und lässt noch heute etwas von der Polarität zwischen dem Trierer Kurfürsten einerseits und der Stadtgemeinde andererseits spüren.

Die einst bedeutende Stadtbefestigung ist noch in einigen Resten erhalten. 1326 war die erste, nach Verleihung der Stadtrechte 1291 begonnene Befestigung fertig gestellt worden. In den folgenden Jahrhunderten wurde die Befestigung ständig verstärkt. Während der Manderscheider Fehde (1430–1436) wurde sie stark beschädigt. Zum Wiederaufbau bewilligte der Landesherr 1440 die Erhebung einer Steuer. Die Stadt nahm zur Finanzierung des Stadtbefestigungsbaus einen Kredit von 1 000 Gulden auf. Während dieser Befestigungsphase wurden die Stadttore und der Mühlen- und Vogelsturm verstärkt und die einfache Vollmauer zu einer modernen Arkadenmauer ausgebaut. Solche Verstärkungs- und Ausbaumaßnahmen reichten bis zum Ende des 16. Jh. Während dieser Phase wurde der Stadtmauerabschnitt im Verlauf der Nette auf die doppelte Höhe gebracht, Tore und Türme weiter verstärkt und das Brückentor mit Brücke und Vortor, welche bei einem Hochwasser unterspült und beschädigt wurden, wiederhergestellt. Von den ehemals vier Stadttoren sind das Brückentor an der Nette und das fünfgeschossige Obertor im S erhalten, dessen letztes Geschoss über einen Rundbogenfries leicht vortritt und seitlich von Eckwarten begleitet wird. Neben dem niederen dreigeschossigen Brückentor, bei dem das oberste Geschoss ebenfalls über Rundbögen vorkragt, markieren zwei erhaltene Rundtürme, der Mühlen- und der Vogelsturm, die Nettefront. Weitere Reste der Stadtmauer sind an der Nette sowie im S der Innenstadt, im Anschluss an das Obertor und an die Burg erhalten. Sie wurden in den vergangenen Jahrzehnten im Zuge der Stadtsanierung wiederhergestellt und ergänzt.

Innerhalb des Stadtberings, in der Nähe des zerstörten Wittbender Tores steht die Hospitalkapelle Heilig Geist, ein einschiffiger verputzter Bruchsteinbau mit dreiseitigem Chor im W, an die sich eine kleine quadratische Sakristei anschließt. An der Stelle einer mittelalterlichen Vorgängerin wurde sie Ende des 17., Anfang des 18. Jh. errichtet. Die Jahreszahl 1757 über dem Eingang deutet wahrscheinlich auf eine Erneuerung bzw. Renovierung hin. Das Mayener Hospital wird in einer Ablassbulle der päpstlichen Kurie vom 14. September 1355 erstmals urkundlich erwähnt. Seine Errichtung stand im engen Zusammenhang mit der epidemischen Ausbreitung des so genannten Schwarzen Todes im Zeitraum von 1348 bis 1351, die die Ausweitung des Hospitalwesens beschleunigt haben dürfte. Die Kapelle war ursprünglich den Heiligen Jacobus, Leonhard, Jodocus, Elisabeth und Katharina geweiht. Das Hospital diente, wie die Wahl der Patrozinien ebenfalls zeigt, nicht nur der außerhäuslichen Krankenpflege sondern auch als Unterkunft für Durchreisende und Pilger, der Unterbringung von Bettlern sowie der städtischen Armenfürsorge, insbesondere der Verteilung von Almosen an Bedürftige. Durch zahlreiche Schenkungen im 15. und 16. Jh. war das Vermögen des Hospitals angewachsen. Nach der Säkularisierung wurde das Hospital lange Zeit zweckentfremdet genutzt, zunächst als Magazin und Theatersaal, danach als Museum und Werksammlung. Nach dem Zweiten Weltkrieg diente die Kapelle der Pfarrei St. Clemens als Notkirche. Heute ist sie Gedächtnisstätte für die Opfer des Ersten sowie des Zweiten Weltkrieges und der Gewaltherrschaft.

Im Jahre 1911/12 wurde am Fuße der Burg die Herz-Jesu-Kirche als zweite katholische Pfarrkirche errichtet. Architekt war der aus dem benachbarten Kottenheim stammende Kirchenbauer CASPAR CLEMENS PICKEL (1847–1939). Der dreischiffige, basilikale, in neuromanischen Formen gestaltete, ursprünglich eintürmige Kirchenbau besitzt ein Querschiff, an das sich der Hauptchor mit

Fünf-Zehntel-Schluss und die gerade schließenden Seitenchöre anfügen. Bei dem Bombenangriff auf Mayen im Jahre 1945 wurde auch die Herz-Jesu-Kirche stark zerstört. Der Glockenturm und die Vierungskuppel konnten gerettet werden. Im Zuge des Wiederaufbaus der Kirche wurde 1961/62 ein zweiter Turm fertig gestellt. Heute bietet die Herz-Jesu-Kirche im Stadtbild eine Kulisse von Türmen, zu der neben den Hauptürmen, die Vierungskuppel sowie die beiden niederen, den Hauptchor begleitenden Türme gehören. Der Wiederaufbau der Kirche konnte erst in den letzten Jahren mit der Neuordnung des Innenraumes und seiner Ausmalung sowie der Neuverglasung der Fenster beendet werden.

Am Nordrand des Mayener Talkessels, außerhalb des alten Stadtkerns steht innerhalb eines gleichnamigen Parks die St.-Veit-Kirche mit Kapelle. Auf Grund ihrer exponierten Lage wirkt sie weit in das Stadt- und Landschaftsbild. Die Anfänge von St. Veit reichen bis ins Frühmittelalter zurück. Auf einen karolingischen und einen romanischen Bau folgte 1718 ein neuer, in den Formen der Nachgotik gestalteter Chorbau, vor den 1785 ein größeres, barockes Langhaus gesetzt wurde. 1787 wurde schließlich der bis dahin in der Stadt bei St. Clemens gelegene Friedhof vor die Tore nach St. Veit verlegt. Der 1919 wieder aufgegebene Bestattungsplatz wurde zur damals größten öffentlichen Grün- und Parkanlage neu gestaltet.

Der weitere Anstieg der städtischen Bevölkerung und deren seelsorgerische Betreuung führten bereits 1939 zur Einrichtung einer von der Pfarrkirche St. Clemens abgetrennten Vikarie, der 1951 die Erhebung zur selbstständigen Pfarrei folgte. Da die Kapelle zu klein für die wachsende Pfarrei war, wurde ein neuer Kirchenbau notwendig, den DOMINIKUS BÖHM (1880–1955) als Architekt betreute. Die Grundsteinlegung erfolgte 1953, der fertige Bau konnte ein Jahr später eingeweiht werden. Im Laufe der Zeit wirkten sich auch Verwitterungserscheinungen am Baukörper der neuen Kirche aus. Der Glockenturm musste 1987 wegen Baufälligkeit gesprengt werden und wurde 1990 durch einen neuen, anders gestalteten Turm, für den der Sohn des Architekten, GOTTFRIED BÖHM, verantwortlich war, ersetzt. Die Kirche steht parallel zur Kapelle. Beide bilden mit dem Sakristeiflügel sowie dem freistehenden Turm eine atriumartige Anlage von seltener städtebaulicher Qualität.

Das Eifelmuseum in der Genovevaburg D 7.4

In der Genovevaburg befindet sich das Eifelmuseum. Es ist aus der Sammlung des örtlichen Geschichts- und Altertumsvereins (GAV), der im Jahre 1904 gegründet wurde und seit Beginn eine archäologische Schausammlung aufbaute, hervorgegangen. 1920 erfolgte die Einrichtung eines Eifelmuseums im Marstallflügel der Genovevaburg unter der Mitträgerschaft des Eifelvereines. PETER HÖRTER (1860–1930) wurde der erste hauptamtliche Konservator des Eifelmuseums. 1938 wurde die gesamte Genovevaburg angekauft. Unter der Trägerschaft der Stadt und des Kreises Mayen, des GAV und des Eifelvereins konnte ein weiterer Ausbau des Museums geplant werden. Die Kriegsjahre und die Zerstörung der Stadt am 02. Januar 1945 verzögerten diese Pläne. Im Jahre 1949 begann unter FRIDOLIN HÖRTER (1888–1960), der seinem Vater im Jahre 1931 als Konservator nachfolgte, der Neubeginn und der Wiederaufbau der Sammlung (SCHÜLLER 1991). 1966 wurde das Museum als Eifeler Landschaftsmuseum modernisiert und unter der wissenschaftlichen Betreuung durch das Landesmuseum Koblenz als Regionalmuseum eingerichtet, dessen Ziel die Darstellung der Geologie, Geschichte und Kultur des Mayener Raumes war. Ab 1997 erstellte man ein Nutzungskonzept für die Genovevaburg sowie ein modernes Museumskonzept für ein Eifelmuseum, dessen Inhalt die Einrichtung eines Themenmuseums ist, das für die gesamte Eifelregion einen Überblick über die Erdgeschichte, die Entstehung der Landschaft, das Werden der Kulturlandschaft und die Geschichte der ländlichen und städtischen Kultur geben soll. Die Umgestaltung des Eifelmuseums geht mit erheblichen architektonischen Eingriffen einher, die in mehreren Bauabschnitten realisiert werden sollen. Das Eifelmuseum Mayen beherbergt gegenwärtig überregional bedeutende Sammlungen von vor- und frühgeschichtlichen Funden der Osteifel. Vor allem die Funde aus den keltischen und römisch-fränkischen Gräberfelder des antiken Mayen sowie aus den spätrömischen bis mittelalterlichen Töpfereien sind hier besonders hervorzuheben. Einmalig ist die große Sammlung von Werkzeugen, Reib- und Mühlsteinen aus den Basaltlavasteinbrüchen von Mayen, Kottenheim und Ettringen, deren Nutzung nachweislich schon in der Zeit der frühen Bauernkulturen (6. Jahrtausend v. Chr.) begann. Einen weiteren Sammlungsschwerpunkt bildet die umfangreiche Kollektion von geologischen, mineralogischen und paläontologischen Exponaten der Eifel, eine große volkskundlich-regionalgeschichtliche Sammlung, in der z.B. historische Möbel, Hausrat und landwirtschaftliche Geräte, Gusseisenöfen, Kamin- und Takenplatten, Schmiede-, Weber-, Schumacher-, Töpfer- und Blaufärberwerkstätten ausgestellt sind. Zu nennen ist außerdem in einer Abteilung die Sammlung von religiöser Volkskunst, unter anderem mit Basaltwegekreuzen, Devotionalien, Heiligenfiguren, und Kunst der Eifelregion, in der sich unter anderem Gemälde von VON WILLE, PÜTZHOFEN-HAMBÜCHEN, ALTMEIER, befinden.

Die einzelnen Abteilungen des Museum werden schon in der Ausbauphase gemäß der Endplanung auf die einzelnen Stockwerke verteilt und in sich geschlossen angelegt. Das Untergeschoss ist außer einer allgemeinen Darstellung der erdgeschichtlichen Entwicklung der Eifel und ihres Vulkanismus hauptsächlich den geologischen und bergmännischen Exponaten vorbehalten. Die Thematik Welt im Schiefer greift über die rein geologisch-erdgeschichtlichen Belange auch die Bergwerksgeschichte und den Schieferhandel auf. Auch die Verwendung der Schieferplatten wird dargestellt. Die Zeit des Zweiten Weltkrieges wird durch Themen zu dem Leben im Bunker und zu Folgen des Luftkrieges dokumentiert. Im Erdgeschoss findet man allgemeine Angaben zur Eifel, Aussagen zur Namensherleitung, die Vorstellung von Eifelprodukten, Angaben zu Persönlichkeiten aus der Eifel sowie Hinweise auf weitere Museen in dieser Region. Außerdem befindet sich in diesem Museumsteil der Museumsshop und die Information. Die Obergeschosse des Marstallflügels werden in der kommenden zweiten Bauphase bis voraussichtlich 2004 realisiert. Nach dem vorliegenden

Konzept wird im ersten Obergeschoss ein Ausstellungsbereich zum Thema Entstehung der Eifellandschaft eingerichtet. Hier wird unter anderem die fossile Flora und Fauna am Beispiel von Exponaten der Museumssammlung dargestellt. Weitere Themen sind Bodenbeschaffenheit, Wetterverhältnisse und Landschaftsbilder der Eifel. Im zweiten Obergeschoss soll die Entwicklung der Kulturlandschaft, die Alltagsarbeit und die Lebensverhältnisse des Menschen aufgezeigt werden. Beispielhaft werden die Epochen der Keltenzeit, der Römerzeit, des Mittelalters und der frühen Neuzeit ausgewählt. Die Ausstellung im dritten Obergeschoss/Dachgeschoss beschäftigt sich mit dem Thema Alter Glauben – Neuer Glauben. Am Beispiel außergewöhnlicher Bodenfunde, z.B. einer spätbronzezeitlichen Kultrassel und eines tönernen Mondidols (Kultstätte Goloring; s. E 18), werden die Hinweise auf die vorgeschichtlichen Religionen der Region zusammengetragen. Einen weiteren Schwerpunkt bilden die Informationen über die Kelten- und Römerzeit etwa zum Matronenkult oder zur keltisch-römischen Götterwelt. Ein Schwerpunkt liegt in der Darstellung der christlichen Glaubensvorstellungen von den Anfängen (fränkische Grabsteine mit christlichen Inschriften, Grabbeigaben mit Christogramm) bis zum Mittelalter (umfangreiche Sammlung von Heiligenfiguren, Basaltkreuzen) und der frühen Neuzeit (z.B. Kreuzweg-Stationen u.a.). Die Konzeption für den Bereich der Oberburg wird derzeit erarbeitet; Inhalte sind das Werden der mittelalterlichen Städte, ihre inneren Strukturen, die Zünfte und Handwerke, weltliche und religiöse Herrschaft, Liebe und Tod. Die Verwirklichung dieser Bauabschnitte des Museums wird voraussichtlich spätestens im Jahr 2010 abgeschlossen sein.

Mit der Neukonzeption des Eifelmuseums wurde eine dezentrale Museumsstruktur gewählt. Zum Museum gehören folgende Außenstellen: Das alte Arresthaus enthält unter anderem das Archiv der Stadt Mayen und ihres Umlandes sowie einen Gemäldenachlass. Am Mayener Grubenfeld befindet sich das Vulkanpark-Informationszentrum Mayen mit einer Ausstellung über die Geschichte der Mayener Mühlsteinbrüche in der Römerzeit (s. D 6). Neben zahlreichen Originalexponaten zur Abbautechnik und Produktpalette (Werkzeuge, Spalttechniken, Mühl- und Werksteine) werden zahlreiche Rekonstruktionen, Modelle und funktionierende Nachbauten von keltischen und römischen Mühlsteinen präsentiert. Eine weitere Außenstelle des Eifelmuseums ist der historisch bedeutsame Katzenberg (s. D 8).

Katzenberg bei Mayen   D 8

Der Katzenberg ist ein Hügel aus Schiefer, der sich unmittelbar am Lauf des Flusses Nette, etwa 2 km südöstlich der Mayener Innenstadt erhebt. Während die Nordostseite unterhalb der Kuppe in einen sanft abfallenden Bergsattel übergeht, fallen Südost-, Süd- und Westflanke steil zur Nette ab. Eine geologische Besonderheit ist die Kontaktzone des devonischen Schiefers mit dem südlichsten Ausläufer des Mayener Lavastromes, der vor 200 000 Jahren, vom Bellerberg-Vulkan kommend, das Nettetal an der Südflanke des Berges verfüllt hat – zwei Gesteine, Basaltlava und Schiefer prägen somit den Berg. Heute überzieht eine charakteristische Trockenvegetation das Gelände.

Eine erste Besiedlung vollzog sich während der Jungsteinzeit, im 4. Jahrtausend v. Chr. Mehrere Hüttengrundrisse der Michelsberger Kultur kamen zu Beginn des 20. Jh. bei archäologischen Ausgrabungen zu Tage. Erst in der spätrömischen Epoche wurde der Katzenberg erneut als Siedlungsplatz aufgesucht. Um 300 errichtete man hier eine Befestigungsanlage zum Schutz der römischen Siedlung (*vicus*) von Mayen, die bis etwa 370 in Benutzung blieb (Abb. 50). Mayen war auf Grund seiner Mühlsteinbrüche und seiner Keramikproduktion (s. D 7.1) ein überregional bedeutender Industriestandort (OESTERWIND 2000). Mit dem Fall des Limes setzte jedoch 260 eine Periode der Unsicherheit ein, in deren Verlauf germanische Gruppen zahlreich den Rhein überquerten sowie Siedlungen und Gutshöfe im linksrheinischen Raum angriffen. Die Höhenbefestigung bot mit 1,2 ha Innenfläche den Bewohnern des römischen Mayen im Notfall eine Rückzugsmöglichkeit.

Die Kuppe und das Plateau des Katzenberges waren mit einem Mauerring umgeben (HUNOLD 2000). Die flacher geneigten, besonders gefährdeten Partien besaßen eine doppelte Mauer, während an steilen, von Natur aus geschützten Flanken ganz auf die Mauer verzichtet werden konnte. Das Mauerwerk war verputzt und bestand aus den lokalen Gesteinen Schiefer und Basaltlava. Den Bereich der Kuppe mit dem anschließenden steilen Grat nach S trennte zusätzlich ein Holzzaun ab, dessen Pfostenstellungen deutlich sichtbar in den Schieferfels eingearbeitet sind. Auf der Südseite, zum Tal der Nette, ergänzten zwei runde Türme die Befestigungsanlagen. Beide Türme hatten einen Durchmesser von etwa 6 m und glichen in ihrer Bautechnik den Mauern. Einer von ihnen war in die Wehrmauer eingebunden, während der andere isoliert in der südöstlichen Ecke der Anlage, nur wenig über dem Talgrund, stand. Von dort aus ließ sich der Lauf der Nette mitsamt der begleitenden Straße kontrollieren. Die Innenbebauung konzentrierte sich auf die höher gelegenen Teile der befestigten Fläche, auf die Kuppe sowie den etwas tiefer liegenden Grat. Zahlreiche Eintiefungen im anstehenden Schiefer zeugen von einer dichten Bebauung. Terrassierungen und kammerartigen Abarbeitungen schufen in dem abschüssigen Gelände Platz für kleine Gebäude. Pfostenlöcher weisen ebenfalls auf Gebäude und auf hölzerne Plattformen hin. Das zentrale Gebäude, ein rechteckiges, beheizbares Haus von 12 m Länge und 5 m Breite, stand auf dem höchsten Punkt. Offenbar handelte es sich um eine Wach- und Signalstation, von der aus die Umgebung in weitem Umkreis überwacht werden konnte. Eine Übermittlung von Signalen ist vor allem entlang der Nette vorstellbar, in deren Verlauf bis zur Rheinebene drei weitere spätrömische Höhenbefestigungen lagen. Nach der Lage der Befunde und dem Aufkommen an Kleinfunden ist es wahrscheinlich, dass die dicht bebaute Kuppe mit der Wachstation ein militärischer Bereich war, wo eine kleine Gruppe von Soldaten den Wachdienst versah, während die geräumige Plateaufläche als Zuflucht für die Mayener Zivilbevölkerung im Falle eines Angriffes vorgehalten wurde.

Im Rahmen des Vulkanpark-Projektes konnte der Katzenberg archäologisch untersucht und zu einem Landschaftsdenkmal ausgebaut werden. Auf einem

Rundweg erläutern Informationstafeln die Befestigungsanlage in ihrer einstigen Bedeutung. Teile der Umwehrung sind, als Modell im Maßstab 1:1, rekonstruiert und wieder aufgebaut worden. Es handelt sich um ein etwa 70 m langes Mauerstück der Südflanke mit dem eingebundenen Rundturm sowie um den einzeln stehenden zweiten Turm. Mauer- und Geschosshöhen wurden auf Grund der vorhandenen Fundamentstärken festgelegt. Durch Vergleiche mit besser erhaltenen Anlagen konnten Hinweise zum Wehrgang, zu den Zinnen und zu den Fenstern gewonnen werden. Bei der Rekonstruktion der Turmdächer kam ein aussagekräftiger Befund zu Hilfe. In einem der Türme war während der Ausgrabung die originale Dacheindeckung aus Schiefer zu beobachten. Die Decksteine waren in unmittelbarer Umgebung des Katzenberges gewonnen worden, wo auch heute noch im derzeit größten Schieferbergwerk Mitteleuropas, 200 m unter der Erdoberfläche hochwertiger Dachschiefer abgebaut wird. In den Rundweg wurde im Jahr 2002 auch der Bereich der Wachstation einbezogen und für die Besucher zugänglich gemacht. Ein Holzbau wird sowohl den Originalbefund, ein Fundamentgräbchen, schützen als auch das ursprüngliche Gebäude in seinen Dimensionen markieren. Somit erschließen sich die hervorragendsten Eigenschaften der Befestigung, Wehrhaftigkeit sowie Beherrschung der Umgebung, dem Besucher wieder unmittelbar.

Mayen und seine peripheren Stadtteile sind die einzige städtische Agglomeration am Westrand des Mittelrheinischen Beckens. In östlicher Richtung reihen sich die Pellenz-Dörfer an, zum Teil (hauptsächlich nach SO) auch Gemeinden des Maifeldes. Im Selbstverständnis mancher Bewohner der betreffenden Gemeinden ist die Zuordnung zu einer dieser Landschaft oft nicht eindeutig. Auch die verwaltungspolitische Zuordnung lässt in dieser Hinsicht erhebliche Fragen offen.

Trimbs, Landkreis Mayen-Koblenz, Verbandsgemeinde Maifeld   D 9

Trimbs zum Beispiel erstreckt sich im Grenzbereich zwischen Maifeld und Pellenz im Nettetal und an dessen linkem Hang in einer Höhe von etwa 185 bis 210 m ü. NN und liegt von Polch rund 2,5 km in nordnordwestlicher Richtung entfernt. Im Jahre 2001 hatte der Ort 658 Einwohner. Als Zeugnis römischer Besiedlung wurden bei Trimbs Mauern entdeckt. Der Ort fand im Jahre 1019 eine erste Erwähnung unter der Bezeichnung *trimizze*, als ein dort gelegener Hof mit einer Kirche von Kaiser HEINRICH II. dem Kloster Kaufungen geschenkt wurde. Die Kirche wich 1739 einem Neubau, der heute noch als Gotteshaus dient. Diese Barockkirche erfuhr 1932 eine Erweiterung in östlicher Längsrichtung, während sie im W mit dem rechteckigen Turm und seinem vierseitigen spitzen Dach der Vorgängerkirche begrenzt wird.

Nahe der Südwestseite der Kirche befindet sich der Ulmerhof, der aus Klosterbesitz von Privatpersonen erworben und geteilt wurde. Westlich der Kirche liegt das ehemalige Pfarrhaus, ein Barockbau, der heute Privateigentum ist. Da die Arbeitsmöglichkeiten in der Steinindustrie der Pellenz sowie in den nahe liegenden Dachschiefergruben schon früh zur Abwendung der Bevölkerung von

D 9 der Landwirtschaft geführt hatten, setzt sich die Bausubstanz in Trimbs gegenwärtig aus einer geringen Anzahl bäuerlicher Anwesen (meist Hakenhöfe) und einem Großteil an Wohngebäuden zusammen. Dem alten Ortsbereich gliedert sich talaufwärts ein neues Wohngebiet an. In Trimbs liegt die Grube „Wilbert", deren Stollenanlagen bis in die Gemarkung der Nachbargemeinde Welling reichen. Der Dachschieferabbau in diesem Bergwerk wurde bereits um 1980 allmählich eingestellt.

D 10 Welling, Landkreis Mayen-Koblenz, Verbandsgemeinde Maifeld,

in der Pellenz gelegen, erstreckt sich in einer ehemaligen Talschleife des Nettebaches nördlich dieses Gewässers in einer Höhe von 190 bis 220 m ü. NN. Der Ort befindet sich etwa 5 km östlich von Mayen. Im Jahre 2001 betrug die Einwohnerzahl 879 Personen. Im Bereich von Welling sind Siedlungsgruben der Hunsrück-Eifel-Kultur und römische Brandgräber entdeckt worden. Der Ort wurde im Jahre 1247 erwähnt, als die dortigen Güter der Abtei Laach dem Kloster St. Thomas bei Andernach überlassen wurden.

Neben dem ehemaligen Pfarrhaus befinden sich als Reste der Pfarrkirche aus der Mitte des 13. Jh. deren Turm und der im 14. und 15. Jh. umgestaltete Chor. Die Kirche war im Jahre 1882 wegen Baufälligkeit z.T. niedergelegt worden. An der Hauptstraße wurde zur selben Zeit ein neues Kirchengebäude errichtet. Bei der Kirchenruine befinden sich alte Basaltkreuze. In Welling bestand eine Burg, die sich als kurtrierisches Lehen im Besitz der Herren von Lohnstein (Lahnstein) befand.

Zum Gebäudebestand des Ortes zählen einige stattliche Gehöfte und einige Hakenhöfe, von denen heute nur noch wenige Sitz von landwirtschaftlichen Betrieben sind. Schon früh hatten sich die Bewohner von Welling beruflichen Tätigkeiten außerhalb der Landwirtschaft, vor allem in den Betrieben der Gewinnung und Verarbeitung vulkanischer Gesteine im Pellenzraum, zugewandt. Auch in der Dachschiefergrube „Wilbert" im nahen Trimbs fanden sie Arbeit (s. D 9). Die Berufstätigen sind meist als Pendler in den umliegenden Gewerbeorten tätig, es existieren wenige Bauern, meistens Nebenerwerbslandwirte.

D 11 Polch, Landkreis Mayen-Koblenz, Verbandsgemeinde Maifeld

Die Stadt liegt im Maifeld in einer Höhe von etwa 220 m ü. NN. Im Jahr 2001 belief sich ihre Einwohnerzahl auf 6 350. Hinweise auf die früheste Anwesenheit des Menschen glaubte man gefunden zu haben, als im Jahre 1936 im Distrikt Netteberg Mammutknochen und Quarzitbrocken zu Tage gefördert wurden und damit die Vermutung aufkam, Menschen der Altsteinzeit hätten hier eine Fallgrube zum Erlegen des Mammuts hergerichtet, was aber von der Forschung als unzutreffend nachgewiesen wurde. Siedlungsspuren ergeben sich in Polch und dessen Umfeld durch entdeckte Tongefäße der Bandkeramiker, durch festgestellte Grabhügelgruppen der Eisenzeit und aufgefundene Gräber der Hunsrück-Eifel-Kultur. Aus der La-Tène-Zeit sind Reste eines Hofes vorhanden. Die Besiedlung durch die Römer ist bezeugt durch Funde von Gräbern und Gebäuderesten in der Gemarkung von Polch. Von der Anwesenheit der Franken geben entsprechende Grabstellen Zeugnis.

Die erste urkundliche Erwähnung von Polch stammt aus dem Jahre 1052 (*pulicha*) und findet sich in einem Vertrag des Erzbischofs EBERHARD VON TRIER mit dem Grafen WALRAM VON ARLON und dessen Ehefrau ADELHEID. Sieben Jahre später wurde der Ort, damals *pulicha* genannt, vom gleichen Erzbischof dem Kloster St. Eucharius (später mit der Bezeichnung St. Matthias) in Trier übergeben. Im Jahre 1309 bekam Graf JOHANN VON SAYN, Herr zu Kobern, Polch als Lehen. 1327 wurde JOHANN VON SAYN durch König LUDWIG mit dem Gericht zu Polch belehnt. In Polch waren Adel und Klöster reich begütert. Die Güter der geistlichen Institutionen wurden um 1800 von der damaligen französischen Regierung eingezogen und auf dem Wege der Versteigerung veräußert.

Nach einer Altarinschrift ist die Erbauung der alten Pfarrkirche auf die Zeit kurz vor 1200 zu datieren. Im Jahre 1730 wurde der Chor durch einen Brand beschädigt. Im gleichen Jahrhundert galt die Kirche bereits als zu klein und als in schlechtem Bauzustand. 1849 wurde mit ihrem Abbruch begonnen. An ihrer Stelle errichtete man in der Zeit von 1849 bis 1852 ein neues Kirchengebäude mit einer großen Halle, Doppelturmfassade, Querhaus und Rundchor. Es stellt vom Typus her eine dreischiffige, kreuzgratgewölbte Pfeilerstaffelhalle über kreuzförmigem Grundriss dar. Für die Helligkeit in der Kirche sorgen vor allem die Rundbogenfenster in den Wänden der Seitenschiffe. Der Chorraum, dessen abschließende Ausgestaltung noch aussteht, wurde vorläufig mit einem neugotischen Altar ausgestattet. In der Kirche finden sich viele Skulpturen und bildliche Darstellungen. Manche von ihnen sind in der Barockzeit entstanden und stammen aus der alten Pfarrkirche. Sie hatten ihren Platz über längere Zeit in der St. Georgskapelle, die sich am südlichen Ortsrand von Polch befindet.

Dieses dem hl. Georg geweihte Gotteshaus befindet sich auf dem im Jahre 1806 angelegten Friedhof. Es ist eine romanische, dreischiffige Basilika mit quadratischem Chor, der mit einem Kreuzgratgewölbe abschließt (Abb. 51). Im Winkel, den die linke Seitenwand des Chores mit der Rückwand des linken Seitenschiffes bildet, erhebt sich ein kleiner Glockenturm mit einem Quadrat als Grundriss und einem pyramidenförmigen, leicht nach unten ausgestellten Dach. Aus der westlichen Giebelspitze ragt ein steinerner, von der Verwitterung stark angegriffener Torso mit ausgebildeter Kopf- und Schulterpartie auf. Dies soll, wie die Pfarrchronik berichtet, eine Darstellung der römischen Göttin Ceres sein. Auf die Entstehung der Kapelle in romanischer Zeit verweist auch die Ausführung des Mauerwerkes in Fischgratanordnung der Bausteine, die unter den Seitendächern an der Hochgadenwand festgestellt wurde. Der Zugang zum Kirchenraum, ehemals an der Westfront, befindet sich heute an der Südwand des Seitenschiffes und ist im Barock angelegt worden. Als Türsturz wurde ein römischer Grabstein eingesetzt, der eine Inschrift trägt. Von dem barocken Umbau zeugen die ovalen Obergadenfenster, die mit Stuckspiegeln versehenen flachen Decken der Seitenschiffe sowie die mit gleicher Verzierung versehene schwach gewölbte Decke des Mittelschiffes. Es wird vermutet, dass die St. Ge-

Abb. 51   Frühromanische St. Georgskapelle auf dem Friedhof südlich von Polch

orgskapelle einen Marstempel als Vorgängerbau aus römischer Zeit besaß, der in fränkischer Zeit zu einer Stätte der Verehrung des hl. Georg umgewidmet wurde. Auch bei der Instandsetzung zur Barockzeit war auf römische Spolien am Westgiebel und am Südportal zurückgegriffen worden. Im 14. Jh. befand sich bei der St. Georgskapelle eine Klause, wie eine Urkunde von 1397 belegt, und gemäß einem Visitationsbericht aus dem Jahre 1656 war an sie ein eigener Sonntagsgottesdienst geknüpft.

Im Innern der Kapelle sind die Seitenwände des Hauptschiffes in Richtung der Nebenschiffe jeweils durch vier halbrunde Arkadenbögen, die auf niedrigen breiten Viereckpfeilern ruhen, gegliedert. Der Chorraum ist mit einem halbkreisförmigen Triumphbogen an das Mittelschiff angeschlossen. Der Hauptaltar geht auf die Zeit kurz nach 1739 zurück. Er besteht aus einer romanischen Mensa und aus einem Holzaufsatz in Barockform. Im mittleren Altarteil wird ein Schnitzwerk zur Schau gestellt, das den hl. Georg auf einem Pferd im Kampf mit dem Drachen zeigt. Das darüber befindliche abschließende Altarfeld enthält eine bildliche Darstellung der Dreifaltigkeit. In den Nischen der alten Friedhofsmauer an der Kapelle sind farbig angelegte Tuffsteinreliefs angebracht, welche die Sieben Fußfälle, einzelne Ereignisse des Leidensweges Christi, aufzeigen. Auf dem Friedhof sind noch viele Grabkreuze aus dem 16. bis 18. Jh. erhalten.

In der Zeit von 1867 bis 1877 wurde in der Ostergasse die Synagoge aus Basaltschlacke errichtet. Während der Zeit des Baubeginns lebten 50 Juden in Polch. Seit dem Jahre 1790 konnte diese Bevölkerungsgruppe im Ort nachgewiesen werden. In der so genannten Reichskristallnacht vom 09. zum 10. November 1938 wurde die Synagoge in Brand gesetzt. Durch den schnellen Löscheinsatz erlitt das Gebäude keinen großen Schaden. Nach dem Zwangsverkauf 1940 wurde 1950 die jüdische Kultusgemeinde Eigentümer. Im Jahre 1953 erwarb die Zivilgemeinde das Gebäude. Auf Anregung der Ortsgemeinde wurde die Synagoge von 1981 bis 1983 wieder hergerichtet, um sie für kulturelle Zwecke zu nutzen. Sie stellt einen Saalbau mit Strebepfeilern, Rundbogenfenstern und einem abgewalmten Dach dar. Die Giebelseite ist durch das rundbogige Eingangsportal, das darüber befindliche Radfenster und die sich anschließende längliche schmale Maueröffnung gegliedert. Der Innenraum wird durch die Fenster und die von Wandkonsolen ausgehenden Rippengewölbe bestimmt.

Nördlich der Pfarrkirche, direkt an sie anschließend, liegt der ehemalige Hof der Trierer Abtei St. Matthias. Das barocke Wohngebäude befindet sich entlang der Rückseite einer weiträumigen Hoffläche. An der Stelle der ursprünglichen Seitenflügel rechts und links wurden in jüngerer Vergangenheit neue Wirtschaftsgebäude errichtet. Die gemauerte Hofeinfassung aus der Barockzeit ist erhalten geblieben. Gegenüber von dem Wohnhaus befindet sich die Toreinfahrt, die durch zwei architektonisch besonders gestaltete Basaltpfeiler hervorgehoben wird. Das herrschaftliche Wohnhaus ist ein zweigeschossig verputzter Bruchsteinbau mit hohem Sockel und besitzt ein stattliches verschiefertes Mansarddach, das mit Gauben versehen ist. Der Mittelteil der Schauseite des Hauses ist durch Basaltquader eingerahmt und trägt einen Dreiecksgiebel, wodurch der Eindruck eines Risalits erweckt wird. Im Giebelfeld ist das Wappen des Erbauers mit der Jahreszahl 1748 angebracht. Der Hauseingang ist in Werkstein ausgeführt und befindet sich mittig in dem risalitartigen Wandbereich oberhalb des Sockelgeschosses und wird über eine zweiseitige Treppe mit barockem steinernen Balustergeländer erreicht. Dem Türgewände gliedert sich nach oben eine Muschelnische an, in der die Figur des hl. Matthias steht. Im Innern des Gebäudes befindet sich ein barocker Treppenaufgang mit schmiedeeisernem Geländer. Der Hof wurde im Jahre 1804 auf dem Wege der Versteigerung von einem französischen Armeelieferanten erworben und ging später an die Vorfahren der heutigen Eigentümer über.

Polch war durch einen Wall und Graben gesichert, deren Verlauf aus der Katasterkarte von 1810 ersichtlich sind. Die Befestigungsanlage besaß vier Tore, durch die die Straßen den Ort mit seinem Umland verbanden. Aus Richtung des Ortsteils Viedel floss ursprünglich ein Bach von W nach O durch Polch, der 1863 teilweise in einem Kanal abgeleitet wurde. Es kann angenommen werden, dass in kriegerischen Zeiten der Graben früher zumindest streckenweise, in den von der Geländebeschaffenheit geeigneten Abschnitten, mit dem Wasser dieses Baches gefüllt war, um so eine bessere Sicherung des Ortes zu erreichen. Eine zusätzliche Umschließung durch eine Wehrmauer ist nicht bekannt. Wie der Name Burggasse schon andeutet, befand sich in deren Bereich ehemals eine Burg, die im Jahre 1366 erstmals durch eine Urkunde belegt wurde. Die Zeit ihrer Niederlegung ist nicht nachweisbar.

Die Katasterkarte von 1810 weist Polch als Haufendorf aus, während der Ortsteil Viedel, ehemals ein eigener Wohnplatz (Anhang I), nordwestlich des Polcher Ortskerns gelegen, damals einen längs gestreckten Grundriss besaß. Der Ort wurde im 19. Jh. von zwei vernichtenden Bränden heimgesucht, durch die die älteren Häuser fast alle zerstört wurden. Die verbreiteten Gehöftformen sind Dreiseit- und Zweiseithöfe mit Toren, von denen manche überdacht sind, und die Mauern als Abschluss des Hofraumes zur Straße besitzen. Die zugehörigen Wohngebäude besitzen in der Regel zwei Geschosse. Sie sind in schiefrigem Bruchstein oder in Basaltschlacke errichtet und tragen meist steile Dächer mit Schiefereindeckung. In wenigen Höfen wird gegenwärtig noch Landwirtschaft betrieben. Die Wirtschaftsgebäude sind vielfach funktionslos, werden für außerlandwirtschaftliche Zwecke herangezogen und sind für diese bereits umgebaut. Die siedlungsmäßige Erweiterung erfolgte zunächst in den späten 1950er Jahren mit der Anlage eines Wohngebietes in westlicher Richtung, das inzwischen bis an die Bahntrasse der ehemaligen Bahnlinie Polch – Münstermaifeld und auch zum Ortsbereich Viedel ausgedehnt wurde. Etwa zum gleichen Zeitpunkt setzte die Besiedlung des Geländes nordöstlich des Ortes ein. Es entstanden eine Wohnsiedlung sowie ein weiträumiges Gewerbe- und Industriegebiet, das heute rund 115 ha umfasst und in dem etwa 95 Unternehmen angesiedelt sind (Abb. 52). Unter diesen befindet sich ein Betrieb, in dem aus Rapsfrucht durch Auspressen Öl und durch Vergären und Destillieren aus Weizen, Roggen und Triticale, einer durch Züchtung auf der Grundlage von Roggen und Weizen gewonnenen Getreideart, Alkohol gewonnen werden. Aus jüngerer Zeit (etwa ab 1980) stammt ein Wohngelände ausgangs des Ortes südlich der nach

Abb. 52   Das neue Gewerbegebiet nördlich von Polch

Kehrig führenden Koblenz – Trierer Poststraße bis zur Abzweigung der Landstraße nach Mertloch, das inzwischen bis an die Bahntrasse der stillgelegten
Eisenbahnstrecke Polch – Münstermaifeld erweitert worden ist. Gegenwärtig
wird das Areal an der Straße in Richtung Gappenach bebaut.

Mit der Einrichtung der Eisenbahnlinie Koblenz – Mayen im Jahre 1904 erhielt Polch einen Haltepunkt. Durch den Bau der Anschlussstrecke nach Münstermaifeld von 1913 bis 1916 kam der Bahnstation in Polch eine größere Bedeutung zu. Ab 1961 wurde die Personenbeförderung auf der Strecke Polch –
Münstermaifeld und ab 1983 auch der Gütertransport eingestellt. Im Jahr danach erfolgte die Stilllegung der Strecke Koblenz – Mayen für den Reise- und
für den Güterverkehr. Inzwischen wurden beide Eisenbahntrassen abgebaut
und als Radwanderweg ausgebaut. Nördlich von Polch verläuft die Bundesautobahn (A 48) Koblenz – Trier; die Anschlussstelle ist von Polch nur 1,5 km entfernt. Polch war bis 1970 Sitz der gleich lautenden Amtsbürgermeisterei und ist
seitdem Standort der Verwaltung der Verbandsgemeinde Maifeld, die aus den
Ämtern Polch und Münstermaifeld gebildet wurde. Im Jahre 1987 wurde der
Gemeinde Polch das Stadtrecht verliehen. Durch Eingemeindungen vergrößer-
ten sich sowohl die Einwohnerzahl als auch die Gemeindefläche. Auf der fast
2 870 ha großen Gemarkung liegen außer der Stadt Polch selbst drei eingemeindete ehemals selbstständige Dörfer.

N e t t e s ü r s c h liegt bei 260 m ü. NN in einem Seitental der Nette, rund
2 km nordwestlich von Polch. Im Jahre 2001 hatte die Siedlung 55 Einwohner.

Abb. 53   Relikte der Schiefergrube „Margareta" über dem Nettetal bei Nettesürsch

Sie bestand ursprünglich aus einer Hofanlage. Diese wurde im Jahre 1327 von Erzbischof BALDUIN VON TRIER als Lehen einer Adelsfamilie in Boppard übertragen. Im Jahre 1699 fand die Hofanlage unter ihrem damaligen Namen *netten suibsch* eine erste Erwähnung. Anfang des 19. Jh. wurde der Hof an Bauern verkauft. Später entstand in seiner Nähe ein weiteres Gehöft. Zu der kleinen Siedlung zählt eine Kapelle, ein rechteckiger Bau mit Rundbogentür und -fenstern. Die bäuerlichen Anwesen werden nicht mehr landwirtschaftlich genutzt. Bei Nettesürsch, *sürsch* deutet auf eine Muldenlage hin, befindet sich auch die einstige Dachschiefergrube „Margareta" (Abb. 53), die noch betriebsbereit gehalten wird, obgleich der Schieferabbau 1995 eingestellt wurde (s. Seite 59).

R u i t s c h erstreckt sich am Rande der Maifeldfläche und im oberen Hangbereich einer Seiteneintalung des Talzuges der Nette. Der Ort liegt rund 4 km nordöstlich von Polch in einer Höhe von etwa 190 m ü. NN. Im Jahre 2001 besaß er 506 Einwohner. Zeugnisse der Urnenfelderkultur und der Römerzeit werden in der Literatur genannt. Am Mühlpfad in etwa 500 m Entfernung vom Ort wurden im Jahre 1930 insgesamt zehn fränkische Gräber entdeckt. Der Ort wird im Jahre 1232 unter seinem damaligen Namen *rosche* mit einer Kapelle erwähnt. Der jetzige Kirchenbau geht auf das Jahr 1679 zurück und erfuhr 1923 eine Erweiterung. In Ruitsch befinden sich einige alte größere Gehöfte, von denen keines mehr für die Landwirtschaft genutzt wird, sowie kleinere unbewirtschaftete Hofanlagen. Der einzige noch vorhandene landwirtschaftliche Betrieb ist in einem Aussiedlerhof ansässig. Neue Wohnhäuser finden sich vor allem im NW des Ortes. Im Nettetal bei Ruitsch gibt es einige Bergstollen, die von der frühen Form der Dachschiefergewinnung Zeugnis geben.

Kaan liegt nur etwa 1 km östlich von Polch entfernt bei rund 220 m ü. NN.
Die Einwohnerzahl belief sich im Jahre 2001 auf 129 Personen. Für Kaan sind
Siedlungsreste und Gräber der Römerzeit bekannt. Unter der Bezeichnung *ca-
neda* wurde der Ort im Jahre 1052 erstmals erwähnt. Um 1600 besaß Kaan zehn
Einwohner. Die Kapelle in Kaan wurde im Jahre 1929 durch einen Neubau ersetzt. Die angesiedelten Gehöfte, von denen manche stattliche Bauten darstel-
len, werden nur noch in wenigen Fällen von landwirtschaftlichen Unternehmen
genutzt.

Kruft, Landkreis Mayen-Koblenz, Verbandsgemeinde Pellenz

Im südöstlichen Vorland des Laacher Vulkanberglandes, besonders im Raum
um Kruft und Kretz (s. E 2), besitzt die Pellenz ein kräftiges Relief und bietet
darüber hinaus das Bild einer abwechslungsreich gestalteten Kulturlandschaft.
Der Ort Kruft liegt bei etwa 160 m ü. NN in der breiten Niederung des Bahner-
bachs, der ab hier Krufter Bach genannt wird.

Auch Kruft geht auf vorgeschichtliche Niederlassungen zurück; zumindest
wurden am Südfuß des Tönnchenberges zahlreiche Funde aus der Urnenfelderkultur (Bronzezeit, 13.–8. Jh. v. Chr.) gemacht. Für die Römerzeit konnte aus
der Nachbarschaft bereits ein lebhafter Abbau der Bruchsteine (Lavagestein)
durch römische Soldaten nachgewiesen werden. An Grabungsfunden ist besonders eine römische Grabkammer interessant, die in der Nähe einer von Römern betriebenen Tuffsteingrube liegt, ein römischer Tagebau wurde angeschnitten, und wiederholt wurden auch alte Stolleneingänge aufgedeckt. Die
erste urkundliche Nennung als *crifta* erfolgte 1069 in einer Urkunde der Abtei
Maria Laach. Spätestens ab 1682 war Kruft kurtrierischer Besitz.

Durch seine in Bruchstein errichteten Häuser wirkt Kruft etwas düster, hat
aber dennoch auch einige baugeschichtliche Besonderheiten aufzuweisen. Aus
der Barockzeit stammen noch Teile der Pfarrkirche St. Dionysius und Sebastian, so der von 1719 bis 1722 erbaute Chor und das Westjoch, welche in die von
1911 bis 1912 neu erbaute Kirche übernommen wurden; auch der 1839 von Lassaulx erbaute Turm erhielt 1912 einen Aufsatz. Im Innenraum steht als Zeuge
einer älteren Kirche ein achtseitiger Taufstein auf vier Doppelsäulen aus dem
13. Jh. Die ehemalige Propstei der Abtei Maria Laach ist ein stattlicher Barockbau mit einem Dachreiter mit Zwiebelhaube. Aus dem Jahre 1801 stammt
die Kapelle mit steinernem Mansarddach und Steingewölbe, die als Endpunkt
eines Stationsweges am Südwestrand von Kruft steht. Etwas abseits von Kruft,
aber noch auf dessen Gemarkung, liegt der Bahner Hof, ein grundherrlicher
Hof aus der Barockzeit von 1739, der ursprünglich der Prämonstratenserabtei
Rommersdorf (s. C 5) gehörte, später aber der Abtei Maria Laach (s. A 3) überlassen wurde. In der „Vulkanhalle" von Kruft, einer geräumigen Versamm-
lungshalle, werden zahlreiche überregionale Veranstaltungen, z.B. der Kreisverwaltung Mayen-Koblenz, durchgeführt.

Die rund 4 100 Einwohner zählende Industriegemeinde ist – was das Ortsbild anbetrifft – von der Kunststeinindustrie geprägt: in den peripheren Berei-

E 1 chen liegen entweder Bims- und Trassabbaugruben oder aber die zugehörigen verarbeitenden Fabrikwerke sowie die großflächigen Lagerplätze oder die Areale von Transportunternehmen. Mitten durch den Ort verläuft die Bundesstraße 256, über die der Frachtverkehr mit den lokalen Produkten abgewickelt wird.

E 1.1 Bimsabbau in der Gemeinde Kruft

Der Abbau des Bimses erfolgt vorwiegend auf kleineren Grundstücken und dauert einschließlich der Wiedereinplanierung normalerweise nur etwa vier bis sechs Jahre. Daher ist es nicht sinnvoll, die derzeitig vorhandenen Abbauplätze in der Gemeinde Kruft exakt zu lokalisieren. Würde man die Grundstücke, denen momentan Bims abgebaut wird, genau bezeichnen, dann würde ein möglicher Besucher nach recht kurzer Zeit auf diesen Grundstücken wahrscheinlich gar keinen Abbau mehr vorfinden. In der Gemarkung der Gemeinde Kruft ist eine erhebliche Anzahl von bimsträchtigen Grundstücken noch nicht ausgebeutet. Dort wird man den Bimsabbau und die damit zusammenhängenden Vorgänge noch einige Zeit beobachten können. Wenn die Abbauflächen etwas abseits der Straßen liegen, sind sie meist auf Grund der im Gelände stehenden und weithin sichtbaren Bagger zu erkennen.

Da sich die Bimsbaustoffbetriebe in Privatbesitz befinden, dürfen sie üblicherweise ohne Zustimmung des jeweiligen Eigentümers nicht betreten werden. In Kruft grenzen jedoch mehrere Bimsbaustoffbetriebe direkt an den Alliger Weg, eine Nebenstraße der Bahnhofsstraße. Dieser liegt etwa 500 m nordwestlich des Krufter Bahnhofs. Vom Alliger Weg aus kann man gut in die Betriebsflächen einsehen und die verschiedenen Abschnitte der Bimssteinherstellung nachvollziehen. Zu erkennen sind unter anderem kleine Halden aus Rohbims, Fabrikationshallen, Abtrageräte, welche die noch feuchten Steine aus den Hallen ins Freie transportieren und zu bis zu 3 m hohen Arken (= langzeitig und mauerartig aufgeschichtete feuchte Rohbimssteine) stapeln, auf denen die etwa zwei bis drei Wochen alten Steine zum endgültigen Trocknen gelagert werden. Wegen der besonderen Abbaumodalitäten, des Abbaus oft sehr kleiner Parzellen, entstehen entlang der Grundstücksgrenzen vielfach das Landschaftsbild beeinträchtigende Geländestufen von einem bis zu mehreren Metern Höhe. Solche Geländestufen sind in der Gemeinde Kruft in großer Anzahl vorhanden und werden auch noch in den nächsten Jahren und Jahrzehnten dort anzutreffen sein.

Im N des Ortes gibt es einen der seltenen Fälle, in denen Bims auf einer außergewöhnlich großen, zusammenhängenden Fläche abgebaut wurde. Der Abbau konnte deshalb großflächig erfolgen, weil sich das Gelände im Alleineigentum der Gemeinde, nämlich auf einer zusammenhängenden Fläche des ehemaligen Gemeindewaldes, befand. Da dieses Areal im N an das Naturschutzgebiet „Laacher See" angrenzt, musste sich die Gemeinde vor dem Abbau verpflichten, für die Rekultivierung in besonderer Weise aufzukommen. Sie hat im Rahmen der Rekultivierungsmaßnahmen besonders viel Geld für die Anpflanzung von hochwertigem Laubwald bereitgestellt. Im Krufter Gemeindewald gab es vor

dem Bimsabbau noch rund 63 ha Niederwald, der kaum genutzt werden konnte. Im Rahmen der Rekultivierung hat die Gemeinde auch dem Anliegen der
Naherholung durch Anlegung eines Waldsees Rechnung zu tragen versucht.

E 1.1

Kretz, Landkreis Mayen-Koblenz, Verbandsgemeinde Pellenz   E 2

Kretz, mit rund 800 Einwohnern, ist ein typisches Pellenz-Dorf. Es liegt – vom
benachbarten Kruft nur durch die Bundesautobahn (A 61) Ludwigshafen –
Mönchengladbach getrennt – bei etwa 120 m ü. NN im breiten Talgrund des
Krufter Baches. Von beiden Seiten reichen die Gewerbe- und Lagerflächen der
Stein- und Zubringerindustrie an die Autobahn heran. Um den Ort reihen sich
die Flächen abgebeuteter Bimsgruben aneinander (s. E 1). An die bäuerliche
Vergangenheit des Ortes erinnern mehrere inzwischen umgebaute oder umge-
widmete Hofanlagen, so genannte Winkel- oder Hakenhöfe, ebenso die Ge-
bäude der ehemaligen Meurinsmühle im Talgrund. Die Bedeutung von Kretz
über den Nahbereich hinaus, basiert z.T. auf den namhaften Firmen der Baustoffindustrie, zum großen Teil aber auch auf einer erst im Jahre 2000 für den
Tourismus aufbereiteten besonderen Attraktion, das wieder entdeckte römische
Tuffbergwerk (s. E 3).
Der Siedlungsplatz ist bereits in vorrömischer Zeit genutzt worden. Mindestens ein Gräberfeld der Bandkeramiker wurde um 1930 gefunden und wenige
Jahre später Siedlungsgruben der Hunsrück-Eifel-Kultur. In einer Tuffgrube
wurden 1869 mehrere Sarkophage aus fränkischer Zeit entdeckt, viele fränkische Spuren wurden jedoch auch im Gefolge der Tuffsteingewinnung zerstört.
Im Güterverzeichnis von St. Maximin in Trier ist *gretia* 1273 erstmals genannt
und zwar als Teillehen der Abtei Maria Laach.

Römisches Tuffbergwerk bei Kretz   E 3

Nach der Besetzung des linksrheinischen Germaniens haben die Römer auch die
Suche nach mineralischen Bodenschätzen und nach den Möglichkeiten der
Ausbeutung (wieder) aufgenommen. Im Raum um Kruft und Kretz sind Stol-
lensysteme schon aus frührömischer Zeit bekannt geworden. Der Abbau des
Tuffes unter Tage hielt sich nachweisbar seit der Römerzeit über die Spätantike bis ins hohe Mittelalter und – in bescheidenem Umfang – bis fast in die Gegenwart. Der kontinuierliche Abbau ist durch zahlreiche Funde an Werkzeugen
und Gerätschaften sowie durch Gefäß- und andere Keramikreste eindeutig belegt. Der Tuff wurde in Quadern gebrochen und fand seine hauptsächliche Verwendung als Baustein; auch manche Statuen und Gedenksteine aus römischer
Zeit wurden aus Kretzer Tuff hergestellt. Das römische Tuffbergwerk wurde auf
dem Gelände einer ehemaligen Firma rund 1500 m nordwestlich von Kretz gefunden und archäologisch erschlossen. Es wurde im Rahmen des „Vulkanparks
des Landkreises Mayen-Koblenz" (s. E 6) zu einem Museum ausgebaut und
kann besichtigt werden; für Gruppen werden auch Führungen angeboten.

E 4 Plaidter Hummerich

Zwischen Kruft und Plaidt liegt an der Autobahn 61 (Ludwigshafen – Köln) der Plaidter Hummerich, eine charakteristische Landmarke für die Pellenz. Seine Flanken und Abhänge sind völlig entblößt und meist stufenartig abgetragen. Das grau bis rötlich-braun schimmernde bergfrische Gestein ist auch aus größerer Entfernung gut zu erkennen.

Die Bergruine mit einer Höhe von jetzt noch 272 m und einem Basisdurchmesser von 500 m war einer der schönsten und am gleichmäßigsten geformten Berge der Pellenz. Der Berg hatte steile Hänge, in der Gipfelregion war sogar eine Kratermulde sichtbar, die auf größere Distanz eine Zweigipfligkeit vortäuschte. Aufgebaut ist er aus basaltischen Lapilli, Bomben und Schlacken, und wie die benachbarten Pellenz-Vulkane (Korretsberg, Wannenköpfe; s. E 13) hat auch er einen Lavastrom entsandt, hauptsächlich nach O. Am nordostwärtigen Bergfuß ist diese Lava auch angeschnitten und damit sichtbar. Im Bereich des Gipfelkraters war Löss eingelagert, überdeckt von einer Schicht Laacher See-Bims. Dieser Bims war das seinerzeitige Hauptziel der Baustoffgewinnung in der Pellenz und wurde daher auch an den Flanken und auf dem Gipfel des Hummerichs abgebaut. Das war offensichtlich möglich, obgleich der Berg schon im Jahre 1958 unter Landschaftsschutz gestellt wurde. Außerdem hat man auch schon damit begonnen, zusätzlich die Schlacken zu gewinnen, zunächst im Kraterbereich. Bei dieser Gelegenheit wurde dort eine Jägerstation des Neandertaler-Menschen (frühe Altsteinzeit) entdeckt und bis 1986 ausgegraben; die Funde liegen größtenteils im Museum Monrepos in Neuwied (s. B 7.5).

Da es versäumt wurde, den Abbau zu kontrollieren und ihm rechtzeitig Einhalt zu gebieten, wurden immer größere Flächen freigelegt, bis im Landschaftsplan Vulkaneifel (1968) empfohlen wurde, die Landschaftsschutzverordnung aufzuheben mit der Begründung, man müsse wenigstens den Bimsabbau weiterbetreiben, damit die geologische Eigenart des Vulkans besser zu sehen sei. Um 1975 wurde dann der gesamte Berg zum Schlackenabbau freigegeben; übrig bleiben wird in Zukunft wohl nur der Lavakern. Der Plaidter Hummerich ist gegenwärtig kein geschütztes Naturdenkmal, aber ein regionaltypisches Zeugnis für die Veränderung der Pellenz-Landschaft durch den Menschen.

E 5 Plaidt, Landkreis Mayen-Koblenz, Verbandsgemeinde Pellenz

Das 5 400 Einwohner zählende Plaidt liegt inmitten des Bimsgewinnungs- und Verarbeitungsgebietes 110 m ü. NN nördlich von Krufter Bach und Nette, die hier von S heranfließt. Der Ort wurde erstmals 895 in einer Schenkungsurkunde als *bloide* erwähnt. Die Erstbesiedlung des Platzes dürfte aber wie in den Nachbarorten erheblich weiter zurückliegen, denn im Rheinischen Landesmuseum in Bonn wird ein in Plaidt gefundener Pferdchenkamm aus dem 1. Jh. v. Chr. aufbewahrt. Wie in anderen Pellenz-Gemeinden gab es auch hier umfangreiche ältere Funde: ein Gehöft der Bandkeramiker wurde südlich des

Abb. 54   Kunst- und Schwemmsteinindustrie bei Plaidt

Ortes ausgegraben, ferner Wohnstellen der Urnenfelder- und der Hunsrück-Eifel-Kultur sowie Gräber aus der La-Tène-Zeit. Außerdem fand man 1929 fränkische Gräber, die dem Bimsabbau zum Opfer fielen. Im Mittelalter besaß Plaidt eine Wehranlage, die ebenso wie zahlreiche alte Häuser im verheerenden Dorfbrand von 1780 untergegangen sind. Die neugotische Kirche wurde 1859 nach Plänen eines Kölner Dombauarchitekten erbaut. Die aus dem Mittelalter stammende Pfarrkirche St. Willibrord stand am Alten Kirchplatz und wurde 1861 wegen Baufälligkeit abgebrochen. Vor allem an der westlichen Peripherie des Ortes reihen sich die Produktions- und Lagerflächen der Schwemm- und Kunststeinindustrie aneinander, gut angebunden an die Plaidt marginal berührende Bundesstraße 256, die von Andernach in den Raum um Mayen führt (Abb. 54).

Auf zwei außerhalb des Ortes liegende Objekte sei besonders hingewiesen. Im W von Plaidt, am rechten Ufer des Krufter Baches, liegt der Pommerhof, ein historisch interessantes Hofgut. Urkundlich erwähnt wurde es bereits 1138 als Schenkung an die Abtei Maria Laach; von 1147 stammt die Bestätigung dieser Schenkung durch Papst EUGEN III. Nach einem Brand wurde es zwischen 1256 und 1295 von Maria Laach aus neu aufgebaut. Es war im gesamten Mittelalter mit seinen 250 Morgen Land der größte zusammenhängende Besitz im Bereich der trierischen Lande. 1807 wurde der Pommerhof säkularisiert und an eine Familie verkauft, die ihn auf 500 Morgen erweiterte. Im SO der Gemeinde, direkt an der Nette, liegt die Rauschermühle, die zentrale Informationsstelle für den Vulkanpark (s. E 6).

E 6 Vulkanpark des Landkreises Mayen-Koblenz

Der Landkreis Mayen-Koblenz und das Römisch-Germanische Zentralmuseum in Mainz als Gesellschafter des Vulkanparks entwickelten ein erdgeschichtliches und landschaftsdidaktisches Konzept, das vor allem auf den Themen Vulkanismus sowie Vor- und Frühgeschichte und Mittelalter basiert. Man entschied sich für einen dezentralen Ansatz mit einem Informationszentrum und so genannten Landschaftsdenkmalen mit interessanten Vulkanaufschlüssen und archäologischen Befunden und Funden an geeigneten und erreichbaren Standorten (s. D 1, E 5). 1998 wurde die Forschungsstelle des Vulkanparks in Mayen eingerichtet, in der zur Zeit drei Archäologen, ein Vulkanologe sowie ein Geologe wissenschaftlich arbeiten und das Konzept betreuen. Im Mai 2000 wurde das Informationszentrum des Vulkanparks Rauschermühle bei Plaidt eröffnet. Im Erdgeschoss von diesem werden die Besucher in die Vulkangeschichte der Osteifel und des Mittelrheinischen Beckens, unter anderem mit dem Film „Vulkane der Eifel – eine heiße Geschichte" eingeführt. Im Obergeschoss wird der vor- und frühgeschichtliche sowie der historische Basalt- und Tuffabbau präsentiert. Seit 1998 sind bereits zahlreiche Landschaftsdenkmale fertig gestellt worden, bei denen mittels Hinweistafeln auf Basaltsäulen Informationen über das vulkanische Geschehen und die Geschichte der Steingewinnung vermittelt werden. Der Hinführung auswärtiger Besucher dient ein Beschilderungssystem für Autofahrer mit einer Leitroute zur Hauptinformation in der Rauschermühle und mit vier weiteren Routen zu den Landschaftsdenkmalen (Anhang M und Landeskundliche Übersichtskarte).

Das Informationszentrum Rauschermühle und die Landschaftsdenkmale sind außerdem durch einen Radwander- und Wanderweg miteinander verbunden, in dem auch kulturlandschaftliche Informationen über den Raum insgesamt mittels Faltblatt und Infotafeln vermittelt werden. Besuchergruppen können von ausgebildeten Führern durch den Vulkanpark begleitet werden. Außerdem bieten Lehrer Spezialführungen für Schulen an. Zur Zeit vermitteln 19 Projekte unterschiedliche Begegnungen mit dem rheinischen Vulkanismus. Der Vulkanpark ist ein herausragendes Beispiel für die Darstellung einer Landschaft, die bisher intensiv und ressourcenverbrauchend genutzt wurde, und die jetzt mit Hilfe eines touristischen Landschaftsmarketings neu in Wert gesetzt werden konnte. Der Besucher wird diese Region unter neuen Aspekten des Vulkanismus als landschaftsprägende Voraussetzung sehen und kennen lernen.

E 7 Saffig, Landkreis Mayen-Koblenz, Verbandsgemeinde Pellenz

Südöstlich von Plaidt liegt am Rande des Bimsgebietes die Gemeinde Saffig mit knapp 2 200 Einwohnern (2001). Sie ist eine Pendler- und Arbeiterwohngemeinde mit wenig angesiedeltem Gewerbe. Ihre Bebauung passt sich der Lage in dem muldenartig geformten unteren Talabschnitt eines Nettezuflusses an. Die Höhenlage schwankt dementsprechend zwischen 95 und 130 m ü. NN.

Abb. 55   Restaurierte Synagoge (links) und Pfarrkirche St. Caecilia (rechts) in Saffig

Die lokale Besiedlung geht weit in die vor- und frühgeschichtliche Zeit zurück. Gesichert sind alt- bis mittelpaläozoische Siedlungsplätze in den Wannenköpfen (s. E 13) und in den Eiterköpfen (s. E 12) in unmittelbarer Nähe von Saffig. Auch Funde aus der jüngeren Bronzezeit und aus der späten La-Tène-Zeit liegen vor; der Ortsname ist wahrscheinlich keltischen Ursprungs. Erstmals wurde Saffig im Jahr 1258 als *saffge* urkundlich genannt. Der Ort war ab 1481 als kurkölnisches Lehen in den Händen der Herren (seit 1741 Reichsgrafen) von der Leyen, die auch in anderen Orten der Region begütert waren. Vom ehemaligen Schloss, das im 18. Jh. auf einer Anhöhe bei der Kirche erbaut worden war, ist nur noch ein Gartenpavillon erhalten, die anderen Gebäudeteile wurden schon Anfang des 19. Jh. abgerissen. Die katholische Pfarrkirche St. Caecilia (Abb. 55) wurde von 1738 bis 1742 nach Plänen des berühmten Barockbaumeisters Balthasar Neumann an der Stelle einer 1330 genannten älteren Kirche im Auftrag des Grafen von der Leyen erbaut. Von 1958 bis 1960 wurde ihr ein moderner Neubau hinzugefügt. Der dreigeschossige Turm trägt eine weithin sichtbare doppelte welsche Haube, am Langhaus sind die Fenster aus Tuffquadern durch doppelt profilierte Schlusssteine besonders herausgehoben.

Die um die Mitte des 19. Jh. errichtete Synagoge wurde ab 1985 durch Saffiger Bürger wieder aufgebaut bzw. restauriert (Abb. 55). Das Innere des Ge-

E 7 bäudes war am 10. November 1938 demoliert worden, Dach und Mauern blieben jedoch erhalten. Die Synagoge zeugt von dem bis vor den Ersten Weltkrieg ansehnlichen jüdischen Bevölkerungsanteil. Der schmale, schlichte, einschiffige Bruchsteinbau besitzt einen markanten Treppengiebel und die rituell vorgegebene Fenstergliederung mit drei Blendbögen aus Basaltlava, deren mittlerer etwas höher gestellt ist. Eine Tafel erinnert an die Verfolgung der jüdischen Gemeinde im Dritten Reich. Seit 1991 ist die Synagoge wieder zugänglich. Allerdings entspricht das Gebäude nicht mehr seiner früheren Funktion; es soll die Erinnerung an die jüdischen Gemeinden in Saffig, Miesenheim und Plaidt wach halten und zugleich als Begegnungs- und Kulturstätte dienen.

E 8 Kettig, Landkreis Mayen-Koblenz, Verbandsgemeinde Weißenthurm

Der Ortsname *cattiacum* ist keltischen Ursprungs und es ist anzunehmen, dass Kettig bereits um 50 v. Chr. bestand. Dies wird anhand von Brandgrabfunden mit römischen und gallischen Münzen eines großen Gräberfeldes sowie von wertvollen Beigaben an Gefäßen, Waffen und Schmuckstücken südlich der Kirche belegt. Im Goldenen Buch der Abtei Echternach wurde Kettig zwischen 915 und 928 als *kethichi* erstmals in einer Schenkungsurkunde genannt. Im Jahre 1204 heißt der Ort in einer anderen Urkunde *ketige* und 1236 erscheint er als *ketge*. Der heutige Kirchturm ist im 15. Jh. als Grenz- und Wehrturm zwischen den Herrschaftsbezirken der Kurfürstentümer Köln und Trier errichtet worden. Die jetzige Hallenkirche stammt von etwa 1470. Das Äußere der Kirche wird durch die quer gestellten Giebeldächer des Seitenschiffes und den starken Turm bestimmt.

Zwischen Kettig und dem Weißen Turm in Weißenthurm verläuft eine Anhöhe, auf deren Hängen früher Rebgärten angelegt waren. Der Weinbau musste auf Grund ungünstiger Klimabedingungen im frühen 19. Jh. aufgegeben werden. Der Ort war dennoch fast bis zur Gegenwart landwirtschaftlich geprägt; der Anbau von Obst und Gemüse gewann im 19. Jh. auf Grund der dynamischen industriellen Entwicklung und des damit zusammenhängenden Bevölkerungswachstums schnell an Bedeutung. In den letzten Jahren des vergangenen Jahrhunderts wurden auch Holundersträucher angepflanzt. In den Handwerksbetrieben Kettigs wurden Seile für die Treidelschifffahrt hergestellt – die Schnürstraße erinnert heute noch an dieses traditionelle Gewerbe. Besonderen wirtschaftlichen Aufschwung erhielt der Ort durch den Abbau von Bims und durch die Herstellung von Schwemmsteinen nach 1870. Dieser Prozess setzte sich nach der Umwandlung von privater Einzelfabrikation in reiner Handarbeit in der gewerblichen und industriellen Produktion im Zusammenhang mit dem weiteren Ausbau der Infrastruktur bis heute fort. Darüber hinaus entwickelte sich Kettig zu einer städtenahen Wohngemeinde mit guten Wohnbedingungen.

Mülheim-Kärlich, Landkreis Mayen-Koblenz, Verbands-   **E 9**
gemeinde Weißenthurm,

liegt am westlichen Rand des Mittelrheinischen Beckens im Zentrum der Verbandsgemeinde Weißenthurm und ist nach der Fläche von etwa 1 629 ha und
der Einwohnerzahl von rund 10 200 deren größte Gemeinde. Die ehemals selbstständigen Gemeinden Mülheim und Kärlich wurden im Rahmen der Verwaltungsreform 1969 zusammengeschlossen (Anhang G). Mülheim-Kärlich ist seit
1996 Stadt und besteht heute aus den Stadtteilen Mülheim, Kärlich, Urmitz-
Bahnhof und der Wohnsiedlung Depot. Neben den Stadtteilen entwickelte sich
in den letzten 30 Jahren ein Gewerbepark mit heute etwa 270 Betrieben des Ein-
zelhandels, des Großhandels, der Dienstleistungen und des produzierenden Gewerbes.

Begünstigt wurde diese Entwicklung durch die zentrale Lage im Mittelrheinischen Becken und durch die sehr guten Verkehrsanbindungen an das überört-
liche Straßennetz. Auch die Infrastruktur von Mülheim-Kärlich wurde in den
letzten Jahrzehnten gut ausgebaut. Bei der Erschließung neuer Wohngebiete
wurde die Wohnqualität durch die großzügige Schaffung zahlreicher Grünanlagen und Plätze erhöht. Die Neu- und Umgestaltung von Plätzen und Straßen
im innerstädtischen Bereich hat die Attraktivität für Besucher und Bewohner
verbessert. Hierzu zählen auch die zahlreichen Einzelhandelsgeschäfte und

Abb. 56   Bronzezeitliche Tasse mit Kerbschnittverzierung von Mülheim-Kärlich und bronzene
Armspirale von Neuwied-Wollendorf (1500 v. Chr.)
(Archäologische Denkmalpflege, Amt Koblenz, mit freundlicher Genehmigung)

E 9 Lokale mit Parkmöglichkeiten. Mit der gut entwickelten Infrastruktur der Innenstadt, dem Gewerbepark sowie den zahlreichen öffentlichen Einrichtungen übt Mülheim-Kärlich heute eine gewisse, wenn auch begrenzte zentralörtliche Funktion in der Region aus. Neben drei Grundschulen in den Stadtteilen Mülheim, Kärlich und Urmitz-Bahnhof verfügt Mülheim-Kärlich im Schul- und Sportzentrum über eine Haupt- und eine Realschule, welche in der Trägerschaft der Verbandsgemeinde steht.

Wenngleich sich die Wirtschaft zu Gunsten des Dienstleistungssektors in den letzten Jahrzehnten verändert hat, spielt die Landwirtschaft, insbesondere der Obstanbau, dennoch weiterhin eine wichtige Rolle. Im Umland von Mülheim-Kärlich liegt das größte zusammenhängende Obstanbaugebiet im nördlichen Rheinland-Pfalz. Es dominiert vor allem der Anbau von Süßkirschen und Schattenmorellen; neuerdings nimmt auch der Anbau von Pflaumen, Zwetschen und Qualitätsäpfeln zu.

Auf der Gemarkungsfläche fand man schon in den beiden Jahrzehnten vor dem Zweiten Weltkrieg einige Zeugnisse einer bronzezeitlichen Besiedlung (Abb. 56). Es handelt sich hierbei um mehr als zwei Dutzend Körpergräber, z.T. mit Beigaben; ferner um Siedlungsgruben, Gerätschaften und Behälter sowie um Schmuck.

E 10 Tongrube Kärlich

Etwa 1 000 m westlich des Ortskerns von Kärlich liegt im höheren Bereich der Stirnfront eines Hauptterrassenriedels die Tongrube „Karl-Heinrich" mit einer Fläche von 0,36 km². Sie erhebt sich aus einer Sohlenhöhe von 160 zu einer Randhöhe von rund 200 m ü. NN und geht oben in die Ackerbauflur des Kärlicher Berges über. Ihre geowissenschaftliche und zugleich landschaftsgeschichtliche Bedeutung liegt in der Strukturierung ihrer Abbauwände. W. ANDRES u. H. HAUBRICH (1970) haben sie als geologische Zeittafel bezeichnet. In der Tat ist dort eine weithin kontinuierliche Schichtfolge über einen Zeitraum von rund 25 Mio. Jahren aufgeschlossen (Abb. 57).

Die Schichten beginnen an der Basis mit den Blautonen (1), die man früher zur Herstellung feuerfester Keramik abbaute. Sie stammen aus dem Miozän, also aus der zweiten Hälfte des Tertiärs. Die Blautone und die unterlagernden 60 bis 70 m mächtigen Tone sind Ablagerungen eines Süßwassersees, der während der Bildung des Mittelrheinischen Beckens entstanden war. In die obersten Bereiche der Blautone sind Trachyttuffe eingelagert (2), die als Hinweise auf einen frühen (tertiären) Vulkanismus anzusehen sind, wie er im Siebengebirge, auf dem Westerwald und in der Hocheifel auftrat. Aus dem ausklingenden Tertiär, dem Pliozän, findet man keine Sedimente, damals lag das Gebiet im Abtragungsbereich des noch jungen Rheinsystems. Aber das älteste Pleistozän (3), also der Beginn des Eiszeitalters, ist wieder vertreten und zwar durch Feinsande über tonigen Lagen. Aus dem Altpleistozän stammen die ersten Rheinschotter, zunächst in gering mächtigen Lagen (4), danach aber in den kräftigen Schichten der Hauptterrassenschotter (5).

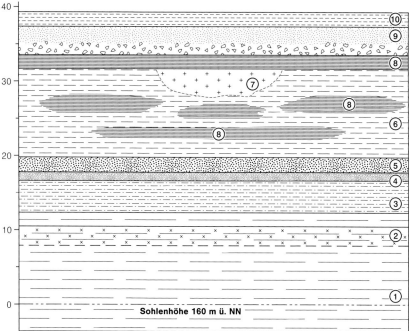

m über Sohlenhöhe

Sohlenhöhe 160 m ü. NN

1	Blautone (Miozän)
2	Trachyttuffe (eingelagert in Blautonen)
3	Feinsande (ältestes Pleistozän)
4	Rheinschotter (Altpleistozän)
5	Rheinschotter der Hauptterrasse (Altpleistozän)
6	Löss der Riss-(Saale-)Kaltzeit
7	Basalttuffe

8	Verlehmungszonen
9	Brockentuffe, Bims, Löss
10	Löss der Würm-(Weichsel-)Kaltzeit

IfL 2002
Grafik: A. Müller

Abb. 57   Schematisches Schichtprofil aus der Tongrube Kärlich
(Entwurf H. FISCHER 2002)

Die letzten 300 000 Jahre dieser Zeittafel sind weniger von Flussablagerungen des Rheins bestimmt als vielmehr von äolischen Ablagerungen und den vulkanogenen Sedimenten, deren Lage zueinander Aufschluss gibt über die Reihenfolge der erdgeschichtlichen Abläufe und über die jeweiligen Rahmenbedingungen: die (äolischen) Lössablagerungen sind zeitlich gleichzusetzen mit den Kaltzeiten, die zwischengelagerten Verlehmungshorizonte entstanden während der Warmzeiten, und die Basalttuffe und Bimslagen künden von den wiederholten vulkanischen Aktivitäten der jüngsten erdgeschichtlichen Zeitabschnitte. Den Hauptterrassenschottern liegen ältere Lössschichten auf (6), die demzufolge als Löss der Riss- (oder Saale-)Kaltzeit anzusehen sind. Dazwischengeschaltet sind mehrere Verlehmungszonen. In dieses Schichtpaket sind älteste Basalttuffe (7) eingelagert, die höchstwahrscheinlich ganz in der Nähe der Grube gefördert wurden. Im Übrigen sind der Risslöss und die Tuffe durch eine Verlehmungszone (8) abgeschlossen. Es folgen dann eine unterschiedlich gestaltete Zone (9), beginnend mit Brockentuffen, gefolgt von Bims aus den Ausbläsern des Wehrer Kessels (westlich vom Laacher See) und wenig mächtigen Lössschichten. Die Brockentuffe enthalten neben vulkanogenen Materialien auch Brocken devonischer Schiefer und Beimengungen tertiärer Tone, sie dürften aus dem Untergrund im Grubenbereich stammen, weshalb man annehmen darf, dass der Ausbruchsort in nächster Nähe lag. Jüngster Löss der Würm-(oder Weichsel-)Kaltzeit schließt die Schichtfolge ab (10). An seiner Oberfläche hat sich ein relativ guter Ackerboden gebildet.

Der Abbau der Tonvorräte erfolgt gegenwärtig sehr langsam und sporadisch, im Sinne einer umweltschonenden Verwertung von Bodenschätzen. In den Bereichen, in denen nicht mehr abgebaut wird, besteht allerdings die Gefahr, dass durch Rutschungen und durch natürliche Wiederbegrünung die problemlose Betrachtung dieses geologischen Schaufensters erschwert wird.

E 11 Burgruine Wernerseck

Es bedarf einiger Mühe, bei der Fahrt über die Nettebrücke im Zuge der Autobahn 61 in Richtung Koblenz auf der rechten Seite die Gebäude der Burg Wernerseck (in der Gemeindeflur von Ochtendung gelegen) zu erkennen, denn der Fahrdamm der Autobahn liegt fast in Augenhöhe mit dem Bergsporn über dem Nettetal, auf dem das Areal der Burg liegt. Die Nette hat sich an dieser Stelle tief in den Basaltstrom des Plaidter Hummerichs (s. E 4) eingeschnitten. Da sie schon vor dem Einschneiden mäandrierte, hat sie bei der Tiefenerosion dem Untergrund ihre Schlingen aufgezwungen. So entstand der nahezu lehrbuchhafte Bergsporn 135 m über der Talsohle der Nette.

Spornlagen waren bevorzugte Siedlungslagen für mittelalterliche Burggründungen (Abb. 58). Wernerseck wurde seit dem Jahr 1401 bzw. 1402 vom Trierer Erzbischof WERNER VON FALKENSTEIN als eine der letzten rheinischen Höhenburgen erbaut. Die Burg war als Grenzfestung gegen das Gebiet des Kurfürsten und Erzbischofs von Köln und gegen die Grafen von Virneburg geplant. Außerdem war sie Schutzburg des gleichzeitig gegründeten trierischen Amtes Ochtendung, also eine so genannte Amtsburg. Ihre Errichtung erfolgte zu einer Zeit, in der die Verwaltungen der Ämter bereits aus den Orten der jeweiligen Ämter betrieben wurden, weil diese leichter erreichbar waren. Es ist somit der wohl zuletzt erbaute Amtssitz mit Verteidigungs- und Schutzcharakter. Von der einstigen Anlage sind noch zahlreiche repräsentative Reste erhalten, so im W die Vorburg, die den Zweck hatte, die Hauptburg abzuschirmen, da diese von einer Felskuppe direkt vor der Hauptburg hätte beschossen werden können. Diese Bergkuppe wurde deshalb mit in die Burganlage einbezogen. Dicht daneben lag auch der Zugang zur Hauptburg. Die fünfeckige Hauptburg besteht aus verschiedenen Bauteilen, die jeweils für sich allein von architektonisch-historischer

Abb. 58   Ruine Wernerseck über dem tief eingeschnittenen Tal der Nette

Bedeutung sind. Dazu gehören die drei (von vier) erhaltenen Schalentürme an den äußersten Ecken der Burg. Bis zur Höhe von 6 m erhalten ist auch die Mauer zwischen den Türmen, sie wird auch der Hohe Schild oder der Mantel genannt. Der wohnturmartige, rechteckige und viergeschossige Bergfried mit einem Grundriss von 9 x 12 m hat Mauern, die 3 m stark sind und die damit sogar Feuerwaffen widerstehen konnten. Die drei obersten Stockwerke sind mit Kaminen ausgestattet. Dazu kommen noch die Reste des Palasgebäudes, das sich über einem Keller mit Tonnengewölbe erhebt und das mit dem Bergfried durch eine Holzbrücke verbunden war. Es hat eine Seitenlänge von 7,5 m. Auf der Ostseite war die Burg – trotz der Spornlage – durch einen künstlich angelegten breiten Graben gesichert und auf der Westseite durch einen natürlichen Bergeinschnitt. Die Besichtigung der Burg ist nur im Außenbereich möglich.

Zentraldeponie Eiterköpfe E 12

Zwischen Plaidt und Ochtendung, nahezu in der Mitte des Mittelrheinischen Beckens, liegt die Zentraldeponie Eiterköpfe. Sie wird in öffentlich-rechtlicher Trägerschaft vom Deponiezweckverband Eiterköpfe betrieben, zu dem sich im Jahre 1987 die Stadt Koblenz, der Landkreis Mayen-Koblenz und der Landkreis

E 12 Cochem-Zell zusammengeschlossen haben. Das Entsorgungsgebiet ist etwa 1 642 km² groß und hat rund 400 000 Einwohner.

Die Deponie liegt im Bereich eines etwa 500 000 Jahre alten Vulkanschlotes. Durch den Abbau von Basaltlava und Basaltschlacke (s. Seite 61) entstand dort eine Grube mit allseitig bis zu 60 m hohen Steilwänden, die im Abfallbeseitigungsplan von Rheinland-Pfalz vom 27. Juni 1975 als Zentraldeponie für die Ablagerung von Hausmüll, Sperrmüll, Klärschlammen und Gewerbeabfällen ausgewiesen wurde. Der Untergrund der Deponie besteht teils aus Basaltlava, Basaltschlacken und Aschen, teils aus tonigen und kiesigen Ablagerungen. Als

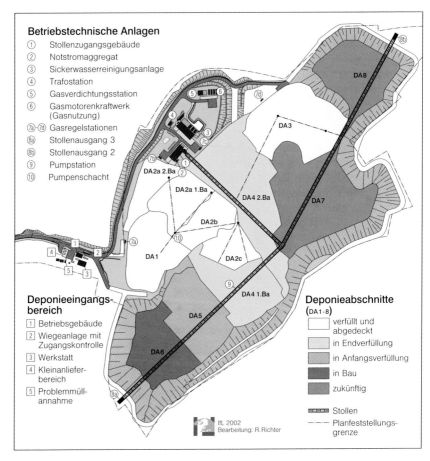

Abb. 59 Betriebsanlagen und Deponieflächen der Zentraldeponie des Deponiezweckverbandes Eiterköpfe bei Ochtendung
(nach Faltblatt „Umweltschutz, Sicherheit und Wirtschaftlichkeit" des Deponiezweckverbandes Eiterköpfe in Koblenz. Deponiezweckverband Eiterköpfe, Koblenz, mit freundlicher Genehmigung)

Ersatz für die nicht vorhandene, jedoch geforderte so genannte natürliche geologische Barriere wurde deshalb auf der planierten Deponiefläche eine mindestens 1 m dicke Dichtungsschicht aus Montmorillonit, einem mineralischen
Dichtungston, mit einer sehr geringen Durchlässigkeit und einem hohen Schad-
stoffrückhaltevermögen eingebracht. Über dieser Kompensationsschicht wurde dann die eigentliche Basisabdichtung aufgebaut. Die Steilböschungen der
Grube wurden mit einer 2 m starken Randwalldichtung aus Kaolinit-Ton gesichert. Auf der Basisabdichtung anfallendes Deponiesickerwasser wird über
Sammelleitungen einem begehbaren Entwässerungsstollen zugeführt, von dem
aus das gesamte Sickerwasserfassungssystem gewartet und kontrolliert wird.
Das Sickerwasser wird über eine Pumpstation aus dem Stollen in Speicher-
becken geleitet und von dort einer Reinigungsanlage zugeführt, in der es biologisch vorbehandelt und dann über eine Ultrafiltrationsanlage, eine Nanofiltra-
tionsstufe und schließlich durch Umkehrosmose zu Brauchwasser aufbereitet
wird. Durch Messgeräte werden Menge und Beschaffenheit des Sickerwassers
kontinuierlich überwacht.

Die insgesamt 24 ha große Deponiefläche ist in acht Abschnitte unterteilt
(Abb. 59), die nacheinander verfüllt werden. Die ersten Abschnitte wurden
1984/85 befüllt, im Jahr 2001 die Abschnitte 5 und 6; zur Zeit werden jährlich
etwa 220 000 t Abfall deponiert. Die Gesamtkapazität der Deponie beträgt rund
11,5 Mio. m^3, die maximale Schütthöhe 80 m. Nach Verfüllung des Deponie-
abschnitts und dem Abklingen der Setzungen im Müllkörper wird die Oberfläche mit Ton und einer Folie abgedichtet und mit Oberboden abgedeckt, der
später begrünt und bepflanzt wird. Das im Deponiekörper durch biologische
Abbauvorgänge entstehende Deponiegas wird durch Gasbrunnen gefasst, im
Unterdruckverfahren abgezogen (zur Zeit ca. 800 m^3 Gas pro Stunde) und in
einer Gasmotorenstation mit einer Leistung von 1 500 kW zur Stromgewinnung
genutzt. Der erzeugte Strom dient dem Betrieb der elektrischen Anlagen der Deponie; überschüssiger Strom wird gegen Vergütung ins öffentliche Netz eingespeist, überschüssiges Gas wird abgefackelt.

Das Grundwasser in der Umgebung der Deponie unterliegt einer Überwa-
chung durch acht Messstellen, die vierteljährlich überprüft werden. Grund-
wasserbelastungen aus der Deponie sind bisher nicht festgestellt worden und
sind wegen des hohen technischen Standards der Basisdichtung auch in Zukunft
nicht zu erwarten. Laut Umwelterklärung vom 26. März 2001 entspricht die
Zentraldeponie Eiterköpfe den Anforderungen der EWG-Verordnung 1856/95.
Da nach Bundesgesetz ab dem Jahr 2005 nur noch thermisch oder mechanisch-
biologisch vorbehandelte Abfälle deponiert werden sollen, hat der Deponiezweckverband beantragt, über den 31. Mai 2005 hinaus vorzerkleinerten Rest-
abfall ablagern zu dürfen, um die verbleibende Deponiekapazität kostengünstig
zu nutzen.

E 13 Wannenköpfe

Auf der Ochtendunger Gemarkung liegen südlich der Autobahn 61 und rund 2 500 m vom Ortsmittelpunkt Ochtendungs entfernt die Wannenköpfe. Sie sind der östliche Teil einer Schlackenvulkangruppe, die aus etwa 15 selbstständigen Ausbruchstellen besteht. Im Schrifttum findet sich mitunter auch der Name Wannenvulkan (BERG 1997). Der Wannenvulkan hatte einen Durchmesser von rund 600 m und eine absolute Höhe von 80 m. Durch intensiven Abbau vulkanogener Gesteine ist allerdings das ehemalige Bild dieses Vulkans völlig verändert worden: der Kraterwall ist bis auf wenige Reste verschwunden und an einigen Stellen ist der Abbau bereits bis zu einer Tiefe von 20 m unter Flur vorgedrungen. Die letzten Ausbrüche des Vulkans werden in die Waldsteppenzeit zu Beginn der vorletzten Kaltzeit datiert, fanden also vor etwa 200 000 Jahren statt (s. Seite 12).

Bei Forschungen in den Sedimentfüllungen des Kraterbereiches wurden 1997 menschliche Knochenstücke gefunden, vor allem eine fossile menschliche Schädelkalotte und einige Steinartefakte. Das Schädeldach (Abb. 60) konnte nach eingehender Untersuchung einem Mann im Alter zwischen 30 und 45 Jahren zugeordnet werden; es hat eine Länge von 17,5 cm, eine Breite von 14,4 cm und ist mit einer Stärke von 1 cm außergewöhnlich robust. Auf Grund der Mor-

Abb. 60   Schädelkalotte eines Neandertalers aus der Zeit vor 150 000 Jahren, Fundstück aus den Wannenköpfen bei Ochtendung
(Archäologische Denkmalpflege, Amt Koblenz, mit freundlicher Genehmigung)

phologie und aus der Fundlage in der Kratermulde kann das Schädeldach als Altmenschenrest angesehen werden; es gehört wohl einem frühen Neandertaler aus der Zeit vor etwa 150 000 Jahren. Insgesamt handelt es sich bei dieser Schädelkalotte um eines der bedeutendsten archäologischen Fundstücke des Rheinlandes.

Bassenheim, Kreis Mayen-Koblenz, Verbandsgemeinde Weißenthurm E 14

Der Raum um Bassenheim gehört zu den ältesten Siedlungsgebieten Mitteleuropas. Durch Ausgrabungen am Karmelenberg wurde nachgewiesen, dass die ersten Menschen hier schon 200 000 v. Chr. gelebt haben (s. E 13, E 17). Auch aus der La-Tène-Zeit und aus der Römerzeit gibt es im Umland von Bassenheim sehr viele Funde, so etwa im Gräberfeld auf dem Chorsang mit einem Königshügel von rund 30 m Durchmesser und 2,50 m Höhe aus der Hunsrück-Eifel-Kultur oder im Gräberfeld am Gollenbusch, das mit 100 Grabhügeln das größte einheitliche Gräberfeld an Mittelrhein und Mosel darstellt. Sie umfassen die Perioden der frühen Hallstattzeit (8.–7. Jh. v. Chr.) und die La-Tène-Zeit (6.–4. Jh. v. Chr.).

Das heutige Bassenheim hat seinen Ursprung in der Zeit der merowingischen Landnahme um 500. Um 970 kam das Geschlecht der Walpots nach Bassenheim. Die Ritter, Freiherrn, Grafen und Reichsgrafen, die sich nach der Verdrängung eines zweiten örtlichen Adelsgeschlechts 1307 den Beinamen von Bassenheim zulegten, haben bis 1861, als sie das Rittergut wegen Verschuldung verkaufen mussten, maßgeblich die Geschichte des Ortes geprägt. Bassenheim wurde 1125 als *bassenheym* erwähnt. Die Bedeutung Bassenheims, das sich vom kurkölnischen Lehen (1200) zur reichsunmittelbaren Herrschaft (1729) entwickelt hatte, wurde 1798 durch die Gründung der Bürgermeisterei Bassenheim mit den Gemeinden Rübenach, Metternich, Bubenheim (heute Stadtteile von Koblenz), Mülheim, Kärlich, Kettig und Weißenthurm unterstrichen. 1867 verlegte man den Verwaltungssitz nach Weißenthurm, 1936 entstand daraus der Amtsbezirk und 1968 die Verbandsgemeinde Weißenthurm (s. B 5).

Eine Kirche ist erstmals 1265 erwähnt, aber das Patrozinium St. Martin weist auf eine erheblich frühere Entstehung hin. 1722 wurde eine neue barocke Kirche eingeweiht. Die heutige Pfarrkirche stammt von 1899. In der Kirche befindet sich die berühmte Darstellung von St. Martin, der so genannte Bassenheimer Reiter (Abb. 61). Dieses einzigartige Sandsteinrelief war ursprünglich 1239 für den Westlettner des Mainzer Doms geschaffen worden. Als dieser 1683 abgerissen wurde, hat der Mainzer Domherr CASIMIR WALDBOTT VON BASSENHEIM die Darstellung in die Pfarrkirche nach Bassenheim bringen lassen. Im Mittelalter verfügte der Ort über zwei Burgen, die beide 1542 noch Erwähnung fanden. Die verfallene Niederburg wurde 1593 abgerissen, die Oberburg wurde 1575 umgebaut. Zu Beginn des 17. Jh., 1878 und 1914 erfolgte die schlossartige Umgestaltung und die Anlage eines Parks mit einzelnen kleineren kunstvol-

E 14

Abb. 61
Bassenheimer
Reiter in der
katholischen
Pfarrkirche
St. Martin

len Bauten (Abb. 62). Größere Teile des Schlossparks stehen heute unter Naturschutz.

Am Altengärtenweg befindet sich die St. Martinsquelle, ein seit 1742 gefasster eisenhaltiger Sauerbrunnen. Den heutigen zierlichen Brunnenpavillon mit seinen gusseisernen Säulen errichtete 1890 Freiherr HEINRICH VON KUSSEROW. Nachdem die Gemeinde 1985 von der Waldthausenschen Verwaltung das gesamte Bur-Gelände abgekauft hatte, wurde der ursprüngliche Zustand des Brunnens wiederhergestellt. Das heute als Therapiezentrum genutzte Krankenhaus war 1885 von der Freiherrin von Oppenheim gestiftet worden. 1899 erfolgte die Einweihung der Krankenhauskapelle. Bassenheim erhielt 1904 Anschluss an die Eisenbahnlinie Koblenz – Mayen. 1805 hatte sich kurzzeitig NAPOLEON im Ort aufgehalten, von 1945 bis 1948 war er Residenz des französischen Gouverneurs von Rheinland-Pfalz. Auf der Burg im Schlosspark wurden am 8. Oktober 1948 von KONRAD ADENAUER und ROBERT SCHUMANN Verhandlungen für die deutsch-französische Verständigung geführt. 1995 baute man das frühere Gästehaus des Grafen WALDBOTT VON BASSENHEIM als Rathaus um. Gegenwärtig ist Bassenheim ein beliebter Wohnort mit hoher Wohnqualität und guter Verkehrsanbindung. Es gehört mit Koblenz und Kobern-Gondorf dem Zweckverband Industriepark A 61 an.

198

Abb. 62   Kapelle im Schlosspark von Bassenheim

NSG „Nettetal"   E 15

Das Naturschutzgebiet erstreckt sich westlich und nördlich der Bundesautobahn (A 48) auf einer Fläche von 705 ha. Es beginnt im Polcher Wald südöstlich von Mayen in einer Höhe von etwa 200 m ü. NN, folgt der Nette abwärts
an den Ortschaften Welling und Ochtendung vorbei bis nahe an die Autobahn
61 südlich von Plaidt und liegt dort noch in einer Höhe von 107 m ü. NN (Landeskundliche Übersichtskarte und Anhang D). Die Breite des Gebietes variiert
stark, z.T. werden auch untere Abschnitte von Seitenbächen einbezogen. Das
Nettetal wird in diesem Abschnitt zur Erhaltung seiner Trockenrasen, Felsformationen, Waldbestände und Feuchtbereiche als Lebensstätten artenreicher
Biozönosen aus vielfach seltenen oder bestandsbedrohten Pflanzen- und Tier-
arten, insbesondere Orchideen, Schmetterlingen und Vögeln geschützt. Außerdem wird der Schutz mit der allgemeinen wissenschaftlichen Bedeutung und der
Spezifik sowie der landschaftlichen Schönheit dieses Kerbtales begründet.
   Die Pflanzenwelt dieses großen Naturschutzgebietes ist durch die Vielzahl
der Biotope sehr unterschiedlich und verschiedenartig ausgeprägt. So reichen
die Pflanzengesellschaften von denen eines Quellbaches über die von Bachaue
und Teich über Nieder- und Trockenwald zu Halbtrocken-, Trocken- und Fels-
rasen. Sie erstrecken sich vom Gewässer über die Talaue an den Hängen hinauf.
Im Nettetal selbst sind weitläufige Uferfluren charakteristisch, in denen die

E 15   Pestwurz (*Petasites hybridus*) weit verbreitet und bestandsbildend ist. Hier finden sich z.b. folgende Pflanzengesellschaften: Pestwurz-Giersch-Gesellschaft, Mädesüß-Gesellschaft, Rispenseggen-Ried sowie eutrophe Nasswiesen. Neben der bereits erwähnten Pestwurz sind Rispensegge (*Carex paniculata*), Herbstzeitlose (*Colchicum autumnale*), Geknäulte Glockenblume (*Campanula glomerata*), Sumpf-Storchschnabel (*Geranium palustre*), Kuckuckslichtnelke (*Lychnis flos-cuculi*), Kreuzlabkraut (*Cruciata laevipes*) und Blutweiderich (*Lythrum salicaria;* Abb. 63) zu erwähnen. In Richtung der Talränder und Hänge finden sich Gewächse der Hartholzaue, Hainmieren-Schwarzerlenwald mit Schwarz-Erle, Rühr-mich-nicht-an (*Impatiens noli-tangere*), Hopfen (*Humulus lupulus*) u.a. Außerdem wurden Berberitzen-Gebüsche, Schlehengebüsche, Fetthennen-Gesellschaft, Silikat-Felsspaltengesellschaften, Trespen-Halbtrockenrasen sowie Streifenfarngesellschaften nachgewiesen. Als stark gefährdete Arten sind z.B. Geflecktes Ferkelkraut (*Hypochoeris maculata*), Kreuz-Enzian (*Gentiana cruciata*), Quellgras (*Catabrosa aquatica*) oder Gewöhnliches Filzkraut (*Filago vulgaris*) zu erwähnen (Berlin und Hofmann 1975, Jungbluth, Fischer und Kunz 1989).

Als Beispiel sei der Bereich der Horley (240 m ü. NN, südwestlich der Ortschaft Welling) ausführlicher beschrieben, der am Nordhang des Nettetales liegt. Als Vorläufer innerhalb des heutigen Naturschutzgebietes wurde im Jahr 1970 das NSG „Horley" ausgewiesen. Dieses Areal wird gegenwärtig allerdings durch die Erholungsnutzung (Ferienhäuser, Trampelpfade), durch Bebauung (einschließlich Straßen- und Gewässerbau), durch Stoffeintrag, durch Verbuschung und durch standortuntypische Forsten beeinträchtigt. Die Horley selbst ist eine unbewaldete Schieferfelskuppe, die mit moos- und flechtenreichen, stellenweise verbuschten Flügelginster-Trockenrasen (*Genistello-Phleetum phleoidis*) bedeckt ist. Als Arten sind hier überwiegend Schwingelgräser (*Festuca* ssp.) zu nennen, weiter finden sich Trifthafer (*Avena pratensis*), Steppen-Lieschgras (*Phleum phleoides*), Feld-Mannstreu (*Eryngium campestre*), Karthäuser-Nelke (*Dianthus carthusianorum*), Gemeine Kuhschelle (*Pulsatilla vulgaris*), Zypressenwolfsmilch (*Euphorbia cyparissias*), Körner-Steinbrech (*Saxifraga granulata*) u.a. Kleinflächig ist Sand-Ginsterheide mit Haar-Ginster (*Genista pilosa*), Besenheide (*Calluna vulgaris*), Rot-Straußgras (*Agrostis tenuis*), Kleines Habichtskraut (*Hieracium pilosella*) eingesprengt, und randlich finden sich Schlehen-Ginstergebüsche. An den Steilhängen auf Felsklippen, Felsnasen und Felsterrassen wachsen Beifuß-Wimperperlgrasfluren mit Wimper-Perlgras (*Melica ciliata*), Feld-Beifuß (*Artemisia campestris ssp. lednicensis*), Schnabelsenf (*Rhynchosinapis cheiranthos*), Frühlings-Fingerkraut (*Potentilla tabernaemontani*) und Frühblühender Thymian (*Thymus praecox* ssp. *hesperites*). Auf den Felsrippen und Felsklippen finden sich stellenweise thermophile Gebüsche: Felsenbirne-Gebüsche, Besenginster-Heiden und Weißdorn-Schlehengebüsche. Im unteren Teil der Felsenhänge stockt Traubeneiche, Wildapfel und Wildrose. Besonders erwähnenswert ist weiter das Vorkommen des im Gebiet seltenen Strohblümchens (*Helichrysum arenarium*) auf Schieferfels. Auf den Halden des aufgelassenen Steinbruches haben sich Schwingel- und Mauerpfefferfluren angesiedelt, auf den Felsen wachsen Pionierflechten- und Nabelflechtengesell-

Abb. 63   Pflanzen im NSG „Nettetal"
Links: Grauflechte (*Umbilicaria grisea*)
Rechts: Blutweiderich (*Lythrum salicaria*)

schaften. Auf den Südhängen stehen Strauchflechtengesellschaften. Pflanzengeographisch bedeutsam ist das Vorkommen des gefährdeten mediterranen Laubmooses (*Bartramia stricta*) (ANDRES 1960, KOMECK 1997).

Zur Fauna liegen Beobachtungen und Erfassungen verschiedener Gruppen vor. So wurden 405 Schmetterlingsarten nachgewiesen (33 Tagfalter, 56 Spinner, 146 Eulen, 140 Spanner, 30 Zünsler), darunter 60 Arten der Bundesartenschutz-Verordnung und 30 Arten der Roten Liste (BRD) z.B. Baumweißling (*Aporla crataegi*), Würfeldickkopf (*Pyrgus carthami*), Roter Würfelfalter (*Spialia sertorius*), Spanische Fahne (*Panaxia quadripunctaria*); aus der Gruppe der Zikaden z.B. *Cicadella viridis*; bei den Heuschrecken die Sumpfschrecke (*Mecostethus grossus*), die Grashüpfer *Chorthippus brunneus* und *Omocestus viridulus*. Unter den Libellen wurden zwei Arten der Bundesartenschutz-Verordnung ermittelt: Zweigestreifte Quelljungfer (*Cordulegaster boltoni*) und Blauflügel-Prachtlibelle (*Calopteryx virgo*). Umfangreiche Erhebungen wurden zur Ornithofauna durchgeführt: 64 Arten sind als Brutvögel nachgewiesen, 35 Arten als Durchzügler/Nahrungsgäste und Überwinterer. Die Brutdichte der Nachtigall liegt bei fünf Paaren pro Kilometer Bachabschnitt. Weiter brüten hier Wachtel, Schleiereule, Wendehals, Neuntöter und Schwarzkehlchen.

E 16 **Ochtendung,** Landkreis Mayen-Koblenz, Verbandsgemeinde Maifeld

Obwohl Ochtendung verwaltungsmäßig der Verbandsgemeinde Maifeld zugehört, liegt es mit einer Höhenlage von 150 bis 220 m ü. NN deutlich unter dem Höhenniveau des Maifeldes, nördlich des Karmelenbergrückens, und somit aus naturräumlicher Sicht in der Pellenz (s. Seite 30, Abb. 64). Blau bemalte Zementsilos einer Baustofffabrik überragen den 5 200 Einwohner zählenden Ort und sind eine weithin sichtbare Landmarke. Die wirtschaftliche und soziale Struktur und die noch deutlichen Spuren des Bimsabbaus im nördlichen und im östlichen Randgebiet der Gemeinde verweisen Ochtendung ebenso eher in die Pellenz als in das Maifeld. Auch Lavaschlacken werden in der Umgebung abgebaut. Historisch war der Ort allerdings bereits im Mittelalter ein Verwaltungssitz innerhalb des Mayengaus und somit dem Maifeld zugeordnet (s. Seite 37).

Auf der Flur der Gemeinde fanden sich zahlreiche Spuren römischer Besiedlung, auch Gräber aus der älteren Hunsrück-Eifel-Kultur. Ochtendung wurde 973 als *of demo dinge* erstmals urkundlich erwähnt, war also offenbar eine Gerichtsstätte. Von dieser Ortsbezeichnung leitet sich wohl auch der heutige Name her. Es gilt als sicher, dass sich schon bald nach dem Abzug der Römer ab etwa dem Jahr 420 Franken ansiedelten und dass sich in Ochtendung sogar ein fränkischer Adelssitz befand. Wahrscheinlich war der Ort ein merowingi-

Abb. 64   Pellenzlandschaft, Blick vom Karmelenberg nach NW

sches Fiskalgut, das noch vor 700 wenigstens teilweise an das Erzbistum Trier
vergeben wurde, eine erste urkundliche Bestätigung hierfür erfolgte im Jahr
1043. Die Vogtei in Ochtendung erwarb Trier erst im 14. Jh. von den Herren von
Isenburg. Einzelheiten der Namensgebung von Ochtendung und der Herr-
schaftsverhältnisse sind von F. Schneider (1996) in einem Aufsatz ausführlich
dargestellt worden.

Ochtendung wurde 1847 und 1849 durch Feuerkatastrophen fast völlig zerstört, so dass von der alten Bausubstanz nur noch sehr wenig vorhanden ist.
Größere Reste der ehemaligen, schon um 670 erstmals erwähnten Befestigung,
etwa das Obertor an der ehemaligen Landstraße nach Koblenz (jetzt Bundesstraße 258) sind in die wieder aufgebauten Häuser einbezogen worden. Manche
der heutigen Straßennamen lassen noch Schlüsse auf Art und Umfang dieser
Befestigungen zu (Grabenstraße, Langmauer, Oberpfort, Off de Festung und so
weiter). Die von 1957 bis 1958 erbaute Pfarrkirche St. Martin steht auf dem
Areal weit älterer Pfarrkirchen. Der heutige Glockenturm ist der alte Westturm
der romanischen Kirche aus dem 11./12. Jh. Er blieb auch erhalten, als diese
Kirche in den Jahren von 1769 bis 1771 durch einen Neubau ersetzt wurde; und
er überdauerte auch den Neubau des Jahres 1849.

Die Gemeinde ist sozial-wirtschaftlich als ein Gewerbe- und Pendlerwohnort einzustufen. In Richtung Bassenheim ist ein Gewerbegebiet entstanden, vor
allem für Betriebe der Recycling-Industrie. Zu Ochtendung gehören einige Ein-
siedelhöfe, so der Emmingerhof, der Fressenhof, der Waldorfer Hof und seit
1996 der Sackenheimer Hof (zuvor zu Bassenheim gehörig). Auf der Gemeindefläche von Ochtendung liegt auch die Ruine der Burg Wernerseck (s. E 11),
ebenfalls eine Trierische Burg.

Karmelenberg

Nördlich der Bundesautobahn (A 48) Koblenz – Trier erhebt sich auf der Gemarkungsfläche von Bassenheim zwischen Bassenheim und Ochtendung aus
einem sanften und breiten Höhenrücken von durchschnittlich 280 bis
300 m ü. NN der 372 m hohe Karmelenberg, der höchste Berg in der Pellenz
(Abb. 65). Dieser Berg hat zwei Gesichter: von S her erscheint er als sanft ansteig-
gende und bewaldete Kuppe, aus deren Gipfelbewuchs die Mauern eines kleinen
Gebäudes durchschimmern und von NW und von NO her entpuppt er sich stellenweise als groß dimensionierter Steinbruch. Hier offenbart sich die geologisch-
petrographische Struktur des Berges: Er ist der Hauptkegel eines aus mehreren
Einzelvulkanen bestehenden Basaltmassivs und zugleich der am weitesten südlich gelegene Pellenzvulkan. Es handelt sich um einen Schlackenkegel mit deutlicher Schichtung (Wechsel von Lapilli-Lagen, Schlacken und Lavafetzen). An der
West- bzw. der Nordwestseite ist durch den Abbau der Schlacken ein etwa 50 m
breiter Schlot freigelegt worden. Es dürfte sich um das Haupteruptionszentrum
gehandelt haben. Ein weiteres und kleineres Eruptionszentrum befindet sich wenige Dekameter südlich davon, und auch im N finden sich einige Ausbruchstellen, so die Oberholz-Gruppe, dicht an der Bahnlinie.

E 17 Der Schlackenabbau hat hauptsächlich im N des Karmelenberges nahezu alle Nebenvulkane beseitigt, nicht aber deren Lavaströme und vor allem nicht die beiden Hauptströme, die vom Karmelenberg selbst und vom vorgelagerten (inzwischen nahezu abgebauten) Schweinskopf ausgehen. Der nach NO gerichtete Strom ist auf 1,5 km, der in nordwestlicher Richtung abgehende auf mehr als 3 km Länge zu verfolgen.

Auf dem Gipfel des Karmelenberges soll bereits zur Keltenzeit ein Heiligtum für die Pferdegöttin Epona und die Fruchtbarkeitsgöttin Rosmerta bestanden haben. Der keltische Name war *mukkotul* = Schweinsberg, dies war der Name der etwas abgewandelt, offensichtlich auf den Berg Schweinskopf überging. Bis in die Neuzeit galt er als Tanz- und Tummelplatz für Hexen. Heute erhebt sich dort die kleine Kapelle St. Maria. Sie wurde von JOHANN LOTHAR WALDBOTT VON BASSENHEIM und seiner Ehefrau ANNA MAGDALENE gestiftet und zwischen 1662 und 1668 auf dem damals so genannten Schweinsberg erbaut, der gleichzeitig in Anlehnung an den Berg Karmel im Heiligen Land in Karmelenberg umbenannt wurde. Der rechteckige, flachgedeckte Saal der Kapelle mit gewölbtem Chor und seitlichen Logen ist barock ausgestaltet, so mit einem Hochaltaraufsatz von 1662, mit zahlreichen Holzplastiken und Skulpturen. Die Kanzel stammt vom Anfang des 18. Jh. Das Gotteshaus gilt als älteste Barockkirche des Koblenzer Raumes. Neben der kleinen Kirche und an dem nach S führenden Hangweg stehen ein Steinkruzifix (um 1735) und stark verwitterte Fußfälle, also Stationen für die Andachten während der Wallfahrt. 1665 wurde am Weg von Bassenheim zum Karmelenberg eine Baumallee angelegt, von der

Abb. 65 Der Karmelenberg (auf der Grenze zwischen Pellenz und Maifeld)

heute noch 106 Bäume vorhanden sind: 46 Rotbuchen, 37 Stieleichen, 16 Winterlinden und sechs Rosskastanienbäume. Dazu kommt eine mächtige Sommerlinde mit einem Umfang von fast 8 m. Sie wurde wegen ihrer zumindest regionalen Einzigartigkeit schon 1939 als Naturdenkmal ausgewiesen.

Inmitten der anthropogen durch den Schlackenabbau sehr negativ beeinflussten Landschaft wurde wenigstens der Karmelenberg am 19. Mai 1981 rechtskräftig unter Naturschutz gestellt. Das 11 ha große Schutzgebiet umfasst neben der Gipfelregion mit der Kapelle auch den großen Anschnitt an der Westflanke des Berges und die alten Schlackengruben am südlichen Bergfuß (DEUTSCHE VULKANOLOGISCHE GESELLSCHAFT 2002). Auch unter den Gesichtspunkten der Erforschung und Dokumentation von Pflanzengesellschaften ist das kleine Naturschutzgebiet von Bedeutung. Die bewaldete Kuppe trägt artenreiche Perlgras-Buchenwälder, während die ehemaligen Abbaubereiche mit Felsgras-Trockenrasen bestanden sind. Floristische Besonderheiten des Gebietes sind Mondraute (*Botrychium lunaria*), Schwertblättriges Waldvöglein (*Cephalanthera longofolia*), Purpur-Knabenkraut (*Orchis purpurea*), Nestwurz (*Neottia nidus-avis*) und Küchenschelle (*Pulsatilla vulgaris*). Der Karmelenberg wurde in die UNO-Kampagne „2002 – Internationales Jahr der Berge" aufgenommen, allerdings unter dem völlig irreführenden Gesichtspunkt der Dokumentation eines Wahrzeichens der östlichen Vulkaneifel.

Auf den Resten des vorgelagerten ehemaligen Schweinskopfes wurden bei archäologischen Grabungen im Sommer 2002 Nashornknochen gefunden, denen ein Alter von etwa 180 000 Jahren zugesprochen wird. Dieser Fund liegt auf einem der nunmehr bekannten fünf Jagdplätze von Neandertalern aus der vorletzten Eiszeit (s. E 13, E 14).

Goloring

Dicht südlich der Bundesautobahn (A 48) Koblenz – Trier liegt auf der Gemarkung von Kobern-Gondorf, verdeckt in Busch- und Niederwald, ein Erdwall, der als Goloring bezeichnet wird. Seinen Namen hat er aus dem Volksmund erhalten, weil der Sage nach hier der aus der Genoveva-Sage bekannte Übeltäter GOLO hingerichtet worden sein soll (s. D 4, D 7). Das Objekt hat aber nicht aus diesem Grund seine Bedeutung erlangt, sondern aus seiner Verknüpfung mit der vor- oder frühgeschichtlichen Kultur dieses Raumes. Das Erdwerk, bestehend aus einem zentral gelegenen Plateau sowie aus Wall und Graben, hat einen Außendurchmesser von rund 190 m; der Wall ist, soweit erhalten, 60–80 cm hoch und der Graben etwa 1 m tief. Das zentrale Plateau hat gegenwärtig noch eine Höhe von anderthalb Metern, ist fast rund und hat einen Durchmesser von 90 bis 100 m. In seiner Mitte hat RICHARD-JOSEF RÖDER ein Bohrloch festgestellt mit einer Vermoderungsmasse, die auf einen etwa 40 bis 50 cm dicken und 8 bis 12 m hohen Pfahl hindeutet, der dort eingebracht war. Da das Erdwerk dicht bei der Waldflur Gollenbusch liegt, auf der ein Gräberfeld von mindestens 100 Gräbern entdeckt wurde, muss es sich um eine vor- oder frühgeschichtliche Anlage handeln, deren Alter auf 1200 bis 600 v. Chr. datiert wird, also in die Zeit der Urnenfelderkultur der späten Bronze- bzw. der frühen Hallstattzeit.

Über den Sinn und Zweck der Anlage gibt es noch keine endgültige Klarheit. Die Vorstellung, es könne sich um eine Befestigung (oder auch um eine Fluchtburg) gehandelt haben, wurde von W. Zäck (1985) und im Dehio (1972) mit Recht für unwahrscheinlich gehalten. Denn innerhalb des welligen und kuppigen Geländes im Übergangssaum von der Pellenz zum Maifeld wäre ein solches Erdwerk nahezu wertlos. Flucht- oder auch Trutzburgen hätten auf den Pellenzvulkanen einen weitaus besseren Platz gefunden, z.B. auf dem benachbarten Karmelenberg (s. E 17). Außerdem weist die Nähe der Grabhügel viel eher auf ein Heiligtum, verbunden mit der Funktion einer Gerichtsstätte, hin.

Anlass zu weitergehenden Überlegungen gaben der erwähnte Pfahl in der Mitte der Anlage und drei Unterbrechungen von Wall und Graben, nämlich im N und S durch kleine Einschnitte, im SW durch einen größeren. Diese Konstellation lässt an eine Jahreslauf-Sonnenuhr denken, also an eine astronomische Beobachtungsstation, verbunden mit einem Kalender für bestimmte Tage im Jahreslauf (längster Tag, kürzester Tag, Erntebeginn usw.). Damit stünde der Goloring in seiner Bedeutung neben den berühmten Kultanlagen von Stonehenge, Avebury oder Woodhenge (Grafschaft Wiltshire, Großbritannien), wenngleich dies Megalith-Denkmäler sind. Neuerliche Untersuchungen im Umfeld des Golorings haben gezeigt, dass für diese Annahme durchaus gewisse Indizien vorhanden sind, so durch geometrisch indizierte Sichtverbindungen zum Karmelenberg und zur Dreitonnenkuppe (s. E 19), wo sogar ein basaltischer Menhir gestanden haben soll, der inzwischen allerdings – wohl im Zuge des Tonabbaus – auf eine freie Ackerparzelle versetzt wurde. Auf jeden Fall ist der Goloring für den gesamten rheinischen Raum ein einzigartiges Kulturdenkmal, das man auch dem Besucher zugänglich machen sollte, letzteres jedoch mit bestimmten Auflagen – etwa einem Verbot zur Durchführung von Grabungen durch Freizeitarchäologen. Im Jahr 2002 wurde das bisher von der Bundeswehr genutzte Gelände freigegeben und wird nunmehr von der Archäologischen Denkmalpflege (Amt Koblenz) wissenschaftlich erschlossen.

E 19   Dreitonnenkuppe

Etwa 2 800 m südwestlich des Golorings erhebt sich eine flache, etwa 320 m hohe Kuppe; sie ist nicht sehr deutlich ausgeprägt, aber immerhin erkenn- und integrierbar in ein größeres ehemaliges Gräberfeld. Die Dreitonnenkuppe gilt als wohl größter Grabhügel dieser Region. Sie hat einen Durchmesser von 70 m und eine Höhe von 2 m. Somit ist sie mit den großen Fürstengrabhügeln Süddeutschlands oder im südlichen Hunsrück vergleichbar. Im Grunde handelt es sich durchweg um Begräbnisplätze von gesellschaftlich hoch gestellten Persönlichkeiten, die auch eine überregionale Macht ausübten; man ordnet sie der späten Hallstattzeit zu, also dem 6. bis 5. Jh. v. Chr. Was die Dreitonnenkuppe etwas rätselhafter macht als die anderen Großgräber der Umgegend ist die Frage nach dem funktionalen Zusammenhang mit dem Goloring (s. E 18); immerhin ist es nicht von der Hand zu weisen, dass gewisse Anzeichen dafür sprechen, E 19 dass hier – lange nach der Grablegung – eine Art Gegenstelle zu der (vermuteten) astronomischen Beobachtungsstation eingerichtet worden war.

Wolken, Landkreis Mayen-Koblenz, Verbandsgemeinde Untermosel E 20

Die nur knapp 900 Einwohner zählende Gemeinde hat im Laufe der vergangenen vier bis sechs Jahrzehnte einen deutlichen Wandel in der Sozial- und Erwerbsstruktur erfahren, verbunden mit einer deutlichen Veränderung der Gebäude- und der Flurnutzung. Wolken liegt wie viele Maifeld-Orte in einer etwa 230 m ü. NN gelegenen Flachmulde, dicht vor dem Einschnitt des zur Mosel gerichteten Belltales. Ursprünglich war der schon 1169 urkundlich genannte Ort eine Weilersiedlung innerhalb des Höfe-Gebietes im Maifeld und bestand aus einer Gruppe von zunächst sechs oder sieben Höfen und einer 1599 erwähnten Kapelle zur hl. Margaretha. Kirchlich unterstand der Ort bis 1806 der Pfarrei in Kobern und bis 1817 auch der dortigen Gerichtsbarkeit.

Zum Ortsnamen gibt es verschiedene Deutungen. 1207 wurde ein Brüderpaar CUNRAD und BALDWIN VON WOLKENDE genannt. Aus dieser Formulierung und vor dem Hintergrund einiger römischer Mauerfunde aus vulkanogenem Gestein sowie der Nähe der Pellenzvulkane dürfte die Annahme, es habe sich um eine römische Siedlung *vulcanetum* gehandelt, im Bereich des Möglichen liegen. Die Gehöfte im Ort sind z.T. noch in ihrer Lage erhalten, aber alle wurden umgebaut und erhielten andere Funktionen. Der aus Bruchsteinen erbaute Künsterhof an der Landstraße zwischen Koblenz, Metternich und Polch, 800 m nördlich von Wolken, an der Einmündung der Zufahrtsstraße aus Wolken gelegen, ist ein ehemaliger früherer Aussiedlerhof, der dritte seines Namens; die Vorgänger lagen alle innerhalb von Wolken. Die alte Kapelle verfiel wegen zu geringer Mittel für den Unterhalt und wurde bereits 1837 abgebrochen, die jetzige Dorfkirche konnte erst 1923 erbaut werden. Im Ort wohnen fast keine Bauern mehr, er hat sich zu einer großstadtnahen Wohngemeinde mit z.T. sehr aufwändiger Bausubstanz entwickelt. Der Baugrund stammt hauptsächlich aus ehemals agrarisch genutzten Flurstücken. Große Teile der Flur sind an Landwirte aus anderen Gemeinden zur Bearbeitung verpachtet.

Kerben, Landkreis Mayen-Koblenz, Verbandsgemeinde Maifeld, E 21

liegt im Maifeld in einer Höhe von 200 m ü. NN, rund 3 km ostnordöstlich von Polch entfernt. Der Ort zählte im Jahr 2001 zusammen mit dem nahe gelegenen Minkelfeld 376 Einwohner. Eine Siedlungsgrube der Hunsrück-Eifel-Kultur sowie römische Gebäude und Gräber wurden im Nahbereich von Kerben festgestellt, ebenso fränkische Grabstellen. Unter seinem damaligen Namen *kerve* wurde der Ort anlässlich einer Schenkung durch den Trierer Erzbischof EGBERT im Jahre 981 erstmals urkundlich erwähnt.

E 21   Eine Kirche in Kerben ist für das Jahr 1227 bezeugt. Der heutige Kirchenbau besteht aus einem einschiffigen Langhaus mit einem etwas niedrigeren und
schmaleren dreiseitigen Chor. Das Dach wird von einem vierseitigen Dachreiter überragt. Einzelne Bauteile der Kirche weisen auf ihre Entstehung im Mittelalter hin. Auf dem Friedhof befinden sich mehrere Basaltkreuze aus der Zeit
vom 16. bis 18. Jh. Im alten Ortsbereich treten vor allem kleinere Gehöfte in
Winkelform auf. Sie werden größtenteils nicht mehr von landwirtschaftlichen
Betrieben genutzt und sind z.T. auch für andere Funktionen, vor allem als
Wohnhäuser oder Garagen, hergerichtet worden. Auf den ehemaligen Freiflä-
chen zwischen dem alten Baubestand findet sich eine Reihe von modernen
Wohnbauten. Im N der Hauptsiedlung ist seit 1980 ein weiteres neues Wohn-
gebiet entstanden und wird weiter ausgebaut.

Der Ortsteil Minkelfeld ist vom Hauptort Kerben rund 1,5 km entfernt und
liegt in ostnordöstlicher Richtung. Von vorgeschichtlicher Besiedlung zeugt ein
Grab der Urnenfelderkultur nahe des Ortes; auf dortige römische Siedlungsreste wird in der Literatur mehrfach hingewiesen. Minkelfeld wurde im Jahre 1148
in einer Urkunde erwähnt, in der dem Stift in Lonnig (s. E 22) der Besitz eines
Hofes mit der Kapelle im ersteren Ort von Papst EUGEN III. bestätigt wird; es
wurde damals *minchelue* genannt. Die heutige Kapelle stellt einen Nachfolgebau aus dem Jahre 1856 dar. Die wenigen Anwesen in Minkelfeld liegen zu beiden Seiten der durch den Ort verlaufenden ehemaligen Koblenz – Trierer Poststraße. Es sind vornehmlich stattliche Gehöfte, deren Hofflächen mindestens
dreiseitig von Gebäuden eingenommen werden. Nur noch wenige dieser einstigen Bauernhöfe beherbergen gegenwärtig landwirtschaftliche Betriebe.

E 22   Lonnig, Landkreis Mayen-Koblenz, Verbandsgemeinde Maifeld

Die Maifeld-Gemeinde Lonnig liegt in etwa 240 m ü. NN rund 7 km nördlich
von Münstermaifeld. Sie breitet sich in einer Mulde im Bereich des Zusam-
menflusses der Quellwasser des Keberbaches aus, der durch die Einschneidung
in den Schiefergebirgssockel südlich des Ortes eine steilhängige Eintalung gebildet hat, den Kebergrund. Der Keberbach mündet zusammen mit dem Nothbach in Gondorf in die Mosel. Das Ortszentrum befindet sich an der Kreuzung
zweier Straßen, zum einen an der in N-S-Richtung verlaufenden Verkehrsach-
se mit Anbindung an die nördlich vorbeiführende ehemalige Poststrecke von
Koblenz nach Trier, zum anderen an der Straße aus dem Moseltal, die in das alte Maifeldzentrum Münstermaifeld führt und ebenfalls eine Abzweigung zur
schon erwähnten ehemaligen Poststraße besitzt.

In Lonnig wurde 1128 ein so genanntes Doppelkloster gegründet, das der
Abtei Springiersbach in der Eifel unterstellt war. 1143 verlegte man das Non-
nenkloster zunächst nach Koblenz, später nach Schönstatt über Vallendar
(s. F 4.2, C 12.1), und der Männerkonvent wurde 1326 als Clemens-Stift nach
Mayen überführt. Die ehemalige Augustiner-Klosterkirche, ursprünglich ein
basilikaler Rundbau, war nach einem Brand verfallen. Die Ruine wurde im
19. Jh. abgetragen. Erhalten blieb ein 1220/1230 errichteter Chor mit Säulen-

Abb. 66 Pfarrkirche
in Lonnig

E 22

galerie (Abb. 66), der später durch einen neuen Kirchenraum ergänzt wurde. Dies ist die heutige katholische Pfarrkirche. Innerhalb der Ortslage sind neben Hakenhöfen vor allem stattliche Dreiseithöfe verbreitet. Letztere waren in größerer Zahl ursprünglich Grundeigentum von Klöstern, Stiften und sonstigen kirchlichen Korporationen. Dieses wurde während der französischen Regierungszeit um 1800 aufgelöst und zum Verkauf angeboten. In vielen Fällen wurde es von den ehemaligen Pächtern erworben, die es bisher in Erbpacht besaßen. Der im Gebiet verbreitete graue Schieferstein sowie die blau-schwarzen Basalt- und die rötlichen Schlackengesteine der nahen Pellenz waren typisches Baumaterial der Gebäude. Viele Gehöfte sind heute stillgelegt oder werden von Nebenerwerbsbetrieben genutzt. Durch die Beschäftigungsmöglichkeiten in Unternehmen der Steingewinnung und der Steinverarbeitung in der Pellenz waren in der Vergangenheit bereits ein Teil der landwirtschaftlichen Betriebe im Nebenerwerb geführt worden.

Gegenwärtig ist Lonnig vor allem eine Wohngemeinde für auswärts tätige Erwerbspersonen. 2001 hatte es 1 084 Einwohner. Die Umwidmung ehemals landwirtschaftlicher Betriebsgebäude erfolgte durch eine Umgestaltung zu Wohnzwecken, zu Garagen und für andere Nutzungsformen. Dies wird durch die Gestaltung der Hofflächen mit Grün- und Blumenanlagen sowie mit Sitzgruppen, besonders in den ehemaligen Hofanlagen im Bereich der Straße nach Rüber gut sichtbar. Neue Wohngebiete wurden vor allem südlich der ursprünglichen Siedlung geschaffen und die Neubauanlagen in jüngster Zeit nach SW immer weiter in die ehemalige Feldflur ausgedehnt.

E 23 Niederburg, Oberburg und St. Matthiaskapelle

Auf einem schmalen, hakenförmigen Riedel zwischen zwei Bächen, die bei Kobern in die Mosel münden, ragen die Ruinen zweier Burgen aus der mit Rebhängen bedeckten Flur innerhalb der Gemeinde Kobern-Gondorf heraus. Die Niederburg liegt auf dem Südende dieses Riedels in rund 150 m Höhe auf einem kleinen verebneten Sporn. Sie wurde etwa um die Mitte des 12. Jh. erbaut, gelangte 1195 in trierische Lehensabhängigkeit und erfuhr danach wahrscheinlich einen neuerlichen Ausbau. Auch im 16. Jh. wurde sie noch einmal umgestaltet, aber 1688 während der Réunionskriege von französischen Truppen zerstört. Es muss eine wehrhafte Burg gewesen sein: die Zwingeranlage im W und der in den Felsgrat eingearbeitete Halsgraben weisen das ebenso aus wie die Umfassungsmauern an der Moselseite. Erhalten sind zudem zwei Stockwerke des spätgotischen Palas und der Bergfried aus der Zeit um 1200.

Etwa 50 m höher liegt auf einer breiteren Verebnung die Oberburg (auch Altenburg genannt), die nach W. STOLLFUSS (o. J.) auf eine karolingische Burg aus dem 8. bis 10. Jh. zurückgehen soll. Neu angelegt und ausgebaut wurde sie erst 1195. Es war eine lang gestreckte und sehr regelmäßige Burganlage, typisch für die Grundrissgestaltung während der Stauferzeit. Erhalten sind allerdings nur noch Teile der Umfassungsmauern und der Bergfried; dort wurde ein Burgrestaurant eingerichtet, in welchem unter anderem Weine und Getränke aus der Mosellandschaft angeboten werden.

Berühmt geworden ist die Oberburg jedoch nicht als mittelalterliche Burg, sondern durch die St. Matthiaskapelle (Abb. 67), die neben dem ehemaligen Eingang zur Burg, jedoch ohne jegliche bauliche Verbindung zu einem der Burggebäude steht. Es war wahrscheinlich nicht die Burgkapelle, sondern der Aufbewahrungsort für eine Reliquie (Kopf des hl. Matthias, heute in Trier), die der Burgherr HEINRICH II. VON ISENBURG-KOBERN während einer Pilgerreise in Damietta in Ägypten fand und mitbrachte. Erbaut wurde die Kapelle zwischen 1220 und 1240, also in der Übergangszeit von der Spätromanik zur Frühgotik, als hexagonaler Zentralbau mit Tambour, mit weitem Umgang und einer Apsis auf dem Grundriss eines Dreiviertelkreises. In der Südostwand befindet sich das rundbogige Stufenportal mit fein gestalteten Knospen-Maskenkapitellen. Von Bedeutung für die architektonische Gestaltung des Innenraumes sind sechs Säulengruppen zu je vier Säulen, die den engen schachtartigen fast 15 m hohen Mittelraum tragen.

Abb. 67   St. Matthiaskapelle und Turm der Oberburg über Kobern

Das Gebäude war schon dem Verfall nahe, als König FRIEDRICH WILHELM IV. VON PREUSSEN 1836 auf den Zustand der Kapelle hinwies und die Einleitung von Rettungsmaßnahmen befahl. Eine umfangreiche Restaurierung wurde aber erst 1892 durchgeführt, weitere folgten in unregelmäßigen Abständen, zuletzt von 1989 bis 1998. Der Dehio (1972) nannte die Matthiaskapelle „... das schönste Beispiel einer spätromanischen Kapelle am Mittelrhein ...". Das Hexagon mit seinem überhöhten Innenraum steht nach Meinung von Kunsthistorikern am Ende der Entwicklung von Reliquien- oder Grabeskirchen, die ihre Urbilder in der Himmelfahrtskirche und im Felsendom in Jerusalem hatten. Etwas populärwissenschaftlicher, aber nicht minder treffend äußerte sich U. ZÄNKER-LEHFELDT (1971): „Die Matthiaskapelle auf der Altenburg ist eines der originellsten und zugleich rätselhaftesten Bauwerke des Mosel- und Mittelrheingebietes ...".

Die Matthiaskapelle ist ein vielbesuchter Ort. Sie wird sowohl als Wanderziel aufgesucht, als auch für kirchliche Familienfeiern, vor allem für Hochzeiten, und für kulturelle Veranstaltungen, etwa für Kammermusik-Konzerte im Rahmen der Veranstaltungsreihe Musik in Burgen und Schlössern genutzt. Sie kann – wenngleich unter Schwierigkeiten – auch mit dem Kraftfahrzeug erreicht werden. Schautafeln und gedruckte Informationen führen in die Baugeschichte ein und erleichtern die Umsetzung der Beobachtungen oder des bei Führungen Gehörten.

E 24 Kobern-Gondorf, Landkreis Mayen-Koblenz, Verbandsgemeinde Untermosel

Kobern-Gondorf zählt zusammen mit dem eingemeindeten Maifeld-Ort Dreckenach etwa 3 300 Einwohner. Die Gemeinde ist Sitz der Verbandsgemeinde Untermosel. Sie liegt am Prallhang des Dieblicher Moselbogens in Höhen zwischen 71 und etwa 100 m ü. NN am Anstieg zum Maifeld und erstreckt sich über eine Länge von knapp 3 km entlang der Mosel. Die beiden ehemals selbstständigen Gemeinden Gondorf und Kobern wurden 1969 vereinigt.

Beide Gemeindeteile sind typische Moselorte, sowohl nach ihrer Lage als auch nach ihrer Ausstattung, ihrer Funktion und ihrer Geschichte. Bemerkenswert ist in beiden Orten die z.T. sehr gut erhaltene mittelalterliche Bausubstanz und das Vorhandensein von jeweils zwei Burgen. Besonders die in Kobern sind als Höhenburgen weithin sichtbar (s. E 23). Beide Orte sind sehr alte Siedlungsplätze sowie Weinbaugemeinden mit über die Region hinaus bekannten Lagen. Auf der Gemarkung von Kobern befinden sich der vorgeschichtliche Kultplatz Goloring (s. E 18), ebenso zwei Grabhügelfelder als Stätten von Körperbestattungen mit Grabbeigaben aus Bronze. Auch aus römischer und fränkischer Zeit gibt es zahlreiche wertvolle Funde.

Bereits im 10. Jh. wurde K o b e r n als *coverna* in einer Schenkungsurkunde des Trierer Erzbischofs und Kurfürsten erstmals urkundlich genannt. Um diese Zeit dürften auch die schon erwähnten Burgsiedlungen angelegt worden sein, die abgegangenen Vorläufer der heutigen Burgen, der Oberburg und der Unterburg. Verbunden sind diese Bauten mit den Namen örtlicher Adliger, den Rittern von Kobern und den Herren von Isenburg. Die beiden Burgen und die St. Matthiaskapelle (s. E 23) sind heute die Wahrzeichen von Kobern, jedoch nicht die einzigen Sehenswürdigkeiten. So ist die Dreikönigskapelle auf dem Friedhof zu erwähnen, die um 1425 von der Familie von Boos-Waldeck gestiftet wurde und die wegen ihrer Ausmalung besondere Beachtung verdient. Auf dem Friedhof stehen etwa 150 Steinkreuze aus Basaltlava aus der Zeit zwischen 1500 und dem Ende des 18. Jh. Im Ort liegt der Rittersaal, ein Teil des ehemaligen gotischen Burghauses der Familie Romilian (oder: Rumilian), daher auch Romilianhof genannt. Das zwischen 1970 und 1980 restaurierte gotische Fachwerkhaus in der Kirchstraße 1 soll um 1320 (nach verschiedenen Quellen um 1400) erbaut worden sein und ist daher wohl das älteste erhaltenen Fachwerkhaus im Rheinland und eines der ältesten in Deutschland. Es war der ehemalige Hof der Abtei St. Marien in Trier, der Mergener Hof (jetzt: Haus Simonis). Der von mittelalterlichen und aus dem 17./18. Jh. stammenden Häusern umstellte Marktplatz bildet das malerische Zentrum von Kobern. Über dem Ort aber ragt der Turm der von 1826 bis 1829 erbauten neuromanischen Pfarrkirche St. Lubentius hervor. Auf einem Felsgrat unterhalb der Niederburg steht noch der Kirchturm der älteren, schon in der zweiten Hälfte des 14. Jh. erbauten Pfarrkirche. Mit dem südlich gelegenen Ortsteil Gondorf ist Kobern baulich zusammengewachsen und durch eine alte Landstraße eng verbunden. Die unbebaute Fläche zwischen den Ortsteilen wird von den Eisenbahn- und Bahnhofsanlagen eingenommen. Von der entlang des Moselufers führenden Bun-

Abb. 68 Hauptburg des Schlosses in Gondorf mit Straßendurchbruch

desstraße 416 (Koblenz – Karden) führt eine Brücke über die Mosel zur Bundesstraße 49 (Koblenz – Cochem – Alf – Wittlich). Über das Nothbachtal erreicht man von Gondorf aus das eingemeindete Dreckenach (s. H 8).

Auch Gondorf ist eine sehr alte Siedlung, ihr Alter ist jedoch nicht genau zu bestimmen. Schon in einem Reisebericht eines Bischofs von Poitiers aus dem Jahre 560 ist von einem *contrua* die Rede und auf einem Markstein, gefunden in der Gemeindeflur, ist die Jahreszahl 562 eingraviert. Auf Grund der Funde aus der Römerzeit im Schlosspark wird angenommen, dass das 871 erstmals urkundlich erwähnte *condrovia* identisch sei mit dem von VENANTIUS FORTUNATUS erwähnten römischen Anlege- und Werftplatz *contrua*; eine Urkunde aus dem 10. Jh. verwendete die Schreibweise *gontreve*. Der Kern des Ortes liegt auf dem breiten Schwemmfächer des auslaufenden Nothbachtales, leicht erhöht und daher einigermaßen gegen die Moselhochwasser geschützt. Hier ist wohl auch der älteste Siedlungsplatz anzunehmen, wovon Gräber aus der La-Tène-Zeit zeugen.

E 24   Wie in Kobern gab es auch in Gondorf eine im Ort ansässige Adelsfamilie, die um 1272 erstmals genannten Herren von der Leyen. Diese erbauten ab dem 14. Jh. am Rande des Schwemmfächers eine Burg. Sie wurde ab 1560 zu einem geräumigen Renaissance-Wasserschloss ausgebaut, das in sich mehrfach gegliedert und insgesamt um einen rechteckigen Hof gruppiert war. Die Vorburg und die Hauptburg sind durch eine Galerie miteinander verbunden. Die Gebäude besonders der Hauptburg wurden im 18. Jh. vernachlässigt und ab 1806 neugotisch um- und ausgebaut. Aus verkehrstechnischen Gründen wohl notwendig, aber den Bau durchaus entstellend, erwies sich die Trassenführung der Bundesstraße 416 durch die Hauptburg mittels zweier Tunnel (Abb. 68). Trotzdem ist diese Burg wohl das bekannteste Wahrzeichen von Gondorf. Man nennt sie auch die Oberburg, weil sie stromaufwärts, also oberhalb der Unterburg liegt, ebenfalls ein Leyensches Schloss. Dieses gründet sich auf einem zwischen 1255 bis 1272 angelegten Wohnbau, der um 1860 um-, aus- und teilweise neu erbaut wurde. Bis 1972 gehörte das Schloss mit dem künstlerisch gestalteten Park den Freiherren von Liebieg; jetzt ist es ein Hotelbetrieb in Privatbesitz. In der Nähe der zweigeschossigen Burgkapelle aus Bruchsteinen wurden im Schlosspark der Grundriss und Reste eines römischen Hauses mit Mosaikboden gefunden.

Vor dem Südflügel der Oberburg stand bis zum Bau der Moselbahn (1876) eine in alten Berichten als malerisch bezeichnete Kirche. Sie musste beim Bahnbau abgebrochen werden und wurde 1881 durch eine Kirche in neugotischem

Abb. 69   Forschungs-Fotovoltaikanlage der RWE AG in Kobern-Gondorf
(Harpen AG, Dortmund, mit freundlicher Genehmigung)

Stil ersetzt, die ohne Turm errichtet wurde. Das Geläute befindet sich im runden Westturm der Vorburg. Entlang der ehemaligen Römerstraße finden sich
noch einige historische Gebäude, so das alte Gemeinde- und Backhaus, das alte Schulhaus und ein Hofgut.

K o b e r n - G o n d o r f bietet die Dienstleistungen einer unteren Verwaltung
an; außerdem sind beide Ortsteile als Weinbaugemeinden zugleich auch auf den
Fremdenverkehr eingerichtet, was sich an einer Vielzahl gastronomischer
Betriebe ablesen lässt. Andererseits ist die Ausstattung mit Ladengeschäften für
den allgemeinen täglichen und für den nichtalltäglichen Bedarf sehr gering, so
dass sie von der Bevölkerung der umliegenden Gemeinden kaum angenommen
wird. Ab 1988 wurde über den Rebhängen der Gemeinde eine Fotovoltaikan-
lage angelegt, die ein Areal von 50 000 m² umfasst (Abb. 69) und die zur Zeit ihres Aufbaus die größte in Europa war. Sie dient der Stromerzeugung sowie für
Langzeitstudien zu Gunsten der weiteren Vervollkommnung der Herstellungs-
technologien.

Rheintalprofil

Will man innerhalb des Neuwieder Beckens (bzw. der Koblenz-Neuwieder Talweitung) überhaupt ein Tal im herkömmlichen Sinne fixieren, so muss man den
westlich des Stromes gelegenen 119 m hohen Bubenheimer Berg als zumindest
den Rest einer ehemaligen seitlichen Begrenzung und den 153 m hohen, ostwärts
des Stromes gelegenen Mallendarer Berg als den – erheblich markanteren –
anderen Talhang definieren. Auf Grund dieser Definition hat ein Profilschnitt
zwischen diesen beiden seitlichen Begrenzungen eine Breite von 5 500 m, wobei
fast drei Viertel dieser Strecke in die eigentliche Talniederung fallen und nur ein
Viertel auf die beiderseitigen Hangregionen (Abb. 70).

Das Talprofil quert den Rhein ungefähr bei Stromkilometer 596. Der Strom
ist dort gut 1 200 m breit, wird allerdings durch die Insel Niederwerth in einen
350 m breiten westlichen und einen nur 200 m breiten östlichen Arm, den „Vallendarer Stromarm" geteilt. Die mittlere Höhe seines Wasserspiegels liegt bei
59 m ü. NN, wobei die Spiegelhöhe sehr stark schwanken kann: im Mittel liegt
sie bei 318 cm, bei mittlerem Hochwasser um 670 cm und bei Katastrophen-
hochwassern bei mehr als 900 cm (vereinzelt über 1 000 cm). Das mittlere Gefälle ist im Profilbereich auf 0,1 Promille reduziert. Da stromaufwärts (Pegel
Koblenz) ein stärkeres Gefälle (um 0,26 bis 0,28 Promille) vorherrscht, kommt
es bei mengenmäßig hohem Abfluss beiderseits von Niederwerth sehr leicht zu
Hochwasserstau und zu Überschwemmungen (s. Seite 20).

Wenngleich die Talniederung bei stärkerem Hochwasser entweder nahezu
vollständig überschwemmt oder zumindest durch aufdrückendes Grundwasser
belastet wird, ist sie doch weithin überbaut und wird in hohem Maße wirtschaftlich genutzt. Hier erstrecken sich das Koblenzer Gewerbegebiet und das
Industriegebiet sowie der erst ab 1960 angelegte Rheinhafen, z.T. auch Wohngebäude. Zwischen den diversen Gebäudekomplexen sind noch die Austiefun-
gen ehemaliger Kies- und Bimsgruben zu sehen, die teilweise mit Wasser gefüllt

F 1

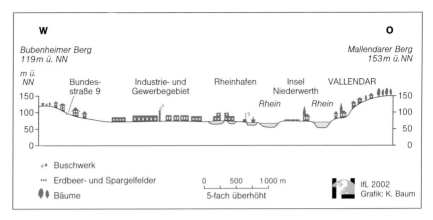

Abb. 70 Schnitt durch das Rheintal innerhalb des Neuwieder Beckens
(Entwurf H. FISCHER 2002)

sind und die sich zu natürlichen Biotopen entwickeln. Außerdem finden sich die
Reste der einstmals ausgedehnten Obstanlagen. Die Rheininsel Niederwerth
(s. F 2) wird außerhalb der bebauten Fläche sehr intensiv für den Anbau von
Spargel und Beerenobst genutzt, vorwiegend im Nebenerwerb. Wegen der geringen Höhenlage über dem Rheinspiegel besteht hier bei jedem Rheinhoch-
wasser Überschwemmungsgefahr. Im Gegensatz zum linksrheinischen (= westlichen Bereich) ist der Ufer- und Niederungssaum auf der rechten Rheinseite
sehr schmal. Die Stadt Vallendar musste sich in einmündende Täler hinein aus-
dehnen sowie in die Höhenlagen, daher ist der Mallendarer Berg fast völlig –
wenn auch locker – überbaut (s. C 12.2).

F 2 Niederwerth, Landkreis Mayen-Koblenz, Verbandsgemeinde
Vallendar

Westlich von Vallendar liegt auf einer Rheininsel die Gemeinde Niederwerth,
deren Name mit dem der Insel identisch ist. Die Insel Oberwerth liegt als Koblenzer Stadtteil fast genau 5 km stromaufwärts. Die Insel Niederwerth ist 4,5 km
lang und maximal 600 m breit; durch den Stromarm Rothe Nahrung ist sie von
der benachbarten, nur 2 km langen Insel Graswerth getrennt (s. C 11). Die
Flächen beider Inseln zusammen betragen 3,03 km². Die Gemeinde Niederwerth, die einzige selbstständige Gemeinde Deutschlands, die auf einer Fluss-
insel liegt, zählt knapp 1 400 Einwohner (2001). Erst seit 1958 haben Insel und
Ort durch den Bau einer Brücke zur Bundesstraße 42 und damit nach Vallendar eine feste Landverbindung. Vorher musste die Verbindung zum rechten
Rheinufer durch Nachen oder durch eine Gierfähre (= Ponte) aufrecht erhalten
werden.

Die ersten Siedlungsspuren sind im Vergleich zu denen von Orten auf dem Festland sehr jung. Auch wenn nicht ganz ausgeschlossen werden kann, dass die Insel schon in vor- und frühgeschichtlicher Zeit für Stromübergänge genutzt wurde, weisen die Spuren frühester Besiedlung auf die fränkische Zeit hin. Um 1920 wurden Skelettgräber mit Beigaben wie Tongefäße und Waffen aus der Merowingerzeit (frühes 8. Jh.) festgestellt. Früh schon gab es hier ein Kameralgut des Trierer Erzstiftes. Es ist zwar nicht endgültig bewiesen, jedoch sehr wahrscheinlich, dass Niederwerth diejenige Rheininsel ist, auf der sich im Jahre 859 die Könige LUDWIG DER DEUTSCHE, KARL DER KAHLE und der Kaiser LOTHAR II. zu geheimen Besprechungen über den späteren Vertrag von Mersen (870, Teilung des Fränkischen Mittelreiches) trafen. Es muss also bereits damals eine angemessene Infrastruktur vorhanden gewesen sein. Urkundlich erwähnt wurde Niederwerth allerdings erst 1256, und dies indirekt, nämlich als Standort einer Gangolfskapelle. Sicher bezeugt ist, dass der Trierer Erzbischof BALDUIN schon vor 1338 auf der Insel „vff dem werde" zwei große Liegenschaften unterhielt, den Hasenkammerhof und ein Burghaus. Denn während des Koblenzer Fürstentages von 1338 stellte er beide Gebäude dem englischen König EDUARD III. und seinem Gefolge zur Verfügung.

Schon um 1275 wurde von Klausnerinnen berichtet; diese wurden spätestens bis 1429 ins Kloster Besselich umgesiedelt. Niederwerth erhielt ein Chorherrenstift der Augustiner mit Mönchen aus dem niederländischen Zwolle. Diese ließen 1474 die spätgotische Kirche bauen, die heute das von weitem sichtbare Wahrzeichen der Insel ist. Nach kurzer Blüte musste das Stift schon 1580 wegen Mangel an Nachwuchs aufgegeben werden. Es kam nunmehr zu einem in der Klostergeschichte durchaus üblichen Ringtausch: Da der Trierer Erzbischof den auch im Raum Koblenz ansässigen Jesuiten in Koblenz eine Niederlassung zukommen lassen wollte, versetzte er die Koblenzer Zisterzienserinnen von Koblenz nach Niederwerth. Kriegsschäden, häufige Überschwemmungen und die Auswirkungen der Französischen Revolution (1789–1795) führten letztlich dazu, dass das Kloster aufgegeben und die Stiftskirche (Abb. 71) zur Pfarrkirche für die Inselbewohner erklärt wurde. Von 1968 bis 1972 wurde sie von außen und von innen renoviert; auch der 1911 abgebrochene Dachreiter wurde wieder ersetzt.

Bis zur Mitte des 19. Jh. lebte die Inselbevölkerung vorwiegend von der Fischerei und der Schifffahrt. Als mit der aufkommenden Dampfschifffahrt beide Erwerbszweige immer weniger rentabel wurden, bekam die Landwirtschaft eine größere Gewichtung. Wegen der fehlenden Landverbindung und der damit verbundenen Abhängigkeit sowohl vom Fährbetrieb als auch von den Hochwasserständen waren die Bauern, in der Mehrzahl im Nebenerwerb arbeitend, dem Wettbewerb z.B. auf dem Koblenzer Markt nicht gewachsen. Erst der Brückenbau brachte Besserung, vor allem aber die Spezialisierung auf sehr intensiven Gemüse- und Obstanbau und dies nicht nur in der Ackerflur, sondern häufig im Gartenbau. Der Obstanbau wird wegen des geringeren Arbeitsaufwandes auf der Insel Graswerth betrieben, die nur mit Booten erreichbar ist und wo nur die Flurstückseigner Zutritt haben (s. C 11). Die Inselgärten auf Niederwerth hingegen tragen neben vielen Kohl- und Feingemüsearten vor allem

F 2

Erdbeeren, Spargel und Zwiebeln. Die Gemüsebauern können eine dreimalige Ernte verzeichnen; dennoch reichen die Erträge nicht aus, um allein davon leben zu können. Daher haben Niederwerther Bauern auch auf dem Festland Ackerland gepachtet, wo Getreide und Kartoffeln angebaut werden. Ein Großteil der Anbauenden von Gartengemüse ist auf Arbeit im Gewerbe- und Dienstleistungssektor des Umlandes angewiesen.

F 3   Urbar, Landkreis Mayen-Koblenz, Verbandsgemeinde Vallendar

Wie Weitersburg (rheinabwärts nordwestlich von Vallendar; s. C 10) liegt auch Urbar rheinaufwärts südlich von Vallendar mit dem größten Teil seiner bebauten Fläche auf einer zum Rhein hin kräftig geneigten Hauptterrassenstufe in 120 bis 150 m ü. NN, vom Mallendarer Berg durch das Tal des Mallendarer Bachs getrennt. Der Ort hat knapp 3 000 Einwohner (2001) auf einer Gemeindefläche von 346 ha, wovon 217 ha Feld- und Waldflächen sind.

Der Ortsname deutet nach P. CLEMEN (1940/41) auf eine im Mittelalter vorhandene Rheinfähre hin; er taucht in verschiedenen Formen auf: 9. Jh. = urfar, 1167 = overvare, um 1200 = oruar, 1263 = urvare. Allerdings erscheint es etwas unwahrscheinlich, dass ausgerechnet ein auf der Höhe und damit deutlich über dem Strom gelegener Ort nach einer Fähre benannt worden sein soll. Außerdem setzt die spätere Ortsbenennung (15. Jh. = urbach) die auf eine Fähre hindeutende Namenendungsreihe nicht fort. Auch Urbar liegt auf vorgeschichtlich besiedeltem Boden, wenngleich die Funde spärlich sind. Ein Gefäß der La-Tène- F 3 Zeit lässt auf vorrömische Besiedlung schließen, einige Gefäßscherben sowie Trümmer einer Sigillatenschale sowie Mauerreste weisen in die Römerzeit. Im Zusammenhang mit dem Weinbergbesitz auf dem Steilhang zum Rhein wird der Ort oft genannt, vor allem bei Verkäufen und Tauschverhandlungen, wobei einer der meistgenannten Grundherren das Erzstift Trier war. Aus dem Grund führt die Ortsgemeinde Urbar auch das trierische Kreuz im oberen Teil des Gemeindewappens. Südöstlich von Urbar bestand im Mittelalter eine große Töpferwerkstätte, wo sowohl irdene Ware als auch Steinzeug hergestellt wurde, ebenso glasierte farbige Platten und Kacheln. Dieses Gewerbe ist längst erloschen bzw. hat sich in das so genannte Kannenbäcker Land im Westerwald zurückgezogen.

Der alte Ort wurde 1637 von schwedischen Truppen vollständig niedergebrannt, so dass keine Bausubstanz aus dem Mittelalter mehr vorhanden ist. Es bestehen noch einige Häuser aus dem 17. Jh., vor allem in der Hauptstraße und in der Bornstraße, sonst dominieren Wohnbauten aus neuerer Zeit. Denn auch Urbar wurde durch Kriegseinwirkung im Zweiten Weltkrieg zu über 50% geschädigt. Der anschließende Wiederaufbau konnte durch die Bereitstellung von Bauland gefördert werden. Nahezu vollständig getilgt sind die Spuren der bäuerlichen Vergangenheit des Ortes. Urbar ist ein Pendlerwohnort und in beschränktem Umfang auch eine Fremdenverkehrsgemeinde. Auch das ehemalige Hofgut „Haus Beselich", vor dem Nordende von Urbar gelegen, wird in einen Hotelbetrieb umgewandelt. Dieses Hofgut war vordem ein Kloster, das seit dem 16. Jh. in Urbar Besitz hatte, ähnlich wie die Abtei Marienstatt im Westerwald und (seit 1588) das Koblenzer Jesuitenkolleg.

Koblenz, Landkreis Mayen-Koblenz F 4

Lage und Name F 4.1

Die kreisfreie Stadt Koblenz liegt – bezogen auf die Liebfrauenkirche in der Altstadt – auf 50°21'43" nördlicher Breite und 7°35'48" östlicher Länge im Mündungsbereich der Mosel in den Rhein (am Deutschen Eck bei Stromkilometer 592 des Rheins) mit einen Anteil von 14,5 km Länge am Rheinufer und 11,7 km Länge am Moselufer. Sie befindet sich zwar an der östlichen Peripherie des Mittelrheinischen Beckens, ist aber hinsichtlich ihrer Bedeutung für das gesamte Gebiet durchaus als Hauptort oder als zentraler Ort anzusehen.

Ihr Name geht in die Römerzeit zurück und enthält zugleich eine geographische Aussage über die Lage der Siedlung. Etwa 2000 Jahre ist eine Besiedlung nachgewiesen. Die Römer legten um 9. v. Chr. (wahrscheinlich noch auf Befehl des Drusus) am Moselufer eine erste Erdbefestigung an. Während der Regierungszeit des Imperators Tiberius (14–37) errichteten sie dann einen Übergang über die Mosel und gründeten zu dessen Schutz dicht oberhalb der Mündung der Mosel in den Rhein das *castellum apud confluentes*. Dem *apud* (= oberhalb und über) kommt bei dieser Namensgebung eine besondere Bedeutung zu, denn es bezeichnet nicht nur die Lage der Siedlung oberhalb des Mündungsbereiches, sondern auch die Höhenlage über dem Flussspiegel der Mosel, auf der (meist) hochwasserfreien oberen Niederterrasse. Etwa 65 Jahre später, während der Herrschaft Kaiser DOMITIANS (81–96), wurde der Name als Folge der weiteren Entwicklung der Siedlung auf *confluentes* reduziert, um die Mitte des 3. Jh. aber auf *civitas confluentes* erweitert. Um 496 ist die Stadt mit dem Namen *cobulantia* belegt worden, bis zum 16. Jh. hatte sich die Bezeichnung *cobolentz* durchgesetzt, seit dem 17. Jh. findet man dann die Schreibweise *coblentz*. Auf der Karte des Deutschen Reiches 1:100 000 war bis nach dem Ersten Weltkrieg der Name *Coblenz* eingedruckt; das C im Stadtnamen hatte also fast 1 900 Jahre Bestand. Die mundartliche (= moselfränkische) Bezeichnung für die Stadt ist *Kowelenz* – das *cobulantia* aus dem 5. Jh. bzw. das *cobolentz* aus dem 15./16. Jh. schimmert also noch durch.

Die heutige Fläche der Stadt beträgt 105 km² und breitet sich weit über den ursprünglichen Stadtbereich hinaus aus. Das spiegelt sich in den Höhenverhältnissen wieder – der tiefste Punkt mit knapp 65 m ü. NN liegt naturgemäß im Mündungswinkel der Mosel in den Rhein. Das ist nur wenig mehr als die mittlere Spiegelhöhe von Rhein und Mosel, aus diesem Grunde sind schon bei gering erscheinenden Schwankungen im Wasserstand die Uferbereiche von Hochwasser bedroht. Wenngleich die Talbereiche von Rhein und Mosel durch Verkehrs- und Siedlungsbauten überformt sind, lässt sich dieses am tiefsten gelegene Stadtgebiet der holozänen Flussterrasse und der unteren Niederterrasse zuordnen. Ständig hochwasserfrei ist hingegen die obere Niederterrasse, deren höchste Erhebung 75 m ü. NN beträgt. Auf diesem Höhenniveau liegt die eigentliche Stadt: Altstadt, City, ehemaliges Regierungsviertel, Südstadt, Bahnhofsgebiet, hangseitige Bereiche der Ortskerne rechtsrheinischer Vororte. Das geschlossen überbaute Stadtgebiet erstreckt sich demnach auf die Niederterrasse.

Dieses findet nach der jeweiligen Peripherie seine Grenze am Anstieg zur Mittelterrasse, der sowohl aus dem Rhein- als auch aus dem Moseltal heraus durch steile Straßenführungen überwunden wird, selten bebaut und häufig mit buschigen Grün- und Gehölzflächen oder mit Gartenflächen bedeckt ist. Die Mittelterrassenfläche im Höhenbereich zwischen 90 und 110 m ist wiederum besiedelt, vor allem rechtsrheinisch mit den talseitigen Ortsteilen von Asterstein, Pfaffendorf und Horchheim im Zuge der Bundesstraße 42. Markanter gekennzeichnet wird diese Terrasse durch die Lage der tiefer gelegenen Gebäude der Festung Ehrenbreitstein (heute: Jugendherberge) und – linksrheinisch – durch die Lage des Forts Großfürst Constantin. Ist die Mittelterrasse im Rheintal meist recht schmal ausgebildet, so gewinnt sie im Moseltal beachtlich an Breite und kann die höher liegenden Ortsteile von Vororten wie Metternich, Güls, Moselweiß (Sportplätze) oder Lay aufnehmen. Ein erneuter Anstieg mit gelockerter Hangbesiedlung, Obstwiesen und ehemaligen Rebhängen führt auf die zweistufig ausgebildete Hauptterrasse mit Höhen zwischen 170 und 210 m ü. NN. Diese ist rechtsrheinisch der Standort der Festung Ehrenbreitstein und linksrheinisch der Feste Kaiser Alexander und der Wohnsiedlung Karthause. Auch die rechtsrheinischen Stadtteile haben sich von der Mittelterrasse

auf die Hauptterrasse ausgedehnt. Die Horchheimer Höhe (357 m ü. NN, F 4.1
rechtsrheinisch) und der Kühkopf (382 m ü. NN, linksrheinisch) sind schon Bestandteile der das Mittelrheinische Becken begrenzenden Gebirge Westerwald
bzw. Hunsrück; sie liegen beide auf Koblenzer Gemarkung im Koblenzer Stadtwald.

Entwicklung bis zum Beginn des 19. Jh. F 4.2

Die Geschichte der Stadt Koblenz beginnt zwar an der Mosel und am Rhein,
einige Siedlungsplätze innerhalb des heutigen Stadtgebietes sind aber wesentlich älter. Die vorgeschichtliche Bergfeste auf dem Dommelberg, einem Vorsprung der Hauptterrasse in 222 m ü. NN, stromaufwärts von Koblenz, bei
Stromkilometer 587 gelegen, geht schon auf die Zeit der Urnenfelderkultur
(11.–10. Jh. v. Chr.) zurück, die heute dort noch sichtbaren Ringwälle sind auf
die späte Hallstatt- bzw. auf die frühe La-Tène-Zeit datiert (6.–5. Jh. v. Chr.).
Im Stadtwald von Koblenz wurden Grabhügel aus der vorrömischen Eisenzeit
(= jüngere Hunsrück-Eifel-Kultur) gefunden.
Siedlungskontinuität besteht nur für den Bereich der Mosel-Niederterrasse,
wo aus dem frontnahen Erdkastell mit dem Vorrücken des römischen Herrschaftsbereiches nach O und dem Bau des Limes zunächst ein Etappen- und
Versorgungsort wurde, ohne jegliche höhere Bedeutung, etwa im Sinne eines
frühen zentralen Ortes. Lediglich die Höhenlagen am Anstieg zum Hunsrück
waren interessant, nämlich als Standorte für vereinzelte Gutshöfe und für Villen höherer Offiziere und Beamte. Im Stadtwald von Koblenz (Remstecken-
Kühkopfgebiet) wurden Reste solcher Einzelsiedlungen durch Ausgrabungen
erschlossen. Als dann um 259/260 die Germanen gegen den Limes vorstießen
und diesen immer wieder durchbrachen, wurde Koblenz zu einem festen Kastell
ausgebaut und war – mit der Errichtung der Rheingrenze zwischen Römern und
Germanen – wieder Frontkastell, das mehrmals zerstört, aber immer wieder
aufgebaut wurde. Da man die Trümmer in der Regel nicht beseitigte, sondern
sie nur überbaute, entstand mit der Zeit eine Trümmerschicht von 4 m Mächtigkeit, die auch heute noch geomorphologische Untersuchungen im Bereich
der Altstadt erheblich stört, etwa die Festlegung der exakten horizontalen und
vertikalen Grenze zwischen unterer und oberer Niederterrasse.
Die letzte und bedeutendste römische Ummauerung entstand in der Zeit Kaiser KONSTANTINS (306–337). Es war eine nahezu 890 m lange Steinmauer mit 19
Rundtürmen, deren Reste innerhalb der heutigen Altstadt mehrfach erschlossen sind. Sie umschloss eine Fläche, die auch im jetzigen Stadtgrundriss durch
die Straßenführung (südlicher Moselbrückenkopf – Altengraben – Am Plan –
Entenpfuhl – Kornpfortstraße) nachweisbar ist. Innerhalb dieses Gevierts wurde dann nach dem Ende der Römerzeit schon zu Beginn des 5. Jh. ein merowingischer Königshof errichtet, der zwar keine permanente Hofhaltung aufwies
wohl aber eine Art Verwaltungssitz war, dessen Existenz dazu beitrug, dass sich
Koblenz allmählich zur mittelalterlichen Stadt entwickeln konnte, allerdings
noch lange Zeit innerhalb des mit der Zeit beengenden römischen Stadtgürtels.

F 4.2 Im Jahre 836 wurde, nahe der Moselmündung in den Rhein, das trierische St. Kastorstift mit der Stiftskirche außerhalb der Stadtmauern errichtet, weil innerhalb der Mauern kein Platz dafür vorhanden war. Diese Kirche diente auch den Koblenzer Bürgern als Pfarrkirche, weil die Pfalzkapelle beim Königshof in der Stadt viel zu klein geworden war, auch nach deren Ersatz durch eine größere Kapelle in karolingischer Zeit. Auch die Bewohner der heutigen Stadtteile Moselweiß, Lützel, Neuendorf und Ehrenbreitstein waren auf St. Kastor angewiesen. Nach anderer Lesart (unter anderem bei E. FRANKE 1980) erfolgte die Anlage des Stiftes extra muros aus kirchenpolitischen Gründen. Dies ist nicht ganz ausgeschlossen, weil das nur wenige Jahre später gegründete Marienstift (ab 948: Florinsstift) innerhalb der Stadt angelegt wurde. Mit dem Bau des Kastorstiftes war die Siedlungserweiterung in Richtung Rhein vorgezeichnet.

Als Kaiser HEINRICH II. (1002–1024) daran ging, die Königsmacht innerhalb des Reiches im Bunde mit der Kirche zu stärken, musste er der Kirche auch einiges an Entgegenkommen beweisen. So schenkte er im Jahre 1018 dem Erzstift Trier das Koblenzer Königsgut und legte damit den Grundstein für die Entwicklung der Stadt zur kurtrierischen Residenz. Verschiedene Untersuchungen (unter anderem von JOHANNES MÖTSCH und WALTER RUMMEL) erwiesen, dass in den folgenden knapp 800 Jahren die Trierer Erzbischöfe insgesamt (und meist auch einzeln) mehr Tage in Koblenz als in Trier verbrachten. Wenngleich die Stadt für die Reichspolitik nicht mehr die Rolle spielte, die ihr als Sitz eines Königshofes zugewiesen war, gewann sie doch einiges an repräsentativer Bedeutung: 1105 als Ort der Begegnung zwischen Kaiser HEINRICH IV. und seinem Sohn, dem späteren Kaiser HEINRICH V., 1138 als Ort der Königswahl des Staufers KONRAD III., 1188 als Ort des von Kaiser HEINRICH VI. einberufenen Fürstentags oder 1388 als Ort des Hoftags von Kaiser LUDWIG DEM BAYERN; auch zahlreiche Reichsgesetze wurden hier verkündet.

Für die Stadt hatten diese Ereignisse einen Zuwachs an Gebäuden und die Etablierung weiterer hochrangiger Einrichtungen zur Folge. Zu diesen gehören die drei großen mittelalterlichen Kirchen St. Kastor, St. Florin (Abb. 72) und Liebfrauen, die im 12. und im 13. Jh. ihre heutige Grundgestalt erhielten. Dazu gehört auch die Ballei des Deutschen Ritterordens, die 1216 teilweise auf Grundstücken des Kastorstiftes errichtet wurde und somit die zweite Ansiedlung direkt am Rhein war. Das Hohe Haus, der ehemalige Wohnsitz des Komturs, ist heute noch erhalten. Nach dieser Ansiedlung des Ritterordens erhielt der Mündungswinkel zwischen Rhein und Mosel die Bezeichnung Deutsches Eck. Dazu gehören weiterhin die großen Bürgerhäuser und Adelshöfe, an denen die Altstadt reich ist; außerdem Klöster der Franziskaner und der Dominikaner. Durch Ansiedlung von Handwerkern und Kaufleuten wuchsen die Neubaugebiete weit über den Bereich der Altstadt hinaus, so dass es zwingend wurde, die städtische Ummauerung zu erweitern. Dies geschah in einzelnen Bauabschnitten zwischen 1276 und 1289. Der Verlauf dieser mittelalterlichen Mauer ist zumindest in Teilabschnitten noch über das gegenwärtige Straßennetz nachvollziehbar: südlicher Brückenkopf der Eisenbahnbrücke – Fischelstraße – Löhrstraße – Kleinschmittsgäßchen – Schanzenpforte – Rheinufer – Deut-

Abb. 72   Koblenz: Altstadt, Florinsmarkt mit Florinskirche

sches Eck. Erst im 17. Jh. wurden vor der Mauer Bastionen angelegt, von denen aber nur wenige Überreste erhalten sind.

Wenngleich die Koblenzer Bürger und Ratsherren stets unter der Oberhoheit der Trierer Kurfürsten und Erzbischöfe standen, äußerte sich ihr Bürgerstolz im Bau zahlreicher Prachtbauten, etwa des Alten Kauf- und Tanzhauses am Florinsmarkt (1419–1430) oder des Schöffenhauses (um 1530) und des Ensembles der Vier Türme (1689–1691) im Zuge der Löhrstraße. Ein kurfürstlicher Bau hingegen ist die Alte Burg am Moselufer (ab 1275, im 15. Jh. mehrfach ausgebaut), von den trierischen Herren als Symbol ihrer Allgegenwart gedacht, wohl auch als zeitweiliger Wohnsitz des Erzbischofs, von den Koblenzer Bürgern aber als Zwingburg angesehen. Interessant ist, dass es in Koblenz zwar Markt- und Handelsplätze gab, aber keinen zentralen Marktplatz und vor allem keinen repräsentativen Rathausbau – der Rat tagte in anderen Gebäuden,

F 4.2 von 1674 bis 1794 beispielsweise im Alten Kaufhaus. Trotz der Erweiterung der Stadt zum Rhein hin, blieb sie moselorientiert. Die Verbindung zum ostwärtigen Rheinufer war auf eine Fährverbindung beschränkt. Daran änderte sich auch nichts, als die Trierer Kurfürsten auf dem Felsplateau über Ehrenbreitstein an Stelle einer mittelalterlichen Burg eine Festung und zu deren Füßen ein Residenzschloss anlegten (s. F 5). Die römische Moselbrücke war bei der Vertreibung der Römer zerstört und durch Fährbetrieb ersetzt worden. 1343 begann Kurfürst BALDUIN mit dem Bau einer 325 m langen Moselbrücke, die aber erst 1425 befahren werden konnte. Im 17. Jh. wurden die Brückenköpfe durch Tore gesichert, deren letztes erst 1897 abgebrochen wurde.

Der Dreißigjährige Krieg mit seinen Zerstörungen und Nöten ging an Koblenz nicht vorbei. Die Stadtmauern vermochten keinen wirksamen Schutz zu bieten, die Stadt hatte spanische, französische und kaiserliche Besatzungen, wurde von Schweden und Franzosen beschossen und auch von den Besatzungstruppen geplündert und gebrandschatzt. Am Ende des Krieges war die Hälfte der Häuser zerstört und die Bevölkerung auf ein Viertel des Vorkriegsstandes reduziert; die Erzbischöfe wählten zunächst einmal Ehrenbreitstein zur Dauerresidenz. Während der Reunionskriege wurde Koblenz 1688 erneut von den Franzosen belagert und beschossen, jedoch nicht erobert. Der Umzug der kurfürstlichen Hofhaltung nach Ehrenbreitstein hatte dort eine entsprechende Bautätigkeit zur Folge (Dikasterialbau, Marstall, Philippsburg). In Koblenz war die Bautätigkeit weniger rege: 1688 entstand der Plan für das Jesuitenkolleg (heute: Rathaus), der Görresplatz wurde um 1700 als Exerzier- und Paradeplatz angelegt, und der Entenpfuhl als Rest des alten Stadtgrabens wurde entsumpft, planiert und in eine Straße umgewandelt, an der Geschäfts- und Patrizierhäuser entstanden.

Eine neuerliche Belebung erfuhr das Stadtbild von Koblenz durch den Bau des kurfürstlichen Schlosses sowie eines Residenzviertels durch den letzten Trierer Kurfürsten CLEMENS WENZESLAUS. Da ihm die Philippsburg in Ehrenbreitstein nicht repräsentativ genug erschien, ließ er ab 1722 auf der Koblenzer Seite ein Schloss in klassizistischem Stil erbauen und außerdem die Neustadt anlegen, ein geplantes und streng auf das Schloss hin orientiertes Ensemble (unter anderem mit einem Residenztheater). Im heutigen Stadtbild ist diese „Clemensstadt" nahezu vollständig erhalten. Der Kurfürst zog 1786 in die noch nicht ganz fertig gestellte neue Residenz ein, und nach Ausbruch der Französischen Revolution war der Koblenzer Hof der Zufluchtsort für rund 3 000 französische Emigranten. Schon während des Ersten Koalitionskrieges wurde Koblenz am 23. Oktober 1794 von den Franzosen unter General MARCEAU besetzt und der Kurfürst, der Hofstaat und die Emigranten mussten fliehen. Im Frieden von Luneville 1801 kam das gesamte linke Rheinufer zu Frankreich, und die kurfürstlich-trierische Residenzstadt Koblenz mit damals gerade 8 000 Einwohnern, wurde französisch und zugleich Hauptstadt des Departements Rhin-et-Moselle.

Die französische Zeit hinterließ im Koblenzer Stadtbild insofern Spuren als die Franzosen auf der rechten Rheinseite die Festung auf dem Ehrenbreitstein und die Philippsburg sprengten. Wohl aber gab es eine Reihe von Veränderungen, die vom Gedankengut der Revolution getragen waren: die Municipalordnung, der „Code Napoleon" und auch Veränderungen im landwirtschaftlichen Besitz- und Erbrecht. Dazu kam die Auflösung der beiden Stifte und die Einziehung der Klosterbesitzungen und ihrer Kirchen sowie die Einziehung der Adelshöfe und ihrer Liegenschaften. Auch städtischer Kunstbesitz wurde versteigert und z.T. nach Frankreich gebracht. Für die Entwicklung der Stadt Koblenz war die Franzosenzeit freilich nur ein Zwischenspiel von 20 Jahren. Denn im Verlauf der Befreiungskriege wurde die Stadt am 02. Januar 1814 von Truppen der Schlesischen Armee des Generalfeldmarschalls VON BLÜCHER befreit, und zwar von dessen rechtem Flügelkorps, dem russischen Korps unter General ST. PRIEST. Der Brunnen vor der Kastorkirche erinnert mit seiner Inschrift in ironischer Weise an dieses Ereignis. Am 06. Dezember 1815 zog in Koblenz das Generalkommando des späteren VIII. (preußischen) Armeekorps ein; denn im Wiener Kongress (1814/15) waren die befreiten Gebiete links des Rheins Preußen zugesprochen worden. 1822 wurde Koblenz Sitz des Oberpräsidenten der neuen preußischen Provinz Niederrhein, 1830 Hauptstadt der gesamten Rheinprovinz, dazu Garnisons-, Festungs- und Verwaltungsstadt und sogar wieder Residenzstadt. Wegen dieser bedeutenden Funktionen konnte kaum eine Entwicklung zur Gewerbe-, Handels- oder gar zur Industriestadt erfolgen.

Die Koblenzer Bürgerschaft war nicht uneingeschränkt glücklich über diese Situation, denn die neuen Herren der Stadt setzten dem mitunter lockeren rheinischen Frohsinn preußisches Pflichtgefühl und Gehorsam entgegen und dem farbenfrohen Katholizismus den nüchternen Protestantismus. Außerdem blieb es für etwas mehr als 70 Jahre bei der räumlichen Beengung durch Mauern und Befestigungen. Die preußische Regierung, gestützt durch die Regierungen der übrigen deutschen Bundesstaaten, betrieb vorherrschend den Wiederaufbau der Festung auf dem Ehrenbreitstein und den Ausbau von Koblenz zu einer starken Festung. Sie sollte, mit dem Ehrenbreitstein als Zitadelle (s. F 5), das Moseltal und das Mittelrheinische Becken überwachen und sperren, man hielt trotz der Niederlage Frankreichs im Jahre 1814/15 eine erneute Aggression für durchaus denkbar. 1816 wurden die Pläne des Festungsbaumeisters Oberst (später Generalmajor) VON ASTER genehmigt, 1817 begannen die Baumaßnahmen zum Ausbau als Großfestung durch großflächige Um-, Neu- und Ausbauten im Bereich auch älterer Befestigungsanlagen. Die Stadt selbst erhielt eine neue Festungsmauer, die sich vom südlichen Brückenkopf der (heutigen) Europabrücke über den (heutigen) Moselring und den (heutigen) Friedrich-Ebert-Ring bis zum (heutigen) westlichen Brückenkopf der (damals noch nicht vorhandenen) Pfaffendorfer Brücke, erstreckte. Koblenz war in dieser Weise nur gegen die Landseite geschützt. Rhein- und Moselufer wurden überwacht, wenngleich nach den damaligen Regeln der Kriegskunst eine Bedrohung der Stadt von der Wasserseite aus nicht zu erwarten war. Die beiden befestigten Tore, das Löhr-

F 4.3 Tor (Löhrtor) und das Mainzer Tor, dienten mit ihren Anbauten gleichzeitig als Kasernen. Dieser Befestigungsring umgab ab 1827 die Wohnstadt, die nun auch den Schlossbereich umfasste, die ehemalige Clemensstadt oder Neustadt. Private und öffentliche Bauten konnten sich bis auf wenige Dutzend Meter an die Befestigungen heranschieben, außerhalb der Mauern aber waren nur Gebäude in Holzbauweise erlaubt, die im Falle einer Belagerung niedergelegt werden konnten. Insgesamt war die bebaute Front an der Westseite der Stadt gegenüber der mittelalterlichen nur unbedeutend größer; an der Rheinfront betrug sie wegen der Einbeziehung des Schlosses immerhin eine Breite von 450 bis 500 m.

Zum Schutz der Stadtfestung und zur Absicherung der Zitadelle wurden rings um Koblenz noch verschiedene kleinere Festungswerke angelegt: auf der Mittelterrasse über dem heutigen Hauptbahnhof das Fort Großfürst Constantin (erbaut 1822–1832), auf der linksrheinischen Hauptterrasse die Feste Kaiser Alexander (1817–1822), auf der oberen Niederterrase bei Lützel die Feste Kaiser Franz und – weiter nach W vorgeschoben – die Moselweißer Schanze, die Moselflesche, die Metternicher Schanze, die Rübenacher Schanze, die Bubenheimer Flesche, die Neuendorfer Flesche und die Rheinschanze. Linksrheinisch entstanden zwischen 1817 und 1828 die Festung Ehrenbreitstein (s. F 5) und von 1821 bis 1828 wurde als Sicherung für die Zufahrten zur Zitadelle ein Fort errichtet, das den Namen des Erbauers der Festung führte: Asterstein, ebenso wie die später hier erbaute Siedlung. Bei einer wachsenden Einwohnerzahl (Anhang H) – 1830 etwa 12 000 Einwohner (zuzüglich mindestens 5 500 Soldaten), 1846 schon 19 475, 1852 bereits 22 033 und im Jahr 1885 ein Anstieg auf 31 669 Personen – herrschten in der Stadt gedrängte Wohnverhältnisse vor.

Der Prinz von Preußen, der spätere König und Kaiser WILHELM I., war von 1849 bis 1858 Militärgouverneur der Rheinprovinz und residierte im Schloss, das ganz offiziell – auch über diese Zeit hinaus – zum Residenzschloss erklärt worden war. Diese Hofhaltung bedingte auch, dass in Koblenz ein preußisches Garderegiment stationiert war, das Königin Augusta Garde-Grenadier-Regiment Nr. 4, das erst nach dem Tode Kaiser WILHELMS bzw. nach der Schleifung der Festung Koblenz (1890) nach Berlin verlegt wurde. Die ehemalige Prinzessin von Preußen und spätere Kaiserin AUGUSTA ließ durch den Gartenarchitekten PETER JOSEPH LENNÉ die Rheinanlagen vollenden, mit deren Anlage schon in französischer Zeit begonnen worden war. Die Verkehrsanbindung der Stadt verbesserte sich in der ersten Hälfte des 19. Jh. Schon 1819 wurde zwischen Koblenz und Ehrenbreitstein eine Schiffsbrücke eingerichtet, die aus 36 Eisenpontons bestand, die ausgeschwommen werden mussten, wenn ein Schiff auf dem Rhein passieren wollte. Eine feste Brücke hätte die Sicherheitslage der Zitadelle auf dem Ehrenbreitstein negativ beeinflusst. Seit 1827 verkehrten auf dem Rhein Dampfschiffe, die auch in Koblenz anlegten. Zur Stärkung des Handels erhielt Koblenz schon 1813 das Freihafenrecht. Der Hafen lag dort, wo sich heute die Anlegestellen der Ausflugsdampfer, die Kioske und auch das alte Pegelhaus befinden. Gegenüber lagen der Lützeler Hafen und der Holzhafen, wo vor allem die sperrigen und massigen Versorgungsgüter für Festung und Stadt gelöscht wurden.

226

1858 erfolgte der Anschluss von Koblenz an das preußische Eisenbahnnetz.
Über die neue Eisenbahnbrücke führte der Schienenweg zu einem Personen-
bahnhof in die Festung und in der Nähe des Löhr-Tors (Löhrtor) wieder hinaus zum Staatsbahnhof, der etwa an der Stelle des jetzigen Hauptbahnhofs lag
und über den auch die Versorgung der Festung abgewickelt wurde. Der Perso-
nenbahnhof lag an der Stelle, die gegenwärtig in der Koblenzer Kommunalpo-
litik als Ort für einen zusätzlichen innerstädtischen Haltepunkt der Bahn diskutiert wird. Bereits 1859 wurde diese Bahnlinie rheinaufwärts weitergebaut.
Von der Hauptlinie zweigte damals schon nach W auf der noch heute bestehenden Straße eine Linie ins Moseltal ab und seit 1864 bestand eine Eisen-
bahnbrückenverbindung auf die östliche Rheinseite, auch innerhalb des Fes-
tungsgürtels, etwa auf der Trasse, über die heute der Friedrich-Ebert-Ring und
die Pfaffendorfer Brücke führen.

Nach der Niederlage Frankreichs am Ende des Deutsch-Französischen Krieges von 1870/71 fasste die preußische Regierung den Beschluss, die Schleifung der
Wallanlagen und der Tore der Stadt vorzunehmen. Diese Entscheidung wurde
1890 gefällt und sofort realisiert; Koblenz konnte sich seitdem räumlich ausdeh-
nen. Erstes Ergebnis dieser Expansion war neben der Eingemeindung von Lützel
und Neuendorf mit zusammen 4 600 Einwohnern (1891) der Bau der heutigen
Südstadt, deren Fläche ein Dreieck einnimmt, das an der Basis (damals: Kaiser-
Wilhelm-Ring, heute: Friedrich-Ebert-Ring) 1 000 m breit war und (heute, entlang der axialen Hohenzollernstraße) eine „Höhe" (= Länge) von 1 600 m aufweist. Da die Bebauung um 1900 einsetzte, entstand dort ein Wohnviertel mit
Bauten im Jugendstil, in der rheinnäheren Mainzer Straße auch vereinzelt mit Villen inmitten von parkähnlichen Gartenanlagen. Leider sind die meisten der Häuser im Bombenkrieg zerstört worden, so dass sich in der Hohenzollernstraße und
in der Mainzer Straße neben den Neubauten der Nachkriegszeit nur noch küm-
merliche Reste dieser Baudenkmale finden. In der Innenstadt (heute: Stadtmit-
te) und entlang des Rheins entstanden zahlreiche monumentale Zweck- und Re-
präsentativbauten: die Städtische Festhalle (1901), die Herz-Jesu-Kirche (1901),
das Kreishaus (1903), das Realgymnasium (1907) und die Oberpostdirektion
(1908). Dazu kamen die Regierungsbauten, z.B. das Regierungsgebäude an der
Rheinfront, das Oberpräsidium am Nordrand des Schlossbezirks und das Post-
gebäude am Clemensplatz. Am linken Moselufer entstand eine Schiffswerft.

Der ersten Eingemeindungsphase von 1891 folgte 1902 die Angliederung von
Moselweiß. Damit und mit weiterem Bevölkerungszuzug erreicht Koblenz im
Januar 1914 eine Bevölkerungszahl von rund 62 000 Menschen. Die Garnison
Koblenz wies ihre eigene typische Bausubstanz auf, vor allem Unterkünfte und
Magazine für ein Infanterieregiment, zwei Artillerieregimenter und drei selbstständige Bataillone sowie Kommandogebäude für den Stab des VIII. preußischen Armeekorps. Zwar konnten hierfür z.T. auch ehemalige Befestigungsein-
richtungen benutzt werden, aber es entstanden auch Neubauten, so auf der Mit-
telterrassenstufe der Karthause (am Fort Constantin und an der Stelle der heutigen Justizvollzugsanstalt) sowie in Ehrenbreitstein unterhalb der Festung.
Reisende der damaligen Zeit, die von Koblenz als einem „Potsdam am Rhein"
sprachen, trafen durchaus den Kern der Sache.

F 4.3   Äußeres Zeichen dieser ersten Expansionsperiode war die Errichtung des Reiterstandbildes Kaiser WILHELMS I., das mit der Zeit zum Wahrzeichen von Koblenz wurde. Es entstand durch Beschluss der Rheinischen Provinzialverwaltung vom Jahre 1888, seine Aufstellung am Deutschen Eck legte jedoch Kaiser WILHELM II. persönlich fest. 1897 erfolgte die Einweihung. Bei der Besetzung von Koblenz am Ende des Zweiten Weltkrieges wurde es zerstört und abgetragen; nach zahlreichen, z.t. sehr emotionsgeladenen Auseinandersetzungen der Koblenzer politischen Parteien und der Bürgerschaft wurde es wieder errichtet und im Herbst 1993 erneut eingeweiht. Das Ufer säumen die Flaggen aller deutschen Bundesländer und erinnern an die deutsche Wiedervereinigung im Jahr 1990.

Der Erste Weltkrieg führte zu einem Einschnitt in die Stadtentwicklung. Die Bautätigkeit wurde reduziert, Koblenz bekam nach dem Ende des Krieges von 1918 bis 1923 eine amerikanische und bis 1929 dann noch eine französische Besatzung, für die in der Südstadt Wohnhäuser gebaut werden mussten. Außerdem lag Koblenz in der nach den Bestimmungen des Versailler Vertrages entmilitarisierten Zone und verlor dadurch seine Garnison. Seine Bevölkerungszahl ging zunächst zurück und konnte auch durch die Eingemeindung von Wallersheim (1923) den Vorkriegsstand nicht erreichen, dies war erst wieder 1930 der Fall.

Bis zum Ausbruch des Zweiten Weltkrieges ergaben sich städtebaulich kaum wesentliche Neuerungen. Wahrscheinlich auch aus strategischen Gründen wurden 1934 die neue Moselstraßenbrücke (heute: Europa-Brücke) fertig gestellt sowie der Umbau und die Erweiterung der Pfaffendorfer Straßenbrücke betrieben. Als im März 1936 die Entmilitarisierung des Rheinlandes durch Deutschland aufgehoben wurde, erhielt Koblenz wieder eine größere Garnison, zuletzt als Standort der 34. Infanteriedivision, was neue Kasernenbauten, vor allem nördlich der Mosel und auf den ostwärtigen Höhen zur Folge hatte. Im Jahre 1937 erfolgte eine groß angelegte Eingemeindung, die das Stadtgebiet deutlich erweiterte. Ehrenbreitstein, Horchheim, Metternich, Neudorf, Niederberg und Pfaffendorf führten der Stadt Koblenz 17 985 Einwohner zu und erhöhten damit den Bevölkerungsstand auf 85 983. Durch erste Ansiedlungen auf der Karthause, in der südlichen Spitze der Neustadt und auf dem Oberwerth wurden weitere Wohnmöglichkeiten geschaffen, ebenso im Stadtbezirk Goldgrube, so dass die Stadt bei der Volkszählung am 17. Mai 1939 genau 91 098 Bürger zählte, der Weg zur Großstadt schien vorgezeichnet. Der Zweite Weltkrieg und die Nachkriegszeit wiesen allerdings zunächst in eine andere Richtung.

Die Stadt blieb in den ersten Jahren des Zweiten Weltkrieges von Luftangriffen verschont, wohl weil hier kaum Industrie- oder Gewerbebetriebe ansässig und die am Ort stationierten Wehrmachttruppen ausgerückt waren und Sanitäts- und Versorgungseinrichtungen Platz gemacht hatten. Lediglich die Eisenbahnanlagen erlangten insbesondere nach der Invasion der Briten und Amerikaner 1944 strategische Bedeutung, da sich in Koblenz die „Rheinschiene" (s. Seite 66) als wichtige Nord-Süd-Verbindung mit der Ost-West-Verbindung Moseltal – Lahntal kreuzte. Wahrscheinlich auch aus diesem Grund wurde die

Stadt als Ziel für die alliierten Bombenangriffe interessant. Durch 32 unterschiedlich schwere Angriffe im Jahr 1944 und sieben weitere im Jahr 1945 wurde sie sehr stark zerstört: Das gesamte Stadtgebiet wurde zu knapp 26% (und
hiervon die Innenstadt zu 54%) total zerstört und weitere 25% der Stadt waren
schwer beschädigt. Es mussten über 1 Mio. m³ Schutt beseitigt werden, im Bereich der Stadtgebiete Altstadt und Mitte erreichte die Trümmerschicht eine
Mächtigkeit von 5 m. Bis in die Gegenwart werden bei Bau- und Straßenarbei-
ten Blindgänger gefunden. Am 11. Juni 1945 hatte die Stadt noch 29 924 Einwohner.

Der Wiederaufbau begann etwas planlos, weil man zunächst schnell die bestehende Wohnungsnot beseitigen wollte. Man versuchte, die alten Grundriss-
und Baustrukturen zu nutzen. Politische Gründe spielten hierbei eine gewisse
Rolle, denn Koblenz – wie ab 1923 wieder zur französischen Besatzungszone
gehörend – wurde auf Anordnung der französischen Militäradministration
zum vorläufigen Regierungssitz des neu geschaffenen Landes Rheinland-Pfalz
bestimmt. Die weniger zerstörten preußischen Regierungsgebäude dienten der
Regierung so lange als Unterkunft, bis in der neuen Hauptstadt Mainz von 1946
bis 1950 die Infrastruktur für eine Landesregierung geschaffen war. Erst 1957,
als die Stadt schon fast wieder 85 000 Einwohner zählte, wurde die Aufbauplanung Innenstadt erstellt, die allerdings nicht im gewünschten Umfang umgesetzt wurde. Es konnten jedoch die Funktionsbereiche Öffentliche Verwaltung
eingerichtet werden, weil die bauliche Infrastruktur vor allem nach Wegzug der
Landesregierung innerhalb des ehemaligen preußischen Verwaltungsviertels
vorhanden war; auch der Plan, zwischen dem Florinsmarkt und dem Bereich
um St. Kastor ein citynahes Wohngebiet zu schaffen, wurde verwirklicht. Hingegen gelang es nicht, im Bereich zwischen Bahnlinie und Hohenfelder Straße
und vor allem in der Altstadt citygebundenes Gewerbe anzusiedeln, zumindest
nicht im Sinne eines handwerklich orientierten Gewerbes. Auch die Vorstellun-
gen von einem flächendeckenden Bereich der Banken, Versicherungen und
Büros waren weit greifender als dessen späterer Umfang. Hier spielte die Preis-
entwicklung auf dem Grundstücksmarkt nach etwa 1970 eine gewaltige Rolle,
wodurch manches Wiederaufbauvorhaben abgewandelt werden musste und
deshalb erheblich verzögert wurde. Erst im Jahre 2000 – also ein halbes Jahrhundert nach der Zerstörung – wurden die letzten Baulücken einigermaßen geschlossen und man begann, über Fehlentwicklungen nachzudenken. So wird gegenwärtig darüber diskutiert, was mit dem heutigen Zentralplatz (Koblenz-Mitte) geschehen soll, der im alten Koblenz nicht vorhanden war, da er erst beim
Wiederaufbau entstand.

F 4.4 Stadtteile und Vororte in der Gegenwart (Abb. 73)

F 4.4.1 Stadtteile zwischen Rhein und Mosel

Zu den Stadtteilen zwischen Rhein und Mosel gehören vor allem die bis zum Ende der Festungszeit gewachsenen Bezirke der Stadt; rein lagebedingt sind hier auch noch die beiden eingemeindeten Stadtteile Moselweiß und Lay hinzuzurechnen, die aber mit der Stadt nicht funktionsverwandt sind. Die Altstadt innerhalb der begrenzenden Straßenzüge An der Moselbrücke – Altengraben – Am Plan – Entenpfuhl – Kornpfortstraße mit einer Wohnbevölkerung von 4 700 Menschen zeigt (nach Renovierung und Rekonstruktion) eine gemischte Bausubstanz vom Mittelalter bis zum Ausgang des 19. Jh. Hier liegen die (historischen) Hauptkirchen und stehen auch zahlreiche Höfe, Stadthäuser des Adels oder Großbauten der reichen Bürger- und Kaufmannschaft. Zahlreiche Gasthäuser und Boutiquen sind sehr stark tourismusorientiert, in erheblichem Maße auch die Pflege inner- und altstädtischer Baulichkeiten (Abb. 74). Aus statistischen Gründen und wohl auch wegen des Tourismusbetriebes am Rheinufer und am Deutschen Eck wird das Wohngebiet entlang der Mosel zwischen der so genannten historischen Altstadt und dem Kastorhof mit zur Altstadt gerechnet.

Koblenz-Mitte schließt sich nach S an die Altstadt an und reicht bis zum Friedrich-Ebert-Ring, einbezogen ist die Neustadt mit dem Schlossbezirk. Auf einer Fläche von knapp 0,75 km² drängt sich die gesamte Geschäftswelt zusammen, daher kann hier zu Recht von einer City gesprochen werden, auch wenn eine Wohnbevölkerung von 3 400 Menschen etwas zu groß erscheint. Es ist hierbei zu bedenken, dass die Häuserblocks zwischen den Ladenstraßen fast ausschließlich Wohnzwecken dienen. Koblenz-Süd war im Jahr 2001 mit fast 8 000 Einwohnern (zusammen mit Oberwerth) ursprünglich ein reines Wohngebiet, durchsetzt mit Geschäften zur Deckung des alltäglichen Bedarfs. Mittlerweile haben sich auch Gewerbebetriebe, Sparkassen und Buchhandlungen angesiedelt. Aus dem 1908/09 erbauten preußischen Lehrerinnenseminar auf dem Oberwerth erwuchs durch Zubauten und Umstrukturierungen über Jahrzehnte hinweg die Universität, deren Standort jedoch im Jahr 2002 vollständig nach Metternich verlegt wurde. Zurück blieben große Gebäudekomplexe aus unterschiedlichen Bauzeiten, die einer neuen Verwendung zugeführt werden sollen.

Die Goldgrube und Rauental könnten zusammen auch als westliche Vorstadt bezeichnet werden. Beide Stadtteile liegen auf ehemaligen, schon im 13. und 14. Jh. erwähnten Reb- und Gartenflächen unterschiedlicher Qualität, wovon die Namen zeugen. Beide konnten erst nach 1900 bebaut werden, wobei wegen der Trassenführung der Moselbahn eine willkürliche Trennung zwischen beiden Stadtteilen erfolgte und wahrscheinlich auch eine unterschiedliche sozioökonomische Entwicklung: die Goldgrube ist heute überwiegend ein Wohngebiet für 5 000 Menschen mit nur geringfügigem Besatz an Gewerben; Rauental (4 160 Bewohner im Jahr 2001) hingegen ist ein Mischgebiet mit ausgeprägtem Gewerbeanteil und auch mit einem hohen Besatz an Dienst-

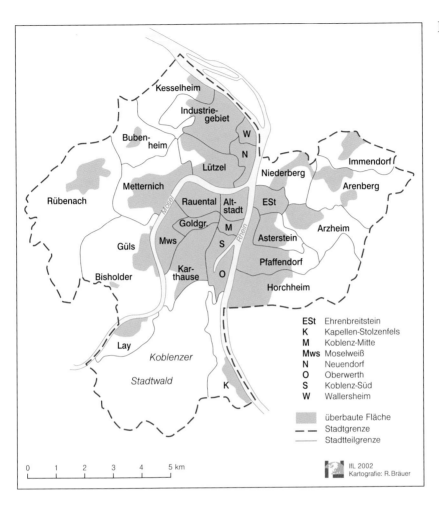

F 4.4.1

Abb. 73   Flächengliederung der Stadt Koblenz
(Entwurf H. Fischer 2002, nach Koblenz mit Vallendar. ADAC-Stadtplan 1984.
Statistisches Jahrbuch 2001 der Stadt Koblenz)

leistungseinrichtungen wie Verwaltungen oder Kliniken. Moselweiß wurde zwar 1902 eingemeindet, gehörte aber schon seit dem Mittelalter zur Koblenzer Marktgenossenschaft. Das ehemalige Bauerndorf grenzt heute nahtlos an den Stadtteil Rauental, ist ein Wohn- und Gewerbeort für 3 130 Menschen und ebenfalls Standort von Kliniken und höherrangigen Bildungseinrichtungen. Mit der Goldgrube gemeinsam ist Moselweiß Anlieger am Koblenzer Hauptfriedhof, der sich, ab 1820 angelegt, am Fuß der Karthause erstreckt.

Die Karthause hat ihren Namen von einem 1794 aufgegebenen und 1802 abgebrochenen Kloster der Kartäusermönche auf dem Berg des hl. Beatus. Sie

231

Abb. 74 Koblenzer Altstadt
Links: Kunstgässchen
Rechts: Vier Türme (Ausschnitt)

liegt auf der Mittel- und Hauptterrassenfläche über dem Rhein- und dem Moseltal im W der Stadt. Zwischen 1817/18 und 1945 wurde das Gelände – abgesehen von einem landwirtschaftlichen Großbetrieb und einer kleinen Wohnsiedlung – vorwiegend militärisch genutzt (Festungswerke, Übungs- und Flugplatz). Die flächenhafte Bebauung begann ab etwa 1965 und umfasst außer den bevorzugten Hanglagen die Wohngebiete Karthäuserhofgelände, Flugfeld und Karthause-Nord mit insgesamt fast 11 000 Bewohnern (2001); die Karthause ist somit mit Abstand das größte Wohngebiet außerhalb der Innenstadt von Koblenz.

Lay (1 922 Einwohner, 2001) war ursprünglich ein auf die Römerzeit zurückgehendes Winzerdorf (mit zahlreichen Funden), das erst 1970 nach Koblenz eingemeindet wurde. Reste der alten ländlichen Bausubstanz finden sich noch im Ortskern. Insgesamt ist Lay aber von jüngeren Wohnbauten für nicht im Ort beschäftigte Bewohner geprägt. Stolzenfels (1216: *capellen*, später *kapellen*; 1912: *Kapellen-Stolzenfels*; 1969 Eingemeindung als *Koblenz-Stolzenfels*) hat ebenfalls eine bis in die Römerzeit zurückgehende Geschichte. Die Wohnhäuser der Bevölkerung (484 Menschen) konzentrieren sich auf die einseitige Häuserzeile entlang der Bundesstraße 9 (= Rhenser Straße); weithin sichtbare Landmarke ist das 1842 fertig gestellte Schloss Stolzenfels.

Stadtteile links der Mosel

Schon mit der Anlage der Großfestung Koblenz (s. F 4.3) geriet das bäuerliche Land links der Mosel durch den Bau von Fleschen und Schanzen in den Sog der Stadt Koblenz, ebenso durch die Verkehrs- und Gewerbeentwicklung des 20. Jh. Die Stadtteile K e s s e l h e i m, W a l l e r s h e i m, N e u e n d o r f und L ü t z e l umgreifen mit ihren bebauten Flächen halbmondartig ein Areal, das bis in die Jahre um 1950 lediglich der Bims- und Kiesgewinnung sowie der landwirtschaftlichen und der gartenbaulichen Nutzung diente, in der Gegenwart aber als Industrie- und Gewerbegebiet die Entwicklung dieser in der Geschichte von Koblenz erstmals und binnen weniger Jahre entstandenen Wirtschaftslandschaft repräsentiert.

Voraussetzung für diese Entwicklung war die Schaffung einer leistungsfähigen und damit attraktiven Verkehrsanbindung (s. Seite 66). Für den rheinparallelen Nord-Süd-Verkehr stand vor 1950 außer der Eisenbahnlinie Mainz – Köln nur die zweispurige Bundesstraße 9 zur Verfügung; das Gebiet zwischen der Bahnlinie und dem Rhein war lediglich durch unzureichend ausgebaute Kreisstraßen erschlossen. Innerhalb von nur fünfzehn Jahren wurde die Bundesstraße auf vier Spuren erweitert und es erfolgte der Bau der rheinüberquerenden Autobahn 48 (Dernbacher Dreieck – Trier) mit dem Anschluss an die Bundesstraße 9 (Koblenz-Nord) und an die später vollendete Autobahn 61 (Ludwigshafen – Köln) beim Koblenzer Kreuz. Von der Bundesstraße 9 aus und von der Stadt Koblenz her wurde über das ganze Gebiet ein Netz meist rechtwinklig zueinander verlaufender Verbindungsstraßen gebaut, nicht zuletzt auch zur Anbindung des zwischen 1961 und 1970 angelegten neuen Koblenzer Rheinhafens mit einer Fläche von 71 500 m², der den vormaligen und viel kleineren Hafen an der Einmündung der Mosel bei Lützel ersetzen sollte. In diesem derart erschlossenen Gebiet siedelten sich nun Industrie und Gewerbe an. Das Gewerbegebiet Koblenz liegt beiderseits der hier von SO nach NW verlaufenden Bundesstraße 9 und ist relativ stadtnah, es ist das gut frequentierte Gebiet der großen Einzelhandelsgeschäfte und häufig in Anspruch genommener Dienstleistungen. Südwestlich der Straße haben große Niederlassungen von bekannten Automobilkonzernen ihren Sitz, ebenso Baustofflieferanten für Groß- und Einzelhandel. Nordöstlich der Straße finden sich fast ausschließlich Baumärkte und Gartenspezialbetriebe ebenfalls für den Groß- und Einzelhandel. Die in die Stadt führende Andernacher Straße wurde im letzten Jahrzehnt beiderseits mit Zuliefererfirmen für die Kraftfahrzeugbetriebe sowie für Bau- und Ausbauhandwerksbetriebe besetzt, ferner mit Speditionsfirmen.

Im Industriegebiet Rheinhafen ließen sich, zunächst in unmittelbarer Nähe des Hafens, rund zwanzig Betriebe des produzierenden Gewerbes nieder, darunter ein Aluminiumwerk, Betriebe der Feinmechanik, der Mess- und Reglertechnik sowie Heizungsbaubetriebe. Dazu kamen – mehr im peripheren Bereich – eine Koblenzer Großdruckerei, eine Schraubenfabrik und auch Baustoffhersteller. Die wichtigsten Verbindungsstraßen in diesem Industriegebiet tragen die Namen von AUGUST HORCH und CARL SPAETER, beide waren im Koblenzer

F 4.4.2 Raum gebürtige Wirtschafts- und Industriepioniere des ausgehenden 19. und beginnenden 20. Jh. Da um 1990 der zur Verfügung stehende Platz im Industriegebiet noch nicht voll ausgenutzt war, konnten sich hier noch einige bisherige Ladengeschäfte aus der Koblenzer Innenstadt niederlassen, unter gleichzeitiger Expansion und mit Hinzunahme von markengebundenem Kundendienst. Es entstand im Anschluss sowohl an das Industriegebiet als auch an das Gewerbegebiet der so genannte Gewerbepark Nord. Der lokale Radiosender RPR, Studio Rheinland, ließ sich hier nieder, das Briefzentrum Koblenz der Deutschen Post AG und das Technologiezentrum Koblenz. Auch die Stadtwerke Koblenz und das Rheinisch-Westfälische Elektrizitätswerk (RWE) sind mit Liegenschaften und Diensten vertreten; dazu kommen neue Baustofffirmen, Ausstattungshäuser sowie Groß- und Einzelhandel.

Auch wenn vor den Toren der Stadt anstatt des ursprünglich geplanten reinen Industriegebietes ein gemischtes Industrie-, Gewerbe-, Handels- und Dienstleistungsgebiet entstanden ist, hat sich ein sehr rascher und deutlicher Wandel in der Ausgestaltung der Kulturlandschaft im N von Koblenz vollzogen. Durch weitere Wohnbebauungen zwischen Neuendorf und Wallersheim sowie nördlich von Lützel sind diese drei Koblenzer Stadtteile weithin mit den Industrie- und Gewerbeflächen und auch untereinander mehr oder minder eng verzahnt. Rein optisch sind die Verkehrs- und Stadtteilbeschilderungen mitunter noch die einzigen Hinweise darauf, dass ein Stadtteil an einer bestimmten Stelle endet und ein anderer beginnt. Lediglich im Bewusstsein des älteren Teils der Wohnbevölkerung sowie in Bräuchen und Gepflogenheiten (einschließlich der besonders zur Karnevalszeit üblichen lokalen Neckereien) leben die einst selbstständigen Orte als eigenständige Siedlungen weiter.

Lützel (7 945 Einwohner) war zusammen mit Neuendorf (5 757 Einwohner) der erste Ort, der 1891 in die Stadt eingemeindet wurde. Lützelkoblenz oder Klein-Koblenz war als Brückenkopf an der Mosel schon zur Römerzeit, erneut im Mittelalter und vor allem während der Festungszeit von Bedeutung; bis in die Gegenwart war es durch militärische Liegenschaften geprägt. Eine in die Fläche gehende Bebauung setzte erst nach dem Bau des Güterbahnhofes 1858 ein und dementsprechend waren die Bewohner vorwiegend in bahnabhängigen Berufen tätig. Fischer und Schiffer aus Lützel gründeten wahrscheinlich im Mittelalter das neue Dorf (erstmals 1269 als *nova villa* urkundlich genannt) in Stromnähe. Nach der Zerstörung von Lützel (1688) durch die Franzosen nahm Neuendorf die restlichen Bürger auf und wurde der Hauptort. Von 1701 bis 1816 bildeten beide Orte einen Gemeindeverband. Zum Wohn- und Gewerbeort entwickelt, wurde der Ort zusammen mit Lützel eingemeindet, mit dem es früher schon zur Koblenzer Marktgenossenschaft gehört hatte.

Wallersheim, 1923 eingemeindet, im Jahr 2001 = 3 428 Einwohner, lebt nur noch in seinem alten, am Rhein liegenden Dorfkern weiter, ebenso wie Kesselheim (eingemeindet 1969, 2 607 Einwohner im Jahr 2001). Beide schon zur Römerzeit bekannte und im Mittelalter mehrfach genannte Orte lebten von der Landwirtschaft und von der Fischerei. Kesselheim war auf Gemüseanbau spezialisiert, in Wallersheim gab es sogar Weingärten – heute sind beide Stadtteile industrie- und gewerbenahe Wohnorte.

Metternich, urkundlich schon 1140 genannt, wurde bereits 1937 einge- F 4.4.2
meindet. Mit 9 600 Bewohnern ist das ehemalige Bauern- und Obstzüchterdorf ein stark urbanisierter Stadtteil geworden, der zwar auch noch einen dörflichen Kern hat, sonst aber flächenhaft umgewandelt wurde. Große Teile der Obstgartenareale sind dem Siedlungsausbau und neuen Verkehrsanlagen zum Opfer gefallen. Als Standort des Bundeswehr-Zentralkrankenhauses ist es ebenso überregional bekannt wie seit 2002 als neuer Standort der Koblenzer Universität auf dem Gelände einer ehemaligen Pionierkaserne.

Güls hatte 2001 = 5 600 Einwohner und wurde 1970 eingemeindet. Es liegt an der Mosel, erstreckt sich mit seinen jüngeren Siedlungserweiterungen und mit dem Wohnplatz Bisholder bis in Höhen um 170 m ü. NN an den Hauptterrassenresten des Heyerberges bzw. der Bisholder Höhe (s. F 8). Landwirtschaft und Weinbau sind zwar noch Erwerbsquellen auf dem Gelände einer keltischen Siedlung (= *gulisa*), doch überwiegen die Wohnbauten und bei den Erwerbspersonen die Auspendler. Über die Moselbrücke besteht eine Verkehrsverbindung mit der City von Koblenz. Bubenheim (1219 Einwohner, 2001) und Rübenach (5 210 Einwohner, 2001) liegen noch sehr isoliert im nordwestlichen Vorfeld von Koblenz; sie wurden beide erst 1970 eingemeindet und sind trotz ihrer einstmals rein bäuerlichen Struktur heute überwiegend Wohnorte für Beschäftigte im Städtedreieck Koblenz – Andernach – Neuwied.

Rechtsrheinische Stadtteile F 4.4.3

Es mag verwunderlich erscheinen, dass die Stadt Koblenz relativ spät Orte auf dem rechten Rheinufer eingemeindet hat. Aber die nächstliegende (und wichtigste) Siedlung war Ehrenbreitstein; und die war selbst eine Stadt und bis 1918 außerdem preußische Garnison (s. F 5). Danach aber war Koblenz unter französischer Besatzungsverwaltung und nicht mehr frei in seinen Beschlüssen. Ehrenbreitstein (1 963 Einwohner, 2001), einst ein Fischerdorf, hat eine beachtliche historische Tradition als Standort mehrerer Mönchs- und Schwesternorden, vor allem aber als Ort glanzvoller Hofhaltung der trierischen Erzbischöfe und Kurfürsten. Es war dadurch eine Stadt der Künste geworden. Danach hatte es noch hundert Jahre die Funktion als Garnisonsstadt inne. Als Ehrenbreitstein 1937 eingemeindet wurde, hatte es erheblich mehr Einwohner als heute. Die Lage und vor allem die nicht eben günstige Infrastruktur (kein Einkaufszentrum) haben es stark an Koblenz gebunden, mit dem es auch verkehrsmäßig gut verzahnt ist. Ein großes Problem ist wie bei den anderen Koblenzer Stadtteilen in Stromnähe die permanente Hochwassergefahr, der jedoch neuerdings durch Schutzbauten entgegengetreten wird.

Pfaffendorf und Horchheim gleichen sich in vielem: beide im Mittelalter erstmals nachgewiesene Orte haben sich von den Ufergebieten auf die Höhe hinauf entwickelt, beide Orte waren Agrar-, Obst- und Weinbaugemeinden, deren Sozialstruktur sich aber seit der preußischen Zeit gewandelt hat. Zunächst waren es bevorzugte Wohngebiete für Offiziere und Beamte, dann aber zunehmend und bis heute Wohngebiete für Beschäftigte im Handel,

F 4.4.3 Gewerbe und öffentlichen Dienst. In beiden Orten wurden nach der Eingemeindung (1937) neue und sehr große Kasernen errichtet. Pfaffendorf zählt
5 345 Einwohner, Horchheim 5 457, die Neubausiedlungen aus jüngster Zeit
eingeschlossen (2001). N i e d e r b e r g (mit Wohnplatz Neudorf, 2 945 Einwohner im Jahr 2001) erstreckt sich über die Hänge der Terrassenflur des Rheins
von rund 125 bis rund 200 m ü. NN und wurde ebenfalls 1937 eingemeindet.
Die Geschichte des Ortes ist mit der Geschichte der Stadt und der Festung Ehrenbreitstein verknüpft – der Wohnplatz Neudorf ist eine Gründung von Bürgern, die um 1540 ihre Wohnstätten wegen der Erweiterung der (alten) Festung
verloren hatten.

A r e n b e r g (2 724 Einwohner, 2001) hieß ursprünglich *overanberg* und war
gegenüber Niederberg die höher am Berg gelegene Siedlung. Das ursprüngliche
Bauerndorf erfuhr ab etwa 1840 durch das Wirken eines Geistlichen eine Wand-
lung zum Wallfahrtsort mit allen infrastrukturellen Folgen. Äußeres Kennzeichen für den Ort ist die weithin sichtbare zweitürmige Pfarr- und Wallfahrtskirche. Die Eingemeindung erfolgte 1970. I m m e n d o r f (1 443 Einwohner im
Jahr 2001, 1970 eingemeindet) liegt in rund 210 m ü. NN vor dem Anstieg zum
Westerwald, Arenberg direkt benachbart. Bis in den Zweiten Weltkrieg waren
Land- und Forstwirtschaft die nahezu einzigen Erwerbsquellen der Bevölkerung. Inzwischen ist der Wandel zu einem Pendlerwohnort vollzogen worden.

A r z h e i m zählt 2 248 Bewohner (2001) und wurde ebenfalls 1970 ein Koblenzer Stadtteil. Die ehemals intakte Agrarstruktur des Dorfes erlitt eine erste
und nachhaltige Einbuße nach 1937, als große Teile der Gemeindeflur in das militärische Übungsgelände der Koblenzer Garnison einbezogen wurden; der Rückgang der Landwirtschaft als Erwerbsquelle wurde zunächst durch die Zunahme
an Handwerkern (Zivilarbeiter im Dienst der Truppe) ausgeglichen. Heute ist
Arzheim fast ausschließlich Wohngebiet. A s t e r s t e i n (2 608 Einwohner, 2001)
wurde erst sehr spät besiedelt, denn das Gelände lag im Bereich der Koblenzer
Festungswerke (s. F 4.3). Erst 1922 begann die Einzelbesiedlung; von 1932 bis
1937 entstanden die ersten Straßenzüge, ab 1937 wurden dann Kasernen erbaut.
Als damals sowohl zu Ehrenbreitstein als auch zu Pfaffendorf gehörig wurde es
1937 eingemeindet; erst 1982 wurde es zum selbstständigen Stadtteil erhoben.

Die genannten Stadtteile bzw. Vororte sind zwar organisatorisch und verkehrsmäßig eng mit der Stadt Koblenz und ihren Einrichtungen verbunden;
aber sie haben auf anderen Gebieten weithin ihre Eigenständigkeit bewahrt, vor
allem durch das Vereinswesen. So sind Dorffeste, Junggesellenvereine, Mai-
baumkampagnen und Fastnachtsveranstaltungen weithin dezentralisiert und
stadtteilgebunden, trotz reger zusätzlicher Beteiligung an den diesbezüglichen
zentralen städtischen Veranstaltungen.

F 4.5 Koblenz als zentraler Ort höherer Stufe

Über die Funktion von Koblenz als zentraler Ort höherer Stufe (= Oberzentrum) ist in den vergangenen Jahren viel diskutiert worden, vor allem im Zusammenhang mit der nicht eben günstigen Erschließung der Innenstadt für den

Individualverkehr und mit der ebenso ungünstigen Lage für den innerstädtischen ruhenden Verkehr. Durch diese Diskussionen zieht sich bis in die Gegenwart die ursprüngliche Vorstellung von WALTER CHRISTALLER (1933), dass ein zentraler Ort seine Position primär dadurch erlange, indem er seine Infrastruktur und sein Angebot an Gütern und Diensten auf ein gewisses qualitatives und quantitatives Niveau bringe oder hebe. Auf diese Katalogmethode, von der CHRISTALLER später selbst abrückte, stützen sich vor allem Kommunal- und Lokalpolitiker. In Wirklichkeit wird die Zentralität eines Ortes dadurch bestimmt, dass sein Angebot aus einem möglichst großen Umland und von möglichst vielen Menschen in Anspruch genommen wird (KLUCZKA 1970). Selbstverständlich spielen auch die so genannten Angebote und Dienstleistungen für den höheren Bedarf eine Rolle, aber nicht ausschließlich.

Diese liegen für Koblenz zunächst einmal auf dem Dienstleistungssektor. Hier ist allerdings weniger bedeutsam, dass die Stadt Sitz der Struktur- und Genehmigungsdirektion Nord ist, der Nachfolgerin der aufgelösten Bezirksregierung, denn diese neue Behörde hat kaum Publikumsverkehr, wirkt allerdings auf die Verwaltung des gesamten nördlichen Landesteils ein. Wichtiger ist es, dass von Koblenz aus der Landkreis Mayen-Koblenz verwaltet wird und damit fast das gesamte Mittelrheinische Becken. Dadurch wird ein Strom von Bedarfsträgern auch aus den drei Städten Andernach, Bendorf und Mayen nach Koblenz gelenkt, die selbst auch zentrale Orte sind, wenn auch einer etwas niedrigeren Stufe. Weiterhin sind zentrale Bildungseinrichtungen zu nennen, etwa die Universität oder die Fachhochschule, außerdem das Landesmedienzentrum, die Landesbibliothek, das Landeshauptarchiv, das (chemische) Landesuntersuchungsamt und die Landesfeuerwehrschule sowie das Landesmuseum, um nur die wichtigsten zu nennen, Dienstleistungen, die fast schon in den Bereich landeshauptstädtischer Funktionen übergreifen. Dazu kommt ein ansehnliches zentrales Angebot auf dem Gebiet der Kultur, etwa das Mittelrheinmuseum und andere Museen, das regional frequentierte Stadttheater und die Rheinische Philharmonie und schließlich ein Klinikum von sehr weit reichender Bedeutung. Auch die in Koblenz ansässigen Einrichtungen der Wirtschaftsverwaltung sind für den gesamten N des Landes maßgebend.

Etwas weniger eindeutig ist die oberzentrale Bedeutung der Stadt in Bezug auf die Geschäftswelt. Koblenz besitzt jedoch eine City im Sinne der Definition und weitere Einkaufsstraßen außerhalb dieser City, auch sind sehr viele Angebote für die so genannten höherwertigen Güter vorhanden, etwa durch zahlreiche Juweliere und Boutiquen oder Antiquitätenhändler, und es gibt die großen Kauf- und Warenhäuser sowie Großniederlassungen der bedeutendsten Automobilfirmen. Ferner sind hoch spezialisierte Fachärzte ansässig, z.T. auch mit klinikähnlichen Praxen; Rechtsanwälte und Notare. Versicherungsbüros, Reisebüros, sehr große und sortimentreiche Buchhandlungen vervollständigen die Bandbreite der Angebote. Bei diesen lässt sich jedoch nie genau die Stufe der mittelzentralen von derjenigen der oberzentralen Güter und Dienste trennen, vor allem weil es sich nur wenige Geschäfte und Dienstleistungsfirmen leisten können, ihre Angebote zu sehr zu spezialisieren, wodurch sie sich damit nur einer auserwählten Käufergruppe widmen würden.

F 4.5   Aus diesem Grund muss Koblenz vor allem in Bezug auf Warenangebote auch einer höheren Stufe zumindest die Konkurrenz von Neuwied ertragen, mitunter auch von Mayen. Diese Konkurrenz ist – bezogen auf das auch vorhandene Angebot im mittelzentralen Bereich (= Waren für den nicht alltäglichen bis seltenen Bedarf) – sogar sehr stark. Trotz dieser Einschränkungen ist die ebenfalls regional bedeutsame und wirksame Eigenschaft als Großstadt erhalten geblieben und damit auch die Rolle als zentraler Ort höherer Stufe.

F 4.6   Bau- und Kunstdenkmale (Anhang K)

Die einstige historische Bedeutung von Koblenz macht es verständlich, dass die Stadt sehr reich an Bau- und Kunstdenkmalen ist. Allerdings wurden die meisten von ihnen im Zweiten Weltkrieg zerstört und erst ab etwa 1955 wieder aufgebaut oder hergerichtet. Ihre große Fülle zwingt bei der detaillierten Betrachtung zur Beschränkung auf wenige bedeutende Objekte: Die ehemalige Stiftskirche St. Florin, seit 1818 evangelische Pfarrkirche, ist wahrscheinlich die älteste Kirche von Koblenz, denn sie geht unmittelbar auf die Kapelle des fränkischen Königshofes aus dem 5. und 6. Jh. zurück. Ein späterer Nachbau dieser Kapelle wurde zwischen 938 und 948 dem hl. Florin geweiht. Die heutige, dreischiffige Querhausbasilika mit einer Doppelturmfassade geht aber auf einen Neubau um 1100 zurück; das Chorpolygon wurde um die Mitte des 14. Jh. angebaut. Das ursprüngliche Flachdach im Langhaus wurde zwischen 1582 und 1614 in ein Gewölbe umgewandelt. Die beiden Westtürme haben im fünften Geschoss auf jeder Seite vier Schallarkaden; der Rundbogenfries und die Dreiecksgiebel stammen aus dem 13. Jh. Die früher vorhandenen Rautendächer wurden 1899 durch Spitzhelme ersetzt. Das fünfjochige Langhaus ist durch quadratische Pfeiler gegliedert, der Chor besteht aus Apsis, Vorchor und Querhaus und liegt höher als das Schiff. Erhalten sind, im Gegensatz zur mittelalterlichen und barocken Innenausstattung, Wandmalereien aus dem 14. und dem 15. Jh.

Die einstige Stiftskirche St. Kastor vor den Toren der mittelalterlichen Stadt wurde 836 geweiht und war kurz danach Stätte wichtiger politischer Beschlussfassungen der ausgehenden Karolingerzeit. Nachdem schon um 1150 der Chorbereich neu gebaut wurde, erfolgte nach einigen Kriegszerstörungen ab etwa 1200 der Neubau des Langhauses, das 1848/49 durch Johann von Lassaulx durchgreifend restauriert wurde. Nach 1893 wurde das rechte Seitenschiff erneuert, die Dächer und die Orgel mussten nach dem Zweiten Weltkrieg ersetzt werden. Die somit im Wesentlichen aus dem 12. Jh. stammende Kirche besteht aus einem dreischiffigen Langhaus, Querhaus, Chor, Apsis, zwei West- und Osttürmen, wobei die westliche Doppelturmfassade deutlich schmaler ist als das Langhaus; wahrscheinlich stammt sie – mit Ausnahme der oberen Turmgeschosse – schon aus der ersten Hälfte des 11. Jh. Ihr Verbindungsbau wurde im 19. Jh. vollständig erneuert, das Westportal 1859 und das Tympanon 1866. Im Inneren der 1991 zur Basilika Minor erhobenen Kirche sind spätromanische Ausmalungen erhalten, der Hochalter trägt ein Bronzekruzifix aus dem Jahr

Abb. 75   „Alte Burg" in Koblenz

1685, und in einem Seitenaltaraufsatz befindet sich ein Marmorkreuz von 1709. Die über 350 Jahre alte Kanzel ist geschmückt mit Reliefdarstellungen der vier Evangelisten und mit ganzfigurigen Darstellungen. Außerdem sind weitere Bildwerke, Gnadenbilder, Altaraufsätze und auch Grabmalplatten erwähnenswert, nicht zuletzt der Kirchenschatz mit wertvollen Geräten aus dem 14. bis zum 18. Jh.

Die dritte der großen und alten Kirchen der Stadt ist die katholische Liebfrauenkirche (im Koblenzer Platt *Owerpfarrkerch*), deren Vorgängerkirche auch auf die Karolingerzeit zurückgeht; urkundlich erwähnt wurde sie allerdings erstmals 1182. Sie ist eine spätromanische Pfeilerbasilika ohne Querschiff, die Doppelturmfassade ist später hinzugefügt worden. Die Bauzeit wird – da keine Bauurkunden vorliegen – für die Spanne zwischen 1180 und dem ersten Drittel des 13. Jh. angenommen. Das romanische Langhaus endet jedoch in einem spätgotischen Langchor (1404–1430). Auch die Einwölbung des Mittelschiffes erfolgte erst im 15. Jh. Der Westbau mit den zwei hohen Türmen ist ein charakteristisches Kennzeichen der Koblenzer Altstadt. Zwar wurde er schon im 13. Jh. erbaut, aber die sechsten Turmgeschosse sowie die Giebel mit den Doppellaternen und den Haubenhelmen wurden erst im 17. Jh. durch den trierischen Baumeister Sebastiani geschaffen bzw. wiederhergestellt. Das Portal wurde 1765 um einen Spitzbogen erweitert und 1767 mit einer geschnitzten Tür versehen. Die Innenausstattung ist vielseitig. Neben Altargeräten und Paramenten

Abb. 76   Schloss in Koblenz

aus dem 16. bis 18. Jh. sind viele Inschriften und Grabsteine im Kirchenraum verteilt. Schwerpunkte bilden Altaraufsätze, Reliefs, Statuen sowie einige Bildwerke in den Seitenschiffen und am Chorbogen sowie drei Grabsteine in der Vorhalle.

Von zwei weiteren älteren sakralen Bauwerken sind nur noch Teile erhalten. Die einstige Jesuitenkirche, jetzt Pfarrkirche, geht auf einen Klosterneubau von 1613 bis 1617 zurück, der 1944 völlig zerstört wurde. 1958/59 wurde die Kirche als einschiffiger Neubau unter Verwendung der alten Westfassade wieder errichtet. Diese befand sich vor dem ehemaligen Mittelschiff und wirkt heute vor allem durch ihren doppelgeschossigen geschweiften Giebel mit Obeliskenaufsätzen und durch ein großes Radfenster (nach gotischer Art) über dem Portal. Das ehemalige Dominikanerkloster wurde ebenfalls im Krieg zerstört; die Reste mussten ab 1955 abgetragen werden. Erhalten wurde allerdings das sehenswerte Rokokoportal des Klosterhofes. Im Rahmen der Stadterweiterung nach 1900 entstanden weitere Kirchen, so die evangelische Christuskirche. Die katholische Herz-Jesu-Kirche, erbaut von 1900 bis 1903, ist eine dreischiffige gewölbte Basilika, die eine Doppelturmfront, ein Querschiff und einen Vierungsturm, wie er im Rheinland bei spätromanischen Kirchen häufig ist, aufweist.

Unter den profanen Bauwerken sind vor allem die Bauten der Alten Burg und des Kurfürstlichen Schlosses zu nennen. Die Alte Burg (Abb. 75) entstand ab 1277 an der damaligen Stadtmauer. Ihr Ostturm geht im Unterbau wahrscheinlich auf römische Fundamente zurück. Um 1425 erhielt er ein achteckiges und rippengewölbtes Obergeschoss, außerdem entstand auch der (zunächst freistehende) Westturm. Beide Türme tragen eine von JOHANN CHRISTOPH SEBASTIANI entworfene Haubenbedeckung. Das Innere der Burg bietet zahlreiche

Abb. 77   Florinsmarkt in Koblenz

Zeugnisse innenarchitektonischer Kunst: Fenster, Wendeltreppe, Portale und Stuckdecken. Das Kurfürstliche Schloss geht zurück auf den letzten Trierer Kurfürsten, der sich in Koblenz eine repräsentative Residenz schaffen wollte. Die ersten Pläne wurden 1776 vorgelegt, der Rohbau des Hauptbaus wurde 1784 vollendet. Der Hauptbau (Corps de Logis; Abb. 76) zieht sich auf einer Länge von 170 m entlang des Rheins und gilt als größtes klassizistisches Bauwerk am Rhein. Es ist in einen Mittelteil mit zwei Seitenteilen gegliedert. An der Rheinfront ist dem vorspringenden Mittelbau ein Risalit mit sechs Säulen vorgelagert, darüber erhebt sich ein Relief mit allegorischen Darstellungen. Der niedrige Dachaufbau hat einen quadratischen Grundriss. In Richtung Stadt wird der Mittelrisalit (mit dem Portalbereich) besonders hervorgehoben durch acht ionische Säulen mit Attika und Ballustrade in voller Gebäudehöhe. Die ursprüngliche Innenausstattung, Rokoko und klassizistisch, von 1842 bis 1845 durch LASSAULX verändert, wurde im Krieg völlig zerstört und später nur andeutungsweise wiederhergestellt.

Auch einige städtische und bürgerliche Häuser sollen als Zeugen der Koblenzer Baukunst benannt werden. Dazu gehört das ehemalige Schöffenhaus am Florinsmarkt (Abb. 77), zwischen 1528 und 1539 erbaut, ein kleiner Bau in spätgotischen Formen mit schmalen Fronten und verzierten Erkertürmchen und einem Treppenturm. Das ehemalige Kauf- und spätere Rathaus am Florinsmarkt, von 1419 bis 1425 erbaut, wurde 1724 umgebaut und erhielt ein hohes Mansarddach. Über der zweigeschossigen Marktfront erhebt sich ein barocker

F 4.6

Abb. 78 „Deutscher Kaiser", ehemaliges Bürgerhaus in Koblenz (16. Jh.)

Uhrenturm mit Schweifhaube und Laterne. Im Keller weist das Gebäude mehrere Kreuzgratgewölbe auf, die z.T. der römisch-fränkischen Stadtmauer aufsitzen. Das alte Krämerzunft-Haus mit der Städtischen Mehlwaage an der Kornpfortstraße ist ein lang gestreckter zweistöckiger Bau; besonders wertvoll ist sein vierachsiger Rechteckerker an der Schmalseite, geschmückt mit plastischen Nischenfiguren des hl. Michael, der Muttergottes, der Justitia und des Tobias mit dem Engel. Einzigartig in Koblenz ist ein um 1500 erbautes Haus, das nach einem Gasthaus Deutscher Kaiser genannt wird (Abb. 78). Es ist eine Art Wohnturm über rechteckigem Grundriss mit einem Zinnenkranz über einem Kielbogenmaßwerkfries mit Köpfen und Büsten. An seiner Westseite befinden sich noch die unverändert gebliebenen Kreuzstockfenster. Und nicht zuletzt

müssen die Vier Türme genannt werden (Abb. 74), ein Ensemble von vier nahezu gleichartig gestalteten Häusern, 1608 erbaut und von 1689 bis 1692 wiederhergestellt. Die ursprünglich dreistöckigen Häuser besitzen als Eckhäuser je
zwei Giebel und auf den Ecken zur Straße je einen reichverzierten doppelgeschossigen Steinerker mit Laternendach.

Zum Teil bedeutende Beispiele der bildenden Kunst, vor allem Gemälde und
Plastiken, finden sich im Mittelrheinmuseum am Florinsmarkt (Kunst- und
Kultur des mittelrheinischen Raumes, Plastik und Malerei des Mittelalters;
niederländische Malerei des Barock; Bilder zur Stadtgeschichte) und im Lud-
wig-Museum im Haus der ehemaligen Deutschordenskommende am Deutschen Eck (Bilder vor allem der Malerei des 19. und 20. Jh. und französische
Malerei).

Festung Ehrenbreitstein

Genau gegenüber der Einmündung der Mosel in den Rhein liegt in 150 bis
180 m ü. NN der Ehrenbreitstein, eines der Wahrzeichen von Koblenz. Als ab
1817 der neuerliche Bau und Ausbau einer Festung begann, wurde ein Standort wieder in Wert gesetzt, auf dem schon im 10. Jh. eine Burg gestanden hatte.
Aus dieser Zeit stammt auch der heutige Name, denn der Erbauer, ein fränkischer Adeliger, baute diese Burg für seine beiden Söhne HERMANN und EREM-
BERT (oder: Ehrenbrecht). Daher wurde die Burg später mitunter Hermannstein
und schließlich Ehrenbrechtstein oder Ehrenbreitstein genannt. Im 11. Jh. er-
warben Trierer Kurfürsten und Erzbischöfe die Burg und bauten sie im 12. Jh.
aus, unter anderem durch die Anlage einer zweiten Burg auf der Mittelterrasse
unterhalb der Oberburg, die auf der Hauptterrasse liegt. Diese zweite Burg war
danach für 400 Jahre Lehen der Herren von Helfenstein und trug deren Namen.
Schon vor dem Dreißigjährigen Krieg ließen die Trierer Kurfürsten den Ehrenbreitstein in mehreren Phasen zu einer starken Festung ausbauen, die damals
als uneinnehmbar galt. In der Tat erfolgte die erste Besetzung der Festung
durch die Franzosen 1634 durch verräterische Manipulationen des Kurfürsten
PHILIPP VON SOETERN. Nach mehrmaligen Belagerungen und durch zweimalige
Kapitulationen wurde die Festung 1801 von den Franzosen gesprengt. Allein
1795 und 1796 wurde die Festung dreimal belagert und zum vierten Mal
1798/99, wobei die Besatzung fast ausgehungert wurde und dann erst kapitu-
lierte.

Bei der Anlage der Großfestung Koblenz (Abb. 79) war die Festung auf dem
Ehrenbreitstein als Zitadelle vorgesehen, also als befestigtes, fast unzugängli-
ches Kernwerk und als Kommandozentrale für die gesamte Anlage. Geplant
und durchgeführt wurde der Festungsbau von ERNST LUDWIG VON ASTER
(1778–1855), der zunächst Oberst, später Generalmajor und Kommandant von
Koblenz und schließlich Generalleutnant und Generalinspekteur der preußischen Festungen war. Man griff beim Bau weitgehend auf die alten Grundrisse zurück, ersetzte aber die Wälle durch ein- bis dreigeschossige Kasematten mit
einem Wallgang für den Transport von Geschützen innerhalb der Kasematten,

F 5

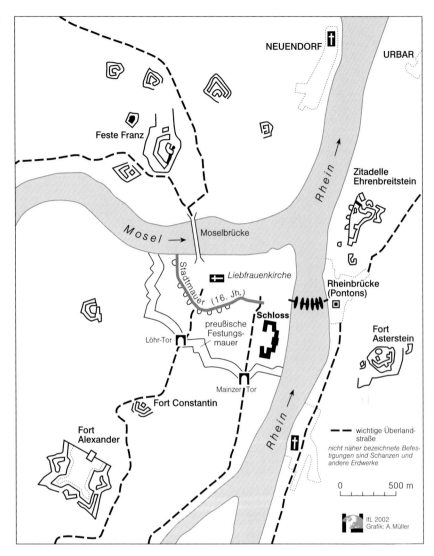

Abb. 79 Stadt und Großfestung Koblenz um 1840
(Entwurf H. Fischer 2002, auf der Basis École supérieure de guerre (ed.): Chartes du Dépot de la Guerre. No 17/3: Aix-la-Chapelle-Coblentz. Paris 1840)

außerdem wurden die Vorwerke verstärkt. Am Bau beteiligt waren insgesamt
1 818 Menschen, darunter 476 qualifizierte Handwerksmeister und Gesellen.
Diese Befestigung sollte 2 000 Mann Besatzung und 80 Geschütze erhalten und
einer Belagerung mindestens sechs Monate widerstehen. Sie wurde indessen nie
mehr belagert. Nach Schleifung der Festung Koblenz blieb der Ehrenbreitstein
als Truppenunterkunft und Magazingelände bis 1918 in militärischer Nutzung.
Heute ist der Festungsbereich vor allem ein Ziel für Touristen, denn man kann
von der rheinseitigen Mauer des großflächigen so genannten Schlossplatzes
einen einzigartigen Blick auf Koblenz und über das Rheintal hinweg auf das
Mittelrheinische Becken genießen. Auch staatliche Dienststellen sind auf dem
Ehrenbreitstein untergebracht, z.B. das Landesmuseum oder das Landesamt für
archäologische Denkmalpflege von Rheinland-Pfalz. Der Zugang zur Festung
kann über den Kolonnenweg erfolgen, einem felsigen Weg vom Rheintal aus
durch diverse Wachkasematten hindurch, oder man benutzt die 1955 erbaute
Seilbahn. Außerdem besteht vor allem für den Omnibustourismus ein beque-
mer Zugang von O her über den ehemaligen Exerzierplatz über eine Abzweigung von der ehemaligen Bundesstraße 49 aus (Westerwaldzufahrt von Ehrenbreitstein über Niederberg und Neuhäusel nach Montabaur).

Hinsichtlich der Attraktivität ist der Schlossplatz der zentrale Teil der Festung; er liegt auch vom landseitigen Zugang (von O her) am weitesten entfernt.
Er wird eingerahmt von verschiedenen Festungsteilen, deren Bezeichnungen mit
Begriffen aus den jüngeren Festungsbauten verbunden sind: Hohe Traverse, Hohe Ostfront, Landbastion, Kurtine und Rheinbastion. Vom Schlossplatz aus
sind alle weiteren Teile der Festung zugänglich. Zu den Angeboten für Besucher
zählen Führungen in die einzelnen Bereiche der Festung, ferner die Besichtigung
des sehr gut ausgestatteten Landesmuseums mit ständigen Ausstellungen (z.B.
über den Bimsabbau im Mittelrheinischen Becken, über den Weinbau und über
frühe technische Einrichtungen Koblenzer Industrie- und Gewerbebetriebe)
und zahlreichen Sonderausstellungen. Die ehemalige Schlosskirche kann für
Familienfeiern genutzt werden, auch gastronomische Einrichtungen sind vorhanden. Für die Koblenzer Garnison mit höchsten Kommandobehörden der
Bundeswehr hat das Ehrenmal des Deutschen Heeres Bedeutung, das man beim
Zugang von O her sehen kann. Auf halber Höhe, in den Gebäuden der Niederen
Ostfront und der Südtraverse wurde eine Jugendherberge mit 600 Betten eingerichtet. Neueste Attraktion sind große Opernaufführungen im Freien bzw. un-
ter einem Zeltdach, wo vor allem Werke aufgeführt werden, für deren Wiedergabe die Bühne des Koblenzer Stadttheaters zu klein bemessen ist, etwa große
Verdi-Opern mit Massenchören.

Das Devon von Ehrenbreitstein

Da das Mittelrheinische Becken eine Einsenkung innerhalb eines Gebirgsblocks
darstellt, hat es auch Anteil an den Gesteinen, aus denen dieser aufgebaut ist,
also am Devon des Rheinischen Schiefergebirges. Die Gesteine dieses Erdzeit-
alters stammen von Meeressedimenten, die vor rund 400 bis 360 Mio. Jahren

F 6

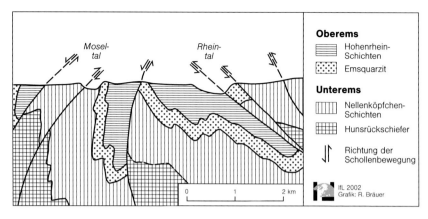

Abb. 80   Tektonische Struktur des Devons im Rhein-Mosel-Gebiet
(Entwurf H. FISCHER 2002, nach Geologische Übersichtskarte und Profil des Mittelrheintals 1:100 000.– Mainz 2000)

abgelagert worden sind (s. Seite 5, Abb. 80). Die Besonderheit des Mittelrheinischen Beckens besteht darin, dass das Gestein des Grundgebirges nur in Taleinschnitten zu Tage tritt, während es sonst von jüngeren und sehr mächtigen
Sedimenten wie Löss, Tuff, Bims und Kies verdeckt ist. Wo es aber sichtbar wird,
findet man es nicht mehr in seiner ursprünglichen horizontalen Lagerung, wie
das bei aquatischen Sedimentgesteinen üblich ist. Denn im Verlauf der Einsenkung des Mittelrheinischen Beckens und der nahezu gleichzeitigen Hebung des
Gebirges wurden die devonischen Gesteinsschichten aus ihrer Lage gerissen und
z.T. sogar deformiert, also gewölbt oder gar gefaltet. Schrägstellungen ganzer
Schichtpakete sind die Regel, Saigerstellungen (= Aufrecht- bzw. Senkrechtstellungen) sind keine Seltenheit.

Das Devon von Koblenz (Ehrenbreitstein) gehört zum Unterdevon und hier
zum Oberems, die entsprechenden Schichten wurden bis vor wenigen Jahrzehnten noch als Koblenz-Schichten bezeichnet. Es ist – wenigstens z.T. – gut
erschlossen unterhalb der Festung Ehrenbreitstein, die selbst auf einem schmalen Hauptterrassenplateau liegt (s. F 5), und greifbar nahe zeigt es sich im Hof
des ehemaligen Dikasterialgebäudes. Es handelt sich hier um die Emsquarzite
an der Basis des Oberems, die in überkippter Lagerung vorliegen und einen
reichen Fossilgehalt aufweisen. Die besondere Zusammensetzung ihres Sedimentgefüges (unterschiedliche und inhomogene Sedimentpartikel sowie Trümmer von Brachiopoden-Schalen) machen es möglich, diese Schichten als Tempestite zu identifizieren, also als Sedimente, deren Materialbestand kurz vor und
auch noch während der Sedimentation durch eine Sturmflut durcheinandergewirbelt wurde.

Das Devon im Raum Koblenz gehört zum Sedimentationsraum des so genannten Mosel-Trogs und ist wie folgt gegliedert:

246

Stufe	Unterstufe	Lokale Schichten
Oberems	Oberkondel	Kieselgallenschiefer
	Unterkondel	Flaserschiefer
	Laubach	Laubach-Schichten
	Lahnstein	Hohenrhein-Schichten
		Emsquarzit
Unterems	Vallendar	Klerf-Schichten/Nellenköpfchen-Schichten
		Gladbach-Schichten/Rittersturz-Schichten

Im Gesamtverband des Devons von Ehrenbreitstein folgen auf den Emsquarzit die Hohenrhein-Schichten (Siltsteine und Feinquarzite) und die Laubach-Schichten in der Form von Feinsandsteinen. Die Zufahrt zur Festung Ehrenbreitstein durchläuft diese durchweg sichtbare Schichtfolge, es sind dort auch die mitunter bizarren Formen der Faltungen und Quetschungen zu sehen. Auch ostwärts der Festung lassen sich diese Gesteinsfolgen beobachten, allerdings infolge tektonischer Störungen in anderer Höhenlage. Vor allem im Talniveau findet sich auch das Unterems.

NSG „Eiszeitliches Lössprofil"   F 7

Das eiszeitliche Lössprofil bei Koblenz-Metternich, an der südexponierten oberen Hangkante über dem Moseltal gelegen, wurde durch den Abbau für eine Ziegelei freigelegt, Grabungen wiesen diluviale Tierreste nach. Das Profil reicht von den basalen Schottern der Moselterrasse über die gesamte Löss- und Lehmfolge (vier Folgen) bis zu den Bimsablagerungen und der Auflagerungsfläche aus unterdevonischen Schiefern. Das Profil ist etwa 230 m lang und verläuft in SW-NO-Richtung. Bereits im Jahr 1939 wurde das Gelände der Weglauschen Ziegelei als Naturdenkmal unter Schutz gestellt. Der Aufschluss liegt im rückwärtigen Teil eines Privatgrundstückes, von der Straße aus nicht zugänglich. Er ist heute weitgehend von Vegetation überwuchert, so dass das Profil kaum sichtbar ist; hier wäre eine Auslichtung sinnvoll. Das Lössprofil wurde am 06. April 1983 zum Naturschutzgebiet erklärt. Der einzige, vergleichbare, jedoch stark beeinträchtigte Aufschluss in Mitteleuropa findet sich bei Achenheim (nahe Strassburg/Elsass).

Das aufgeschlossene Profil ist zum größten Teil mit einem waldartigen Bestand an Robinien bewachsen. Hier finden sich an weiteren Gehölzen: Pflaume, Kirsche und Holunder. Besonders auffallend sind die Lianenbestände aus Waldrebe (*Clematis vitalba*) und Hopfen (*Humulus lupulus*). Im Unterwuchs treten Kleinblütiges Springkraut (*Impatiens parviflora*), Stadt-Nelkenwurz (*Geum urbanum*), Pfennigkraut (*Lysimachia nummularia*), Lauchrauke (*Alliaria officinalis*), Kratzbeere (*Rubus caesius*), Waldzwenke (*Brachypodium sylvaticum*), Weißes Leimkraut (*Silene alba*), Hohlzahn (*Galeopsis tetrahit*), Odermennig (*Agrimonia eupatorium*) und Stinkender Storchschnabel (*Geranium robertianum*) auf. Am Fuß der Steilwand hat sich eine Brennnessel-Zaunwindengesell-

F 7 schaft aus Brennnessel (*Urtica dioica*), Zaunwinde (*Calystegia sepium*), Kleb-kraut (*Galium aparine*), Schwarzem Nachtschatten (*Solanum nigrum*), Gefleck-ter Taubnessel (*Lamium maculatum*), Wasserdost (*Eupatorium cannabinum*), Zaunrübe (*Bryonia dioica*), Gänsedistel (*Sonchus oleraceus*), Bärenklau (*Her-acleum sphondylium*) und Pastinak (*Pastinaca sativa*) angesiedelt. Über die Tier-welt liegen keine Untersuchungen vor, bislang wurden nur verbreitete Arten festgestellt. Die üppige Brennnessel-Gesellschaft bietet den Nesselfaltern reiche Nahrung. Bereits im Jahr 1880 wurden hier Grabungen vorgenommen. In der Grabungsperiode von 1935 bis 1937 wurde die Raststelle altsteinzeitlicher Jä-ger der älteren Schmalklingenkultur mit Feuersteingeräten, zerschlagenen Kno-chen, Holzkohlen- und Ockerresten nachgewiesen.

F 8 Moseltalprofil

Anders als das Rheintal an der nördlichen Grenze des Mittelrheinischen Beckens (s. F 1) ist das Moseltal als dessen südlicher Abschluss tief in den Grundgebirgssockel eingeschnitten und die Hauptterrassenflächen sind fluss-nah recht gut ausgebildet. Die Spannweite des Profils von der 223 m hohen Bis-holder Höhe quer durch das Moseltal vor Winningen zum Layer Kopf in 313 m Höhe beträgt nur 2 500 m; knapp ein Fünftel davon fällt in den Bereich des Tal-bodens bzw. der flussbegleitenden Niederterrassen (Abb. 81). Die Breite der Mosel bei Winningen beträgt 160 m (bei Mittelwasserstand); die Spiegelhöhe schwankt zwischen 70 m und 66 m, je nach den Stauvorgängen in der strom-aufwärts gelegenen Staustufe Lehmen und der moselabwärts liegenden Stau-stufe Koblenz.

Die Mosel entspringt in den Südvogesen und durchläuft bis zu ihrer Mün-dung in den Rhein (9 km abwärts der Profilführung) eine Strecke von 545 km; ihr Einzugsgebiet beträgt 28 320 km². Die wichtigsten Zuflüsse aus dem Bereich der deutschen Mittelgebirge sind die Saar, die Sauer, die Kyll, die Salm, die Lie-ser und der Elzbach – alles Fließgewässer, die nach kräftigen Niederschlägen rasch an Abflussvolumen zunehmen, aber in niederschlagsarmer Zeit wenig Wasser führen. Daher schwanken die Abflussmengen der Mosel bei Winningen zwischen 1 200 m³/s im Februar und im Dezember, rund 400 m³/s im Januar und nur 170 m³/s im September. Im Jahresdurchschnitt bringt die Mosel rund 350 m³/s Wasser in den Rhein.

Das Gelände der Bisholder Höhe senkt sich nur leicht gegen SO ab; land-wirtschaftlich genutzte Flächen und buschbestandenes Ödland wechseln sich ab. Auf der Terrassenfläche im Niveau um 200 m liegt der private und Sport-flugplatz von Winningen. Dann folgt ein steiler Abfall zur Mosel hin: der nach S und nach SO exponierte Hang wird wegen seiner fast optimalen Besonnung als Rebfläche genutzt; der Schnitt geht mitten durch die Lage Winninger Fahr-stück. Die Mosel ist hier wie auch in anderen Abschnitten stromaufwärts und stromabwärts als Wasserstraße ausgebaut; ihre Uferregion hat daher fast alle natürlichen Elemente eingebüßt. Am rechten Moselufer (= Südufer) erstreckt sich entlang des Flusses das ehemalige Winzer- und Bauerndorf Lay, heute ein

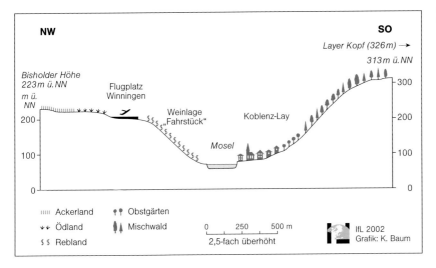

Abb. 81   Schnitt durch das Moseltal zwischen Bisholder Höhe und Layer Kopf
(Entwurf H. Fischer 2002)

Koblenzer Stadtteil; er hat sich in den vergangenen zwei oder drei Jahrzehnten in zunehmendem Maße in die flacheren Hangpartien hinauf und damit über die 100-Meter-Isohypse hinweg entwickelt (s. F 4.4.1). Der Oberhang besteht aus Mischwald und ist ein Bestandteil des Koblenzer Stadtwaldes.

Winningen, Landkreis Mayen-Koblenz, Verbandsgemeinde Untermosel F 9

Von den vielen malerischen Moselorten innerhalb der Verbandsgemeinde Untermosel ist Winningen (mit knapp 2 600 Einwohnern, 2001) ein Ort von besonderer Qualität, hier ist der Weinbau eng mit dem Fremdenverkehr, mit dem ansprechenden Ortsbild und mit einer bemerkenswerten Ausstattung in Handel und Gewerbe verbunden. Die ursprünglich nur lokal in Anspruch genommene Figur der Winninger Weinhexe ist heute als „Großlage Weinhex" ein Markenzeichen auch für Weine weit talaufwärts von Winningen.

Es steht außer Zweifel, dass der historischen Vergangenheit des Dorfes eine vor- und frühhistorische voran ging. Eine erste urkundliche Nennung datiert allerdings erst aus dem Jahre 865, worin von *windinge* die Rede ist. In späteren Urkunden treten unterschiedliche Ortsnamen auf: 962 *windingen*, 1023 *windingis*, 1136 *winningin*. Man hat aus den Namensendungen auf *-ingen* oder *-ingun* bzw. *-ingin* schon den Schluss gezogen, dass diese Siedlung die Heimstätte eines Sippenältesten *Windo* gewesen sei. Was für den alemannischen Siedlungsraum durchaus zutreffend wäre, ist auf das Gebiet der Treverer, einer germanisch-keltischen Mischbevölkerung, allerdings nicht unbedingt übertragbar.

249

F 9 Die Entwicklung der Gemeinde ist an einige wenige historische Daten gebunden. Als Lehen der Pfalzgrafen bei Rhein kam sie zunächst unter die Vogtei der Grafen von Sayn und nach deren Aussterben ab 1248 unter die Vogtei der Grafen von Sponheim (Hintere Grafschaft). Auf Grund dieser Zugehörigkeit konnte durch pfalzgräfliches Edikt von 1557 verfügt werden, dass der Ort mitsamt der – entfernter liegenden – Grafschaft evangelisch werden solle (*cuius regio, eius religio*); und so blieb Winningen bis heute eine evangelische Gemeinde inmitten der katholischen Gemeinden des ehemaligen Erzstiftes Trier. Die im Verlauf der folgenden Jahrhunderte zugewanderte katholische Bevölkerung erhielt erst mit der 1852 erbauten Martinskapelle eine eigene Gottesdienststätte.

Winningen hatte mehr als andere Orte unter den Fehden des Landes, unter den Durchzügen von Kriegsvolk und unter den Ansprüchen nicht dazu berechtigter Fürsten zu leiden. So ließ z.B. der Trierer Kurfürst im Jahre 1331 Truppen in den Ort legen, die in der heutigen Weinlage Brückstück Mauersteine für die Balduin-Brücke in Koblenz brachen. Um sich gegen häufige Übergriffe wehren zu können, begann man 1398 mit der Befestigung Winningens, erst durch Palisaden, von 1568 bis 1583 durch eine 3 m hohe Ringmauer mit sechs Toren. Dennoch musste Winningen in der Folgezeit, besonders aber im Dreißigjährigen Krieg, erhebliche Brandschatzungen und Ausplünderungen hinnehmen. Auch durch Pestepidemien im 16. und zu Beginn des 17. Jh. entstanden starke Verluste unter der Bevölkerung. An ein dunkles Kapitel aus der Geschichte des Ortes erinnert ein Gedenkstein auf dem so genannten Hexenhügel – mindestens elf Winninger Männer und Frauen starben bei Hexenverfolgungen den Feuertod.

Trotz aller Widrigkeiten entwickelte sich der Weinbau stetig weiter; es bildete sich eine Weinkultur heraus, die bis in die Gegenwart fortgeführt wird, jetzt aber mit in die Vermarktung durch das Fremdenverkehrsgewerbe einbezogen ist. So pflegt man das seit gut 500 Jahren gefeierte Winninger Weinfest und andere Bräuche aus der Winzerkultur. Außer der prächtigen und zumeist alten Bausubstanz wird Winningen geprägt durch seine Lage vor den ausschließlich von SO- bis SW-exponierten Rebhängen auf dem Gleithang des Moselbogens. Es gibt etwa 3 Mio. Weinstöcke in den berühmten Einzellagen Brückstück, Domgarten, Hamm, Im Röttgen und Uhlen.

Der Ortskern mit den ältesten und auch farbenprächtigsten Gebäuden liegt innerhalb des Gevierts von Neustraße, Bachstraße, Am Weinhof, Wilhelmstraße. In diesem attraktiven Viertel konzentriert sich auch der größte Teil der Winninger Gastronomie, nicht selten verbunden mit den Baulichkeiten eines Weingutes (Abb. 82). Das Ortsbild des 17. und 18. Jh. ist weitgehend erhalten und durch pflegende Restauration auch in gutem Zustand. Die größtenteils zweigeschossigen Häuser sind Fachwerkbauten mit einem Erdgeschoss aus Bruchsteinen und verschieferten oder verputzen Obergeschossen. Hervorzuheben ist das 1834 nach Plänen von J. C. von Lassaulx in romanisierendem Stil erbaute Schulhaus (heute Sitz des Heimatmuseums), ebenso das Horntor als letztes erhaltenes Tor der alten Ringmauer. In der Fährstraße findet man das Geburtshaus des bekannten Autokonstrukteurs August Horch

Abb. 82 „Weinhex-Brunnen" in Winningen

(1868–1951), welches auch ein mit aufwändigem Fachwerk geschmücktes Haus ist. Außerhalb des Ortskerns liegt der ehemalige Zehnthof des Aachener Marienstiftes, ein zweigeschossiger spätromanischer Bruchsteinbau, der durch Umbauten etwas verändert wurde. Im Jahr 2001 wurde der Ort im Rahmen des bundesweiten Wettbewerbs „Unser Dorf soll schöner werden – unser Dorf hat Zukunft" mit einer Goldmedaille ausgezeichnet.

Das genaue Alter der evangelischen Kirche kann nicht sicher festgestellt werden, denn die heute vorhandenen Bauteile stammen aus den unterschiedlichsten Perioden. Nach dem Dehio (1972) handelt es sich um eine ehemalige Marienkirche; es werden ein romanischer Ostchorturm und spätromanische Elemente im Westteil des Langbaus und in der Westfassade erwähnt. Die Dorfchronik nennt eine Schenkungsurkunde aus dem Jahre 1099, in welcher diese Kirche ge-

F 9 nannt wurde. Sicher ist, dass das Portal von 1695 stammt und bei einem völligen Umbau eingebracht wurde. Giebel und Dach des Turmes wurden 1879 im neuromanischen Stil nachgebaut und das Mittelschiff wurde 1902 um 1,5 m erhöht. Das Innere der Kirche bietet eine reiche Auswahl von Grabsteinen, Beschlägen, Figuren und Geräten aus dem 16. bis zum 19. Jh.

G 1   Elzbachtal und Burg Pyrmont

Unter den Gesichtspunkten einer naturgeographischen Raumgliederung (s. Seite 30) bildet das tief eingeschnittene und windungsreiche Tal des Elzbachs die natürliche Grenze zwischen dem Mittelrheinischen Becken und der nach W anschließenden Eifel, genauer, der Moseleifel.

Der Elzbach selbst ist ein echtes „Eifel-Gewässer". Er entspringt in 550 m ü. NN in der Hohen Eifel, unterhalb des 675 m hohen Hochkelbergs. Zunächst fließt er nach NW, macht dann aber bei Monreal einen scharfen Knick nach SO. Im Laufe seiner Entwicklung hat sich das Gewässer tief in die fast unmerklich ansteigende Scholle an der Südflanke der Eifel eingekerbt und fließt jetzt durch zahlreiche Talmäander der Mosel zu. Seine Lauflänge bis zur Mündung in die Mosel bei Moselkern beträgt 50 km. Da der Bach auf seinem Weg durch die Eifel sehr viele Zuflüsse aufgenommen hat, ist er sehr wasserreich und präsentiert sich dem Besucher meist als rauschender Gebirgsbach, entlang dem bis zur Neuzeit zahlreiche Mühlen betrieben wurden, die jetzt allerdings nur noch von touristischer Bedeutung sind. An den Talhängen sind die Grauwacken und Schiefer des devonischen Grundgebirges aufgeschlossen und durch die permanente Freilegung durch Erosion und Abspülung zu mitunter bizarren Felsformationen gestaltet worden. Auf natürlichen Umlaufbergen stehen auch Burg Pyrmont und Burg Eltz (s. G 2), die einst einen erheblichen Einfluss auf die Politik und auf die Wirtschaft des Maifeldes im Mittelalter hatten. Der Zugang ins Elzbachtal aus dem Mittelrheinischen Becken heraus kann recht günstig von Kehrig aus erfolgen (s. G 3).

Auf der Gemeindeflur von Roes, Landkreis Cochem-Zell, erhebt sich die Burg Pyrmont etwa 2 km westlich von Pillig (s. G 9) auf einer schmalen Verebnung in 250 m Höhe und damit etwa 50 m über dem Elzbachtal. Sie wird von einem knapp 25 m hohen, runden Bergfried überragt, dem wohl ältesten Teil der zwischen 1209 und 1225 erbauten und im gleichen Jahr erstmals urkundlich erwähnten Befestigung. Der Erbauer war ein Adeliger aus der Gegend von Malmédy (Ardennen); die Burg gelangte aber später in den Besitz der Freiherren Waldbott zu Bassenheim (s. E 14). Bis 1802 war sie bewohnt, wurde dann teilweise abgebrochen, jedoch später wieder ausgebaut. Neben den übrigen Resten der Hauptburg findet man ein bescheidenes Barockschloss, eingebaut in den Bereich der alten Burg. Die ehemalige Vorburg ist bis auf wenige Mauerreste verschwunden. Burg Pyrmont, jetzt in privater Hand, ist ein beliebter Ausflugsort mit Gastronomiebetrieb; der Bergfried kann bestiegen werden.

Burg Eltz G 2

Ungleich größer und auch viel bekannter als Pyrmont (s. G 1) ist die Burg Eltz, seit 1157 im Besitz derer von Eltz (heute: Grafen von Eltz-Kempenich). Sie liegt, schwer zugänglich, zwischen den bewaldeten Hängen des Elzbachtales auf einem Umlaufberg, nicht sehr viel höher als der Talboden. Administrativ gehört die Burg zur Gemeinde Wierschem, Verbandsgemeinde Maifeld. Die versteckte Lage ist wahrscheinlich eine der Ursachen dafür, dass diese Burg die Jahrhunderte seit ihrer Erbauung unzerstört überstand, wenn man von Schäden durch ein großes Feuer im Jahre 1920 absieht. Sie wurde im 12. Jh. an dieser Stelle erbaut, weil hier ein Zugang vom Moseltal zum fruchtbaren Maifeld zu schützen bzw. zu sperren war, wobei als Hintergrund auch die Absicht der Wegezollerhebung zu sehen ist. Der Blick auf die Burg lässt eine reiche vertikale und ebenso horizontale Gliederung erkennen. Es überwiegen augenscheinlich die Wohnbauten, Verteidigungsanlagen treten im Gesamtbild zurück. In der Tat ist Eltz seit langem eine so genannte Ganerbenburg, in der mehrere Familien bzw. mehrere Linien des Hauses Eltz in einer Erb- und Wohngemeinschaft zusammenleben, wie dies schon 1268 durch die Burgfriedensbriefe festgelegt worden war. So liegen heute um einen elliptischen Hof die sechs Häuser der einzelnen Familien sowie die Kapelle. Burgführungen erschließen die z.T. sehr reiche Ausstattung der einzelnen Häuser. Nördlich der Burg Eltz liegen auf einem Felsvorsprung die Reste der Burg Trutz-Eltz, von 1331 bis 1336 durch den Trierer Kurfürsten BALDUIN während einer Fehde erbaut, um die Burg Eltz von dieser Position aus besser beschießen zu können.

Kehrig, Landkreis Mayen-Koblenz, Verbandsgemeinde Vordereifel, G 3

ist eine Randgemeinde des Maifeldes, liegt etwa 2 km ostwärts des Elzbachtales (s. G 1) und breitet sich in einer Höhe von 350 m ü. NN aus. Im Jahre 2001 hatte der Ort 1 133 Einwohner. Der Siedlungskern befindet sich in einem muldenartigen Gelände südwestlich der Spurzemer Höhe (375 m ü. NN), das gleichzeitig das Ursprungsgebiet des Klosterbaches bildet, der nach S dem Elzbach zufließt. Die Besiedlung reicht wahrscheinlich bis in die keltische, sicher jedoch in die römische Zeit zurück. Die erste urkundliche Erwähnung der Gemarkung stammt aus dem Jahre 1100; am Anfang des 13. Jh. wurde der Ort selbst als *kiracha* genannt.

An der Mündung des Klosterbaches in die Eltz erhebt sich über deren linkem Ufer die Ruine der Mädburg, einer ehemaligen Klosteranlage. Sie hatte ihren Ursprung in einer Kapelle, erbaut im 13. Jh., an die 1350 das Langhaus einer Kirche angegliedert wurde. Am Berghang oberhalb der Kirchenruine befinden sich die Mauerreste des Klosters. Ab 1715 diente die Mädburg für einige Zeit der Schulung von Eremiten. Vom frühen Mittelalter allenfalls bis 1794 war die Kirche Wallfahrtsort für die Bevölkerung von Kehrig und den benachbarten Gemeinden. Während der französischen Herrschaft, erfolgte um 1810 die Auflösung der klösterlichen Niederlassung, die Gebäude wurden für den Ab-

G 3 bruch freigegeben. In Verbindung zu dem ehemals klösterlichen Ort erhebt sich heute in dessen Nähe eine Kapelle, in der das aus der Klosterkirche stammende steinerne Altarbild aus der Renaissancezeit aufbewahrt wird.

Die heutige katholische Pfarrkirche St. Kastor und St. Katharina wurde von 1870 bis 1872 errichtet und ersetzt einen Vorgängerbau. Sie stellt eine neugotische Basilika mit lang gezogenem Baukörper dar, deren Mauerwerk aus heimischem Schieferbruchstein gefertigt ist. An der Westseite erhebt sich ein schmaler quadratischer Turm, der oben in ein Achteck übergeht. Der hohe Innenraum ist von Kreuzrippengewölben überspannt. Die der Neugotik angehörende ursprüngliche Innenausstattung ist kaum noch vorhanden.

Das unregelmäßige Straßennetz weist Kehrig als Haufendorf aus. Die Hauptverkehrsstraße ist identisch mit der mitten durch den Ort führenden ehemaligen Koblenz – Trierer Poststraße, die Kehrig im Nahbereich mit Polch und Kaisersesch verbindet. Von ihr zweigt innerörtlich eine ebenso bedeutsame Straße nach Mayen ab. Im Ortsbereich befinden sich Zweiseit- und Dreiseithöfe, die nur in wenigen Fällen den Sitz eines landwirtschaftlichen Betriebes bilden. Die mit den Gehöften verbundenen Gartenareale sind inzwischen vielfach als Baugrundstücke zur Errichtung von Wohnbauten herangezogen worden. Rund um die ursprüngliche Siedlung sind neue Wohnhäuser entstanden, vor allem am Ortseingang aus Richtung Polch. Als Zuerwerb für die Betreiber kleinerer landwirtschaftlicher Betriebe und als Erwerbsquelle auch für die nichtbäuerliche Bevölkerung bot sich die Arbeit in der Dachschiefergewinnung an. Bis Ende der 1950er Jahre wurde in der innerhalb der Gemarkung von Kehrig gelegenen Dachschiefergrube „Bausberg" gearbeitet. Nach ihrer Stilllegung bestand die Möglichkeit der Weiterbeschäftigung in der Dachschiefergrube „Bausberg II". Deren Betrieb wurde jedoch 1975 eingestellt, die bergbaulichen Einrichtungen sind verschwunden. Die Halden wurden abgetragen, da das hier gelagerte Abfallmaterial Verwendung in der Zementherstellung fand. Gegenwärtig ist Kehrig vor allem Wohngemeinde, deren Bürger täglich in den Mayener und durch die günstige Verkehrslage über die vorbeiführende Bundesautobahn (A 48) Montabaur – Trier in den Koblenzer und sogar in den Kölner Raum auspendeln.

G 4 Einig, Landkreis Mayen-Koblenz, Verbandsgemeinde Maifeld,

erstreckt sich im Maifeld in einer Höhenlage von 320 m ü. NN südwestlich von Polch und ist von dort rund 3 km entfernt. 2001 betrug die Zahl der Einwohner 153. Auf der Gemarkung des Ortes wurden eine Wohnstelle der Hallstattzeit sowie die Reste einer römischen Landvilla gefunden. Einig wurde in einer gefälschten Urkunde des 13. Jh. im Zusammenhang mit einem Besitztausch erstmals genannt und darin als *inika* bezeichnet. Die katholische Kapelle stellt einen Erweiterungsbau aus dem Jahre 1910 dar. Der von der ehemaligen gotischen Kapelle erhaltene alte Chor fand als Sakristei Verwendung. In der Ortschaft sind drei Kreuze aus Basalt, die von 1665, 1779 und 1788 stammen, und ein genannter Schöpflöffel aus dem gleichen Steinmaterial aufgestellt. Dies ist eine

Säule mit einer Verbreiterung im oberen Teil, in den eine Nische eingelassen ist. **G 4**
In ihr befindet sich eine jüngere Marienstatue. Die Kreuze im Ort und an den
Wegen zu den Nachbarortschaften wurden im Allgemeinen von Privatleuten gestiftet und aus besonderen Anlässen wie Unglücksfällen oder als Dank für Rettung aus einer Not oder für abgewendete Gefahren errichtet. Die meisten landwirtschaftlichen Betriebsgebäude in Einig haben ihre ursprüngliche Funktion
verloren, da am Ort nur noch drei Landwirte ansässig sind. Die Feldflur wird
z.T. von auswärtigen bäuerlichen Unternehmen bewirtschaftet.

Gering, Landkreis Mayen-Koblenz, Verbandsgemeinde Maifeld,   G 5

liegt 4 km südöstlich von Polch auf dem Maifeld in einer Höhe von rund
330 m ü. NN unweit der Hangränder des Talsystems des Elzbaches. Die Wohnbevölkerung belief sich im Jahre 2001 auf 408 Personen. In der Gemarkung von
Gering wurden Zeugnisse einer steinzeitlichen Siedlung sowie Brandgräber der
Römer entdeckt. Das Jahr der ersten Nennung des Ortes als *girreke* ist 1257. Die
katholische Kapelle des Ortes, ehemals der Pfarrei Mertloch zugehörig, wurde
im Jahre 1922 neu errichtet. Die bäuerlichen Anwesen aufgelassener oder noch
bestehender Betriebe und die jüngeren Wohngebäude sind zu beiden Seiten einer
Längs- und einer sich anschließenden Querstraße angeordnet. Etwa im SW des
Ortes entstand nach 1970 ein neueres Wohnviertel. An der Süd- und Westflanke des Jungenberges oberhalb des Elzbaches befanden sich zwei Dachschiefergruben, in beiden Anlagen ist jedoch der Dachschieferabbau allmählich seit
etwa 1980 eingestellt worden.

Mertloch, Landkreis Mayen-Koblenz, Verbandsgemeinde Maifeld   G 6

Um Mertloch zeigt sich das Maifeld in seiner kulturlandschaftlichen Vielfalt mit
großen Getreideflächen, Einzel- und Aussiedlerhöfen und Feldkapellen
(Abb. 83). Der Ort erstreckt sich etwa 2 km südlich von Polch, in einer Höhe
von 190 m ü. NN in einer Talmulde. Die Einwohnerzahl betrug im Jahre 2001
insgesamt 1 426 Personen. In der Gemarkung des Ortes hat man eine Wohn-
grube der Bandkeramiker und ein Gräberfeld der Spät-La-Tène-Zeit festgestellt. Außerdem finden römische Funde Erwähnung und es wurden fränkische
Gräber freigelegt. Ländereien zu Mertloch, damals *martiliacum* genannt, wurden vom trierischen Erzbischof HEINRICH im Jahre 963 wahrscheinlich der Kirche in Münstermaifeld übereignet. Auch andere Klöster und weltliche Herrschaften waren in Mertloch begütert.

Eine Kirche wird 1318 im Ort genannt. Das Patronat der Pfarrei übertrug
Erzbischof JOHANN III. 1533 dem St.-Castor-Stift in Koblenz. Die Pfarrkirche,
eine dreischiffige romanische Pfeilerbasilika, wurde im Jahre 1879 um ein Joch
nach W verlängert und mit einem neuen Turm versehen. Auf der Südseite vor
dem ehemaligen Haupteingang befindet sich eine spätromanische Vorhalle, das
so genannte Paradies. Sie scheint früher zu Gerichtszwecken verwendet worden

G 6

Abb. 83   Auf dem Maifeld
Links: Feldkapelle Maria und Johannes bei Mertloch
Rechts: Flur und Aussiedlerhof

zu sein. Auf eine ehemalige Burg deuten Flurnamen beiderseits der Oberdorf-
straße hin. 1149 wird ein Geschlecht von Mertloch angeführt. Von den ehemals
zahlreich vorhandenen mittelalterlichen Gehöften ist nur eines an der Hauptstraße erhalten geblieben, ein aus der Barockzeit stammendes rückwärtiges
Wohnhaus wurde wegen Unbewohnbarkeit vor knapp 60 Jahren abgerissen.
Das heute an der Straße gelegene Wohngebäude stammt aus dem Jahre 1849.
Dieses Gehöft beherbergt wie viele andere im Ort keine landwirtschaftlichen Betriebe mehr. Nach 1980 sind im W und N des Ortes moderne Wohnviertel entstanden.

G 7   Kollig, Landkreis Mayen-Koblenz, Verbandsgemeinde Maifeld

Die Maifeldgemeinde Kollig breitet sich in etwa 300 m ü. NN nahe des Elzbaches aus und ist in Richtung S-SW 4 km von Polch entfernt. Südöstlich des Ortes steigt das Gelände zum Sammetzkopf auf 341 m ü. NN an. Im Jahre 2001
wohnten im Ort 442 Personen. Am Waldrand in der Hintermark wurden Feu-
ersteinwerkzeuge gefunden und ein Brandgräberfeld der Spät-La-Tène-Zeit in
einem weiteren Distrikt entdeckt. Westlich vom Nordausgang des Ortes hat
man Mauerreste einer römischen Villa festgestellt. Die Ortschaft wird erstmals
im Jahre 1279 als *colliche* genannt.
    Die heutige Kirche stammt aus dem Jahre 1729 und weist den Westturm und
die Langhauswand als Reste eines Vorgängerbaus aus dem 12. Jh. aus. Der
Hauptaltar im Innenraum der Kirche beherbergt ein spätgotisches Vesperbild.
Zum Baubestand des Ortes zählen mehrere ältere, nicht mehr der Landwirtschaft zugehörige Gehöfte. Nach N ist durch Errichtung von neuen Wohnbauten eine Siedlungserweiterung erfolgt, Kollig ist eine Pendlerwohngemeinde.

Naunheim, Landkreis Mayen-Koblenz, Verbandsgemeinde Maifeld, **G 8**

liegt etwa 3 km westlich von Münstermaifeld bei etwa 220 m ü. NN. Der Ort zählte im Jahre 2001 insgesamt 414 Einwohner. In seinem Nahbereich wurden ein Platz mit Gräbern der Urnenfelderkultur, römische Siedlungsreste sowie ein Gräberfeld aus der Zeit der Franken lokalisiert. Seinem Namen zu Folge ist der Ort wohl in der frühen fränkischen Siedlungsperiode entstanden. Als *nuenheim* wurde er im Jahre 1210 urkundlich erwähnt. In Naunheim gab es um 1381 eine Kapelle, die im 16. Jh. Pfarrkirche wurde. Im Jahre 1929/30 erhielt der Ort ein neues Kirchengebäude an Stelle eines wohl 1754 errichteten Vorgängerbaus. Zur Innenausstattung der Kirche zählt ein barocker Nebenaltar mit der Darstellung Annas und Marias auf einem Ölgemälde, das dem angesehenen kurtrierischen Hofmaler JANUARIUS ZICK zugeordnet wird. Neben der Kirche befindet sich eine Vielzahl alter Basaltkreuze.

Das Ortsbild ist gekennzeichnet durch bäuerliche Anwesen, unter denen neben Winkelhöfen häufiger komplexere Hofanlagen auftreten. Einige Gehöfte besitzen eine Toreinfahrt mit Schieferüberdachung. Auf Grund des starken zahlenmäßigen Rückganges der landwirtschaftlichen Betriebe dienen nur noch wenige Bauernhöfe ihrer ursprünglichen Bestimmung. Dem westlichen Teil des alten Ortsbereiches schließt sich ein Wohngebiet mit modernen Gebäuden an, vor allem sind das Einfamilienhäuser.

Pillig, Landkreis Mayen-Koblenz, Verbandsgemeinde Maifeld **G 9**

Pillig liegt auf dem Maifeld etwa 220 m ü. NN rund 6,5 km südlich von Polch und 2,5 km östlich des Elzbaches (s. G 1). Im Jahre 2001 hatte der Ort 531 Einwohner. In der Flur ungefähr in der Mitte zwischen Pillig und dem Ortsteil Sevenich wurden ausgedehnte römische Gebäudereste gefunden. In einer gefälschten, im 12. Jh. abgefassten Urkunde, deren Ursprung für das Jahr 1051 vorgegeben wird, ist ein Ort mit dem Namen *pulecho* angeführt. Man vermutet, dass es sich hierbei vielleicht um Pillig handeln könnte. Die Straße von Pillig zu dem nördlich gelegenen Nachbarort Naunheim (s. G 8) findet dort den Anschluss an die Verbindung nach Polch bzw. Münstermaifeld. Aus einer innerörtlichen Gabelung führen zwei Straßen durch das Elzbachtal in die Moseleifel bzw. ins Moseltal. Im Bereich dieser Gabelung liegt der Dorfmittelpunkt.

Das hervorragendste Gebäude ist hier die katholische Pfarrkirche, ein einschiffiges Gewölbegebäude mit vier Jochen aus dem Jahre 1772. An der Südseite dieses Baus erhebt sich ein spätgotischer Turm mit achtseitigem geknickten Helm. Die Innenausstattung der Kirche stammt vorwiegend aus dem 18. Jh. In der Ortschaft sind etwa die gleiche Anzahl Zweiseit- und Dreiseithöfe verbreitet, deren Gebäude in der Regel aus Bruchsteinmauerwerk bestehen. Nur wenige Hofanlagen befinden sich noch im Besitz von Landwirten. Die endgültige Abkehr der Hofbewohner von landwirtschaftlicher Tätigkeit kommt im Umbau und Abriss von Scheunen und Ställen zum Ausdruck. An der von Pillig nach Kaisersesch ins Elzbachtal führenden Straße befindet sich ein Kalvarienberg

G 9 aus dem Jahre 1652 mit lebensgroßen beeindruckenden Figuren. Im Talgrund quert die Straße den Elzbach über eine steinerne Bogenbrücke, aus deren Mauerbrüstung seitwärts eine Wegkapelle von 1652 mit einem Steinrelief aufragt. Unterhalb der Brücke bildet der Elzbach auf fast senkrecht gestelltem widerständigen Schiefergestein einen Wasserfall und durchfließt anschließend einen kleinen See. In der Nähe erhebt sich die Burg Pyrmont (s. G 1).

H 1 Rüber, Landkreis Mayen-Koblenz, Verbandsgemeinde Maifeld

Der kleine Maifeld-Ort Rüber liegt 175 m ü. NN östlich von Polch und von dort rund 5 km entfernt. Im Jahre 2001 zählte die Gemeinde 880 Einwohner. In der Nähe von Rüber wurden im Schutt eines römischen Gutshofes zwei fränkische Gräber entdeckt. Die Ortschaft wird in einer Urkunde, deren Echtheit nicht feststeht, für das Stift in Münstermaifeld vermeintlich vom Jahre 964 als *ruveri* bezeichnet, eine gesicherte Angabe ist allerdings erst für das Jahr 1326 bezeugt.

Es wird angenommen, dass Rüber um 1330 als erstes Gotteshaus eine Kapelle besaß, wenigstens wird in den schriftlichen kirchlichen Unterlagen für das Jahr 1656 ein solches Gebäude angeführt. In der Zeit um 1777/78 ersetzte man die alte Kapelle durch einen Neubau. Diese barocke Kapelle stellte einen einfachen Saalbau mit einem dreiseitigen Chorraum dar, das Dach überragte ein sechsseitiger Dachreiter. Sie wurde im Jahre 1909 abgebrochen, und an ihrer Stelle errichtete man eine große neugotische Kapelle. Das Mauerwerk ist mit Steinen aus rotbrauner Basaltschlacke ausgeführt. In der Siedlung finden sich stillgelegte sowie umgebaute ehemalige Gehöfte und auch solche, deren Wirtschaftsgebäude abgerissen wurden, um den Hofraum zu erweitern oder auch

Abb. 84   Kaspersmühle im Nothbachtal bei Rüber

Platz für neue Wohnbauten, Garagen oder anderweitig nutzbare Gebäude zu schaffen. Die Zunahme von Beschäftigungsmöglichkeiten in den Industrien und Gewerbebetrieben der nahen Pellenz hatte in Rüber schon früh zur Abwendung von der Landwirtschaft geführt.

Im Nothbachtal liegt unweit von Rüber die Kaspersmühle (Abb. 84), eine Weilersiedlung und eine von den vielen Mühlen, die früher an den Bachtälern im Maifeld ihren Standort hatten und die man heute noch an den für Mühlen typischen Gebäuden und Anlagen erkennen kann.

NSG „Feuchtgebiet im Nothbachtal"

Das Feuchtgebiet erstreckt sich als schmaler Streifen beiderseits des Nothbaches nördlich der Ortschaft Gappenach südlich des Heiden-Berges (180 m ü. NN) zwischen der Mehlmühle (181,7 m ü. NN) und der Schäfersmühle östlich davon (etwa 130 m ü. NN). Nördlich des Naturschutzgebietes liegt die Ortschaft Rüber (s. H 1). Im Bereich der Mehl-, Gäns-, Geis- und Schäfersmühle ist das Naturschutzgebiet flächenhaft erweitert. Auf Devonschiefer sind Braunerden, Pseudogleye und Gleyböden ausgebildet. Der Schutzstatus wurde am 02. Februar 1988 vergeben.

Das Vegetationsbild bestimmt ein Mosaik verschiedener Pflanzengesellschaften wie bodensaure Trockenrasen, unter anderem kleinflächig der Lieschgras-Trockenrasen, Quercus robur-Gesellschaften, Besenginster-Gebüsch (*Sarothamnetum*), Schlehengebüsch (*Pruno-Rubion fruticosae*), die Gesellschaft des Schwarzen Streifenfarns (*Asplenietum septentrionali-adianti-nigri*), Habichtskraut-Eichenwald, Glatthafer-Wiesen, Schilfröhricht und die Igelkolben-Gesellschaft. Als einzelne Arten sind zu erwähnen Haar-Ginster (*Genista pilosa*), Flü-

H 1

H 2

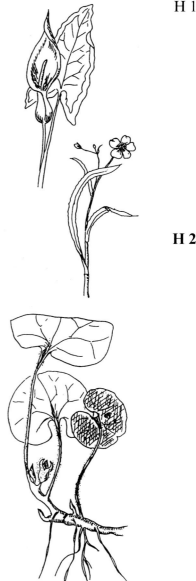

Abb. 85   Pflanzen in Naturschutzgebieten des Mittelrheinischen Beckens
Oben: Aronstab (*Arum maculatum*)
Mitte: Zungenblättriger Hahnenfuß (*Ranunculus lingua*)
Unten: Haselwurz (*Asarum europaeum*)

259

H 2   gel-Ginster (*Genistella sagittalis*), Küchenschelle (*Pulsatilla vulgaris*), Hügel-Meister (*Asperula cynanchica*), Karthäuser-Nelke (*Dianthus carthusianorum*), Haselwurz (*Asarum europaeum*, Abb. 85) u.a.

Aus der Fauna liegen besonders Mitteilungen über die Vogelwelt vor: Pirol, Nachtigall, Blaukehlchen, Neuntöter, Schwarzkehlchen, Sumpfrohrsänger, um die wichtigsten zu nennen. Im Nothbach selbst kommen auch die Planarie (*Dugesia gonocephala*), die Flussnapfschnecke (*Ancylus fluviatilis*) und der Bachflohkrebs (*Gammarus pulex*) vor.

H 3   Gappenach, Landkreis Mayen-Koblenz, Verbandsgemeinde Maifeld

Gappenach liegt im Maifeld in einer Höhe von etwa 170 ü. NN nordnordwestlich von Münstermaifeld. Durch den Ort führt die Verbindungsstraße Polch – Münstermaifeld, wobei die Entfernung von der letztgenannten Ortschaft nach Gappenach etwa 2,5 km beträgt. Gappenach besaß im Jahre 2001 insgesamt 335 Einwohner.

1215 wurde der Ort in Verbindung mit einer Person genannt, und zwar mit HEINRICH DE GAPPENACO. Ein Gehöft und das Patronat der Kirche gehörten zum Lehen des Erzstiftes Trier. Gappenach stellte ein Reichsdorf dar, das von Kaiser LUDWIG DEM BAYERN im Jahr 1338 den Grafen von Virneburg zur Verwaltung übertragen wurde. Im Jahre 1563 wird der Kaiser als Gerichtsherr und der Kurfürst von Trier als Schirmherr des Ortes angeführt. Die Kirche wird 1326 erstmals erwähnt; sie und der Ort erlitten 1620 eine Brandschatzung durch holländische Truppen. Die Kirche, im Kern noch weitgehend romanisch, wurde in der Barockzeit umgebaut. Dabei erfuhr wohl der ursprünglich quadratische Chor eine Erweiterung zum Rechteck. Der Turm erhebt sich im W und ist romanisch, sein achtseitiger Knickhelm gehört der Spätromanik an. Auf dem Friedhof sind noch viele aus Basaltlava bestehende Grabkreuze aus dem 16. bis 18. Jh. erhalten. Unter denen aus dem 16. Jh. herrschen gotische Formen mit Hausmarken und Berufszeichen vor. Am Ausgang des Ortes nach O steht eine schlichte barocke Kapelle. Anfang des 19. Jh. wütete im Ort ein großer Brand, so dass gegenwärtig nur noch wenig alte Häuser vorhanden sind. Das älteste Anwesen ist wahrscheinlich die genannte Hofanlage des Erzstiftes Trier. Nach O hin hat der Ort seit 1980 durch ein Neubaugebiet eine Erweiterung erfahren.

H 4   Kalt, Landkreis Mayen-Koblenz, Verbandsgemeinde Maifeld,

breitet sich in einer Höhenlage von etwa 200 m ü. NN in einer Mulde aus, von der ein kleines Fließgewässer dem Nothbach zustrebt, der das Niedermaifeld zur Mosel hin entwässert. Der Ort liegt 3,5 km nordöstlich von Münstermaifeld, im Jahr 2001 lebten in ihm 458 Menschen. Im Umfeld von Kalt finden sich ein Begräbnisplatz sowie Siedlungsreste der jüngeren Urnenfelderkultur. Weiterhin wurden dort ein Töpfereigelände, Gebäudereste und Brandgräber aus römischer Zeit entdeckt. Der Ort wurde in einem Güterverzeichnis der Abtei

St. Maximin in Trier zu Beginn des 13. Jh. als *kalte* aufgeführt. Zur Abtei gehör- **H 4**
te auch die am Nothbach gelegene heutige Heidger-Mühle, die nach Aufhebung
der Abtei in französischer Zeit im Jahre 1812 für 13 000 Franken versteigert
wurde. Seit dem Mittelalter besaß der Deutsche Orden Ländereien und Höfe in
Kalt, bis diese ebenfalls in der Zeit der französischen Regierung in andere Hände übergingen.

Die heute im Ort vorhandene große Kapelle wurde im Jahre 1722 erbaut und
erhielt 1923 das Querschiff und den Chorraum. Mitte des 18. Jh. wurde die Kapelle der Heidger-Mühle errichtet. Sie besitzt einen dreiseitigen Chorschluss und
auf dem östlichen Teil des Daches einen kunstvollen sechseckigen Dachreiter
mit Laterne. Viele Gehöfte – Zweiseit- und auch Dreiseitanlagen – werden heute nicht mehr landwirtschaftlich genutzt, manche ihrer Hofflächen sind mittlerweile mit Zierpflanzen gärtnerisch ausgestaltet.

Gierschnach, Landkreis Mayen-Koblenz, Verbandsgemeinde Maifeld   H 5

An der Verbindungsstraße Münstermaifeld – Polch liegt in einer Höhe von
180 m ü. NN etwa 1,7 km nordwestlich von Münstermaifeld der Ort Gierschnach mit 242 Einwohner (2001). Die Siedlung wurde bereits am Ende des
12. Jh. in Unterlagen des Erzstiftes Trier aufgeführt und in diesen als *gersinache*
bezeichnet.

Eine Kirche unter dem Patronat von St. Nikolaus in Gierschnach ist seit dem
Jahr 1320 bekannt. Sie wurde später abgetragen. Die jetzige Kapelle entstand
im Jahre 1866. Zum alten Siedlungsbestand gehören vor allem Dreiseit- und
Vierseithöfe. Die Nutzung der Gehöfte für die Landwirtschaft ist heute die Ausnahme. Nahe der Hauptstraße befindet sich ein stattliches bäuerliches Anwesen, das von der Bevölkerung Burg genannt wird und bei dem die Gebäude um
einen dreieckigen Hof liegen. Es wurde in französischer Zeit der Senatorie von
Pau übereignet und im Jahre 1820 auf dem Weg der Versteigerung veräußert.
Neue Wohnbauten befinden sich auf ehemaligen freien Grundstücken im Bereich der alten Ortslage sowie am Ortsrand.

Münstermaifeld, Landkreis Mayen-Koblenz, Verbandsgemein-de Maifeld   H 6

Aus welcher Richtung man sich Münstermaifeld nähert, immer gewinnt man
den gleichen Eindruck vom Stadtbild: über den Dächern der Häuser erhebt sich
die mächtige Münsterkirche mit ihrem auffällig gestalteten Westwerk, die den
Namen der Stadt geprägt hat. Der Ort liegt im südöstlichen Bereich des Maifeldes, in einer Höhe von rund 230 bis 270 m ü. NN und ist etwa 4 km vom Tal
der Mosel entfernt, deren Uferregion dort 75 m ü. NN erreicht. Münstermaifeld zählte im Jahre 2001 mit den zugehörigen Ortsteilen Keldung, Küttig, Lasserg, Metternich und Mörz 3 396 Einwohner.

H 6.1 Geschichte und aktuelle Struktur

Von der Präsenz des Menschen im Bereich des Kernortes schon in der La-
Tène-Zeit zeugt ein entsprechender Grabfund. Spuren der Römer dokumentiert
hier ein umfassenderes Gelände mit Bauruinen, und in der Nordecke des Kirch-
turms der Pfarrkirche findet sich ein eingemauerter Stein mit einer römischen
Inschrift. Dass der Ort fränkische Siedlungsstätte war, wird durch ein aufge-
fundenes Gräberfeld dieser Zeit auf dem Vorgelände der Münsterkirche belegt.
Münstermaifeld trat im Jahre 1103 als Grundherrschaft im Besitz des Erzbischofes von Trier in Erscheinung. Zur Stadt auf dem Maifeld zählte mit dem
ihr zugehörigen Kalscher Hof offenbar ein ehemaliges Königsgut, das in einer
strittigen Urkunde vermeintlich aus dem Jahre 963 nach der für den Ort damals
bestehenden Bezeichnung *ambitivum* genannt wurde. Mit diesem Namen oder
der Abwandlung *ambiativum*, die im Keltischen „die um den Berg herum Woh-
nenden" bedeuten, wird die gedankliche Verbindung zu einer von PLINIUS und
TACITUS häufiger erwähnten so bezeichneten Anlage hergestellt, auf die mehr
als zwanzig Orte hinsichtlich ihres historischen Ursprungs Anspruch erheben.
Am Ende des 13. Jh. war in Münstermaifeld das grundherrliche Gericht schon
in ein bürgerliches überführt, und das Niedergericht erfuhr durch den Erzbischof im Jahre 1277 nach dem Vorbild von Koblenz eine neue Gestaltung. Im
Jahre 1419 ging die Hochgerichtsbarkeit in den 24 Gemeinden des Hochgerichts
Münstermaifeld an den Erzbischof über. In Münstermaifeld wurde der Verwaltungssitz eines kurtrierischen Amtes eingerichtet. In der Ortschaft Münstermaifeld, die bereits im Jahre 1277 das Stadtrecht erlangt hatte, besaßen Adel
und Geistlichkeit eine Reihe von Baulichkeiten und Ländereien. Die geistlichen
Besitztümer wurden um 1800 in französischer Zeit von der Regierung eingezogen und durch Versteigerungen erneut veräußert.

Die Christianisierung im Maifeld setzte nach der Epoche der Römer ein.
Man nimmt an, dass Münstermaifeld, ausgehend von Karden an der Mosel, in
der Zeit um 600 ein missionarisches Zentrum wurde. Im Zusammenhang damit
werden eine *Basilica Sancti Martini sita in pago Maiginensi*, ein Monasterium
im *Meynefeld* (oder *Meineveldiae*) und im 9. Jh. die *fratres in loco sancti Martini* genannt. Zwar wird in der Forschung hinsichtlich der Echtheit der diese Zeit
betreffenden Urkunden eine unterschiedliche Auffassung vertreten, jedoch besteht kein Zweifel an der frühen Gründung einer klosterähnlichen Gemeinschaft von Geistlichen, die sich der Missionierung der Region und der seelsorgerischen Betreuung der dort Ansässigen widmeten. Dieses Kollegium geistlicher Herren – das Stift, worunter auch dessen dingliche Einrichtungen ver-
standen werden – erfuhr durch Vermächtnisse und Schenkungen manche
Förderung. Mitte des 10. Jh. wurden dem Stift die Reliquien des hl. Severus
übergeben, dessen Verehrung als Beschützer gegen Wassernot zur Entwicklung
einer vielbesuchten Wallfahrtsstätte geführt hat. Die gute wirtschaftliche Lage
des Stiftes veranlasste dieses zum Bau des heute noch erhaltenen Münsters, beginnend im Jahre 1225 unter Einbeziehung von Teilen des Vorgängerbaus, einer
romanischen Basilika. Über die Zeit der Errichtung der Stiftsgebäude mit Re-
fektorium, Kapitelsaal, Dormitorium und Kreuzgang, dessen Reste heute noch

erkennbar sind, liegen keine Informationen vor. Der bekannteste Stiftsherr war wohl NIKOLAUS VON KUES (1401–1464), der zehn Jahre das Amt des Stiftspropstes (1435–1445) innehatte und sich in Münstermaifeld sicherlich auch der Abfassung seines wichtigen Werkes *De docta ignorantia* widmete. Die Formen des Zusammenlebens in der Stiftsgemeinschaft veränderten sich im Laufe der Zeit. So lebten die Stiftsherren später in eigenen Häusern und kamen nur mehr zum Chorgebet in der Kirche zusammen. Im Jahre 1802 wurde das Stift durch die französische Regierung aufgelöst und das Münster, die Stiftskirche, laut Schenkungsurkunde dem jeweiligen Trierer Bischof überlassen.

Über die Anlage von Münstermaifeld im 16. Jh. geben mehrere Stadtansichten aus dieser Epoche Auskunft. Dicht bei der Stiftskirche St. Martin und Severus befanden sich die Gebäude des Stiftes, darunter die Propstei, Dekanei, (heutiges Pfarrhaus), die Bäckerei, Kellnerei, der Marstall und das Lagerhaus, in dem die Zehntabgaben aufbewahrt wurden. Dieser ganze Bereich, die so genannte Stiftsimmunität, war von der übrigen Stadt durch Tore getrennt. Ringförmig um dieses Areal standen die Häuser der Stiftsherren. Daran anschließend breiteten sich alle anderen Gebäude der Stadt aus. Nahe beim Stiftsbezirk befand sich die städtische Pfarrkirche St. Peter, die im Jahre 1797 durch Brand zerstört und nicht mehr aufgebaut wurde. Damals verlegte man den Pfarrgottesdienst in die Stiftskirche. Die Stadt war zum Schutz gegen feindliche Angriffe von außen mit einer Mauer und einem Graben umgeben. Der Zugang in den Ort erfolgte durch drei Tore.

Die heutige Stifts- und Pfarrkirche St. Martin und Severus ist der Nachfolgebau eines Gotteshauses, das im Jahre 1103 eingeweiht wurde und von dem nur das wehrhafte Westwerk erhalten geblieben ist (Abb. 86). Der Bau der jetzigen Kirche wurde im Jahre 1225 nach dem Erwerb eines eigenen Steinbruchs durch das Stift zur Gewinnung der Bausteine in die Wege geleitet. Die Weihe des Gotteshauses nahm gemäß der Inschrift des erneuerten Türsturzes über dem nördlichen Eingang Erzbischof BALDUIN VON TRIER im Jahre 1322 vor. Der romanische, in vier Geschosse gegliederte Westbau stellt eine Dreiturmgruppe dar, die aus einem querrechteckigen Mittelbau mit zwei seitlichen Rundtürmen besteht und eine Höhe bis zum Kreuz von 40 m einnimmt. Das Mauerwerk des Turmbaus endet mit einem Zinnenkranz. Der Mittelbau wurde nach der Errichtung des Langhauses im 14. Jh. um das vierte Geschoss mit seinen gotischen Fenstern erhöht. Das Erdgeschoss des Turmes dient heute als Taufkapelle und war ursprünglich die Vorhalle im Anschluss an ein jetzt nicht mehr bestehendes Eingangsportal. Über diesem Geschoss befindet sich eine Turmkapelle. Der Neubau der Kirche begann mit dem mächtigen Hauptchor, dessen Grundriss ein querrechteckiges Vorjoch mit einem halben Zehneck als Apsis bildet. Die Wände sind hier im Bereich der Apsis mit größeren, im Chorrechteck mit kleineren Spitzbogenfenstern versehen, denen oben eine Zwerggalerie mit Rundbögen angegliedert ist, über der sich im Apsisbereich fünf kleine Giebel mit einem Faltdach befinden. Im Innern ist vor den Fenstern im gesamten Chor ein Laufgang angeordnet. Das Lang- und das Querhaus wird durch eine schlichte Form gemäß der durchgängigen Planung bestimmt. Die Stirnwände der Querhausflügel sind durch vierteilige Maßwerkfenster gegliedert, die Seitenschiffe durch

H 6.1 Strebebögen. Das Innere vermittelt Weiträumigkeit und Klarheit. Dem Süd-
westende des Langhauses ist eine Vorhalle, auch Paradies genannt, vorgelagert,
die nach S eine hohe Spitzbogenöffnung besitzt und an den Seitenwänden mit
Steinbänken ausgestattet ist. Hier soll der Propst über die Bediensteten des Stifts
Gericht gehalten haben. Die rückwärtige Seite der Vorhalle wird durch das mit
Maßwerk und lebensgroßen Figuren verzierte Hauptportal der Kirche gebildet.
Das Innere der Stiftskirche birgt eine reiche Ausstattung. Dazu gehört ein gotischer Altaraufsatz, eine Antwerpener Arbeit aus dem frühen 16. Jh. Der Al-
tarschrein enthält kleinfigurige Schnitzereien mit Darstellungen aus der Kind-
heit und Leidensgeschichte Jesu, deren Wiedergabe in gemalten Bildwerken auf
den Altarflügeln fortgeführt wird. Zu erwähnen sind ferner eine Marienstatue
aus Tuffstein aus der Zeit 1320 und eine Wandmalerei mit einem 8,50 m hohen
Bildnis des Christophorus. Zum Kirchenschatz zählt eine eucharistische Taube
aus dem 13. Jh., die sich ursprünglich als Behälter zur Aufbewahrung der Hos-
tien über dem Hochaltar befand und in Kupfer gefertigt mit farbigem Email
beschichtet ist. Hinzuweisen ist schließlich auf die von den Gebrüdern Stumm
erbaute Orgel mit ihrem prunkvollen Barockgehäuse, ein klangvolles, unverändert erhaltenes Instrument aus dem Jahre 1722.

Die Stadtmauer wurde seit dem 16. Jh. nicht mehr gänzlich instand gehalten
und war im Jahre 1787 schon z.T. abgebrochen. Reste von ihr mit einem Wehrgang oberhalb von Rundbögen sind an der Straße nach Pillig noch vorhanden.
Zur westlichen Stadtbefestigung zählt auch der heute noch erhaltene, fast 21 m
hohe runde Pulverturm, auch Eulenturm genannt, der im Erdgeschoss ein Ver-
lies besitzt. Ein wohlgestaltetes Renaissancegebäude stellt das in der Zeit von
1575 bis 1583 errichtete Rathaus dar, das später bis 1966 Sitz des Amtsgerich-
tes war und heute wieder der Stadt zu amtlichen Zwecken dient. Die Fenster
sind von profilierten Natursteingewänden eingefasst und im Obergeschoss
durch Kreuzsprossen unterteilt. Der Giebel ist in seinen übereinander folgenden Abschnitten gegenläufig geschwungen und trägt die beiden Figuren der Justitia und der Veritas. Zu den Häusern der Stiftsherren gehört ein gotischer Bau
mit getrepptem Giebel, an den ein Fachwerkgebäude mit zwei Erkern aus dem
Jahre 1609 angegliedert ist. Ein dreigeschossiges Steingebäude mit Renais-
sanceerker und gepaarten Fenstern, eingerahmt von Basaltsteinen, stellt der El-
tzer Hof dar. Hier war wohl der Sitz des Trierer Bischofs, wenn er sich in Münstermaifeld aufhielt. Der Ort besitzt eine Reihe von eindrucksvollen Fachwerkbauten. Bei einigen von ihnen ist die Hofeinfahrt durch ein Tor mit einem Stein-
bogen oder einer Schieferüberdachung abgeschlossen.

Nach Münstermaifeld führen viele Straßen aus dem Umland, von denen sicher einige auf alte Verbindungswege aus der Zeit der Niederlassung des Stiftes als regionales kirchliches Zentrum zurückgehen. Von der Eifelautobahn
Koblenz – Trier (Autobahn 48), die nördlich der Stadt Polch vorbeiführt, liegt
Münstermaifeld mit einer Strecke von etwa 9 km zwischen dem Ort und den beiden hier in Frage kommenden Anschlussstellen Polch und Mayen nicht weit entfernt. Die im Jahre 1916 in Betrieb genommene Eisenbahnstrecke Münstermaifeld – Polch mit Anschluss in Polch an die Bahnlinie Koblenz – Mayen ist
in der Vergangenheit schrittweise stillgelegt worden. Im Jahre 1961 wurde die

Abb. 86 Westwerk des Münsters St. Martin und Severus in Münstermaifeld

Personenbeförderung eingestellt und 1983 der Gütertransport aufgegeben. Schließlich wurde dann auch die direkte Eisenbahnlinie Koblenz – Mayen stillgelegt (s. D 7.3).

Münstermaifeld war bis zum Jahre 1970 Verwaltungssitz des gleichnamigen Amtes. Im Zuge der Verwaltungsreform (s. Seite 44, Anhang G) wurde das Amt Münstermaifeld zusammen mit dem Amt Polch zur Verbandsgemeinde Münstermaifeld umgebildet und die zugehörige Behörde in Polch angesiedelt (s. D 11). Im Jahre 1977 wurde Münstermaifeld erneut zur Stadt erhoben, ohne dass damit besondere Funktionen verbunden waren. Die Stadt ist Versorgungszentrum für ihre Stadtteile sowie die Gemeinden im näheren Umland und dementsprechend mit Geschäften ausgestattet, die vor allem Waren des täglichen Grundbedarfs anbieten. Daneben finden sich Betriebe des Kraftfahrzeuggewerbes sowie des Landmaschinenhandels und der Maschinenreparatur. Münstermaifeld, ehemals Ackerbürgerstadt, verfügt noch heute über einige landwirtschaftliche Unternehmen. Am Ort ist ein Gymnasium eingerichtet, dessen Anfänge auf das schon 1878 gegründete Seminar für die Lehrerbildung zurückgehen.

Eine siedlungsmäßige Erweiterung erfolgte in Münstermaifeld nach NW zwischen den Straßen nach Gierschnach und nach Küttig sowie zur Straße nach Naunheim und schließlich östlich des erstgenannten Bereiches. Einzelne Neubauten wurden auch an den randlichen Straßen des Ortes errichtet. Ein größeres Wohngebiet entsteht zur Zeit westlich der nach Kalt führenden Landstraße. Viele Erwerbstätige gehen in auswärtigen Arbeitsstätten ihrer Beschäftigung nach. Etwa 2 km südwestlich von Münstermaifeld liegt der kleine Wohnplatz Sevenich, der aus sieben Gehöften und einem einzelnen Wohnhaus besteht und der Stadt angegliedert ist. Die Siedlung liegt in einer Mulde, die vom Walerbach, einem Nebengewässer des Elzbaches, durchflossen wird. Von der Ortsnamenbildung könnte an einen keltoromanischen Ursprung der Wohnniederlassung gedacht werden. Gegen Ende der Feudalherrschaft befanden sich in Sevenich drei Hofgüter in adeligem und kirchlichem Eigentum. Zwei von ihnen wurden zu Beginn des 19. Jh. von den bisherigen Pächtern aufgekauft. Ebenfalls zwei Gehöfte werden heute noch bewirtschaftet, wobei ein Betrieb als Reiterhof geführt wird. Gleich am Ortseingang steht eine stattliche, aus Basaltschlacke 1937/38 errichtete Kapelle. Den ersten Kirchenbau hatte im Jahre 1576 die Ehefrau eines damaligen Hofpächters ausführen lassen.

H 6.2 Stadtteile von Münstermaifeld

Die Stadtfläche wurde durch Eingemeindungen ab dem 31. Dezember 1975 weit ins Maifeld hinein ausgedehnt. Die Entfernungen zu den einzelnen Stadtteilen sind mitunter beträchtlich, mit 4 km liegt K e l d u n g am weitesten vom Stadtkern entfernt. Der Ort befindet sich nahe des Elzbachtales am westlichen Rand des Maifeldes 200 m ü. NN. Seine Einwohnerzahl belief sich im Jahre 2001 auf 237 Personen. Mit dem in einer Tauschurkunde aus dem Jahre 1121 angeführten *cheledin* soll die Ortschaft Keldung gemeint sein, die 1148 als *celdinc* erwähnt wurde. Im Jahre 1832 ersetzte man die bisher am Ort bestehende Kapelle durch einen Neubau bis auf den aus dem Jahre 1707 stammenden dreiseitigen Chorraum mit seiner stuckverzierten Flachdecke. Die beiden kleinen Glocken der Kapelle gehörten ursprünglich zur Ausstattung der Kirche des 1800 aufgelösten Zisterzienserinnenklosters Rosenthal am Pommerbach. In der Siedlung finden sich neben Neubauten die herkömmlichen Gehöfte, deren Wirtschaftsgebäude in der Mehrheit nicht mehr ihrer ursprünglichen Funktion dienen und schon H 6.2 z.T. Umbaumaßnahmen unterzogen wurden.

Der Stadtteil K ü t t i g ist vom Hauptort 2,5 km in nördlicher Richtung entfernt. Im Jahre 2001 wohnten hier 179 Einwohner. Am Ausgang des Ortes in westlicher Richtung stieß man auf fränkische Gräber sowie auf ein Grab aus Trockenmauern, das spätmerowingische Beigaben enthielt. In einer im 12. Jh. gefälschten Urkunde mit dem angeblichen Ausstellungsjahr 964 ist der Ort als *cuttiaca* angeführt, in Unterlagen des Erzbischofes von Trier ausgangs des 12. Jh. findet er sich als *cutiche*. Im Jahr 1719 wurde erstmals eine barocke Kapelle erwähnt. Ihr folgte um die Zeit 1922/23 ein Neubau. In Küttig waren das Münstermaifelder Stift, der Deutsche Ritterorden und das Stift St. Kastor in Koblenz begütert. Die Güter wurden von Pächtern bewirtschaftet und gingen bei der Auflösung des geistlichen Grundbesitzes um 1800 an andere Eigentümer über. Im Ort treten Hakenhöfe und einige Gehöfte auf, deren Hofraum an mehr als zwei Seiten von Gebäuden umstanden sind. Heute sind nur noch wenige Höfe Sitz eines landwirtschaftlichen Betriebes.

Der Stadtteil M ö r z liegt von Münstermaifeld rund 2 km in östlicher Richtung entfernt in einer Höhe von 230 m ü. NN. Im Jahre 2001 betrug seine Einwohnerzahl 170 Personen. Die Siedlung breitet sich in einer sanften Mulde aus. Nördlich der Siedlung wurden Grabfunde aus fränkischer Zeit entdeckt. Um 1200 verfügte die Trierer Abtei St. Maximin über Besitz in Mörz, damals *muderce* genannt. Nach einem Bericht der Kirchenbehörde befand sich dort im Jahre 1656 eine Kapelle. 1802 wurde das heutige Gotteshaus erbaut, das aus einem verputzten schlichten Saalbau mit flacher Decke besteht und über dem Eingang einen sechsseitigen Dachreiter mit Haube besitzt. Der Ort beherbergt mehrere alte, vornehmlich in Bruchstein errichtete Gehöfte, deren Baulichkeiten bis zu drei oder gar vier Seiten den Hofraum umgeben. Besonders zu erwähnen ist die Hofanlage zur linken Seite eingangs des Ortes aus Richtung Münstermaifeld. Sie war bis zu ihrer Versteigerung in französischer Zeit im Jahre 1812 im Besitz der Abtei St. Maximin (s. H 6.1). Das stattliche Wohnhaus, giebelständig zur Straße, mit seitwärts abgewalmtem Dach, ist mit Fenster- und Türeinfassungen aus rotem Sandstein ausgestattet und weist in den Verankerungen die Jahreszahl 1774 aus. Rechts neben dem Wohngebäude schließt sich ein Torbogen an, durch den die Zufahrt zur Hofanlage erfolgt. Nur ganz wenige Bauernhöfe sind heute noch Sitz von landwirtschaftlichen Betrieben, einige werden von Kunsthandwerkern bewohnt. Am Ortsrand finden sich verschiedene jüngere Wohnbauten.

M e t t e r n i c h liegt etwa 2,5 km südöstlich von Münstermaifeld in einer Höhe von rund 240 m ü. NN und gehört zu jenen Siedlungen, von deren Rand man fast freie Sicht auf Münstermaifeld hat. Der Ort besaß im Jahre 2001 insgesamt 260 Einwohner. Er wurde bereits 1187 im Zusammenhang mit der Namensangabe von zwei Personen, nämlich von ALBERO und HERTWINUS DE METTRICO, genannt. Ferner findet der Ort als *metriche* Erwähnung, wo das Erzstift Trier um 1220 über Besitz verfügte. Metternich besaß eine Kapelle, die im Jahre 1756 als baufällig galt und durch einen Neubau 1765 gemäß der Jahreszahl über dem Portal ersetzt wurde. In Metternich war das Erzstift Teileigen-

H 6.2 tümer eines Gutes mit einem Haus und Ländereien, die beide 1810 versteigert wurden. Im Ort befinden sich mehrere größere Hofanlagen, und in dem Teil der Dorfstraße, die in Richtung Hatzenport ansteigt, ist linksseitig eine Häufung giebelständiger Gebäude der Mehrseithöfe zu beobachten. Landwirtschaftliche Betriebe sind gegenwärtig nur noch in wenigen Gehöften angesiedelt. In jüngster Vergangenheit ist ein Neubaugebiet nordöstlich des alten Ortsbereiches in Richtung Schrumpfbachtal entstanden. Dieser Talzug hat seinen Ursprung in einer Mulde bei Metternich und gliedert sich im Ort Hatzenport in das Moseltal ein. Das Bachtal ist Standort einiger Mühlen, die allerdings nur zum geringen Teil in ihrer alten Funktion erhalten sind.

Der Stadtteil L a s s e r g erstreckt sich in einer Höhe von etwa 260 m ü. NN am Rand des Maifeldes und am südlichsten Saum des Mittelrheinischen Beckens nahe der oberen Hangkante des Moseltales. Der Ort liegt rund 3 km südlich von Münstermaifeld und hatte im Jahre 2001 insgesamt 255 Einwohner. Lasserg findet sich unter seinem damaligen Namen *lissarie* Anfang des 12. Jh. in den Unterlagen des Erzstiftes Trier. Die Kapelle, deren Ursprung bis in die Zeit der Romanik zurückreicht, wurde 1729 umgebaut und im Jahre 1936 erweitert. Die früher in Lasserg allgemein verbreitete Landwirtschaft wird heute nur noch von wenigen Betrieben aufrecht erhalten. Durch die Eröffnung der Bahnstrecke im Moseltal im Jahre 1879 und den dort hangabwärts von Lasserg eingerichteten Bahnhaltepunkt konnten die Bewohner dieses Ortes bereits damals als Pendler einem Verdienst in anderen Orten nachgehen. Auf einer Verebnung im Hangbereich des Moseltales unterhalb von Lasserg erhebt sich die Burg Bischofstein mit einem markanten Bergfried. Sie wurde vom Erzstift Trier im 13. Jh. zum Schutz seiner im Maifeld gelegenen umfassenden Besitzungen erbaut. Heute ist in der Burg das Landschulheim eines Krefelder Gymnasiums untergebracht.

H 7 Wierschem, Landkreis Mayen-Koblenz, Verbandsgemeinde Maifeld,

liegt ganz im S des Maifeldes in einer Höhe von rund 250 m ü. NN und etwa 2,5 km südsüdwestlich von Münstermaifeld. Der Ort dehnt sich in einer sanften Mulde aus. Im Jahr 2001 zählte Wierschem 343 Einwohner. Eine Straße führt von Münstermaifeld nach Wierschem und von dort weiter in den Gräflich Eltzschen Wald, wo sich dann ein Weg zur Burg Eltz anschließt (s. G 2). Südöstlich der Ortschaft Wierschem wurde ein keltischer Siedlungsplatz aus dem 4. bis 6. Jh. v. Chr. freigelegt. Hier war auch der Standort eines Landhauses der Römer, die sich hier in späterer Zeit niedergelassen hatten. Im 7./8. Jh., also in karolingischer Zeit, lag von Wierschem aus in Richtung Nachbarort Keldung ein Kloster mit mehreren Höfen. Diese Siedlung ist längst untergegangen, ihr Standort lässt sich nur noch an besonderen Bodenmerkmalen erkennen, etwa an der unterschiedlichen Durchfeuchtung des Bodens. Wierschem, im Güterverzeichnis des Stiftes Karden um 1100 *wigersheim* genannt, scheint auf Grund der Namensendung auf *-heim* seines vormaligen Ortsnamens in der frühen fränkischen Siedlungsperiode gegründet worden zu sein. Um die Mitte des 15. Jh. war der Ort trierisches Lehen der Herren zu Eltz.

Die Pfarrkirche von Wierschem erhebt sich im westlichen Teil des Ortes an einem Hang und ist von einem Kirchhof umgeben. Sie besitzt einen quadratischen, vom Ursprung her spätromanischen Chor. Das sich daran anschließende Langhaus stammt in wesentlichen Teilen aus dem 14. Jh. Es wurde im 18. Jh. erweitert und erhielt damals eine Holztonne als Deckenabschluss. Der Ostturm wurde in gleicher Zeit errichtet. Die barocke Innenausstattung ist noch weitgehend vorhanden. Die Kirche steht unter dem Patronat der hl. Apollonia, die als Helferin zur Heilung von Zahnleiden angesehen wird, und war früher eine vielbesuchte Wallfahrtsstätte zur Verehrung dieser Heiligen. Westlich der Kirche befindet sich ein Barockgebäude aus dem Jahre 1778, das ehemalige Pfarr- und Eltzsche Kellnerhaus. Die Siedlung besteht aus älteren Zwei- und auch einigen Dreiseithöfen und neueren Wohnbauten. Die Zweiseithöfe finden sich gehäuft im Ortszentrum, die Dreiseithöfe vorwiegend im äußeren nördlichen Ortsbereich. Westlich der Straße Münstermaifeld – Wierschem ungefähr 2 km vom Ortskern entfernt, lag früher die Ortschaft Bittelsdorf, die schon um 1100 als *bittilsdorph* in den Urkunden vermerkt ist, aber bereits im späten Mittelalter aufgegeben wurde. Somit befinden sich auf der Gemarkung von Wierschem mindestens zwei Wüstungen.

Dreckenach, zu Kobern-Gondorf seit 1970 H 8

Im Gegensatz zum Hauptort Kobern-Gondorf (s. E 24), der eine reine Moselgemeinde ist, war Dreckenach eine typische Maifeld-Gemeinde und damit bis zur wirtschaftlichen Umstrukturierung nach dem Zweiten Weltkrieg ein wohlhabendes Bauerndorf im herkömmlichen Sinne. Dreckenach liegt rund 120 m ü. NN in einer flachen Talmulde des Nothbachs, der sich nur 700 m östlich des Ortes in das Grundgebirge einschneidet, um nach kurzem steilen Lauf bei Gondorf in die Mosel zu münden. Diese Talmulde war in niederschlagsreichen Monaten sehr oft versumpft und musste 1905 sogar künstlich entwässert werden. Dennoch ist die Deutung des -*ach* im Siedlungsnamen auf das lateinische *aqua* (= Wasser) gewagt, viel wahrscheinlicher ist, dass die Endsilbe auf das keltische bzw. lateinische -*acum* zurückgeht und damit einen Hinweis auf eine vorgeschichtliche Siedlung gibt, was für das Maifeld gar nicht ungewöhnlich wäre. Eine urkundliche Erwähnung des Ortes erfolgte im Jahr 1030 in einer Trierer Urkunde. Kurze Zeit später taucht auch die Ortsbezeichnung *drachenacha* erstmals auf. Weithin sichtbares Wahrzeichen von Dreckenach ist die 1840 erbaute Kapellenkirche St. Hubertus, die auf einer Anhöhe über dem Nothbachtal steht. Ihre Vorgängerkirche, eine kleinere Kapelle, stammt von 1320, wurde 1656 dem Heiligen Kreuz geweiht, verfiel aber nach 1800.

H 9 Lehmen, Landkreis Mayen-Koblenz, Verbandsgemeinde Untermosel

Wie Kobern-Gondorf so greift auch die 1 500 Einwohner (2001) zählende Gemeinde Lehmen aus dem Moseltal auf das so genannte Höfe-Gebiet im südöstlichen Maifeld aus (s. H 8). Die Bezeichnung bezieht sich auf ein Gebiet, in dem neben den kleinen Haufendörfern und Weilern die Einzelhöfe die prägenden Siedlungsformen sind und zwar sowohl alte als auch jüngere (= Aussiedlerhöfe). Lehmen erstreckt sich längs der schmalen Mosel-Niederterrasse, entwickelte sich ein wenig hangaufwärts und in einen kleinen Taleinschnitt hinein. Lehmen ist aus zwei Dörfern zusammengewachsen, die verschiedenen Pfarreien angehörten. Die Kirche von Oberlehmen wurde im 10. Jh. erbaut. Von der 1802 abgebrochenen Kirche existiert nur noch der aus Grauwackengestein aufgeführte Glockenturm. Das fünfgeschossige Gebäude zeichnet sich durch gekuppelte Schallarkaden aus und durch ein Satteldach, im Dehio (1972) wird letzteres als eines der „nördlichsten romanischen Satteldächer auf Türmen" bezeichnet. Die heutige Pfarrkirche St. Stephan wurde erst 1762 erbaut und später mehrfach erweitert. Sie hatte eine Vorgängerin in der Pfarrei Niederlehmen, zu der auch Teile von Moselsürsch und der Hof Kühr auf der gegenüberliegenden Moselseite gehörten. Diese Vorkirche wurde 1258 von einem Ritter von Lemene gestiftet, ebenfalls als Stephanskirche.

Nicht zuletzt durch den römischen Landvermesser und Dichter DECIMUS MAGNUS AUSONIUS (310–395), der von einem Dorf *lemona* und einem dort um 350 wirkenden Diakon DODATUS berichtete, scheint das hohe Alter von Lehmen bezeugt. Dieser Ort, wohl an der Römerstraße von Gondorf nach Münstermaifeld gelegen, ist aber anscheinend im 8. oder im 9. Jh. wüstgefallen. Eine Neugründung erfolgte etwa um die Jahrtausendwende; 1067 erscheint es als *liemona*, einige Jahrzehnte früher als *liomen*. Wohl wegen der Möglichkeiten des Weinbaus bemühten sich einige Rittergeschlechter, aber auch geistliche Herrschaften, in Lehmen Besitztum zu erwerben. Die wohl erfolgreichsten Grundherren waren die Herren von Lemene. Einer der Träger dieses Namens errichtete 1259 auf der Höhe über dem Tal einen Hof, der mit zu der Entwicklung der heute bestehenden Siedlung Lehmerhöfe beitrug. Auch die Grafen von Bassenheim und die Freiherren von Breitenbach hatten Besitz in Lehmen. Geistliche Interessenten waren vor allem das Simeonsstift in Trier bzw. das Kardener Stift als dessen Nachfolger; Hochgerichtsherr war der jeweilige Erzbischof von Trier.

Der kleine Weinbauort ist sehr beengt; zunehmend wurde er zum Wohnort. Bekannt ist Lehmen auch durch die Staustufe Lehmen im Zuge der Mosel-Wasserstraße. Es ist die 13. von den 14 Staustufen zwischen Thionville und Koblenz und dient der Regulierung des Fahrwasserstandes für den internationalen Moselschifffahrtsweg. Mittels der Staustufe kann ein Höhenunterschied von 6 m überwunden werden (Spiegelhöhen 72/66 m).

Durch die frühe Ausdehnung auf das Maifeld erlangte die Gemeinde Lehmen mit zahlreichen Höfen und deren Fluren auch Anteil an den guten Ackerböden. Auf einigen dieser Höfe wird noch Landwirtschaft betrieben, aber die

Siedlung Lehmerhöfe z.B. ist in erster Linie eine Wohnsiedlung, in der die Bausubstanz des 20. Jh. überwiegt. Dies gilt vermehrt auch für den Ortsteil Moselsürsch, der wohl mit großer Wahrscheinlichkeit aus mehreren Einzelhöfen zusammengewachsen ist. Allerdings scheint der Ackerbau in diesem Teil des Maifeldes erheblich älter zu sein als die Höfegründungen. Im ersten Drittel des
20. Jh. wurden Urnen der Rössener Kultur gefunden, einer Ackerbaukultur der
Mittleren Jungsteinzeit (1. Hälfte des 3. Jahrtausends v. Chr.). Eine erstmalige
urkundliche Erwähnung erfolgte 964, eine zweite 1030, und dort tauchte auch
der Namensteil -surzich (= sürsch) auf, was auf eine Muldenlage hinweist. Die
wuchtige Kirche in der Dorfmitte zeigt zwar romanische Bauelemente, wurde
aber erst 1774 erbaut und 1957/58 erweitert. Außer dem Glockenturm, der im
Zuge der Renovierung und Erweiterung erbaut wurde, besitzt sie einen Dachreiter mit Laterne. Die ehemalige Ortsgemeinde wurde am 30. September 1976 mit
der Gemeinde Lehmen zusammengeschlossen.

LITERATURVERZEICHNIS

I. Karten/Atlanten

Ahrens, W. (1930): Geologische Karte von Preußen und benachbarten deutschen Ländern. Blatt 3268 Mayen. – Berlin.

Ahrens, W. (1960): Tektonisch-vulkanologische Skizze des Neuwieder Beckens und seiner Umgebung. – Remagen.

Bodenkarte Rheinland-Pfalz 1:25 000, Blatt 5611 Koblenz. Hg. vom Geologischen Landesamt Rheinland-Pfalz. – Mainz 2000.

Bodenkarte Rheinland-Pfalz 1:25 000, Blatt 5510 Neuwied. Hg. vom Geologischen Landesamt Rheinland-Pfalz. – Mainz 2001.

Bogaard, P. v. d. und H.-U. Schmincke (1990a): Vulkanologische Karte der Osteifel 1:50 000. – Karlsruhe.

Cartes du Dépot de la Guerre, No. 17/3: Aix-la-Chapelle – Coblentz. Ed. par l' École supérieure de guerre. – Paris 1840.

Deutsche Landschaften – Bau und Formen 1:1 Mio. Entwurf von D. Gohl. Hg. von der Bundesforschungsanstalt für Landeskunde und Raumordnung. – Bonn-Bad Godesberg 1970.

Französische Karte der Rheinlande 1:100 000 (1816. 1840). Hg. vom Landesvermessungsamt Rheinland-Pfalz. – Koblenz 1997ff.

Geographische Landesaufnahme 1:200 000, Naturräumliche Gliederung Deutschlands. Hg. von der Bundesforschungsanstalt für Landeskunde und Raumordnung in Bonn-Bad Godesberg. Blätter 136/137 Cochem und 138 Koblenz. – Bonn 1971, 1974.

Geologische Übersichtskarte des Bergamtsbezirks Koblenz 1:100 000. Hg. vom Geologischen Landesamt Rheinland-Pfalz. – Mainz 1985.

Geologische Übersichtskarte von Rheinland-Pfalz 1:100 000. Blatt C 5910 Koblenz. Hg. vom Geologischen Landesamt Rheinland-Pfalz. – Mainz 1998.

Geologische Übersichtskarte und Profil des Mittelrheintals 1:100 000. Hg. vom Geologischen Landesamt Rheinland-Pfalz. – Mainz 2000.

Geschichtlicher Atlas der Rheinlande. Publikation der Gesellschaft für Rheinische Geschichtskunde. Hg. von der Gesellschaft für Rheinische Geschichtskunde. 1. Lfg.ff. – Köln 1982ff.

Geschichtlicher Handatlas der Rheinprovinz. Hg. von Aubin, H. und J. Niessen. – Köln, Bonn 1926.

Gewässergütekarte von Rheinland-Pfalz 1:200 000. Hg. vom Ministerium für Umwelt und Forsten Rheinland-Pfalz, Abteilung Wasserwirtschaft. – Saulheim 1998.

Gewässerstrukturgütekarte von Rheinland-Pfalz 1:225 000. Hg. vom Ministerium für Umwelt und Forsten Rheinland-Pfalz. – Bad Kreuznach 2001.

HELLMANN, G. (1914): Regenkarte der Preußischen Provinzen Hessen-Nassau und Rheinland. 2. Aufl. – Berlin.

Hydrogeologische Übersichtskarte 1:500 000 mit Erläuterungen. Blätter Köln und Frankfurt. Bundesanstalt für Landeskunde. – Remagen 1953–1955.

IRSIGLER, F. (Bearb., 1982): Herrschaftsgebiete im Jahre 1789 (= Geschichtlicher Atlas der Rheinlande, Karte V.1). – Köln.

Karte der Gemeindegrenzen Rheinland-Pfalz 1:200 000, Ausgabe C. Hg. vom Landesamt für Vermessung und Geobasisinformation Rheinland-Pfalz. 8. Aufl. – Koblenz 2000.

Karte der Umgebungen von Coblenz (1830). Maßstab 1:86 400. Entworfen von J. BECKER. Hg. vom Landesvermessungsamt Rheinland-Pfalz. Ausgabe 2000. – Koblenz 2000.

Kartenaufnahme der Rheinlande durch Tranchot und von Müffling (1803–1820). Nr. 69, 134–136, 146–149. Hg. vom Landesvermessungsamt Rheinland-Pfalz. Ausgaben ab 1990. – Koblenz 1990ff.

Klima-Atlas von Rheinland-Pfalz. Hg. vom Deutschen Wetterdienst. – Bad Kissingen 1957.

Luftbildatlas Rheinland-Pfalz. Hg. von der Landesbildstelle Rheinland-Pfalz. – Neumünster 1970.

MÜLLER-MINY, H. (1964): Blatt L 5710 Koblenz. Ausschnitt aus dem nördlichen Hunsrück, dem Westrand des Taunus und Westerwaldes beiderseits des unteren Lahntals und dem Mittelrheinischen Becken, in: Geographisch-landeskundliche Erläuterungen zur Topographischen Karte 1:50 000. Hg. vom Institut für Landeskunde. 1. Lfg., S. 43–51.

MÜLLER-MINY, H. (Bearb., 1968ff.): Kartenaufnahme der Rheinlande durch TRANCHOT und MÜFFLING, 1803–1820. Hg. vom Landesvermessungsamt Nordrhein-Westfalen. Blätter 134 Niedermendig, 135 Weißenturm, 147 Polch, 148 Kobern. – Bonn-Bad Godesberg.

Neuer Luftbildatlas Rheinland-Pfalz. Hg. von der Landesbildstelle Rheinland-Pfalz. – Neumünster 1972.

Planungsatlas Rheinland-Pfalz. Hg. vom Niedersächsischen Landesverwaltungsamt im Auftrag der Landesregierung von Rheinland-Pfalz. – Hannover 1965.

QUIRING, H. und E. ZIMMERMANN (1936): Geologische Karte von Preußen und benachbarten deutschen Ländern. Blatt 3269 Bassenheim. – Berlin.

Satellitenbildkarte 1:250 000 mit Grenzen (von Rheinland-Pfalz). Hg. vom Landesvermessungsamt Rheinland-Pfalz. Ausgabe 1999. – Koblenz 1999.

STÖHR, W. T. (1966): Übersichtskarte über Bodentypen-Gesellschaften von Rheinland Pfalz 1:250 000. Hg. vom Geologischen Landesamt Rheinland-Pfalz. – Mainz.

TACKENBERG, K. (1954): Fundkarten zur Vorgeschichte der Rheinprovinz. – Bonn.

Topographische Karten des Landesvermessungsamtes Rheinland-Pfalz, Ausgabe 1954/57. 1:25 000 (TK 25), Blatt 5609 Mayen. – Koblenz 1954/57.

Topographische Karten des Landesvermessungsamtes Rheinland-Pfalz, Ausgabe 1992. 1:25 000 (TK 25), Blatt 5609 Mayen. – Koblenz 1992.
Topographische Karten des Landesvermessungsamtes Rheinland-Pfalz, Ausgaben 1995ff. 1:25 000 (TK 25), Blätter 5509 Burgbrohl, 5510 Neuwied, 5511 Bendorf, 5609 Mayen, 5610 Bassenheim, 5611 Koblenz, 5709 Kaifenheim, 5710 Münstermaifeld; – 1: 50 000 (TK 50), Blätter L 5508 Bad Neuenahr-Ahrweiler, L 5510 Neuwied, L 5708 Mayen, L 57 10 Koblenz; – 1:100 000 (TK 100), Blätter C 5506 Bonn, C 5510 Neuwied, C 5906 Mayen, C 5910 Koblenz. – Koblenz 1995ff.
Topographischer Atlas Rheinland-Pfalz. Hg. vom Landesvermessungsamt Rheinland-Pfalz. – Neumünster 1973.
Topographische Übersichtskarte 1:200 000. Hg. vom Institut für Angewandte Geodäsie, Teilvertrieb durch LVA Rheinland-Pfalz. Blätter CC 6302 Trier; CC 6310 Frankfurt am Main/West. – Frankfurt/Main 2000.
Verwaltungsgrenzenkarte von Deutschland mit naturräumlicher Gliederung 1:1 000 000. Hg. von der Bundesanstalt für Landeskunde und Raumforschung Bad Godesberg. Ausgabe 1960. – Bonn-Bad Godesberg 1960.

II. Archivalien

Aus dem Landeshauptarchiv Rheinland-Pfalz in Koblenz:
Abt. 402 – Oberpräsident des Großherzogtums Niederrhein (1816–1822).
Nr. 116 Das dem Königlichen Regierungsdirektor Freiherrn von Schmitz-Grollenburg erteilte Kommissorium zur Auseinandersetzung und Feststellung der standesherrlichen Verhältnisse zu denen des Staates 1816–1817.
Nr. 117 Die dem wirklichen Geheimen Legationsrat Klüber aufgetragene fernerweitige Regulierung der standesherrlichen Verhältnisse 1817–1818.

Abt. 403 – Oberpräsident der Rheinprovinz (1822–1945).
Nr. 22 Die Verordnung über die veränderte Verfassung der obersten Staatsbehörde vom 16. Dezember 1808 sowie wegen verbesserter Einrichtungen der Provinzialbehörden vom 30. April 1815.

Abt. 441 – Regierung zu Koblenz (1822–1945).
Nr. 12 592 Die Kreis- resp. Landeseinteilung des Regierungsdepartements von Koblenz 1816–1850.
Nr. 12595 Die definitive Kreiseinteilung in Hinsicht der auf der rechten Rheinseite gelegenen Kreise des Reg.-Bezirks. 1816–1849.
Nr. 16856 Die Festsetzung der standesherrlichen Verhältnisse gegen die Krone Preußens. Band 1: 1816–1817; Band 2: 1818–1826.
Bestand 1: Erzstift und Kurfürstentum Trier.
1c: Akten der geistlichen und staatlichen Verwaltung.
441: Bezirksregierung Koblenz. 1810–1985.
730: Katasterkarten aus dem Regierungsbezirk Koblenz. 19. und 20. Jahrhundert.

Aus dem Bistumsarchiv Trier:
Abt. 63, 39 Kloster Besselich (1352–1806).
Abt. 65,1 Erzbistum Trier – Urkunden der Kollegiatstifte (1240–1713).
Abt. 95 Handschriften der Dombibliothek (7. bis 20. Jahrhundert).

Aus dem Stadtarchiv Mendig:
Sammlung Ottmar Schneider (1969).

Publizierte Bearbeitungen:
GOERZ, A. (1861): Regesten der Erzbischöfe zu Trier von *Hetti* bis *Johannes II.*
814–1503. – Trier.
Mittelrheinische Regesten. Bearbeitet von A. GOERZ in 4 Bänden. – Koblenz
1876–1888.
Sammlungen der Gesetze und Verordnungen, welche in dem vormaligen Chur-
fürstentum Trier ... vom Jahre 1310 bis 1802 ergangen sind. Bearbeitet in 4
Bänden von J. SCOTTI. – Düsseldorf 1832.
Urkundenbuch zur Geschichte der jetzt die preußischen Regierungsbezirke Coblenz und Trier bildenden mittelrheinischen Territorien. Bearbeitet in 3 Bänden von H. BEYER, L. ELTESTER und A. GOERZ. – Koblenz 1860–1874.

III. Bibliographien

Bibliographie zur Landes- und Ortsgeschichte des Mittelrheins (1961). Nachträ-
ge 1956–1960. – Bearbeitet von MEMMESHEIMER, A., in: Jahrbuch für Geschichte und Kunst des Mittelrheins und seiner Nachbargebiete 18/19,
1966/1967, S. 200–253.
DIX, A. (1997): Bibliographie zur Angewandten Historischen Geographie und
zur fächerübergreifenden Kulturlandschaftspflege, in: DIX, A. (Hg.), Angewandte Historische Geographie im Rheinland (= Veröffentlichungen des
Rheinischen Vereins für Denkmalpflege und Landschaftsschutz). – Köln.
KÖRBER, J. (1965): Zeitschriften und Schriftenreihen zur Landeskunde der
Rheinlande 1900–1963. Ein bibliographisches Verzeichnis (= Berichte zur
deutschen Landeskunde, Sonderheft 8). – Bad Godesberg.
Neues Schrifttum (1941ff.), in: Berichte zur deutschen Landeskunde, Jg. 1ff. [Bi-
bliographie in regionaler und systematischer Anordnung].
Rheinische Bibliographie (1935ff.); Bibliographie der Jahre 1934 bis 1940, in:
Jahrbuch der Arbeitsgemeinschaft der Rheinischen Geschichtsvereine. Jg. 1,
1935 (S. 123–255); Jg. 2, 1936 (S. 129–331); Jg. 3, 1937 (S. 127–294); Jg. 4,
1938/39 (S.133–304); Jg. 5, 1940 (S. 15–211).
Rheinische Bibliographie (1940). Eine Zusammenstellung des Schrifttums über
die Rheinprovinz bis zum Jahre 1933 einschließlich. Hg. von H. CORSTEN.
Band 1. Lfg. 1–12 (= Publikationen der Gesellschaft für Rheinische Geschichtskunde 50). – Köln.

IV. Literatur

AHRENS, W. (1928): Überblick über die geologischen Verhältnisse des Laacher-See-Gebietes, in: Verhandlungen des Naturhistorischen Vereins der preußischen Rheinlande und Westfalens 85, S. 109–128.

AHRENS, W. (1930): Erläuterungen zu Blatt Mayen Nr. 3268 der geologischen Karte 1:25 000 von Preußen und benachbarten Deutschen Ländern. – Berlin.

AHRENS, W. (1932a): Die Basaltvulkane des südöstlichen Laacher-See-Gebiets und ihre Lavaströme, in: Jahrbuch der Preußischen Geologischen Landesanstalt 53, S. 851–878.

AHRENS, W. (1932b): Ergebnisse magnetischer Untersuchungen im Vulkangebiet des Laacher Sees in der Eifel, in: Gerlands Beiträge zur Geophysik, Ergänzungsheft 2, S. 320–326.

AHRENS, W. (1953): Bau und Entstehung des Neuwieder Beckens, in: Zeitschrift der deutschen geologischen Gesellschaft 104, S. 194–202.

ANDRES, H. (1960): *Bartramia stricta* BRID. Am Südende des Maifeldes, in: Willdenowia 2, S. 591–594.

ANDRES, W. und H. HAUBRICH (1970): Tongrube bei Kärlich, in: SPERLING, W. und E. STRUNK (Hg.), Luftbildatlas Rheinland-Pfalz. – Neumünster, S. 56–57.

ARENZ, J. (1981): Von Burgen bis Winningen. Kulturhistorische Ortsporträts. – Koblenz.

BAALES, M. (1994): Kettig (Kr. Mayen-Koblenz): Ein spätpaläolithischer Siedlungsplatz unter dem Bims des Laacher See-Vulkans im Neuwieder Becken, in: Archäologisches Korrespondenzblatt 24, S. 241–154.

BAEDEKER, K. (1931): Die Rheinlande von der elsässischen bis zur holländischen Grenze. Handbuch für Reisende. 34. Aufl. – Leipzig.

BARTELS, C. (1986): Schieferdörfer. Dachschieferbergbau im Linksrheingebiet vom Ende des Feudalzeitalters bis zur Weltwirtschaftskrise (1790–1929) (= Reihe Geschichtswissenschaft 7). – Pfaffenweiler.

BARTELS, D. (1960): Andernach – Neuwied. Alte und neue Kleinstadt am Mittelrhein treten in Verbindung, in: BARTELS, D. (Hg.), Nachbarstädte. Eine siedlungsgeographische Studie anhand ausgewählter Beispiele aus dem westliche Deutschland. – Bad Godesberg, S. 95–100.

BATORI, I., D. KERBER und H. J. SCHMIDT (Hg., 1992): Geschichte der Stadt Koblenz. Von den Anfängen bis zum Ende der kurfürstlichen Zeit. – Stuttgart.

BECK, N. (1995): Naturräume, Reliefentwicklung und Rohstoffvorkommen im Bereich der Topographischen Karte 1:25 000, Blatt 5609 Mayen, in: Koblenzer Geographisches Kolloquium 17, S. 51–73.

BECKER, K. et al. (1966): Heimatchronik des Kreises Neuwied. – Köln.

BELLINGHAUSEN, H. (1914): Coblenz und seine Umgebung. – Koblenz.

BELLINGHAUSEN, H. (1922): Geologisch-Geographischer Führer durch die Umgebung von Koblenz. – Koblenz.

BELLINGHAUSEN, H. (1927): Zur Kulturgeographie des Neuwieder Beckens, in: Düsseldorfer Geographische Vorträge und Erörterungen. Teil 2: Zur Geographie der Rheinlande. – Breslau, S. 62–73.

BELLINGHAUSEN, H. (1950): Koblenz an Rhein und Mosel. Ein Heimatbuch. – Koblenz.

BELLINGHAUSEN, H. (1971): 2000 Jahre Koblenz. Geschichte der Stadt an Rhein und Mosel. – Boppard.

BELLINGHAUSEN, H. (1996): Historisch-topographische Überlegungen zu Caesars Rheinübergängen in den Jahren 55 und 53 v. Chr., in: Jahrbuch für Westdeutsche Landesgeschichte 22, S. 7–59.

BERG, A. VON (1976/77): Ein Hausgrundriß der Urnenfelderzeit aus Urmitz (Rheinland-Pfalz), in: Acta Praehistorica et Archaeologica 7/8, S. 73–121.

BERG, A. VON (1990): Ur- und Frühgeschichte an Mittelrhein und Mosel (= Archäologie an Mittelrhein und Mosel 4). – Koblenz.

BERG, A. VON (1994a): Archäologie im Luftbild an Mittelrhein und Mosel (= Archäologie an Mittelrhein und Mosel 10). – Koblenz.

BERG, A. VON (1994b): Allerödzeitliche Feuerstellen unter dem Bims im Neuwieder Becken, in: Archäologisches Korrespondenzblatt 24, S. 355–365.

BERG, A. VON (1997): Die Schädelkalotte eines Neandertalers aus dem Wannenvulkan bei Ochtendung, in: WEGNER, H.-H. (Hg.), Berichte zur Archäologie an Mittelrhein und Mosel 5, S. 11–28.

BERG, A. VON und H.-H. WEGNER (1995): Antike Steinbrüche in der Vordereifel (= Archäologie an Mittelrhein und Mosel 10). – Koblenz.

BERG, E. (1957): Stadt Koblenz an Rhein und Mosel – Aufbauplanung Innenstadt. – Koblenz.

BERG-WINTERS, A. (2001): Der Vulkanpark Osteifel – eine Vision wird Wirklichkeit, in: Koblenzer Geographisches Kolloquium 23, S. 59–68.

BERLIN, A. (1974): Wird der Plaidter Hummerich den drohenden Abbau überstehen?, in: Rheinische Heimatpflege N.F. 11, S. 86–96. – Köln.

BERLIN, A. und H. HOFFMANN (1975): Flora von Mayen und Umgebung. Eine Gefäßpflanzenliste der östlichen Hocheifel und des Mittelrheinbeckens, in: Beiträge zur Landespflege Rheinland-Pfalz 3, S. 167–391.

BERLIN, A., H. HOFFMANN und G. NÜCHEL (1975): Fundortverzeichnis 1974: Mittelrheingebiet und Südosteifel, in: Göttinger Floristische Briefe 9, S. 13–19.

BERRESSEM, A. (1997): Maifeld – von der Kornkammer zum Industriestandort, in: Heimatjahrbuch Kreis Mayen-Koblenz. Hg. von der Kreisverwaltung. – Koblenz, S. 63/64.

BIBUS, E. (1990): Pliozäne Kieseloolithterrassen südwestlich vom Karmelenberg (Lönninger Höhe), in: SCHIRMER, W. (Hg.), DEUQUA-Führer 1. – Hannover, S. 39–41.

BIBUS, E. und A. SEMMEL (1977): Über die Auswirkung quartärer Tektonik auf die altpleistozänen Mittelrheinterrassen, in: Catena 4, S. 385–408.

BIRKENHAUER, J. (1967): Größere Orte und Kulturlandschaftsgenese in den Mittelrheinlanden, in: Geographische Rundschau 19, S. 329–344.

BIRKENHAUER, J. (1973): Die Entwicklung des Talsystems und des Stockwerkbaus im zentralen rheinischen Schiefergebirge zwischen dem Mitteltertiär und dem Altpleistozän (= Arbeiten zur rheinischen Landeskunde 34). – Bonn.

BITTMANN, E. (1973): Gutachten zur ingenieurbiologischen Sicherung und Begrünung vulkanischer RohBöden auf den Bimsabbauhängen des „Krufter Ofens", in: Schriftenreihe des Deutschen Rates für Landespflege 21. – Bonn, S. 41–43.

BITTMANN, F. (1990): Neue biostratigraphische Korrelierungen des Kärlicher Interglazials (Neuwieder Becken), in: SCHIRMER, W. (Hg.), DEUQUA-Führer 1. – Hannover, S. 67–70.

BJELANOVIC, M. M. (1967): Mesoklimatische Studien im Rhein-Moselgebiet. – Bonn.

BÖHM, H. (1964): Eine Klimakarte der Rheinlande, in: Erdkunde 18, S. 202–206.

BOGAARD, P. v. d. et al.(1989): Quartärgeologisch-tephrostratigraphische Neuaufnahme und Interpretation der Pleistozänprofild von Kärlich, in: Eiszeitalter und Gegenwart 39, S. 62–68.

BOGAARD, P. v. d. und H.-U. SCHMINCKE (1984): The Eruptive Center of the Late Quaternary Laacher See Tephra, in: Geologische Rundschau 73/3, S. 933–980.

BOGAARD, P. v. d. und H.-U. SCHMINCKE (1985): Laacher See Tephra – a widespread isochronus Late QuarTernary ash layer in Central and Northern Europe, in: Geological Society of America, Fol. B, 96.

BOGAARD, P. v. d. und H.-U. SCHMINCKE (1990b): Entwicklungsgeschichte des Mittelrheinraumes und die Eruptionsgeschichte des Osteifel-Vulkanfeldes, in: SCHIRMER, W. (Hg.), DEUQUA-Führer 1. – Hannover, S. 166–187.

BORNHEIM gen. SCHILLING, W. (1964): Rheinische Höhenburgen. 3 Bände (= Rheinischer Verein für Denkmalpflege und Heimatschutz, Jahrbuch 1961/1963). – Neuß.

BOSINSKI, G. (1969): Der Magdalénien-Fundplatz Feldkirchen-Gönnersdorf, Kr. Neuwied, in: Germania 47, S 1–38.

BOSINSKI, G. (1986): Archäologie des Eiszeitalters, Vulkanismus und Lavaindustrie am Mittelrhein. – Mainz.

BOSINSKI, G. (1992): Eiszeitjäger im Neuwieder Becken, Archäologie des Eiszeitalters am Mittelrhein. 3. erweiterte und veränderte Aufl. (= Archäologie an Mittelrhein und Mosel 1). – Koblenz.

BOSINSKI, G., K. KRÖGER und J. SCHÄFER (1986): Altsteinzeitliche Siedlungsplätze auf den Osteifel-Vulkanen, in: Jahrbuch des Römisch-Germanischen Zentralmuseums Mainz 33, S. 97–130.

BOSSELMANN, J. (1992): Die Vogelwelt des Naturschutzgebietes Laacher See (= Pflanzen und Tiere in Rheinland-Pfalz, Sonderheft II). – Mayen.

BRAUN, M. (1979): Das geplante Naturschutzgebiet „Urmitzer Werth" – Beobachtungsjahr 1979, in: Ornithologischer Jahresbericht 1, S. 78–89.

BRAUNS, R. (1921): Die phonolithischen Gesteine des Laacher Seegebiets und ihre Beziehungen zu anderen Gesteinen dieses Gebietes, in: Neues Jahrbuch für Mineralogie 46, S. 1–116.

BRUNNACKER, K. u.a. (1969): Der Aufbau des Quartär-Profils von Kärlich/Neuwieder Becken (Mittelrhein), in: Mainzer Naturwissenschaftliches Archiv 8, S. 104–133.

BRUNNACKER, K. (1982): Löß- und Paläoböden vom Neuwieder Becken bis in die Niederrheinische Bucht, in: Geologisches Jahrbuch 14, S. 240–250.

BRUNNER, K. (1999): Der Westbau der Abteikirche Maria Laach, in: Rheinische Heimatpflege 4, S. 267–275.

BUNDESANSTALT FÜR GEWÄSSERKUNDE (1990): Hydrogeologie und Grundwasserhaushalt im Neuwieder Becken, in: Besondere Mitteilungen zum Deutschen Gewässerkundlichen Jahrbuch, Nr. 54. – Koblenz.

BURGGRAAFF, P. und K.-D. KLEEFELD (1999): Das Mayener Grubenfeld – eine Betrachtung aus historisch-geographischem Blickwinkel, in: Mayen-Zeit. Zum 48ten Mal Stein- und Burgfest. Das Fest im Vulkanpark. – Mayen, S. 35–63.

CHRISTALLER, W. (1933): Die zentralen Orte in Süddeutschland. Eine ökonomisch-geographische Un-tersuchung über die Gesetzmäßigkeit der Verbreitung und Entwicklung der Siedlungen mit städtischen Funktionen. – Jena.

CIRCULAR-RESCRIPT (1838) des kgl. Ministeriums des Innern und der Polizei, an sämtliche kgl. Regierungen, sowie abschriftlich an sämtliche kgl. Oberpräsidenten wegen der von den Landräten auf den Kreistagen von Zeit zu Zeit zu gebenden Übersicht der Verhältnisse der von ihnen verwalteten Kreise, in: Annalen der preußischen Staatsverwaltung 1838, S. 539–541.

CLEMEN, P. (1940/41): Die Kunstdenkmäler der Rheinprovinz. Ausg. Kreis Koblenz; Kreis Mayen. – Düsseldorf.

CREMER, D., G. und B. STEINICKE (1989): Maria Laach. Münster und Mönche am See. – Limburg.

CÜPPERS, H. (Hg., 1990): Die Römer in Rheinland-Pfalz. – Stuttgart.

CUSTODIS, P.-G. (1986): Die Sayner Hütte in Bendorf (= Rheinische Kunststätten 241). – Neuss.

DAMS-RUDERSDORF, A. et al. (1986): Koblenz. Aspekte zur Stadtgeschichte. Von der Antike bis zur französischen Revolution. – Koblenz.

DAUB, W. (1989): Separatistenbewegung im Kreis Mayen im Jahre 1923, in: Heimatjahrbuch Kreis Mayen-Koblenz. Hg. von der Kreisverwaltung. – Koblenz, S. 190–193.

DECHEN, H. VON (1863): Geognostische Beschreibung des Laacher Sees und seiner vulkanischen Umgebung, in: Verhandlungen des Naturhistorischen Vereins der preußischen Rheinlande und Westfalens 20, S. 249–680.

DECHEN, H. VON (1884): Geologische und paläontologische Übersicht der Rheinprovinz und der Provinz Westfalen. 2 Bände. – Bonn.

DECKER, L. u.a. (1980): Landkreis Neuwied. – München.

DEHIO, G. (1972): Handbuch der Deutschen Kunstdenkmäler: Rheinland-Pfalz und Saarland. Bearbeitet von H. CASPARY, W. GÖTZ und E. KLINGE. – München, Berlin.

DEMIAN, J. A. (1820):Geographisch-statistische Darstellung der deutschen Rheinlande nach dem Bestande vom 1. August 1820. – Koblenz.

DEPONIEZWECKVERBAND EITERKÖPFE (2001): Umwelterklärung für die Zentraldeponie Eiterköpfe gemäß EG-Umweltaudit-Verordnung. – Koblenz.

DEUTSCHE VULKANOLOGISCHE GESELLSCHAFT (Hg., 2002): Der Karmelenberg. Berg des Monats Juni im UNO-Jahr der Berge 2002. – Mendig.

DIX, A. (Hg., 1997): Angewandte Historische Geographie im Rheinland. – Köln.

DÖLLING, R. und R. ELENZ (1990): Das Stiftergrabmal in Maria Laach, in: Forschungsberichte zur Denkmalpflege 1. – Worms.

DÖRING, A. (2000): Feste und Feiern (= Im Wandel der Zeit – 2000 Jahre an Rhein und Mosel 5). – Zwolle.

DOLLEN, VON DER, B. (1979): Der haupt- und residenzstädtische Verflechtungsraum Koblenz/Ehrenbreitstein in der frühen Neuzeit. – Köln.

ECKERT, J. (1992): Das Michelsberger Erdwerk von Mayen, in: WEGNER, H.-H. (Hg.), Berichte zur Archäologie an Mittelrhein und Mosel 3, S. 9ff.

EGNER, H. (1995): Bimsabbau in der Vordereifel: Auswirkungen auf die Landschaft und Möglichkeiten für eine erhaltende Kulturlandschaftspflege, in: WEGNER, H.-H. (Hg.), Archäologie, Vulkane und Kulturlandschaft (= Archäologie an Mittelrhein und Mosel 11). – Koblenz, S. 71–76.

EHLGEN, H. J. (1973): Bimsabbau und Landschaftsveränderung, in: Schriftenreihe des Deutschen Rates für Landespflege 21, S. 27–35.

ERIKSEN, W. (1967): Das Klima des mittelrheinischen Raumes in seiner zeitlichen und räumlichen Differenzierung, in: Die Mittelrheinlande. Festschrift zum 36. Deutschen Geographentag in Bad Godesberg, S. 16–30.

ESCHWEILER, W. (1951): Hydrographie des Rheinstroms, in: Der Rhein. – Duisburg, S. 34–71.

ESSER, R. und D. SCHABOW (1989): Von der eisenschaffenden zur eisenverarbeitenden Industrie: Concordia-Hütte Bendorf, in: LEHNEN, A. und W. SCHUNK (Hg.), Kennzeichen MYK. Heimatkunde für den Landkreis Mayen-Koblenz. – Lörrach, Stuttgart, S. 34/35.

FABER, K.-G. und A. MEINHARDT (1966): Die historischen Grundlagen des Kreises Neuwied, in: BECKER, K. (Hg.), Heimatchronik des Kreises Neuwied. – Köln, S. 46–56.

FALKE, H. (1968): Gutachten über den Natur- und Landschaftsschutz in der Vulkaneifel, in: Beiträge zur Landespflege in Rheinland-Pfalz 2, S. 3–106.

FEHN, K. (1997): Kulturlandschaftspflege im Rheinland. Ein Aufgabengebiet der Angewandten Historischen Geographie, in: DIX, A. (Hg.), Angewandte Historische Geographie im Rheinland. – Köln, S. 11–22.

FEHR, H. et al.(1981): Römische Rheinbrücke Koblenz, in: Bonner Jahrbuch 181, S. 288–354.

FISCHBACH, A. (1987): Die zwei Seiten der Landwirtschaft des Maifeldes, in: Heimatjahrbuch des Kreises Mayen-Koblenz, S. 63–67.

FISCHBACH, A. (1990): Die Landwirtschaft im Kreis vor 200 Jahren. Ein Blick in die Vergangenheit, in: Heimatjahrbuch des Kreises Mayen-Koblenz, S. 186–189.

FISCHER, F. (1991): Vegetationsgeographische Untersuchungen auf der Kannenbäcker Hochfläche. Ein Beitrag zur „Naturräumlichen Gliederung Deutschlands" (= Koblenzer Geographisches Kolloquium 13, Sonderheft August 1991). – Koblenz.

FISCHER, H. (1973): Koblenz-Nord: Vom Bauernland zum Industriegebiet, in: Topographischer Atlas Rheinland-Pfalz. – Neumünster, S. 38–39.

FISCHER, H. (1979): Grenzen der Belastung der Laacher Landschaft, in: Die Laacher Vulkaneifel. Tagungsbericht der Schutzgemeinschaft Deutscher Wald. – Bonn, S. 48–61.

FISCHER, H. (1980): Die Koblenzer Landschaft, in: Tagungsführer zum 29. Deutschen Kartographentag vom 14.–17. Mai 1980 in Koblenz. – Koblenz, S. 35–51.

FISCHER, H. (1981a): Das Naturschutzgebiet ‚Laacher See' als Objekt von Landespflege und wirtschaftlicher Nutzung, in: Berichte zur deutschen Landeskunde 55/1, S. 83–101.

FISCHER, H. (1981b): Vulkanogene Rohstoffe. Vorkommen und Grenzen der Verfügbarkeit, in: Naturwissenschaftliche Rundschau 34/11, S. 464–467.

FISCHER, H. (1985 a): Erläuterungen zur Geomorphologischen Karte 1:25 000 der Bundesrepublik Deutschland, GMK 25 Blatt 20, 5610 Bassenheim (= Geomorphologische Detailkartierung in der Bundesrepublik Deutschland). – Berlin.

FISCHER, H. (1985b): Zur Revision der ‚Naturräumlichen Gliederung', in: Naturwissenschaftliche Rundschau 38/11, S. 481–482.

FISCHER, H. (1986): Erläuterungen zur Geomorphologischen Karte 1:100 000 der Bundesrepublik Deutschland, GMK 100 Blatt 6, C 5910 Koblenz (= Geomorphologische Detailkartierung in der Bundesrepublik Deutschland). – Berlin.

FISCHER, H. (1989): Rheinland-Pfalz und Saarland. Eine geographische Landeskunde (= Wissenschaftliche Länderkunden 8/IV). – Darmstadt.

FISCHER, H. (1995a): Forschungsschwerpunkt ‚Physiogeographische Aspekte des Mittelrheingebiets', in: Koblenzer Geographisches Kolloquium 17. – Koblenz, S. 14–30.

FISCHER, H. (1995b): Das Naturraumpotential des Mittelrheingebiets, seine Gefährdung und seine Nutzungsmöglichkeiten, in: Regionaler Naturhaushalt: Bewertung und Nutzungspotential. Hg. von der Akademie der Wissenschaften und der Literatur. Tagungsband des Symposiums 1993 in Mainz. – Mainz, S. 35–45.

FISCHER, H. (1997): Geoökologische Probleme am Ostrand der Eifel und im Mittelrheinischen Becken, in: Aachener geowissenschaftliche Beiträge 21, S. 67–72.

FISCHER, H. und R. GRAAFEN (1974): Die naturräumlichen Einheiten auf Blatt 136/137 Cochem (= Geographische Landesaufnahme 1:200 000, Naturräumliche Gliederung Deutschlands). – Bonn-Bad Godesberg.

FRÄNZLE, O. (1967): Geologischer Bau und Oberflächenformen des Mittelrheinischen Beckens, in: Berichte zur deutschen Landeskunde 38/2, S. 305–312.

FRANÇOIS, E. (1982): Koblenz im 18. Jahrhundert. Zur Sozial- und Bevölkerungsstruktur einer deutschen Residenzstadt (= Veröffentlichungen des Max-Planck-Instituts für Geschichte 72). – Göttingen.

FRANKE, E. (1969): Vom Römerkastell zur Großstadt, in: Lebendiges Rheinland-Pfalz 6/1, S. 6–12.

FRANKE, E. (1980): Geschichte der Stadt Koblenz, in: Tagungsführer zum 29. Deutschen Kartographentag vom 14–17. Mai 1980 in Koblenz. – Koblenz, S. 53–79.

FRECHEN, J. (1962): Führer zu vulkanologisch-petrographischen Exkursionen im Siebengebirge am Rhein, Laacher Vulkangebiet und Maargebiet der Westeifel. – Stuttgart.

FRECHEN, J. (1976): Siebengebirge am Rhein, Laacher Vulkangebiet, Maargebiet der Westeifel. 3. Aufl. – Berlin.

FRECHEN, J. (1980): Stratigraphie und Chronologie des Pleistozäns am Vulkan Leilenkopf, Laacher See-Gebiet, in: Neues Jahrbuch für Geologie und Paläontologie, Monatshefte, S. 193–214.

FRECHEN, J., M. HOPMANN und G. KNETSCH (1967): Die vulkanische Eifel. 3. Aufl. (= Geologische Reihe 2). – Bonn.

FRECHEN, J. und J. LIPPOLT (1965): Kalium-Argon-Daten zum Alter des Laacher Vulkanismus, der Rheinterrassen und der Eiszeiten, in: Eiszeitalter und Gegenwart 16, S. 5–30.

FRECHEN, J. und J. RÖDER (1956): Rheinische Bimsbaustoffe, Entstehung und Entwicklung der rheinischen Bimsbaustoffindustrie. Hg. vom Verband rheinischer Bimsbaustoffwerke. – Wiesbaden.

FRECHEN, J. und E. A. ROSAUER (1959): Aufbau und Gliederung des Würmlöß-Profils von Kärlich im Neuwieder Becken, in: Fortschritte in der Geologie von Rheinland und Westfalen 4, S. 267–282.

FROST, W. (1999): Geotope in Rheinland-Pfalz. Hg. vom Geologischen Landesamt Rheinland-Pfalz. – Mainz.

FROST, W. und K. STEINGÖTTER (2001): Der Geotop-Kataster von Rheinland-Pfalz, in: Mainzer geowissenschaftliche Mitteilungen 30, S. 271–302.

FUCHS, A. (1960): Das Überflutungsbett des Rheines innerhalb der Neuwieder Talweitung (= Forschungen zur deutschen Landeskunde 124). – Bad Godesberg.

GAPPENACH, H. (Hg., 1960): Münstermaifelder Heimatbuch. – Münstermaifeld.

GEHLE, J. H. (1995): Das Mayener Grubenfeld im Kartenbild. Die Auswertung historischer Kartenquellen des 19. und 20. Jahrhunderts als Basis für eine Bestandsaufnahme historischer Kulturlandschaftselemente, in: Blätter zur Heimatgeschichte (Mayen) 7, S. 59–79.

GILLES, K.-J. (1985): Spätrömische Höhensiedlungen in Eifel und Hunsrück (= Trierer Zeitschrift für Geschichte und Kunst des Trierer Landes und seiner Nachbargebiete, Beiheft 7). – Trier.

GILLES, R. (1988): 325 Jahre Weißenthurmer Marktrecht. Aus den Anfängen der Gemeinde am Weißen Turm, in: Heimatjahrbuch des Kreises Mayen-Koblenz 1989, S. 46–47.

GLAHN, H. (1984): Vergangenheit entdecken. Hg. von der Landeszentrale für politische Bildung Rheinland-Pfalz. – Neustadt an der Weinstraße.

GÖLLER, A. (2002): Der Kärlicher Schlosspark im 18. Jahrhundert. Ein Beitrag zur Gartenkunst in Kurtrier, in: Koblenzer Beiträge zur Geschichte und Kultur, Heft 9/10, S. 23–42.

GONDORF, B. (1984): Bassenheim bei Koblenz (= Rheinische Kunststätten 296). – Neuss.

GRAAFEN, RAINER (1993): Bimsabbau im Mittrelrheinischen Becken, in: Geographische Rundschau 45/3, S. 166–172.

GRAAFEN, R. (1995): Die Entwicklung der Kulturlandschaft des Mittelrheinischen Beckens, in: Koblenzer Geographisches Kolloquium 17, S. 31–50.

GRAAFEN, R. (1997): Bimsabbau und Bimsbaustoffbetriebe südöstlich des Laacher Sees, in: STIEHL, E. (Hg.), Die Stadt Bonn und ihr Umland. Ein geographischer Exkursionsführer (= Arbeiten zur Rheinischen Landeskunde 66). – Bonn, S. 209–213.

GRAAFEN, R. (2000): Stadt und Land (= Im Wandel der Zeit – 2000 Jahre an Rhein und Mosel 10). – Zwolle.

GRAAFEN, RICHARD (1967): Das Mittelrheinische Becken, besonders die Koblenz-Neuwieder Talweitung, in: Die Mittelrheinlande. Festschrift zum 36. Deutschen Geographentag. – Bad Godesberg, S. 208–216.

GRAAFEN, R. (1969): Die Bevölkerung im Kreise Neuwied und in der Koblenz-Neuwieder Talweitung 1817–1965 (= Forschungen zur deutschen Landeskunde 171). – Bad Godesberg.

GRAAFEN, R. (1970a): Koblenz, kreisfreie Stadt, Regierungsbezirk Koblenz, in: Die Städte in Rheinland-Pfalz und im Saarland in geographisch-landeskundlichen Kurzbeschreibungen 3. Hg. vom Institut für Landeskunde, S. 74–77.

GRAAFEN, R. (1970b): Bendorf, Concordiahütte, in: SPERLING, W. und E. STRUNK (Hg.), Luftbildatlas Rheinland-Pfalz. – Neumünster, S. 128–129.

GRAAFEN, R. (1973): Die wirtschaftliche und sozialpolitische Bedeutung der Industrie „Steine und Erden" in der Pellenz, in: Schriftenreihe des Deutschen Rates für Landespflege 21. – Bonn, S. 20–22.

GREWE, K. (1979): Der Fulbert-Stollen am Laacher See, in: Zeitschrift für Archäologie des Mittelalters 7, S. 107–142.

GÜNTHER, A. (1907): Paläolithische Fundstellen im Löss bei Coblenz, in: Bonner Jahrbücher 116, S. 344–362.

GÜNTHER, A. (1937): Das römische Koblenz, in: Bonner Jahrbuch 142, S. 65ff.

GURLITT, D. (1949): Das Mittelrheintal, Formen und Gestalt (= Forschungen zur deutschen Landeskunde 26). – Stuttgart.

HAGEN, J. (1931): Römerstraßen der Rheinprovinz. – Bonn.

HAHN, H. (1956): Das Mittelrheintal, in: Berichte zur deutschen Landeskunde 17/2, S. 176–193.

HAHN, H. und W. ZORN (Hg., 1973): Historische Wirtschaftskarte der Rheinlande (= Arbeiten zur Rheinischen Landeskunde 27). – Bonn.

HAHN, J. (1978): 22 Metternich, in: VEIL, S. et al.: Alt- und mittelsteinzeitliche Fundplätze des Rheinlandes. Kunst und Kultur am Rhein 81. – Köln, Bonn, S. 102–103.

HANTKE, R. (1993): Flussgeschichte Mitteleuropas. – Stuttgart.

HAUBRICH, H. (1970): Flurbereinigung Winningen, in: Luftbildatlas Rheinland-Pfalz 1, S. 114.

HAUBRICH, H. (1972 und 1982): Der Großraum Koblenz in Luftbildern. 1. und 2. Aufl. – Koblenz.

HENNING, I. (1965): Das Laacher-See-Gebiet. Eine Studie zur Hydrologie und Klimatologie (= Arbeiten zur Rheinischen Landeskunde 22). – Bonn.

HENRICHS, W. (1986): Landbevölkerung und Landwirtschaft des 18. und 19. Jahrhunderts im Bereich von Mülheim-Kärlich, in: Heimatjahrbuch des Kreises Mayen-Koblenz, S. 197–199.

HEYEN, F.-J. (1968): Ein Verzeichnis der durchschnittlichen Jahreseinkünfte der Stifte und Klöster des Ober- und Niederstiftes Trier für die Jahre 1590 bis 1599, in: Kurtrierisches Jahrbuch 8, S. 141–152.

HEYEN, F.-J. (1986): Polch im Maifeld. – Polch.

HEYEN, F.-J. (1988): Andernach. Geschichte einer rheinischen Stadt. – Andernach.

HEYEN, F.-J. (1998): Spuren der Geschichte, in: Wegweiser Mittelrhein. – Koblenz, S. 13–17.

HEYEN, F.-J. (2000): Mayen als kulturelles Zentrum der Vordereifel, in: SCHÜLLER, H. und F.-J. HEYEN (Hg.), Geschichte von Mayen, S. 469–494.

HILDEBRANDT, H. (1994): Mainzer Thesen zur erhaltenden Kulturlandschaftspflege im ländlichen Raum, in: Berichte zur deutschen Landeskunde 68, S. 477–481.

HÖHN, W. (1986): Das Wirtschaftsleben der Pellenzgemeinde Plaidt vom 15. bis zum 19. Jahrhundert, in: Heimatjahrbuch des Kreises Mayen-Koblenz, S. 83–88.

HÖRTER, F. (1994): Getreidereiben und Mühlsteine aus der Eifel. Ein Beitrag zur Steinbruch- und Mühlengeschichte. – Mayen.

HÖRTER, F. (2000): Vom Reibstein zur römischen Kraftmühle, in: Steinbruch und Bergwerk (= Vulkanparkforschungen 2). – Mainz, S. 58–71.

HÖRTER, F., F. X. MICHELS u.a. (1954/55): Die Geschichte der Basaltlava-Industrie von Mayen und Niedermendig. Teil 2: Mittelalter und Neuzeit, in: Jahrbuch für Geschichte und Kunst des Mittelrheins und seiner Nachbargebiete 6/7, S. 7–32.

HOFER, H. (1937): Neue Beobachtungen an mittelrheinischen Lößstationen, in: Schriftenblatt für Deutsche Vorzeit 13, Heft 5/6, S. 101–103.

HOTTES, K. (1967): Industriestandorte und industrieräumliche Einheiten im Mittelrheingebiet, in: Die Mittelrheinlande. Festschrift zum 36. Deutschen Geographentag. – Bad Godesberg, S. 75–91.

HUISKES, M. (1980): Andernach im Mittelalter (= Rheinisches Archiv 111). – Bonn.

HUNOLD, A. (2000): Der Katzenberg – Die spätantike Höhenbefestigung bei Mayen, in: Steinbruch und Bergwerk (= Vulkanparkforschungen 2). – Mainz, S. 71–80.

IHDE, G. (1964): Andernach, in: Berichte zur deutschen Landeskunde 33, S. 8–10.

IKINGER, A .(1990): Verschüttete Landschaft: Das Gelände unter dem Bims im Neuwieder Becken, in: SCHIRMER, W. (Hg.), DEUQUA-Führer 1. – Hannover, S. 89–93.

IRSIGLER, F. (1982): Herrschaftsgebiete im Jahre 1789 (= Geschichtlicher Atlas der Rheinlande, Beiheft zur Karte V.1). – Köln.

JOACHIM, H. E. (1997): Katalog der späthallstatt- und frühlatènezeitlichen Funde im Regierungsbezirk Koblenz, in: WEGNER, H.-H. (Hg.), Berichte zur Archäologie an Mittelrhein und Mosel 5, S. 69–115.

JUNG, R. (Hg., 2000): 850 Jahre St. Sebastian. – St. Sebastian.

JUNGBLUTH, J. H., E. FISCHER und M. KUNZ (1989): Die Naturschutzgebiete in Rheinland-Pfalz IV: Die Planungsregion Mittelrhein-Westerwald, in: Mainzer Naturwissenschaftliches Archiv, Beiheft 11, S. 1–414.

KAISER, K. (1961): Gliederung und Formenschatz des Pliozäns und Quartärs am Mittel- und Niederrhein sowie in den angrenzenden Niederlanden unter besonderer Berücksichtigung der Rheinterrassen, in: Köln und die Rheinlande. – Wiesbaden, S. 236–278.

KELLER, R. (1958): Der mittlere Niederschlag in den Flussgebieten der Bundesrepublik Deutschland (= Forschungen zur deutschen Landeskunde 103). – Remagen.

KEYSER, E. (Hg., 1964): Städtebuch Rheinland-Pfalz und Saarland (= Deutsches Städtebuch, Handbuch städtischer Geschichte IV, 3). – Stuttgart.

KLEEFELD, K.-D. (1995): Kulturlandschaftspflegerische Belange in der regionalen Planung zum „Vulkanpark", in: WEGNER, H.-H. (Hg.), Archäologie, Vulkane und Kulturlandschaft (= Archäologie an Mittelrhein und Mosel 11). – Koblenz, S. 85–90.

KLINK, H. J. (1966): Die Naturräumliche Gliederung als ein Forschungsgegenstand der Landeskunde, in: Berichte zur deutschen Landeskunde 36, S. 223–246.

KLÖPPER, R. (1955): Wirtschaftsräumliche Einheiten am Mittelrhein zwischen Eifel und Westerwald, in: Berichte zur deutschen Landeskunde 15/2, S. 109–115.

KLÖPPER, R. und J. KÖRBER (1957): Rheinland-Pfalz in seiner Gliederung nach zentralörtlichen Bereichen (= Forschungen zur deutschen Landeskunde 100). – Remagen.

KLUCZKA, G. (1967): Zentralörtliche Bereichsgliederung und wirtschaftsräumliche Einheiten im mittelrheinischen Raum, in: Die Mittelrheinlande. Festschrift zum 36. Deutschen Geographentag. – Bad Godesberg, S. 142–149.

KLUCZKA, G. (1970): Zentrale Orte und zentralörtliche Bereiche mittlerer und höherer Stufe in der Bundesrepublik Deutschland (= Forschungen zur deutschen Landeskunde 194). – Bad Godesberg.

KLUTE, F. (1934): Terrassenbildung und Erosion des mittleren Rheingebiets in ihrer Abhängigkeit von Tektonik und Klima des Diluviums, in: Petermanns Geographische Mitteilungen 80, S. 144–147.

KOLFSCHOTEN, T. VAN u.a. (1990): Mollusken- und Säugetierfaunen aus der Tongrube Kärlich, in: SCHIRMER, W. (Hg.), DEUQUA-Führer 1. – Hannover, 70–74.

KORNECK, D. (1997): *Bartramia stricta* und *Targionia hypophylla* im Maifeld, Mosel- und Lahntal, in: Decheniana 150, S. 27–34.

KOSACK, H.-P. (1967): Koblenz. Großstadt am Mittelrhein, in: Die Mittelrheinlande. Festschrift zum 36. Deutschen Geographentag. – Bad Godesberg, S. 287–294.

KRAUS, T. (1956): Neuwied. Seine Eigenart unter den Städten des Mittelrheins, in: Berichte zur deutschen Landeskunde 16/1, S. 25–45.

KREMB, K. (1979): Die Kartenaufnahme der Rheinlande durch Tranchot und v. Müffling (1801–1828). Zu ihrer geographischen Aufarbeitung durch Heinrich Müller-Miny, in: Geographische Zeitschrift 67, S. 175–178.

KREMB, K. und P. LAUTZAS (Hg., 1993): Landesgeschichtlicher Exkursionsführer 3: Regierungsbezirk Koblenz. – Otterbach.

KREMER, B. P. (1985): Der Mittelrhein. Mittelrheinisches Becken und unteres Engtal (= Rheinische Landschaften 26). – Neuss.

KREMER, B. P. (1986/1987): Der Laacher See – zur Naturgeschichte einer bedeutenden Vulkanlandschaft, in: Natur und Museum 116, S. 329–341 und 117, S. 1–11.

KREMER, B. P. (Hg., 1996): Laacher See. Landschaft/Natur/Kunst/Kultur. 2. Aufl. – Köln.

KRÖGER, K. et al. (1988): Der Fundplatz Kärlich-Seeufer. Neue Untersuchungen zum Altpaläolithikum im Rheinland, in: Jahrbuch des Römisch-Germanischen Zentralmuseums 35, S. 111–135.

KRÖGER, K. (1990): Die archäologischen Funde in der Tongrube Kärlich, in: SCHIRMER, W. (Hg.), DEUQUA-Führer 1. – Hannover, S. 75–80.

KUBACH, H. E. und A. VERBEEK (1976): Romanische Baukunst an Rhein und Maas. Katalog der vorrmanischen und romanischen Denkmäler 2. – Berlin, S. 743–754.

KÜHN, N. (1995): Kritische Betrachtungen zum Umgang mit der Rheinlandschaft, in: SCHMIDT, H. M. et. al. (Hg.), Der Rhein. Ein europäischer Strom in Kunst und Kultur des 20. Jahrhunderts (= Katalog des Rheinischen Landesmuseums Bonn 2). – Köln, S. 59–64; 81–83.

KÜHN, N. und K. P. WIEMER (Red., 1999): Das Rheintal. Schutz und Entwicklung. Die Rheintalkonferenz des Rheinischen Vereins für Denkmalpflege und Landschaftsschutz am 6./7. November 1997 in Mainz. – Köln.

KULS, W. (1967): Wandlungen in der Landwirtschaft und Agrarlandschaft des mittelrheinischen Raumes, in: Die Mittelrheinlande. Festschrift zum 36. Deutschen Geographentag in Bad Godesberg, S. 63–74.

LAHR, R. (1990): Die ehemalige Prämonstratenser-Abtei Rommersdorf. Hg. von der Abtei-Rommersdorf-Stiftung. 3. Aufl. – Neuwied.

LANDESAMT FÜR DENKMALPFLEGE RHEINLAND-PFALZ (Hg., 2001): Das Rheintal von Bingen und Rüdesheim bis Bonn. Eine europäische Kulturlandschaft. 2 Bände. – Mainz.

LANDESBILDSTELLE RHEINLAND-PFALZ (Hg., 1980): Ein Gang durch Koblenz Ende des 19. Jahrhunderts. – Koblenz.

LANDESBILDSTELLE RHEINLAND-PFALZ (Hg., 1983): Der Großraum Koblenz in Luftbildern. Textheft zur gleichnamigen Farbluftbildreihe. Bearbeitet von E. LAUX und H. KIEFER. – Koblenz.

LAUFNER, R. (1985): Die Ämterorganisation unter Balduin von Luxemburg, in: HEYEN, F.-J. und J. MÖTSCH (Hg.), Balduin von Luxemburg, Erzbischof von Trier, Kurfürst des Reiches, 1285–1354 (= Quellen und Abhandlungen zur mittelrheinischen Kirchengeschichte 53). – Mainz 1985, S. 279–301.

LAUSBERG, H. und R. MÖLLER (2000): Rheinischer Wortatlas. – Bonn.

LAUX, H.-D. (1977): Jüngere Entwicklungstypen der Agrarstruktur. Dargestellt am Beispiel des Landkreises Mayen/Eifel (= Arbeiten zur rheinischen Landeskunde 41). – Bonn.

LEHNEN, A. und W. SCHUNK (Hg.,1989): Kennzeichen MYK: Heimatkunde für den Landkreis Mayen-Koblenz. – Lörrach, Stuttgart.

LEHNER, H. (1921): Eine spätrömische Warte bei Mayen in der Eifel, in: Germania, S. 25–27.

LIEBHOLD, E. (1973): Stadtregion Andernach-Neuwied, in: Topographischer Atlas Rheinland-Pfalz. – Neumünster, S. 42–43.

LIEDTKE, H. (1984a): Namen und Abgrenzungen von Landschaften in der Bundesrepublik Deutschland gemäß der amtlichen Übersichtskarte 1:500 000 [ÜK 500] (= Forschungen zur deutschen Landeskunde 222). – Trier.

LIEDTKE, H. (1984b): Erläuterungen zur Geomorphologischen Karte 1:100 000 der Bundesrepublik Deutschland, GMK 100 Blatt 1, C 5510 Neuwied (= Geomorphologische Detailkartierung in der Bundesrepublik Deutschland). – Berlin.

LIESSEM, U. (1979): Bemerkungen zur Bau-, Kunst- und Geistesgeschichte des Schlosses in Sayn, in: SAYN-WITTGENSTEIN-SAYN, A. FÜRST ZU (Hg.), Sayn – Ort und Fürstenhaus. – Bendorf-Sayn, S. 149–168.

LIESSEM, U. (1993): Bemerkungen und Beobachtungen zur Baugeschichte der ehemaligen Stifts- und Pfarrkirche St. Clemens in Mayen, in: Blätter zur Heimatgeschichte (Mayen) 6, S. 3ff.

LIESSEM, U. (1995): Die Genovevaburg in Mayen – eine gotische Anlage westlicher Prägung, in: Blätter zur Heimatgeschichte (Mayen) 7, S. 29–48.

LOOZ-CORSWAREM, O. und F. THEUNERT (1954): Heimatchronik des Landkreises Mayen. – Köln.

LUNG, W. (1962): Kottenheim. Ein Dorf und seine Landschaft. Hg. von der Ortsgemeinde Kottenheim. – Kottenheim.

MANGARTZ, F. (2000): Römerzeitlicher Abbau von Basaltlava in der Osteifel – Ein bedeutender Wirtschaftszweig der Nordwestprovinzen, in: Steinbruch und Bergwerk (= Vulkanparkforschungen 2). – Mainz, S. 6–17.

MARKOWITZ, G. und K. MARKOWITZ (1980): Mayen (= Rheinische Kunststätten 237). – Neuss.

MARKOWITZ, K. (2002): Katholische Pfarrkirche Herz Jesu, Mayen (= Schnell-Kunstführer 2494). – Regensburg.

MATHY, H. (1977): Geschichte und Kultur von der Römerzeit bis zu den Anfängen des Landes. Hg. von der Pressestelle der Staatskanzlei Rheinland-Pfalz. – Mainz.

MATTERNE, M. und B. W. SCHARF (1977): Zur Eutrophierung und Restaurierung des Laacher Sees, in: Archiv für Hydrobiologie 80/4, S. 506–518.

MEINHARDT, A. (1966): Der schachbrettartige Ausbau des Stadtkerns von Neuwied bis um 1900, in: Heimatchronik des Kreises Neuwied. Hg. von K. BECKER u.a. – Köln, S. 50.

MELSHEIMER, M. (1884): Mittelrheinische Flora, das Rheintal und die angrenzenden Gebiete von Coblenz bis Bonn umfassend. – Neuwied, Leipzig.

MENKE, H. (1936): Naturschutzgebiete am Mittelrhein im Regierungsbezirk Koblenz, in: Rheinische Heimatpflege 8, S. 83.

MEYER, W. (1979): Geologie des Laacher Vulkangebietes, in: Die Laacher Vulkaneifel – Erholungslandschaft oder Rohstofflieferant? Tagungsberichte der Schutzgemeinschaft Deutscher Wald vom 26. bis 29. Oktober 1978, S. 40–47.

MEYER, W. (1986): Geologie der Eifel. – Stuttgart.

MEYER, W. (1999): Vulkanbauten der Osteifel. Hg. vom Rheinischen Verein für Denkmalpflege und Landschaftsschutz in Verbindung mit der Deutschen Vulkanologischen Gesellschaft. – Köln.

MEYER, W. und A. PAHL (1960): Zur Geologie der Siegener Schichten in der Osteifel und im Westerwald, in: Zeitschrift der deutschen geologischen Gesellschaft 112, S. 278–291.

MEYER, W. und J. STETS (1975): Das Rheinprofil zwischen Bonn und Bingen, in: Zeitschrift der deutschen geologischen Gesellschaft 126, S. 15–29.

MEYER, W. und J. STETS (1980): Zur Paläogeographie von Unter- und Mitteldevon im westlichen und zentralen Rheinischen Schiefergebirge, in: Zeitschrift der deutschen geologischen Gesellschaft 131, S. 725–751.

MEYER, W. und J. STETS (Hg., 1996): Das Rheintal zwischen Bingen und Bonn (= Sammlung Geologischer Führer 89). – Berlin, Stuttgart.

MEYNEN, E. (Hg., 1967): Die Mittelrheinlande. Festschrift zum 36. Deutschen Geographentag. – Wiesbaden.

MEYNEN, E. (Hg., 1970): Die Städte in Rheinland-Pfalz und im Saarland (= Die Städte der Bundesrepublik Deutschland in geographisch-landeskundlichen Kurzbeschreibungen 3). – Bonn-Bad Godesberg.

MEYNEN, E., R. KLÖPPER und J. KÖRBER (1957): Rheinland-Pfalz in seiner Gliederung nach zentral-örtlichen Bereichen (= Forschungen zur deutschen Landeskunde 100). – Remagen.

MEYNEN, E. und J. SCHMITHÜSEN (1953ff.): Handbuch der naturräumliche Gliederung Deutschlands. 9 Lfgg. – Remagen, Bonn-Bad Godesberg.

MICHEL, F. (1937): Die kirchlichen Denkmäler der Stadt Koblenz (= Die Kunstdenkmäler der Rheinprovinz 20). – Düsseldorf.

MICHEL, F. (1954): Die Kunstdenkmäler der Stadt Koblenz. Die profanen Denkmäler (= Die Kunstdenkmäler von Rheinland-Pfalz 1). – München, Berlin.

MICHEL, F. (1963): Die Geschichte der Stadt Koblenz im Mittelalter. – Trautheim über Darmstadt, Mainz.

MICHELS, F. X. (1952): Die Herkunft der basaltischen Auswürflinge im weißen Bims des Niedermendiger Grubenfeldes, in: Zeitschrift der deutschen geologischen Gesellschaft 103, S. 297–324.

MORDZIOL, C (1913): Geologische Wanderungen durch das Diluvium und Tertiär der Umgebung von Koblenz (Neuwieder Becken). – Braunschweig, Berlin.

MORDZIOL, C. (1926): Flußterrassen und Löß am Mittelrhein, in: Festschrift zum 75jährigen Jahrestage der Naturwissenschaftlichen Vereinigung in Koblenz. – Koblenz, S. 23–50.

MÜCKENHAUSEN, E. (1959): Die stratigraphische Gliederung des Löß-Komplexes von Kärlich im Neuwieder Becken, in: Fortschritte der Geologie der Rheinlande und Westfalen 4, S. 283–300.

MÜLLER, H. (1952): Die Wüstungen des Kreises Mayen (= Volkskundliche Beiträge zur Wüstungsforschung). – Bonn. (Diss.).

MÜLLER, H. (1979): Sayn – einst und heute, in: SAYN-WITTGENSTEIN-SAYN, A. FÜRST ZU (Hg.), Sayn – Ort und Fürstenhaus. – Bendorf-Sayn, S. 200–223.

MÜLLER, K. (1938): Der Stand der Diluvialforschung im Mittelrheingebiet, in: Mitteilungen der Geographischen Gesellschaft München 31, S. 180–212.

MÜLLER-MINY, H. (1957): Mittelrheinisches Becken, in: MEYNEN, E. und J. SCHMITHÜSEN (Hg.): Handbuch der naturräumlichen Gliederung, 4./5. Lfg., S. 422–427.

MÜLLER-MINY, H. (1959): Die naturräumliche Gliederung am Mittelrhein. – Remagen.

MÜLLER-MINY, H. (1963): Topographische Karte 1:50 000. Blatt L 5710 Koblenz. Landeskundlich und didaktisch erläutert, in: Deutsche Landschaften. Geographisch-landeskundliche Erläuterungen zur Topographischen Karte 1:50 000. 1. Lfg. – Bad Godesberg, S. 42–51.

MÜLLER-MINY, H. und M. BÜRGENER (1971): Die naturräumlichen Einheiten auf Blatt 138 Koblenz (= Geographische Landesaufnahme 1:200 000, Naturräumliche Gliederung Deutschlands). – Bonn-Bad Godesberg.

MÜLLER-WESTERMEIER, G. (1990): Klimadaten der Bundesrepublik Deutschland. Zeitraum 1951–1980. – Offenbach.

NEUMANN, H. und U. LIESSEM (1989): Die klassizistische Großfestung Koblenz. Eine Festung im Wandel der Zeit. – Koblenz.

NEUNAST, A. (1983): Rohstoffsicherung für die Rheinische Bimsindustrie, in: Koblenzer Geographisches Kolloquium 5, S. 17–22.

NICOLAUS, R.: (1989): Andernach – Deutschlands Wellblechhauptstadt. Moderne Produktionsstätten der Rasselstein AG, in: LEHNEN, A. und W. SCHUNK (Hg.), Kennzeichen MYK. Heimatkunde für den Landkreis Mayen-Koblenz. – Lörrach, Stuttgart.

OBERBECK, H. (1939): Die landschaftliche Gliederung der Rheinprovinz und ihrer Nachbargebiete (= Beiträge zur Landesplanung 5). – Düsseldorf.

OESTERWIND, B. C. (1990): Die Spätlatènezeit und die frühe Römische Kaiserzeit im Neuwieder Becken. – Bonn.

OESTERWIND, B. C. (2000): Mayen – Zentrum der Mühlsteinherstellung in der Römerzeit, in: Steinbruch und Bergwerk (= Vulkanparkforschungen 2). – Mainz, S. 33–57.

OESTERWIND, B. C. und K. SCHÄFER (1992): Die Kelten am Mittelrhein und in der Pellenz (= Pellenz-Museum, Katalog 4). – Nickenich.

OHLIG, P. (1951): Heimat in vergangenen Tagen. – Bendorf.

OSTER, H. (1934): Die geschichtliche Entwicklung der mittelrheinischen Bimsbaustoffindustrie. – Köln.

PÄDAGOGISCHES ZENTRUM RHEINLAND-PFALZ (Hg., 1993): Exkursionsführer Neuwieder Becken – Laacher See (= PZ-Information Erdkunde 5). – Bad Kreuznach.

PAFFEN, K. H. (1953): Die natürliche Landschaft und ihre räumliche Gliederung. Eine methodische Untersuchung am Beispiel der Mittel- und Niederrheinlande (= Forschungen zur deutschen Landeskunde 68). – Remagen.

PANZER, W. (1967): Einige Grundfragen der Formenentwicklung im Rheinischen Schiefergebirge und ihre Erforschung, in: Die Mittelrheinlande. – Wiesbaden, S. 1–15.

PAULY, F. (1960): Der königliche Fiskus Koblenz, in: Jahrbuch für Geschichte und Kunst des Mittelrheins 12/13, S. 5–27.

PAULY, M. (2003a): Demographische Strukturen und Entwicklungen 1999 und 2000 in Koblenz, in: Koblenzer Beiträge zur Geschichte und zur Kultur 9/10, S. 193–196.

PAULY, M. (2003b): Zur Wohndauer und Quartiersbindung der Bevölkerung in Koblenz, in: Koblenzer Beiträge zur Geschichte und zur Kultur 9/10, S. 197–210.

PETRY, L. (Hg., 1965): Handbuch der historischen Stätten Deutschlands 5: Rheinland-Pfalz und Saarland. – Stuttgart.

PETRY, L. (1967): Formen und Stufen des Städtewesens in Rheinland-Pfalz, in: Geschichtliche Landeskunde 3, S. 1–36.

PHILIPPSON, A. (1926): Morphologie der Rheinlande (= Düsseldorfer Geographische Vorträge und Erörterungen). – Breslau, S. 1–8.

PHILIPPSON, A. (1933): Der Rhein als Naturerscheinung, in: Geographische Zeitschrift 39, S. 1–10 und 65–76.

PRACHT, H.-P. (2000): Vulkane, Quellen und Götter der Eifel. – Aachen.

PREUSS, G. (1979): Formica truncorum Fabr. 1804. Erstnachweis für die Rheinpfalz und Nachweise in Rheinland-Pfalz, in: Pfälzer Heimat 30 (= Faunistisch-ökologische Mitteilungen 4), S. 125–126.

PRÖSSLER, B. (1991): Mayen im Kaiserreich, 1871–1914: Basaltlavabetrieb und politisch-soziale Verhältnisse. – Mayen.

PRÖSSLER, H. (1980): Mayen-Koblenz. Portrait eines Landkreises. – Koblenz.

QUIRING, H. (1930): Spät- bzw. Postlössische Basalttuffe am Westhang des Korretsberges im Neuwieder Becken, in: Zeitschrift der deutschen geologischen Gesellschaft 82, S. 670–693.

QUIRING, H. (1936): Erläuterungen zu Blatt Bassenheim Nr. 3269 der geologischen Karte 1:25 000 von Preußen und benachbarten deutschen Ländern. – Berlin.

QUITZOW, H. W. (1982): Die Hochflächenlandschaft der zentralen Eifel und der angrenzenden Teile des Rheintrogs und des Neuwieder Beckens, in: Mainzer geowissenschaftliche Mitteilungen 11, S. 173–206.

RAPP, J. und CH.-D. SCHÖNWIESE (1996): Atlas der Niederschlags- und Temperaturtrends in Deutschland 1891–1990 (= Frankfurter Geowissenschaftliche Arbeiten; Serie B: Meteorologie und Geophysik 5). – Frankfurt.

RECHTMANN, J. (1967): Die Nutzung der vulkanischen Gesteine im Mittelrheinischen Becken, in: Exkursionsführer zum 36. Deutschen Geographentag. – Bad Godesberg, S. 45–49.

REINHARD, G. (1954): Die Entwicklung der Rheinischen Bimsbaustoffindustrie seit 1939 und ihre derzeitigen Hauptprobleme. – Neuwied. (Staatswissenschaftliche Diss. Mainz).

REMY, H. (1959): Zur Gliederung des Lösses bei Kärlich und Bröl am unteren Mittelrhein mit besonderer Berücksichtigung der Faunen, in: Fortschritte der Geologie von Rheinland und Westfalen 4, S. 321–330.

RESMINI, B. (1993): Die Benediktinerabtei Maria Laach (= Germania Sacra, N.F. 31). – Berlin.

RESTORFF, F. VON (1830): Topographisch-Statistische Beschreibung der königlich-preußischen Rheinprovinzen. – Berlin und Stettin.

RHEINISCHER VEREIN FÜR DENKMALPFLEGE und LANDSCHAFTSSCHUTZ (Hg.,1993): Saffig in der Pellenz (= Rheinische Kunststätten 125). – Köln.

RHEINISCHER VEREIN FÜR DENKMALPFLEGE und LANDSCHAFTSSCHUTZ (Hg., 1998ff.): Wegweiser Mittelrhein. 11 Bände. – Koblenz.

RHEINISCHER VEREIN FÜR DENKMALPFLEGE und LANDSCHAFTSSCHUTZ (Hg., 1999): Das Rheintal. Schutz und Entwicklung. – Köln.

RÖDER, J. (1941): Kreisgräber und Friedhöfe im Neuwieder Becken, in: Rheinische Vorzeit in Wort und Bild 4, 1–3, S. 43–54.

RÖDER, J. (1948): Der Goloring, in: Bonner Jahrbücher 148. – Düsseldorf, S. 81–88.

RULAND, J. (1988): Andernach am Rheine (= Mittelrheinische Hefte 13). – Koblenz.

SCHAAFF, H. und P. IPPACH (2001): Das römische Tuffbergwerk bei Kretz. Erläuterungen zu den archäologischen und vulkanologischen Stationen 1–28 (= Veröffentlichungen des Vulkanparks Osteifel). – Saffig.

SCHABOW, D. (2001): Ehemalige Prämonstratenser-Abteikirche Bendorf-Sayn. Unter Mitarbeit von R. BING, W. HEINZEN, D. KITTLAUB und W. MADAUSS (= Schnell Kunstführer 2460). – Regensburg.

SCHÄFER, D. (1965): Koblenz. Geschichtliche Entwicklung und Kultur. – Freiburg.

SCHÄFER, J. (1991): Der altsteinzeitliche Fundplatz auf dem Vulkan Schweinskopf-Karmelenberg, in: Archäologische Informationen 14, S. 124–128.

SCHÄFER, K. (2001): Basaltlava und Tuff – Exportschlager in römischer Zeit, in: Beiträge zur Rheinkunde 53 (= Mitteilungen des Vereins Rhein-Museum e.V. Koblenz) – Koblenz, S. 7–27.

SCHIPPERS, A. und T. BOGLER (1967): Das Laacher Münster. 2. Aufl. – Köln.

SCHIRMER, W. (1970): Das jüngere Pleistozän in der Tongrube Kärlich am Mittelrhein, in: Mainzer naturwissenschaftliches Archiv 9, S: 257–284.

SCHIRMER, W. (Hg., 1990): Rheingeschichte zwischen Mosel und Maas (= DEUQUA-Führer 1). – Hannover.

SCHLEGEL, K. (1980): Besselich am Mittelrhein. Die Geschichte eines Klosters im Koblenzer Raum. – Köln.

SCHLITZ, S. (1984): Die Struktur des Arbeitskräftebesatzes der rheinland-pfälzischen Landwirtschaft unter dem Einfluß industriegesellschaftlicher Gestaltungsprozesse (= Giessener Schriften zur Wirtschafts- und Regionalsoziologie 10). – Giessen.

292

SCHMIDT, A. (1955): Heimatchronik des Stadt- und Landkreises Koblenz (= Heimatchroniken der Städte und Landkreise der Bundesrepublik VII/15). – Köln.

SCHMIDT, J., G. und R. MERTENS (1981): 125 Jahre Stadt Vallendar. Eine Stadt stellt sich vor. – Vallendar.

SCHMIERER, T. und H. QUIERING (1933): Erläuterungen zur geologischen Karte von Preußen und benachbarten deutschen Ländern; Blatt Koblenz. 2. Aufl. – Berlin.

SCHMINCKE, H.-U. (1977): Eifelvulkanismus östlich des Gebietes Rieden-Mayen, in: Fortschritte der Mineralogie 55, Beiheft 2, S. 1–31.

SCHMINCKE, H.-U. (1981): Die Bimsablagerungen des Laacher-See-Vulkans, in: NEUNAST, A. und J. THEINER (Hg.), Bims. Bauen mit Bimsbaustoffen. – Köln-Braunsfeld, S. 19–31.

SCHMINCKE, H.-U. (1988): Vulkane im Laacher See-Gebiet. – Haltern.

SCHMINCKE, H.-U. und C. PARK (1995): Vulkanpark-Konzeption, Teil C. – Kiel, S. 51–58.

SCHNATZ, H. (1981): Der Luftkrieg im Raum Koblenz 1944/45. Eine Darstellung seines Verlaufs, seiner Auswirkungen und Hintergründe (= Veröffentlichungen der Kommission des Landtags für die Geschichte des Landes Rheinland-Pfalz 4). – Boppard.

SCHNEIDER, F. (1996): Deutung des Ortsnamens Ochtendung, in: Heimatbuch des Landkreises Mayen-Koblenz 1996, S. 89–93.

SCHOLZ, F. (1964): Andernach, eine der ältesten und interessantesten Siedlungen am Rhein, in: Beiträge zur Rheinkunde 16, S. 34–44.

SCHÜLLER, H. (1991): Eifeler Landschaftsmuseum, in: SCHÜLLER, H. und F.-J. HEYEN (Hg.), Geschichte von Mayen, S. 464–468.

SCHÜLLER, H. (2000): Katholische Pfarrkirche St. Clemens, Mayen (= Schnell-Kunstführer 2420). – Regensburg.

SCHÜLLER, H. und F.-J. HEYEN (Hg., 1991): Geschichte von Mayen. – Mayen.

SCHUMACHER, K.-H. (1994): Natursteinverwendung im Laacher-See-Gebiet/Osteifel, in: Arbeitskreis für Hausforschung (Hg.), Jahrbuch für Hausforschung 42, S. 57–78.

SCHUMACHER, K.-H. (2000): Lava, Layer, Laacher See, in: Die Eifel 2, S. 81–83.

SCHUMACHER, M. (1970): Wandlungen der Wirtschafts- und Sozialstruktur der Stadt Koblenz nach 1945. – Koblenz.

SEVERUS, P. E. VON (1993): Maria Laach in neun Jahrhunderten (1093–1993), in: K. SCHÄFER: 900 Jahre Abtei Maria Laach. Begleitheft zur Sonderausstellung im Stadtmuseum Andernach vom 4. April bis 29. August 1993 (= Andernacher Beiträge 10). – Andernach, S. 7–30.

SPERLING, W. (1970): Bimsstadt Weißenthurm, in: SPERLING, W. und E. STRUNK (Hg.), Luftbild-Atlas Rheinland-Pfalz. – Neumünster, S. 132–133.

STADTVERWALTUNG ANDERNACH (Hg., 1968): Die Stadt Andernach und ihr Umland. – Andernach.

STATISTISCHES LANDESAMT RHEINLAND-PFALZ (Hg., 1982): Die Bevölkerung der Gemeinden in Rheinland-Pfalz 1815–1980 (= Statistik von Rheinland-Pfalz, Band 299). – Bad Ems.

STATISTISCHES BUNDESAMT WIESBADEN (Hg., 1996): Amtliches Gemeindever-zeichnis für die Bundesrepublik Deutschland. Stuttgart.

STICKEL, R. (1927): Zur Morphologie der Hochflächen des linksrheinischen Schiefergebirges und angrenzender Gebiete, in: Beiträge zur Landeskunde der Rheinlande 5, S. 1–95.

STOLLFUSS, W. (Hg., o.J.): Burgen im Moselland (= Sammlung Rheinisches Land 1). – Bonn.

STRAUBE, H. (1994): Vergewaltigung einer Landschaft – der Plaidter Humme-rich. – Solingen.

TACKENBERG, K. (1954): Fundkarten zur Vorgeschichte der Rheinprovinz (= Bonner Jahrbücher, Beiheft 2). – Bonn.

TILLMANNS, W. und H. WINDHÄUSER (1980): Der quartäre Osteifel-Vulkanismus im Rahmen der Lößbildung – ein Beitrag zur Lößgenese, in: Eiszeitalter und Gegenwart 30. – Hannover, S. 29–43.

TIMME, F. (1953): Andernach und die topographischen Anfänge der älteren Flussuferstädte, in: Städtewesen und Bürgertum als geschichtliche Kräfte. – Lübeck, S. 401–421.

TIPPNER, M., W. WIECHMANN und W. RÄTZ (2001): Rheinchronik 2000. Ein hy-drologischer Rückblick, in: Beiträge zur Rheinkunde 53 (= Mitteilungen des Vereins Rhein-Museum e.V.). – Koblenz, S. 55–58.

TROLL, C. und K. H. PFAFFEN (1964): Karte der Jahreszeitenklimate der Erde, in: Erdkunde 18, Heft 1, S. 5–28.

TRUMPP, T. (2002): ... und begabe sich nacher Arenberg ... Die Grenzbegehung des rechtsrheinischen Stadtwaldes im Juni 1769, in: Koblenzer Beiträge zur Geschichte und Kultur, Heft 9/10, S. 193–196.

TUCKERMANN, W. (1917): Landeskunde der Rheinprovinz, in: Die Rheinprovinz von 1815–1915, 100 Jahre preußische Herrschaft am Rhein 1. – Bonn, S. 57–86.

TURNER, E. (1990): The Macrofaunal Remains from the Colluvial Humus at Tönchesberg, in: Rheingeschichte zwischen Maas und Mosel. – Hannover, S. 50–52.

VEIL, S. et al. (1978): Alt- und mittelsteinzeitliche Fundplätze des Rheinlandes (= Kunst und Kultur am Rhein 81). – Köln, Bonn.

WEGELER, J. (1881): Beitrag zur Geschichte der Stadt Coblenz. – Koblenz.

WEGNER, H.-H. (Hg., 1986): Führer zu archäologischen Denkmälern in Deutschland. Band 12: Koblenz und der Kreis Mayen-Koblenz. – Stuttgart.

WEGNER, H.-H. (Hg., 1995): Archäologie, Vulkane und Kulturlandschaft. Stu-dien zur Entwicklung einer Landschaft in der Osteifel (= Archäologie an Mittelrhein und Mosel 11). – Koblenz.

WEGNER, H.-H. (1997): Antike und mittelalterliche Fernverbindungen, Straßen und Wegeführungen, in: Koblenzer Geographisches Kolloquium 19, S. 70ff.

WEISSENTHURM, STADT (Hg., 1965): Weißenthurm. Eine Dokumentation zur ge-schichtlichen Entwicklung. – Weißenthurm.

WINDHEUSER, H. (1977): Die Stellung des Laacher Vulkanismus (Osteifel) im Quartär (= Sonderveröffentlichung des Geologischen Instituts der Univer-sität in Köln 31). – Köln.

WINTERFELD, D. VON (2001): Romanik am Rhein. Maria Laach. – Mainz.

WISCHEMANN, R. (1978): Die Festung Koblenz. – Koblenz.

WREDE, A. (1922): Rheinische Volkskunde. – Heidelberg. (2. Aufl. 1979/Nachdruck: Frankfurt/Main).

WREDE, A. (1960): Eifeler Volkskunde. – Bonn. (Nachdruck 1983: Frankfurt/Main).

ZÄCK, W. (1985): Geographisch orientierte vorgeschichtliche Zeitrechnung im westlichen Mittelrheinischen Becken, in: Koblenzer Geographisches Kolloquium 7/2, S. 7–17.

ZÄNKER-LEHFELDT, U. (1971): Die Matthiaskapelle auf der Altenburg über Kobern, in: Rheinische Kunststätten 3. – Köln.

ZEHE, M. (1997): Strukturwandel in der Landwirtschaft, in: Heimatbuch des Landkreises Mayen-Koblenz, S. 57–58.

ZIMMERMANN, K. (1954): Vom Römerkastell zur mittelalterlichen Stadt, in: Rheinische Vierteljahresblätter 19, S. 317–340.

V. Periodika

Arbeiten zur rheinischen Landeskunde. Heft 1ff. – Bonn 1952ff.

Archiv für mittelrheinische Kirchengeschichte. Jg. 1ff. – Speyer 1949ff.

Beiträge zur Rheinkunde. Heft 1ff. – Koblenz 1949ff.

Heimatbuch Landkreis Mayen-Koblenz 1992ff. (vor 1992: Heimat-Jahrbuch ...; vor 1972: Jahrbuch des Landkreises Koblenz). – Koblenz.

Heimatkalender für den Kreis Neuwied (ab 1935: Heimatkalender für den Rhein-Wied-Kreis, ab 1963: Heimatkalender des Landkreises Neuwied). Jg. 1ff. – Neuwied 1925ff.

Im Wandel der Zeit. 2000 Jahre an Rhein und Mosel. Heft 1–18. – Koblenz 1999–2001.

Jahrbuch für Geschichte und Kultur des Mittelrheins und seiner Nachbargebiete (ab Jg. 4/5: Jahrbuch für Geschichte und Kunst des Mittelrheins und seiner Nachbargebiete). Jg. 1ff. – Neuwied 1949ff.

Koblenzer Geographisches Kolloquium. Jg. 1ff. – Koblenz 1979ff.

Landeskundliche Vierteljahrsblätter (bis 1960: Mitteilungen zur Landesgeschichte und Volkskunde in den Reg.-Bezirken Trier und Koblenz). Jg. 1ff. – Trier 1955ff.

Monatshefte für evangelische Kirchengeschichte des Rheinlandes. Jg. 1ff. – Düsseldorf 1952ff.

Monatshefte für rheinische Kirchengeschichte. Jg. 1ff. – Essen 1907ff.

Nachrichtenblatt für rheinische Heimatpflege (ab 1934: Rheinische Heimatpflege). Jg. 1ff. – Düsseldorf 1929ff.

Neues Schrifttum zur Landeskunde von Rheinland-Pfalz. (Jeweils) in: Staats-Zeitung. Staatsanzeiger für Rheinland-Pfalz. Jg. 1ff. – Mainz 1950ff.

Rheinische Heimatblätter (seit 1933: Rheinische Blätter). – Köln 1924–1939. Koblenz (seit 1939).

Rheinische Kunststätten. Heft 1ff. – Neuss 1970ff.

Rheinische Vierteljahrsblätter. Mitteilungen des Instituts für geschichtliche Landeskunde an der Universität Bonn. Jg. 1ff. – Bonn 1931ff.

Siedlungsforschung. Archäologie – Geschichte – Geographie. Zeitschrift des Arbeitskreises für genetische Siedlungsforschung in Mitteleuropa. Band 1ff. – Bonn 1983ff.

Zeitschrift des Rheinischen Vereins für Denkmalpflege und Heimatschutz. Jg. 1–12. – Bonn 1907ff.; – Mitteilungen des Rheinischen Vereins für Denkmalpflege und Heimatschutz. Jg. 13–31. – Bonn 1919–1938; – Jahrbuch des Rheinischen Vereins für Denkmalpflege und Heimatschutz. Jg. 32ff. – Bonn 1939ff.

ANHANG

A. Erdgeschichtliche Entwicklung
(Zusammenstellung: H. FISCHER 2002)

System	vor .... bis .... Jahren	Subsystem	Stratigraphie Gesteine	Tektonik Vulkanismus	Landschaftsentwicklung
Quartär	2 Mio. bis Gegenwart	Jungholozän	Flussablagerungen	gelegentliche Erdbeben, leichte Hebung	wirtschaftlich genutzte Kulturlandschaft
		Mittelholozän	Kiese, Inselsockel	Stillstand	
		Frühholozän	Flutlehme, Talsande	Hebung, Laacher Bimsvulkanismus	Beginn der wirtschaftlichen Nutzung des Beckens
		Jungpleistozän	Niederterrassen-Schotter, Tuffe u. Schlacken, Löss	Tätigkeit der Pellenzvulkane	erosive und denudative Ausformung des Beckens
		Mittel- und Altpleistozän	Mittel- und Hauptterrassensedimente	älterer Vulkanismus	altpleistozäne Überdeckung der Beckenfläche
Tertiär	65 Mio. bis 2 Mio.	Pliozän Oberpliozän	ältere Rhein-Mosel-Schotter	Abschluss der Beckenbildung	Herausbildung des Rhein- und des Mosellaufes
		Unterpliozän		Einsenkung des Beckens	
		Miozän	Tone, Mergel, Braunkohlen	Vulkanismus in Eifel und Westerwald	
		Oligozän	Beginn der oberrheinischen Grabenbildung und damit auch der Einsenkung des Mittelrheinischen Beckens		
Kreide bis Perm	65 Mio. bis 286 Mio.		keine Sedimentation; völlige Einrumpfung des Rheinischen Schiefergebirges bei Hebungsphasen des Gebirgsblocks		
Karbon	286 Mio. bis 360 Mio.	Oberkarbon		variskische Faltungsphase; Hebungen und Senkungen	Beginn der Einrumpfung des Gebirgsraumes
		Unterkarbon		Schrägstellung der devonischen Schichten	
Devon	360 Mio. bis 408 Mio.	mittleres Unterdevon	Sandsteine, Schiefer, Quarzite	Einsenkung des Sedimentationsraumes	

297

B. Kurzcharakteristik von Kleinlandschaften

(Zusammenstellung: H. FISCHER, 2002; s. Landeskundliche Übersichtskarte)

Die Untereinheiten entsprechen den Bezeichnungen in der Übersichtskarte. Zusätzlich zu den dort bezeichneten Räumen sind hier noch Teileinheiten ausgewiesen (Abb. 11), die aus Gründen der Übersichtlichkeit auf der Karte nicht dargestellt sind, die jedoch in den Grundzügen dem Umfang und den Inhalten auf den Karten 136/137, Cochem und 138, Koblenz, der „Geographischen Landesaufnahme 1:200 000, Naturräumliche Gliederung Deutschlands" entsprechen (s. Literaturverzeichnis).

Haupteinheit: Mittelrheinisches Becken

Ordn.-Nr.	Untereinheit	Teileinheit	Höhenlage m ü. NN	Geologie/Geomorphologie	kulturgeographische Ausstattung/Landnutzung
I	Neuwied-Vallendarer Beckenrand = östliche Begrenzung des Mittelrheinischen Beckens				
I a		Feldkirchener Beckenhang	200–258	devonisches Grundgebirge; Hangschutt, Bimsschleier	in oberen Lagen baum- und buschbestanden, in tieferen Lagen stark besiedelt
I b		Gladbacher Rheinterrassen	200–270	von mächtigen Bimsdecken überlagerte Rheinterrassenflur	„ausgebimste" Flächen, Siedlungen und Gewerbeflächen
I c		Ehrenbreitsteiner Rheinterrassen	190–270	steil abfallender Talhang im schräg geschichteten Devon	Vergrünung der ehemaligen Rebhänge; z.T. Festungsanlagen
II	Neuwieder Becken (oder Neuwieder Talweitung)		66–70	tektonisches Senkungsfeld beiderseits des Rheins; bedeckt mit holozänen Flusssedimenten, Bims und Löss	dicht besiedelt, Industrie- und Verkehrsanlagen; Bims- und Kiesgewinnung
III	Koblenz-Andernacher Terrassenhöhen				
III a		Koblenzer Terrassenriedel	um 185–200	durch seitliche Erosion gut herauspräparierte fast ebene Hauptterrassenflächen mit Lössdecke	abgesehen von wenigen Kies- und Bimsgruben vorwiegend landwirtschaftlich genutzte Flächen
III b		Andernacher Terrassengebiet	um 170–190	die nicht sehr deutlich erkennbaren ehemaligen Riedel der Rhein-Hauptterrassen sind durch Bimsgruben, Siedlungen und Verkehrsanlagen sehr stark anthropogen überformt	
IV	Pellenz = vulkanisch geprägter Bereich des Mittelrheinischen Beckens				
IV a		Vordere Pellenz	170–230	über einem Sockel aus Grundgebirge und Hauptterrassen-Schottern überlagernder Löss und darüber mächtiger Bims; markante Vulkanschlote	vorwiegend Bims- und Schlackenabbau; dazwischen wenig landwirtschaftliche Nutzung, dafür viel Ödland; Gewerbe- und Arbeiterwohngemeinden

Ordn.-Nr.	Untereinheit	Teileinheit	Höhenlage m ü. NN	Geologie/Geomorphologie	kulturgeographische Ausstattung/Landnutzung
IV b		Hintere Pellenz und Mayener Kessel	180–290	flachwellige, nach W ansteigende Grundgebirgsscholle, bedeckt mit miozänen Tonen und Sanden, durchdrungen und überdeckt von vulkanischen Laven, tektonisch vorgezeichneter Ausraum der Nette beim Austritt aus dem Gebirge	relativ dicht besiedelt, Verkehrsanlagen; Abbau von Tonen, Sanden, Schiefern, Bims und Basaltlava; „Mayener Kessel" durch die Stadt Mayen völlig überbaut
V	Karmelenbergrücken = landschaftliche Grenze zwischen Pellenz und Maifeld		um 300	lang gezogener pliozäner Terrassenrücken mit sanften Hängen, bedeckt mit Bims und Löss; überragt vom Vulkanschlot des Karmelenbergs (372 m)	teilweise bewaldetes, meist aber von Einzelhöfen aus bewirtschaftetes Gebiet; Kies- und Tongewinnung; ehemalige Wallfahrtskapelle
VI	Maifeld = früh besiedelter Gunstraum und daher historisch bedeutsame ehemalige „Kornkammer"				
VI a		Niedermaifeld	240–260	abgesunkene Grundgebirgsscholle mit Pliozänschottern und Lössdecke; Ebenheiten und flache Senken	trotz Reduzierung der Landwirtschaft noch rege landwirtschaftliche Nutzung aus kleinen Dörfern und Einzelhöfen
VI b		Obermaifeld	280–360	höher herausgehobener Grundgebirgssockel mit Decke aus Verwitterungslehmen und z.T. Bims	waldfreie Agrarflächen mit Viehwirtschaft; Einzelhöfe und kleine Dörfer (vielfach Arbeiterwohngemeinden)
VII	Laacher Vulkanbergland = nördliche/nordwestliche Begrenzung des Mittelrheinischen Beckens		230–440	Caldera des Laacher Sees mit umrahmenden vulkanogenen Vollformen und Lavaströmen	bewaldetes Bergland; Naturschutzgebiet; Tourismus; Abtei Maria Laach (mit Wirtschaftsbetrieben)
VIII	Unteres Moseltal = südliche und südöstliche Begrenzung des Mittelrheinischen Beckens		70–200	steilwandiges, teils felsiges Kastental mit wechselnd breiter Niederterrasse	Niederterrasse besiedelt und mit Sonderkulturen besetzt; untere (flache) und obere (steile) Hanglagen sind mit Rebanlagen bestockt

C. Geotope im Bereich des Mittelrheinischen Beckens

(s. Landeskundliche Übersichtskarte)

(Zusammenstellung: H. FISCHER, 2002, nach: W. Frost 1999)

Geotope sind – laut Definition der Geologischen Dienste der Länder der Bundesrepublik Deutschland – erdgeschichtliche Bildungen der unbelebten Natur, die Erkenntnisse über die Entwicklung der Erde oder des Lebens vermitteln. Sie umfassen Aufschlüsse von Gesteinen, Böden, Mineralien und Fossilien sowie einzelne Naturschöpfungen und natürliche Landschaftsteile. Je nach Erhaltungszustand, Seltenheitswert und Lage der Geotope können diese nach Maßgabe der gesetzlichen Bestimmungen unter Schutz gestellt werden. In der nachfolgenden Zusammenstellung sind nur solche Geotope erfasst, die in ihrem natürlichen Zustand belassen wurden, nicht jedoch solche, die im Rahmen eines „naturorientierten Tourismus" aufbereitet wurden. Die Bezeichnung „Geotop" enthält noch keine Aussage über eine Schutzwürdigkeit oder über eine geplante oder erfolgte Unterschutzstellung (Ordnungszahl entspricht der in der Kartenbeilage verwendeten).

Lage und Ordnungszahl (...)	Top. Karte 1:25 000	Koordinaten	Bezeichnung	Kurzbeschreibung
Rothenberg, westl. Maria Laach (1)	5509	87 86	Schlackengrube	Tuffring mit Schlackenkegeln und Lavaintrusionen; Präwürm
Alte Burg, nordöstl. Maria Laach (2)	5509	91 86	aufgelassene Schlackengrube	Einblick in den Aufbau eines Schlackenvulkans, überdeckt von Löss und Laacher Bims
Eppelsberg, südl. Nickenich (3)	5509	94 86	Schlackengrube	Beispiel für mehrphasige Entstehung eines Schlackenvulkans (mit Ruhepausen)
Nastberg, westl. Andernach-Eich (4)	5510	95 88	aufgelassene Schlackengrube	Schlackenkegel unter Decke von Laacher Bims
nordwestl. Andernach (5)	5510	84 90	Bergvorsprung	teilweise herauspräparierter Bergklotz in den Hunsrückschiefern (Leutesdorfer Schichten; Obersiegen/Unterems)
Hochstein, westl. Mendig (6)	5609	86 82	Höhle	ehemalige Mühlsteingewinnung unter Tage; Mühlstein-Lava der Römer
Hochstein, westl. Mendig (7)	5609	86 82	aufgelassene Tuffgrube	mächtige Tufffolge mit großen Biotit-Kristallen
Kottenheimer Büden, nördl. Mayen (8)	5609	88 81	Steinbruch	Zentralkegel innerhalb eines Schlacken-Ringwalls mit mächtigem Lavastrom; Mayener Lavastrom
Wingertsberg, nördl. Mendig (9)	5609	90 83	Hanganschnitt	aufgeschlossene Abfolge der Laacher Tephra (Fallout-Tephra; Ignimbrite; Bimslapilli, Aschenlagen)
Korretsberg, südöstl. Kruft (10)	5610	83 96	aufgelassene Schlackengrube	Schlackenkegel unter Bimsdecke des Laacher Vulkans
Plaidter Hummerich bei Plaidt (11)	5610	84 97	Schlackengrube	Schlackenkegel unter Laacher Bims und Löss; Reste von Säulenbasalt

Lage und Ordnungszahl (...)	Top. Karte 1:25 000	Koordinaten	Bezeichnung	Kurzbeschreibung
Tönnchesberg, südöstl. Kruft (12)	5610	82 97	Schlackengrube	Schlackenkegel unter Tephra des Plaidter Hummerichs und des Korretsberges; Löss und fossiler Bodenhorizont
Karmelenberg, südwestl. Bassenheim (13)	5610	79 01	aufgelassener Steinbruch	Schlackenvulkan mit Wechsellagerung von Tuffen, Schlacken- und Agglutinat-Lagen; Reste von Säulenbasalten
„Chorsang", westl. Wolken (14)	5610	03 78	Kiesgrube	in älteren Teilen erhaltengebliebene Lagerung tertiärer Rhein-Mosel-Kiese an der Südflanke des Karmelenbergrückens
Koblenz-Metternich (15)	5611	96 81	aufgelassene Lössgrube	eiszeitliches Lössprofil: Löss und Fließerden mit Paläoböden und Tephrahorizonten
südl. Urbar, oberhalb der B 42 (16)	5611	01 83	aufgelassener Steinbruch	Typlokalität der Nellenköpfchen-Schichten (Unterdevon: Emsium) mit Hinweisen auf die Umstände der Ablagerung
unterhalb Festung Ehrenbreitstein (17)	5611	01 82	Aufschluss	Laubach-Schichten des Unterdevons in überkippter Lagerung; mit reichem Fossilgehalt; durch Sedimentgefüge als Tempestite zu identifizieren
Nordhang der Koblenzer Karthause (18)	5611	98 79	Aufschluss	mächtige Wände und Klippen aus verfestigtem, sandigen Löss (z.T. überwachsen)
Fußweg von der westl. Karthause ins Moseltal (Ankerpfad) (19)	5611	97 78	alter Steinbruch	Aufschluss mit plattigen Sandsteinen der Nellenköpfchen-Schichten des Unterems; sehr fossilreich; innerhalb eines Lehrpfads, aber unverändert
östl. von Moselsürsch (20)	5710	03 70	Aufschlüsse	Schiefer (anstehend und in alten Halden) an ehemaliger Schiefergrube

D. Naturschutzgebiete im Mittelrheinischen Becken und in seinen Randzonen (s. Landeskundliche Übersichtskarte)

(Zusammenstellung: E. FISCHER 2002, nach: J. H. JUNGBLUTH, E. FISCHER und M. KUNZ 1989)

Ord-nungs-zahl[1]	Name/Bezeichnung	ausgewiesen am	Landschaftsteil	Größe in ha 31.12.2001
I	Laacher See	10.11.1940	Laacher Vulkanbergland	1742,54
I	Nastberg	12.12.1978	Laacher Vulkanbergland	7
III	Meerheck	04.05.1976	Neuwieder Becken	5,7
IV	Hüttenweiher	17.12.1985	Neuwieder Becken	1,5
V	Urmitzer Werth	20.03.1980	Neuwieder Becken	80
VI	Insel Graswerth	18.04.1978	Rheininsel im Neuwieder Becken	75
VII	Hochstein	28.07.1982	Ostrand der Osteifel	356
VIII	Ettringer Bellberg	28.02.1978	Ostrand der Osteifel	60
IX	Thürer Wiesen	10.03.1978	westliche Pellenz	26
X	Korretsberg	02.02.1988	östliche Pellenz	90
XI	Nettetal	28.01.1986	Pellenz	705
XII	Michelberg	26.09.1978	östliche Pellenz	22
XIII	Karmelenberg	19.05.1981	Karmelenbergrücken	11
XIV	Kuhstiebel	27.08.1991	östliches Maifeld	15,8
XV	Eiszeitliches Lössprofil	06.04.1983	Tal der unteren Mosel	2,1
XVI	Feuchtgebiet im Nothbachtal	02.02.1988	zentrales Maifeld	27
XVII	Moselufer zwischen Niederfell und Dieb-lich	15.11.1983	Tal der unteren Mosel	11
XVIII	Reiherschussinsel bei Lehmen	19.08.1968	Insel in der Untermosel	2,16
XIX	Ausoniusstein	04.09.1984	linker Talhang der Mosel	31

[1] Die Ordnungszahl entspricht der in der Landeskundlichen Übersichtskarte.

E. Vor- und Frühgeschichte am Mittelrhein vor dem Hintergrund der Klimaentwicklung

(Zusammenstellung: H. FISCHER 2002, nach: Vorlagen von A. VON BERG und H.-H. WEGNER 1995)

Zeitspanne (... v. Chr.)	Klimaentwicklung	Menschheitsgeschichte	Kulturen	Kulturleistungen
1 000 000	ausgehende Donau-Günz-Warmzeit	Altpaläolithikum (Ältere Altsteinzeit)	Praeacheuleen	Geröllkulturen Homo erectus
500 000	Wende Günz-Mindel-Warmzeit zur Mindel-Kaltzeit		Altacheuleen	Faustkeile Prä-Neandertaler
300 000	Beginn der Riss-Kaltzeit		Mittelacheuleen	
200 000	Riss-Kaltzeit	Mittelpaläolithikum (Mittlere Altsteinzeit)	Jungacheuleen Micoquien Mousterien	Neandertaler Levalloistechnik
100 000	Riss-Würm-Warmzeit			
80 000	Beginn der Würm-Kaltzeit			
40 000	Würm-Kaltzeit	Jungpaläolithikum (Jüngere Altsteinzeit) Spätpaläolithikum	Aurignacien Gravettien Magdalénien	Älteste Kunst Klingenkulturen Homo sapiens sapiens
12 000	Ende der Würm-Kaltzeit			
10 000	Alleröd-Zeit (wärmere Sommer)			
8 800	Jüngere subarktische Zeit, danach wieder wärmer			
8 000	Vorwärmezeit/frühe Wärmezeit	Mesolithikum (Mittelsteinzeit)		Jäger- und Sammlerkulturen
5 000–4 500	Mittlere Wärmezeit (Eichenmischwald-Zeit; Juli: 19°C)	Altneolithikum Ältere Jungsteinzeit	Bandkeramische Kultur	Keramikherstellung, Ackerbau, Viehhaltung
4 000–3 500	Späte Wärmezeit (Eichen-Buchen-Zeit; Juli: 18°C)		Rössener Kultur	Hausbau
3 000–2 700	noch: späte Wärmezeit	Jungneolithikum (Mittlere Jungsteinzeit)	Michelsberger Kultur	Erdwerke
2 400–2 000	Beginn der älteren Nachwärmezeit (Buchenzeit)	End-/Spätneolithikum (Späte Jungsteinzeit)	Schnurkeramische Kultur; Glockenbecher-Kultur	Kupferverarbeitung
1 800	ältere Nachwärmezeit	Frühbronzezeit	Adlerberg-Kultur	Bronzeverarbeitung
1 600–1 500	ältere Nachwärmezeit, kühler und feuchter; Juli: 16°C	Hügelgräberbronzezeit	Mittelrheinische Hügelgräbergruppen	Bronzehandwerk

Zeitspanne (... v. Chr.)	Klimaentwicklung	Menschheits-geschichte	Kulturen	Kulturleistungen
1 200	ältere Nachwärmezeit	Späte Bronzezeit	Urnenfelder-gruppen	
750–700	ältere Nachwärmezeit	Ältere Eisenzeit (Hallstattzeit) „Hallstatt C" „Hallstatt D"	Laufelder Gruppe Ältere Hunsrück-Eifel-Kultur	Adelsgräber differenziertes Handwerk
500–450	jüngere Nachwärmezeit (kühle Sommer/mäßige Winter)	Jüngere Eisenzeit (La-Tène-Zeit) „La-Tène C" „La-Tène D"	Jüngere Hunsrück-Eifel-Kultur Kultur der Treverer	arbeitsteilige Wirtschaftsformen Keltische Stadtkulturen
25–15	ähnlich wie Gegenwart	Römische Zeit	Kaiserzeit	Germania superior, erste Lager am Rhein

Zeitspanne (... n. Chr.)	Klimaentwicklung	Menschheits-geschichte	Kulturen	Kulturleistungen
250–350	zunächst etwas trockener, danach wieder feuchter	Römische Zeit	Spätantike	Limes, Trier Kaiserstadt; erste Frankeneinfälle
450/460	deutlich sommer-trockener	Völker-wanderungszeit	Ältere Merowingerzeit Jüngere Merowingerzeit	Fränkische Epoche Reihengräberzeit
720–750	trockene und warme Sommer	Frühmittelalter	Karolingerzeit	Gaugrafen; (herrschaftl. Verwaltung)
ab 800/900	zunächst noch trocken, dann zunehmend feuchter	Hochmittelalter		Beginn der Territorialzeit

F. Urkundlich belegte Erstnennungen von Siedlungen (Gemeinden, Orts- und Stadtteilen)

(Zusammenstellung: H. FISCHER 2002, nach: H. AUBIN und J. NIESSEN 1926. J. ARENZ 1981.
P. CLEMEN 1940/41; Abb. 18)

Ort/Stadtteil/ Teilgemeinde	Verbandsgemeinde (VG)/ Stadt/Gemeinde	Erstnennung	Name
Allenz	Stadt Mayen	1257	*alsenze*
Andernach	Stadt Andernach	12 v. Chr.	*antunnacum*
Arenberg	Stadt Koblenz	868	*overanberg*
		1116	*overenberg*
Arzheim	Stadt Koblenz	12. Jh.	*ardesheim*
Bassenheim	VG Weißenthurm	1125	*bassenheym*
Bendorf	Stadt Bendorf	1064	*Bethingdorp(h)*
		1076	*beddendorf*
Besselich	Gemeinde Urbar	1163	*beslich*
Bisholder	Stadt Koblenz	1019	*bizelre*
Bubenheim	Stadt Koblenz	1052	*buobenheim*
Dreckenach	Gemeinde Kobern-Gondorf	1030	*drachenacha*
Ehrenbreitstein	Stadt Koblenz	1018	*erembrechtstein*
Eich	Stadt Andernach	13. Jh.	*eichin*
Einig	VG Maifeld	13. Jh.	*inika*
Engers	Stadt Neuwied	773	(im *Engersgaw* gelegen)
Fahr	Stadt Neuwied	1194	*vare*
Feldkirchen	Stadt Neuwied	1204	*veltkirgen*
Gappenach	VG Maifeld	1215	*gappenaco*
Gering	VG Maifeld	1257	*girreke*
Gierschnach	VG Maifeld	Ende 12. Jh.	*gersinache*
Gladbach	Stadt Neuwied	1098	*gladebach*
Gönnersdorf	Stadt Neuwied	1180	*gindisdorb*
Gondorf	Gemeinde Kobern-Gondorf	871	*contovia*
		10. Jh.	*contreve*
Güls	Stadt Koblenz	775	*golese* (und *gulise*)
Hausen	Stadt Mayen	1180	*husen*
Heddesdorf	Stadt Neuwied	962	*hedenestorp*
Heimbach	Stadt Neuwied	1093	*hembach*
Horchheim	Stadt Koblenz	1189	*horegheym*
Immendorf	Stadt Koblenz	948	*iminethorp*
Irlich	Stadt Neuwied	1022	*irlocha*
Kalt	VG Maifeld	Anfang 13. Jh.	*kalte*
Kaltenengers	VG Weißenthurm	755	(Name untergegangen)
		1137	*engersche trans rhenum*
		1302	*klein-engers*
		1438	*callen-engers*
Kärlich	Stadt Mühlheim-Kärlich	1162	*kerleche*
Kehrig	VG Vordereifel	1100	*kiracha*
Keldung	Stadt Münstermaifeld	1121	*cheledin*
		1148	*celdinc*
Kerben	VG Maifeld	981	*kerve*
Kesselheim	Stadt Koblenz	895	*cezzelheym/kezzelheim*

Ort/Stadtteil/ Teilgemeinde	Verbandsgemeinde (VG)/ Stadt/Gemeinde	Erstnennung	Name
Kettig	VG Weißenthurm	zwischen 915 und 928	kethichi
		1204	ketige
		1236	ketge
Kobern	Gemeinde Kobern-Gondorf	10. Jh.	coverna
Koblenz	Stadt Koblenz	um 20 n. Chr.	castellum apud confluentes
		3. Jh.	civitas confluentes
Kollig	VG Maifeld	1279	colliche
Kottenheim	VG Vordereifel	1008	cuttenheim/cutenheym
Kretz	VG Pellenz	1273	gretia
Kruft	VG Pellenz	1069	crifta
Küttig	Stadt Münstermaifeld	Ende 12. Jh.	cutiche
Lasserg	Stadt Münstermaifeld	Anfang 12. Jh.	lissarie
Lehmen	VG Untermosel	1067	liemona
Lonnig	VG Maifeld	1128	lunnecho
Lützel	Stadt Koblenz	1069	in minori confluentia
		1356	lutzelkovelentz
Mallendar	Stadt Vallendar	959	malandra
		1110	malandre
Mayen	Stadt Mayen	943	megina
		1041	megena
		(1291)	(mit Stadtrecht)
Mertloch	VG Maifeld	10. Jh.	martiliacum
Metternich	Stadt Münstermaifeld	1220	metriche
Minkelfeld	Gemeinde Kerben	1148	minchelue
Mörz	Stadt Münstermaifeld	um 1200	muderce
Moselsürsch	Gemeinde Lehmen	964	(Name untergegangen)
		1030	(Endsilbe „-surzich")
Moselweiß	Stadt Koblenz	1070	uissa
Mülhofen	Stadt Bendorf	1652	mü(h)lhoffen
Mülheim	Mülheim-Kärlich	1162	molenheym
Münstermaifeld	VG Maifeld	963	ambitivum
Namedy	Stadt Andernach	1235	(Name untergegangen)
Naunheim	VG Maifeld	1210	nuenheim
Neuendorf	Stadt Koblenz	1269	nova villa
Neuwied	Stadt Neuwied	1653	Newen Wiedt
Nickenich	VG Pellenz	1069	nethenis
Niederberg	Stadt Koblenz	1079	zu berge
		1147	nidirberga
Niederbieber	Stadt Neuwied	1204	biueme
Niedermendig	Stadt Mendig	1041	menedich
Niederwerth	VG Vallendar	1256	„vff dem werde"
Oberwerth	Stadt Koblenz	1209	werda
		1573	„vff dem obern werdt"
Ochtendung	VG Maifeld	973	„of demo dinge"
		1043	ochtenethinc
Pfaffendorf	Stadt Koblenz	1047	paffindorf
Pillig	VG Maifeld	12. Jh.	pulecho
Plaidt	VG Pellenz	895	bloide
Polch	VG Maifeld	1052/1059	pulicha

Ort/Stadtteil/ Teilgemeinde	Verbandsgemeinde (VG)/ Stadt/Gemeinde	Erstnennung	Name
Rübenach	Stadt Koblenz	775	*rivenacha*
Rüber	VG Maifeld	1326	*ruveri*
Ruitsch	Stadt Polch	1232	*rosche*
Saffig	VG Pellenz	1258	*saffge*
Sayn	Stadt Bendorf	959	*seina*
		1139	*seina*
Schönstatt	Stadt Vallendar	1143	*„eyne schoene stat"*
Segendorf	Stadt Neuwied	1218	*sehtendorf/sehtendorp*
Stolzenfels	Stadt Koblenz	1216	*capellen*
St. Sebastian	VG Weißenthurm	1150	*engersheim*
		1241	*overenengers*
Thür	VG Mendig	um 1131	*thure*
Torney	Stadt Neuwied	1644	*„vff der torney"*
Trimbs	VG Maifeld	1019	*trimizze*
Urbar	VG Vallendar	9. Jh.	*urfar*
		1167	*overvare*
Urmitz	VG Weißenthurm	754	*auromoncium*
		1022	*hormunzi*
Vallendar	VG Vallendar	1049	*valentrum*
Wallersheim	Stadt Koblenz	1200/1235	*walrisheim*
Weißenthurm	VG Weißenthurm	Anfang 16. Jh.	*plotzenborn*
		1550	*wießen thorn*
Weis	Stadt Neuwied	1192	*wyse*
Weitersburg	VG Vallendar	1202	*witersberch*
Welling	VG Maifeld	1247	(Name untergegangen)
Wierschem	VG Maifeld	um 1100	*wigersheim*
Winningen	VG Untermosel	865	*windinge*
		962	*windingen*
Wolken	VG Untermosel	1169	*wolkende*
Wollendorf	Stadt Neuwied	1204	*wolvendorp/wolvindorph*

307

G. Änderungen der Verwaltungsgliederung und -struktur durch Gebiets- und Verwaltungsreformen von 1969 bis 1976

(Zusammenstellung: H. FISCHER 2002, Aufzählung in der Reihenfolge der amtlichen Statistik nach STATISTISCHES BUNDESAMT WIESBADEN (Hg., 1983): Historisches Gemeindeverzeichnis für die Bundesrepublik Deutschland. – Stuttgart. STATISTISCHES LANDESAMT RHEINLAND-PFALZ (Hg., 1982): Die Bevölkerung der Gemeinden in Rheinland-Pfalz 1815–1980. – Bad Ems.)

Lfd. Nr.	Datum	Verwaltungsbezirke	Vorgänge
A	vorwiegend durch das „7. Landesgesetz über die Verwaltungsvereinfachung" in Rheinland-Pfalz		
1	07.06.1969	Kreisfreie Stadt Koblenz	Änderung der Verwaltungsgrenze durch Eingliederung der Gemeinden Kapellen-Stolzenfels mit 2 212 Personen aus dem Landkreis Koblenz
2	07.06.1969	Landkreis Koblenz	Änderung der Kreisgrenze durch die Eingliederung der Gemeinde Gondorf mit 557 Personen aus dem Landkreis Mayen
3	07.06.1969	Landkreis Koblenz	Änderung der Kreisgrenze wegen Umgliederung (s. 1)
4	07.06.1969	Landkreis Koblenz	Änderung der Kreisgrenze wegen Eingliederung von vier Gemeinden mit 2 894 Personen aus dem Landkreis Mayen
5	07.06.1969	Landkreis Mayen	Änderung der Kreisgrenze wegen Umgliederung von fünf Gemeinden mit 3 451 Personen in den Landkreis Koblenz
6	01.01.1970	Landkreis Mayen	Verleihung der Bezeichnung Große kreisangehörige Stadt an die Stadt Andernach
7	25.06.1969	Landkreis Koblenz	Verleihung der Bezeichnung Stadt an die Gemeinde Weißenthurm
8	01.08.1966	Landkreis Neuwied	Zusammenschluss der Gemeinden Fahr, Gönnersdorf, Hüllenberg, Rockenfeld, Wollendorf zu Feldkirchen mit 4 517 Personen
9	28.11.1967	Landkreis Neuwied	Umbenennung der Gemeinde Feldkirchen in Feldkirchen/Rhein
10	07.06.1969	Landkreis Koblenz	Eingliederung von 13 Gemeinden aus dem aufgelösten Landkreis St. Goar mit 8 563 Personen
11	07.06.1969	Landkreis Koblenz	Zusammenschluss der Gemeinden Gondorf und Kobern zur Gemeinde Kobern-Gondorf
12	07.06.1969	Landkreis Koblenz	Änderung der Kreisgrenze wegen (erneuter) Umgliederung
13	07.06.1969	Landkreis Koblenz	Zusammenschluss der Gemeinden Arenberg und Immendorf zur Gemeinde Arenberg-Immendorf
14	07.06.1969	Landkreis Koblenz	Zusammenschluss der Gemeinden Kärlich und Mülheim zur Gemeinde Mülheim-Kärlich
15	07.06.1969	Landkreis Koblenz	Umgliederung von zwei Gemeinden in die Stadt Koblenz; Änderung der Kreisgrenze mit 2 212 Personen (s. 1)
16	07.06.1969	Landkreis Mayen	Eingliederung der Gemeinden Hatzenport, Lattenes, Lehmen, Löf mit 2 894 Personen; Änderung der Kreisgrenze
17	07.06.1969	Landkreis Mayen	Eingliederung der Gemeinde Namedy mit 1 028 Personen in die Stadt Andernach

Lfd. Nr.	Datum	Verwaltungsbezirke	Vorgänge
18	07.06.1969	Landkreis Mayen	Zusammenschluss der Gemeinden Allenz und Berresheim zur Gemeinde Alzheim
19	07.06.1969	Landkreis Mayen	Zusammenschluss der Gemeinden Stadt Niedermendig und Obermendig zur Stadt Mendig
20	07.06.1969	Landkreis Mayen	Umgliederung von fünf Gemeinden mit 3 451 Personen in den Landkreis Koblenz (s. 5)
21	07.06.1969	Landkreis Neuwied	Eingliederung der Gemeinde Irlich mit 3 566 Personen in die Stadt Neuwied
B		vorwiegend durch das „7. Landesgesetz über die Verwaltungsvereinfachung" in Rheinland-Pfalz	
1	07.11.1970	Landkreis Koblenz-Land	Zusammenlegung zum Landkreis Mayen-Koblenz (mit Sitz in Koblenz); Einwohner: 185 200; Fläche: 818,9 km²
2	1970	Kreisfreie Stadt Koblenz	Eingliederung von Arenberg-Immendorf, Arzheim, Bubenheim, Güls, Lay und Rübenach
3	1970	Kreisstadt Neuwied	Eingliederung von Engers, Fekdkirchen/Rhein, Gladbach, Heimbach-Weis, Niederbieber-Segendorf, Oberbieber
4	07.11.1970	Stadt Andernach	Eingliederung von Eich, Kell und Miesenheim
5	1970	Stadt Mayen	Eingliederung der Gemeinden Alzheim, Hausen und Kürrenberg
6	1972	Stadt Münstermaifeld	Eingliederung der Gemeinden Keldung, Küttig, Lasserg, Metternich und Mörz
7	1976	Gemeinde Lehmen	Eingliederung der Gemeinde Moselsürsch (und Dreckenach)

H. Bevölkerungsentwicklung von 1817 bis 2001[1]
(Zusammenstellung: H. FISCHER 2002)

Ort/Ortsteil	1817	1871	1905	1939	1950	1961	1970	1975	2000	2001
Koblenz mit	16 899	42 348	69 331	91 098	66 457	99 240	121 893	118 850	107 641	107 233
Arenberg	181	312	636	1 262	1 660	1 929	zu Koblenz 1970			
Arzheim	683	1 009	1 386	1 466	1 681	1 942	zu Koblenz 1970			
Bubenheim	83	215	302	317	469	577	zu Koblenz 1970			
Güls	972	1 722	2 454	3 287	3 175	4 175	zu Koblenz 1970			
Immendorf	384	502	564	580	699	949	zu Koblenz 1970			
Kapellen-Stolzenfels	266	490	528	551	628	636	zu Koblenz 1969			
Kesselheim	386	621	797	1 259	1 508	1 576	zu Koblenz 1969			
Lay	340	620	809	978	1 163	1 300	zu Koblenz 1970			
Rübenach	790	1 495	2 111	2 707	3 202	3 537	zu Koblenz 1970			
Neuwied mit	5 120	11 095	18 177	21 492	24 281	26 359	63 588	62 300	66 500	68 817
Engers	757	1 747	3 377	4 439	5 051	5 258	zu Neuwied 1970/71[3]			
Feldkirchen/Wollendorf	363	543	942	1 504	1 672	2 378	zu Neuwied 1970/71[3]			
Gladbach	637	867	1 202	1 698	1 982	2 278	zu Neuwied 1970/71[3]			
Heimbach-Weis	1 363	2 279	3 595	5 165	5 766	6 767	zu Neuwied 1970/71[3]			
Irlich	840	1 559	2 085	3 155	2 676	3 566	zu Neuwied 1969			
Niederbieber-Segendorf	599	1 369	2 503	4 054	4 810	5 812	zu Neuwied 1970/71[3]			
Oberbieber	525	1 030	1 948	2 554	2 910	3 239	zu Neuwied 1970/71[3]			
Rodenbach	195	310	512	651	780	802	zu Neuwied 1969			
Andernach mit	2 379	4 482	8 798	14 151	15 879	20 825	27 558	27 139	29 319	29 464
Eich	413	712	889	995	1 114	1 323	zu Andernach 1970/71[3]			
Kell (außerhalb des Mittelrheinischen Beckens)	392	585	591	588	603	575	zu Andernach 1970/71[3]			

Ort/Ortsteil	1817	1871	1905	1939	1950	1961	1970	1975	2000	2001
Miesenheim	590	1 012	1 474	1 904	2 268	2 767	zu Andernach 1970/71[3]			
Namedy	392	500	561	752	916	1 028	zu Andernach 1970/71[3]			
Bendorf (mit Mülhofen und Sayn, eingemeindet 1928)	2 339	4 969	9 341	10 669	11 980	14 018	14 863	15 977	17 057	17 223
Mayen mit	2 712	6 427	13 455	15 297	14 370	17 268	21 232	20 774	19 630	19 807
Allenz	190	396	505	522	542	497	zu Mayen 1969			
Berresheim	87	162	273	269	280	305	zu Mayen 1969			
Alzheim (Alenz/Berresheim)	–	–	–	–	–	802	zu Mayen 1970/71[3]			
Hausen	154	443	803	853	983	1 016	zu Mayen 1970/71[3]			
Kürrenberg	319	473	485	480	535	520	zu Mayen 1970/71[3]			
VG Pellenz in Andernach mit										
Kretz	101	196	244	275	385	595	574	548	817	804
Kruft	1 018	1 659	2 323	3 066	3 495	4 099	4 386	4 205	3 987	3 977
Nickenich	778	1 315	1 548	1 931	2 185	2 451	2 942	2 972	3 560	3 598
Plaidt	524	1 254	1 993	2 952	3 649	4 678	5 215	5 163	5 623	5 718
Saffig	479	847	1 182	1 306	1 528	1 983	2 148	2 118	2 191	2 196
VG Maifeld in Polch mit										
Einig	103	172	158	143	174	154	165	128	157	156
Gappenach	268	296	271	245	328	248	226	219	331	340
Gering	146	241	274	273	308	263	269	270	402	399
Gierschnach	140	128	135	111	138	93	92	74	238	243
Kalt	189	314	352	302	347	317	333	305	453	462
Kerben	102	229	274	308	347	300	277	252	369	382
Kollig	266	309	302	349	391	355	394	356	413	446
Lonnig	186	459	559	663	740	705	755	741	1 051	1 085
Mertloch	582	809	827	878	1 052	927	1 005	991	1 422	1 434

Ort/Ortsteil	1817	1871	1905	1939	1950	1961	1970	1975	2000	2001
Münstermaifeld mit	1 291	1 513	1 713	1 289	1 622	1 676	1 667	2 500	3 241	3 339
Keldung	149	163	171	201	183	216	212	zu Münstermaifeld 1972		
Küttig	155	205	263	218	240	189	175	zu Münstermaifeld 1972		
Lasserg	185	256	235	259	284	243	238	zu Münstermaifeld 1972		
Metter-nich	270	304	272	257	273	222	211	zu Münstermaifeld 1972		
Mörz	110	151	187	178	222	164	166	zu Münstermaifeld 1972		
Naunheim	322	365	370	400	453	374	366	315	407	433
Ochtendung	980	1 824	2 518	2 966	3 518	3 712	4 161	3 989	5 185	5 233
Pillig	365	515	472	437	553	460	473	457	541	533
Polch (mit Kaan, Nette-sürsch, Ruitsch)	1 341	2 558	2 972	3 020	3 601	3 502	3 857	3 781	6 311	6 418
Rüber	216	437	501	548	585	586	625	568	891	910
Trimbs	178	403	569	442	492	429	559	587	646	658
Welling	245	463	642	583	624	601	647	1 135	893	900
Wierschem	275	373	300	303	350	293	317	289	348	338
VG Vordereifel in Mayen mit										
Kehrig	407	686	894	988	995	962	988	955	1 127	1 141
Kottenheim	620	1 256	2 137	2 073	2 315	2 552	2 809	2 797	2 870	2 856
VG Mendig in Mendig mit										
Bell	554	887	964	901	1 058	1 041	1 194	1 308	1 552	1 519
Mendig	–	–	–	–	–	–	8 145	7 762	8 411	8 386
Niedermendig	921	2 227	3 414	3 446	3 906	2 399	Zusammenfassung zu Mendig 1969			
Obermendig	921	1 521	2 118	2 071	2 253	2 400	Zusammenfassung zu Mendig 1969			
Thür	475	766	951	1 035	1 150	1 199	1 232	1 265	1 464	1 451
VG Untermosel in Kobern-Gondorf mit										
Dreckenach	136	231	263	269	347	260	241	230	zu Kobern-Gondorf 1976	
Gondorf	238	397	425	461	586	557	Zusammenlegung zu Kobern-Gondorf 1969			
Kobern	1 118	1 621	1 633	1 752	2 113	1 954	Zusammenlegung zu Kobern-Gondorf 1969			

Ort/Ortsteil	1817	1871	1905	1939	1950	1961	1970	1975	2000	2001
Kobern-Gondorf	–	–	–	–	–	–	3 068	3 112	3 264	3 283
Moselsürsch	182	272	236	249	322	264	236	213	zu Lehmen 1976	
Lehmen	460	626	651	724	862	916	1 009	871	1 428	1 435
Winningen	1 270	1 661	1 890	1 990	2 684	2 399	2 506	2 458	2 536	2 538
Wolken	85	228	311	316	354	329	345	462	995	1 041
VG Vallendar in Vallendar mit										
Niederwerth	586	806	727	852	841	943	1 130	1 273	1 362	1 353
Urbar	425	760	1 086	1 418	1 587	2 289	2 899	2 857	2 822	2 966
Vallendar	2 544	3 864	4 778	5 647	6 808	6 867	7 442	8 638	9 205	9 170
Weitersburg	386	668	914	1 082	1 276	1 424	1 664	1 792	2 160	2 162
VG Weißenthurm in Weißenthurm mit										
Bassenheim	402	809	1 364	1 605	1 885	2 025	2 337	2 323	2 933	2 933
Kaltenengers	397	606	734	1 034	1 185	1 332	1 612	1 818	1 920	1 911
Kettig	634	1 049	1 343	1 527	1 709	1 964	2 603	2 738	3 198	3 218
Kärlich	611	1 034	1 534	1 961	2 226	2 368	Zusammenlegung zu Mülheim-Kärlich 1969			
Mülheim	806	1 594	3 272	4 695	5 503	6 251	Zusammenlegung zu Mülheim-Kärlich 1969			
Mülheim-Kärlich	–					–	9 498	9 929	10 316	10 339
St. Sebastian	379	538	654	883	1 090	1 120	1 512	2 024	2 530	2 577
Urmitz	460	769	1 011	1 573	1 740	2 133	2 716	2 940	3 622	3 627
Weißenthurm	438	1 206	2 767	4 428	5 093	6 522	7 120	6 771	7 653	7 725

1) Die Einwohnerzahlen sind nur eingeschränkt vergleichbar, da sie auf Grund unterschiedlicher Kriterien erfasst wurden: von 1817 bis 1905 wurde „ortsanwesende Bevölkerung" gezählt; 1939 die „ständige Bevölkerung" und erst ab 1950 die „Wohnbevölkerung". Gebietsstand sind laut amtlicher Statistik[2] bis 1970 die Gemarkungsflächen von 1950, später die Gemarkungsflächen nach den Gebiets- und Verwaltungsreformen 1969–1973. Bei Städten sind nur diejenigen Stadtteile bzw. Vororte aufgenommen, die innerhalb des Mittelrheinischen Beckens liegen; sie sind in den amtlichen Statistiken von 1970 und später nicht mehr nachgewiesen („eingemeindet").

2) STATISTISCHES LANDESAMT RHEINLAND-PFALZ (Hg., 1982): Die Bevölkerung der Gemeinden in Rheinland-Pfalz 1815–1980. – Bad Ems. Ergebnisse der Volkszählungen 1950, 1961 und 1970 sowie Fortschreibungen der Gemeindestatistiken.

3) 1970/71 bedeutet im Verlauf des Vollzugs des „7. Landesgesetzes über die Verwaltungsvereinfachung" (s. Anhang G).

I. Anzahl und Größe der Wohnplätze in Gemeinden des Mittelrheinischen Beckens

(Zusammenstellung: H. FISCHER 2002, nach: Statistisches Landesamt Rheinland-Pfalz 2002)

Such-punkt Nr.	Ort	Zahl der Gemeinde-teile (ein-schließlich Ortskern)	Zahl der Wohnplätze	davon: ... mit weniger als 15 EW	davon: ... mit mehr als 100 EW
F 4	Koblenz, Stadt	27	28	19	5
Landkreis Mayen-Koblenz					
B 2	Andernach, Stadt	5	36	24	2
E 14	Bassenheim	1	6	3	–
	Bell	1	4	4	–
C 9	Bendorf, Stadt	4	4	3	–
G 4	Einig	1	–	–	–
H 3	Gappenach	1	5	5	–
G 5	Gering	1	1	1	–
H 5	Gierschnach	1	–	–	–
H 4	Kalt	1	3	3	–
C 7	Kaltenengers	1	1	1	–
G 3	Kehrig	1	5	5	–
E 21	Kerben	1	1	1	–
E 24	Kobern-Gondorf	3	26	22	–
E 8	Kettig	1	1	1	–
G 7	Kollig	1	2	2	–
D 5	Kottenheim	1	1	2	–
E 2	Kretz	1	6	4	–
E 1	Kruft	1	6	4	–
H 9	Lehmen	1	5	4	–
E 22	Lonnig	1	–	–	–
D 7	Mayen	6	26	15	1
D 2	Mendig	2	9	4	–
G 6	Mertloch	1	4	4	–
E 9	Mülheim-Kärlich	2	15	7	2
H 6	Münstermaifeld	6	11	6	–
G 8	Naunheim	1	–	–	–
A 4	Nickenich	1	4	2	–
F 2	Niederwerth	1	–	–	–
E 16	Ochtendung	1	15	10	–
G 9	Pillig	1	5	5	–
E 5	Plaidt	1	6	4	–
D 11	Polch	1	14	10	2
H 1	Rüber	1	1	1	–
E 7	Saffig	1	1	–	–
C 8	St. Sebastian	1	2	1	–
D 3	Thür	1	4	4	–
D 9	Trimbs	1	5	5	–
F 3	Urbar	1	2	–	1
C 12	Vallendar	1	10	4	3

314

Such-punkt Nr.	Ort	Zahl der Gemeinde-teile (ein-schließlich Ortskern)	Zahl der Wohnplätze	davon: ... mit weniger als 15 EW	davon: ... mit mehr als 100 EW
B 5	Weißenthurm	1	–	–	–
C 10	Weitersburg	1	4	4	–
D 10	Welling	1	1	1	–
H 7	Wierschem	1	5	5	–
Landkreis Neuwied					
B 7	Neuwied, Stadt	10	11	7	1

K. Ausgewählte Bau- und Kulturdenkmale im Mittelrheinischen Becken

(Zusammenstellung: H. FISCHER 2002, nach: G. DEHIO 1972)

Ort	Objekt	Bauzeit/ Baujahr	Beschreibung
Andernach	Kirche	12. Jh.	Pfarrkirche Mariä Himmelfahrt (Liebfrauenkirche): dreischiffige gewölbte Emporenbasilika mit zwei östlichen und zwei (höheren) Westtürmen
	Kirche	13.–15. Jh.	evang. Pfarrkirche (ehem. Minoritenkirche St. Nikolaus): asymmetrisch zweischiffige Halle, Kreuzrippengewölbe, Tympanon
	Burg	14.–15. Jh. (Ruine seit 1689)	quadrat. Hauptturm an der Nordwestecke, Rundturm (= Pulverturm) an der Südwestecke, Westwand des Palas, Reste der Ringmauer
	Rathaus	1561–1574	trapezförmige Erdgeschosshalle, dreijochiger rippengewölbter Rats- u. Gerichtssaal, unter dem Hof: altes Judenbad
	Rheinkran	1554–1559	eingeschossig über kreisrundem Grundriss; spätgotisches Maßwerkfries, Brüstungsmauer mit Tuffpilastern; bis 1911 in Betrieb/Triebwerk funktioniert noch
Ortsteil Eich	Romanischer Turm	?	erhalten in der Doppelturmfassade der 1896/97 erbauten Pfarrkirche St. Maria; in der Kirche: sechs barocke Bildwerke
Ortsteil Namedy	frühgotischer Chor Glasfenster geschnitzte Kanzel	vor 1400 um 1450 1612	in der 1512 umgestalteten ehemaligen Klosterkirche, jetzt Pfarrkirche St. Bartholomäus; Langhaus zweischiffig rippengewölbt
Bassenheim	hl. Martin zu Pferde („Bassenheimer Reiter")	1239	Reliefbild des „Naumburger Meisters" aus grauem Sandstein in der katholischen Pfarrkirche
	Wallfahrtskapelle	1662–1668	auf dem Karmelenberg; Hochalter, Skulpturen, Stationsweg (um 1769)
Bendorf	rechtwinklige Kirchen-Baugruppe	1204–1869	ältere evangelische Kirche: dreischiffige gewölbte Pfeilerbasilika; nach Zerstörung (1944) neuer Chor; südl. (roman.) Chorturm erhalten; Katholische St. Medaruskirche: an Stelle eines Neubaus von 1790 als neugotische Basilika (1864/1867) im Winkel zur älteren Kirche wiedererbaut (mit 1230 erbautem „Reichardsmünster" als „Bindeglied")
Ortsteil Sayn	Abteigebäude	ab 1220	ehemalige Prämonstratenserabtei: in mehreren Abschnitten erbaut und erweitert; im 17. und 18. Jh. Teile abgetragen; ab 1830 Restaurierung, 1886/87 Renovierung; sehenswert: Westfassade, Gemälde, Bildwerke, Grabmale
	Burgruine	vor 1150	1633 zerstörter Stammsitz der Grafen von Sayn; lang gestreckte Anlage mit Hauptburg und zwei Burghäusern; Bergfried aus Bruchsteinmauerwerk; Schildmauer

316

Ort	Objekt	Bauzeit/ Baujahr	Beschreibung
	Schloss	1757	aus älterem Burgmannssitz zu barockem Herrschaftshaus umgebaut; 1848 neugotisch umgestaltet; 1861–1863 Bau einer Schlosskapelle; Kriegszerstörung 1945; Wiederaufbau seit 1990
	Gießhütte	1824–1830	gusseiserne Werkshalle der ehemaligen Sayner Hütte; 35 m lang und 12 m hoch (technisches Kulturdenkmal)
Einig	Kapelle	gotisch 1910	ehemaliger Chor der alten Kapelle; jetzt Sakristei; Neubau: enthält Barockretabel (17. Jh.) mit hl. Lucia und hl. Antonius Eremita (2. Hälfte 15. Jh.)
Gappenach	Kirche	romanisch	Pfarrkirche St. Maximin: im Barock umgebaute Basilika; spätgotischer Knickhelm; Tür mit Eisenbeschlägen, 13. Jh.
Kell	Teile von Kirche St. Lubentius	romanisch um 1750	dreigeschossiger Westturm der Vorgängerkirche; Portal; ehemaliger Chor
Kettig	Kirche	ab 1470	St. Bartholomäus: viergeschossiger Turm (roman./spätgot.); barocker Schieferhelm (1723); Holzkreuz (Mitte 15. Jh.)
Kobern-Gondorf Ortsteil Gondorf	Schloss/Burg	14.–16. Jh.	mächtiger Burg- und Schlosskomplex: wiederholt An- und Umbauten; „Oberburg" aus Haupt- und Vorburg, durch Renaissance-Galerie verbunden
	Schloss	19. Jh.	Niederburg („Schloss Liebieg"): alter Wohnbau mit Treppenturm (erstmals erwähnt 1255) auf- und ausgebaut, dazu Neubau von 1900 (historisiert)
Ortsteil Kobern	Burg	1195	Oberburg mit quadratischem Bergfried und Resten der Umfassungsmauer
	Kapelle	nach 1221	St. Matthiaskapelle: sechsseitiger Zentralbau mit „Tambour" und angebauter Apsis; Sandsteinrelief (17. Jh.)
	Burg	16. Jh.	Niederburg: umgestaltete Burganlage aus dem 13. Jh., 1688 zerstört; Bergfried von 1200 über trapezförmigem Grundriss; Reste von Umfassungsmauern der Wohngebäude
	Kapelle	1430	Dreikönigskapelle/Friedhof: Langhaus mit erhaltenen Ausmalungen der Bauzeit
	Burghaus	15. Jh.	„Romilianhof" mit quadratischem dreigeschossigen Bruchsteinturm; Staffelgiebel
Koblenz	Fast alle der genannten Objekte wurden im Zweiten Weltkrieg, vor allem 1944, ganz oder z.T. zerstört und erst ab etwa 1955 wieder aufgebaut.		
	Sakralbauten	1100	ehemalige Stiftskirche St. Florin: Neubau auf älterer Basis, z.T. römisch; dreischiffige roman. Querhausbasilika; gotischer Chor
		1182	erstmals erwähnte Liebfrauenkirche: querschifflose Pfeilerbasilika mit (später zugefügter) Doppelturmfassade

Ort	Objekt	Bauzeit/ Baujahr	Beschreibung
		1198/1208	836 erstmals genannte ehemalige Stiftskirche (jetzt: „Basilica minor") St. Kastor: dreischiffiges Langhaus mit zwei West- und zwei Osttürmen
		1613–1617	ehemalige Jesuitenkirche St. Johann: erhalten ist nur die Westfassade
		1680/1702	Pfarrhof der Liebfrauenkirche; dreiflügeliger Bau mit hohem Walmdach; Flügel im Erdgeschoss mit Arkaden
		1894–1898	Pfarrkirche St. Josef: neugotische Basilika mit Fassadenturm; von „vorzüglicher städtebaulicher Einbindung" (DEHIO)
		1900–1903	Herz-Jesu-Kirche: typisches Bauwerk des späten Historismus; Baustil der rheinischen Spätromantik
	Profanbauten	um 1250	Deutschordenskommende: Wohnhaus des Komturs (dreigeschossiger Rechteckbau mit Schildgiebeln)
		1260–1286	ehemalige kurfürstliche Burg: über dem Moselufer, erhalten sind Burghaus (mit Walmdach), zwei Rundtürme und sechseckiger Treppenturm
		1332–1363	Balduinsbrücke: erste steinerne Moselbrücke an der Untermosel an Stelle einer älteren Holzbrücke
		1419–1425	ehemaliges Kaufhaus, später z.T. auch Rathaus: mehrfach umgebaut; seit 1724 über spätgotischer Eingangshalle barocker quadratischer Uhrenturm
		um 1500	„Deutscher Kaiser" (Gasthaus): fünfstöckiger Wohnturm mit Zinnenkranz
		1528–1530	ehemaliges Schöffenhaus und Gerichtsgebäude: spätgotisches Gebäude mit achtseitigen Erkertürmchen
		1591/1670	ehemaliges Jesuitenkolleg (jetzt: Rathaus): alter Klosterbau mit Prunkportal und altes Gymnasium
		1763	Wohnhaus des ehemaligen Münzmeisters: zweigeschossiges Haus mit Mansarddach
		1777–1793	kurfürstliches Schloss: erster Bau des Frühklassizismus im Rheinland (Hauptbau mit Seitenflügeln und Pavillons)
	Festungswerke	ab 1815	Feste Ehrenbreitstein, ehemals Zitadelle der Festung Koblenz (rechtsrheinisch)
			Feste Kaiser Alexander, erhalten ist das Löwentor (Löwenportal mit krönendem Rundbogenfries)
			Fort Großfürst Konstantin, erhalten sind Kasematten, Rundtürme und der „Kehlturm" am Ostabhang
	Denkmale/Brunnen	1896	Denkmal der Kaiserin Augusta
		1897	Reiterdenkmal des Kaisers Wilhelm I.: nach Zerstörung erst 1993 wieder errichtet
		1791	Clemensbrunnen (Laufbrunnen mit Obelisk)

Ort	Objekt	Bauzeit/ Baujahr	Beschreibung
		ab 1995	Historienbrunnen auf dem Görresplatz
Ortsteil Arenberg	Kirche	1860–1862	Pfarrkirche St. Nikolaus mit Sandsteinrelief (16. Jh.)
Ortsteil Arzheim	Kirche	15. Jh.	Pfarrkirche St. Adelgundis: Chor und Westturm aus 1. Hälfte 15. Jh.; Langhaus neugotisch (1900)
Ortsteil Ehrenbreitstein	Gruft	18. Jh.	unter der Pfarrkirche zum Heiligen Kreuz mit Grabstätten und Epitaphien
	Kirchenfront	1630	dreigiebelige Westfront der Kirche des Kapuzinerklosters
	Residenzgebäude	Mitte 18. Jh.	ehemalige kurfürstliche Residenz; erhalten Dikasteralgebäude, Krummstall und Marstall
Ortsteil Güls	Kirche	Anfang 13. Jh.	alte Pfarrkirche St. Servatius: Emporenbasilika, Westturm schon aus dem 12. Jh.
Ortsteil Kapellen-Stolzenfels	Kircheninneres	15. und 16. Jh.	Pfarrkirche St. Menas: Kruzifix, Muttergottes, Schweißtuch Christi mit Engelsbüsten
	Schloss	1825ff.	„Burg" Stolzenfels: Rekonstruktion einer mittelalterlichen Anlage (um 1250)
Ortsteil Lay	Kircheninneres	ab 14. Jh.	Pfarrkirche St. Martin: Gabelkreuz, Vesperbild, Schutzengelgruppe, Muttergottes usw.
Ortsteil Lützel	Denkmal	1795	für den hier gefallenen frz. General Marceau (abgestumpfte Pyramide mit Inschriften)
Ortsteil Moselweiß	Kirche	13. Jh.	Pfarrkirche St. Laurentius: spätroman. Gewölbebasilika mit gut erhaltener Innenausstattung
Kollig	Kirche	12. Jh./18. Jh.	Pfarrkirche St. Willibrod: roman. Westturm mit achtseitigem Helm; ebenso Teile von Langhaus; sonst barocker Neubau (1729)
Kruft	Gebäude	um 1720	Propstei der Abtei Maria Laach, Barockbau mit Dachreiter (Laterne, Zwiebelhaube)
Lehmen	Glockenturm	roman.	(ehemalige Kirche in Oberlehmen): fünfgeschossig, ungegliedert, roman. Satteldach
Lonnig	Kirchenteil	um 1230	Chor und Nordturm der ehemaligen Augustinerklosterkirche St. Maria (jetzt Pfarrkirche St. Jakob)
Maria Laach	Klosterbezirk	1093–1230	Abteikirche (gilt als mustergültiges Beispiel für roman. Baukunst) und Klosterbaulichkeiten (18. Jh.)
Mayen	Kirche	1326/1953	Pfarrkirche St. Clemens: dreischiffige Hallenkirche, polygonale Chöre, Doppelturmfassade
	Burg	1280–1311	ehemalige kurfürstliche Burg („Genovevaburg"): Grundriss ist ein unregelmäßiges Vieleck mit Rundtürmen und Bergfried
	Stadtbefestigung	1291–1326	erhalten sind Teile der Mauer sowie Obertor, Brückentor, Vogelturm und Mühlenturm
	Gebäude	1717–1718	Altes Rathaus: Massivbau mit Mansarddach, risalitartig vortretender Uhrturm
Ortsteil Allenz (= Alzheim)	Kircheninneres	1700–1770	in 1912 erbauter Pfarrkirche: Muttergottes (holländ. Schule); hl. Martin über dem Portal (17. Jh.)

319

Ort	Objekt	Bauzeit/ Baujahr	Beschreibung
Ortsteil Hausen	Kirche	12./14. Jh.	Pfarrkirche St. Sylvester: frühgotischer Chor, Maßwerksfenster, Spitzbogennischen
Mendig Ortsteil Niedermendig	Kirche	12./19. Jh.	Pfarrkirche St. Cyriakus: Bruchsteinbau mit Tuff- und Basaltgliederung; gute Ausstattung; Wandmalereien
Ortsteil Ober-Mertloch	Kirche	13./19. Jh.	Pfarrkirche St. Genoveva: niederrheinisch beeinflusste spätgotische Stufenhalle, reiche Innenausstattung
	Kirche	12. Jh. und später	Pfarrkirche St. Gangolf: dreischiffige roman. Pfeilerbasilika; Taufkapelle mit Netzgewölbe
Münstermaifeld	Kirche	12./13. Jh.	ehemalige Stiftskirche St. Martin und St. Severus: dreischiffige Basilika mit großem Querhaus und mächtiger Westturmgruppe
	Stadtbefestigung	Mitte 13. Jh.	erhalten sind Reste der Mauer mit Wehrgang und ein Pulverturm sowie Teile eines Wallgrabens
	Gebäude	1575	Altes Rathaus: geschmückter Giebel an der Schmalseite
Ortsteil Keldung	Kapelle	1707	Kapelle St. Stephan mit hl. Stephanus, 17. Jh.
Ortsteil Lassberg	Kapelle	1729	Kapelle St. Benediktus, im Kern roman., spätgotische Madonna (Anfang 16. Jh.)
Ortsteil Metternich	Kapelle	1765	Kapelle St. Praxedis: mit Dachreiter und strukturierter Decke; Rokokofiguren und Tabernakel
Ortsteil Mörz	Kapelle	1802	Wendelinskapelle: Saalbau mit Dachreiter
Naunheim	Kircheninneres		Pfarrkirche St. Alban: drei Altaraufsätze der ehemaligen Kapelle von 1754, Grabsteine, Reliquiare, Gemälde
Neuwied	Gebäude	1783–1785	Gemeindesaal der Herrnhuter Brüdergemeine
	Kirche	1768	Mennonitenkirche: quadratischer Saal, bündig mit zweigeschossigem Pfarrhaus unter einem großen Mansarddach
	Schloss	1706–1756	Residenzschloss der Fürsten zu Wied: Hufeisenanlage nach dem Vorbild von Versailles
Ortsteil Engers	Schloss	1759–1762	ehemaliges Jagdschloss: zweieinhalbgeschosiger Bau mit kurzen Seitenflügeln: Mittelrisalite
	Gebäude	1642	Altes Rathaus: Fachwerkbau mit geschweiftem Giebel
Ortsteil Feldkirchen	Kirche	13. Jh./15. Jh.	Evangelische Pfarrkirche St. Martin: spätroman. Pfeilerkirche später zur Emporenhalle umgebaut
Ortsteil Heimbach-Weis	Klosteranlage	12./18. Jh.	ehemalige Prämonstratenserabtei Rommersdorf: umfangreicher geschlossener Baukomplex, rekonstruiert und renoviert

320

Ort	Objekt	Bauzeit/ Baujahr	Beschreibung
Ortsteil Irlich	Kirche	1831–1835	Pfarrkirche St. Peter und Paul: spätklassizistischer Saalbau; Ausstattung 16. und 17. Jh.
Ortsteil Niederbieber-Segendorf	Kirche	14./15. Jh.	Evangelische Pfarrkirche mit Chor und vierstöckigem Turm einer spätroman. Vorgängerkirche
	Gemälde	16. Jh.	zwei Gemälde mit der Verkündigung an Maria in der Katholischen Pfarrkirche St. Bonifatius
Ortsteil Oberbieber	Kirche	1751–1790	Evangelische Pfarrkirche: einschiffiges Langhaus mit klassizistischer Orgel (1790); einbezogen Reste aus der im 11. oder 12. Jh. erbauten Nikolauskapelle
Nickenich	Kirche	13./19. Jh.	Pfarrkirche St. Arnulf: neuroman. dreischiffige Hallenkirche mit roman. Turm aus römischen Bauresten
	Gebäude	1755	ehemaliger Kartäuser Hof (Gebäude des Stiftes St. Albanin Trier): hohes Walmdach mit Gauben
Niederwerth	Kloster		Kirche des ehemaligen Augustiner-Chorherrnstiftes, jetzt Kirche St. Georg (einschiffiger Bau); weitere Klostergebäude
Ochtendung	Burg	1402	Burg Wernerseck über dem Nettetal: Vorburg, Hauptburg (bewehrt mit Schalentürmen); Bergfried
Pillig	Kirche	1772	Pfarrkirche St. Firminus: einschiffiger Gewölbebau mit Teilen einer spätroman. Vorkirche und mit spätgotischem Turm
Polch	Kirche	1849–1852	Pfarrkirche St. Sebastian und Georg: monumentale dreischiffige Halle mit Doppelturmfassade
	Kirche	1200/1739	St. Georgskapelle: dreischiffige frühroman. Basilika ohne Querhaus und quadratischem Hauptchor
	Gebäude	1748	ehemaliger Hof der Trierer Abtei St. Matthias; dreiflügelige Barockanlage; Mansarddach, Mittelrisalit
	Synagoge	1877	Bruchsteinbau mit bogenförmigem Eingangsportal, Rosette an der Fassade, Bruchsteinsäulen an den Flanken der Westfront
Saffig	Kirche	1738–1742	Pfarrkirche St. Caecilia: dreijochiges Langhaus mit querhausartigen Anbauten, eingebauter Turm mit doppelter welscher Haube
	Synagoge	1858	einschiffiger Bau in Krotzenmauerwerk; Westfassade mit Staffelgiebel und Blendbögen aus Basaltlava
Thür	Kalvarienberg	1507	unter hoher Schutzhalle, Kruzifix (18. Jh.); Bildstöcke mit Steinreliefs (18. Jh.)
Ortsteil Fraukirch	Kirche	13./18. Jh.	Wallfahrtskirche St. Maria (Fraukirch), auf älterer Kirche errichtet; mehrfach um- und ausgebaut
	(ehem.) Feldkreuz	1472	sogenanntes „Golokreuz": Bildstock aus Basalt, sechseckiger Fuß, Rundpfeiler und Bildnische

Ort	Objekt	Bauzeit/ Baujahr	Beschreibung
Trims	Kirche	1738–1739	Pfarrkirche St. Petrus: mit älterem ungegliederten Turm; Hochaltaraufsatz (1696); Orgelprospekt
Urmitz	Kirche	1772	Pfarrkirche St. Georg: Saalbau mit Dachreiter und südwestl. Turm, aufwändige barocke Ausstattung
Vallendar	Kirche	1837–1841	Pfarrkirche St. Petrus und Marcellinus: größte Hallenkirche am Mittelrhein, dreischiffiges Langhaus; viergeschossiger spätgotischer Westturm
	Gebäude	1698	Wiltberger Hof: zweigeschossiger Bau mit dreigeschossigen Flankentürmen mit geschweiften Hauben
Weißenthurm	Turm	um 1350	schlichter verputzter Bruchsteinturm mit Zinnenkranz über Rundbogenfries
	Grabdenkmal	1797	für den franz. General Hoche, steile Basis mit sarkophagförmigen Sockel für einen stumpfen Obelisken
Welling	Teile von Kirche	13. Jh.	ehemalige Pfarrkirche St. Paulinus; erhalten sind westl. Turm und der Chor (Rest 1882 abgebrochen)
Wierschem	Kirche	14./18. Jh.	Pfarrkirche St. Apollonia mit spätroman. Chor und Rippengewölbe; Schiff und Ostturm 18. Jh.
	Burg	12. Jh.	Burg Eltz: vorwiegend „Wohnburg" mit sechs bis zu sieben Stockwerken hohen „Häusern" um einen sehr engen Innenhof
Winningen	Kirche	13. Jh./17. Jh.	Evangelische Pfarrkirche: von früherer Kirche noch ungegliederter Ostchorturm erhalten; spätroman. dreischiffiges Langhaus, 1695 erheblicher Umbau
	Ortsbild	17./18. Jh.	mit zahlreichen Wohnbauten, meist zweigeschossige Fachwerkhäuser mit Bruchsteinerdgeschoss

L. Geographisch-topographische Inhalte der Suchfelder (= Top. Karte 1:25 000)

(Zusammenstellung: H. FISCHER 2002)

(Suchfeld = TK 25) Blatt-Nr. Name	Landschafts-teil	Oberflächen-formen	Gewässer	Siedlungen	sonstiges
(A) 5509 Burgbrohl	Laacher Vulkangebiet	Vulkanische Schlotfüllungen, Lavaströme	Laacher See Laach, Nickenich	Abtei Maria Laach, Nickenich	CO_2-Exhalationen im See
(B) 5510 Neuwied	Rheintal, Neuwieder Becken, nördl. Beckenrand	Hauptterrassen-flächen, Stromniederung	Rhein, Nette, Wiedbach	Andernach, Neuwied, Weißenthurm	Nastberg-Vulkan
(C) 5511 Bendorf	Neuwieder Becken, nordöstl. Beckenrand	Niederterrassen-fläche, Anstieg zur Hauptterrasse	Rhein, Ferbach, Saynbach mit Brexbach; Baggerseen	Bendorf, Kaltenenengers, St. Sebastian, Urmitz, Vallendar	Insel Graswerth
(D) 5609 Mayen	östl. Eifelrand, hintere (westl.) Pellenz	welliges Hügelland; Engtal	Nette	Kottenheim, Mayen, Mendig, Polch, Thür, Welling	Katzenberg, Wingertsberg-wand
(E) 5610 Bassenheim	vordere (östl.) Pellenz, Niedermaifeld	welliges Kuppenland; vulkanische Schlotfüllungen; tiefes Engtal	Nette, Lützelbach, Baggerseen	Bassenheim, Kärlich, Kerbe, Kettig, Kobern, Kretz, Kruft, Lonnig, Ochtendung, Plaidt, Saffig, Wolken	Kapelle auf dem Karmelenberg; Golo-Ring
(F) 5611 Koblenz	Bergpflege (Teil d. Nieder-maifeldes), Rheintal	Haupt- u. Nieder-terrassenflächen; Stromniederung	Rhein, Mosel, Bubenheimer Bach	Koblenz, Mülheim, Niederwerth, Urbar, Vallendar, Winningen	Deutsches Eck; Ehrenbreit-stein
(G) 5709 Kaifenheim	Obermaifeld, Elzbachtal	wellige bis kuppige Hochfläche	Elzbach	Einig, Gering, Kehrig, Kollig, Mertloch, Naunheim, Pillig, Polch	Burg Pyrmont, Mühlen im Elzbachtal
(H) 5710 Münster-maifeld	Ober- und Niedermaifeld	wellige, lössbedeckte Hochfläche	Mosel, Nothbach, Hohesteins-bach	Gappenach, Gierschnach, Gondorf, Kalt, Lehmen, Münstermai-feld, Rüber, Wierschem	St. Matthias-kapelle über Kobern

M. Vorschläge für landeskundliche Exkursionen

(vgl. Landeskundliche Übersichtskarte 1:100 000)
(Zusammenstellung: H. Fischer 2001)

Abgesehen von den zahlreichen punktartig über das ganze Gebiet verteilten natur-, bau- und kunstgeschichtlichen Objekten, die in der Regel außerhalb der attraktiven Wander- und Exkursionsrouten liegen, gibt es im Mittelrheinischen Becken nur einige wenige Strecken, die von ihrer Gestaltung und Nachvollziehbarkeit her die Bedeutung von „Exkursionsrouten" haben. Ihre Attraktivität gewinnen sie größtenteils aus den möglichen Ausblicken auf die Beckenlandschaft oder aus musealen natürlichen und/oder kulturellen Objekten.

1. Ausgangsort Abtei Maria Laach (A 3)

1.1 Abtei Maria Laach und Laacher See: Besichtigung der romanischen Abteikirche (A 3); anschließend Rundwanderung um den Laacher See und durch das NSG „Laacher See" (Thema: Hydrogeographie, junger Vulkanismus, Ufer- und Waldvegetation und Avifauna; A 1, A 3) – Alte Burg – Ostufer – CO_2-Exhalationen – Nordufer mit Basaltstrom – Westufer. Länge etwa 10 km.

1.2 (Rund-)Wanderung über die Randhöhen des See-Kessels: Die Laacher Vulkane in ihrer Gesamtheit (A 1, A 3) (Thema: Laacher Vulkanismus; Laacher See als Caldera; Gewinnung vulkanischer Gesteine) – Aufstieg zum Laacher Kopf (westl. Seehotel) – „Gratwanderung" nach N – Wehrer Breitel – Veitskopf – Hotel Waldfrieden – Berg am Laach (Thema: Waldstruktur) – Krufter Ofen (Thema: Bimsabbau an der Peripherie eines NSG) – Am Scharfenhecken – Klosterparkplatz. Länge etwa 14 km.

2. Vulkanpark-Wanderungen (E 6)

Im Zuge der Einrichtung des Vulkanparks wurden vier Exkursionsrouten entwickelt, die zu geowissenschaftlichen „Brennpunkten" innerhalb des Parks (E 6) führen; Erläuterungen hierzu liegen im Informationszentrum „Rauschermühle" aus. Die vier durch farbige Wegmarkierungen ausgewiesenen Routen sind keine Rundwege, die Ausgangspunkte und/oder die Endpunkte können mit öffentlichen Verkehrsmitteln erreicht werden.

2.1 „Grüne Route": Katzenberg bei Mayen (Schiefer; spätrömische Ausgrabung) – Mayen (Eifelmuseum) – Mayener Grubenfeld (älteste Abbaustelle von Basaltlava in Mitteleuropa) – Die Ahl (bei St. Johann: Basaltbruchwand im Lavastrom des Hochsimmer) – Ettringer Lay – Bellerberg (Vulkangruppe) – Kottenheimer Büden und Winfeld (Lavaströme des Bellerberg-Vulkans). Länge etwa 11 km.

2.2 „Rote Route": Vulkanmuseum in Mendig mit Felsenkeller (Untertagebau auf Basalt im Lavastrom des Wingertsberg-Vulkans) – Vulkanbrauerei (Felsenkeller als natürliche Kühlräume) – Museumslay (rekonstruierte Steinmetzhütte mit alter Werkzeugschmiede) – Wingertsbergwand (mächtige Bimswand; Auswurf des Laacher See-Vulkans). Länge etwa 6 km.

2.3 „Blaue Route": Trassgrube Meurin bei Kretz (ausgegrabene und rekonstruierte Reste 2000 Jahre alten Tuffsteinabbaus) – Krufter Bach (Spuren einer „Verplombung" durch Glutfluss; Stollensystem aus dem 17. bis 19. Jh.) – Rauschermühle (Informationszentrum des Vulkanparks; Erläuterungen und Computeranimationen). Länge etwa 6 km.

2.4 „Gelbe Route": Eppelsberg (bei Nickenich; Krater und Kraterwall eines Schlackenkegels) – Nastberg (bei Eich; Vulkankegel) – Hohe Buche (bei Andernach; Lavastrom) – Stadtmuseum Andernach (Exponate zum Mühlsteinhandel und zum Tuffsteintransport in der Römerzeit). Länge etwa 12 km.

3. Ausgangsort Plaidt (E 5)

Plaidt (Ortsbild, Industrialisierung) – Plaidter Hummerich (zerstörter Pellenz-Vulkan) – Ruine Wernerseck – Nettetal (Basaltwände; bis Heselermühle/ Brücke) – Ochtendung (Reste der alten Stadtbefestigung) – Karmelenberg (erhaltener Pellenz-Vulkan; NSG; Rundblick über das gesamte Mittelrheinische Becken) – Bassenheim (Bassenheimer Reiter) – Saffig (Synagoge) – Plaidt. Länge etwa 22 km.

4. Ausgangsort Gondorf (E 24)

Gondorf (Schloss Liebieg; alte Dorfhäuser) – Sonnenhof, Delcherhof, Scheidterhof (typische Maifelder Hofsiedlungen) – oberes Keberbachtal – Lonnig (typisches Maifelddorf) – Dreitonnenkuppe (tertiäre Kiesvorkommen; „Gegenstück" zum Golo-Ring (vorgeschichtlicher Kult- oder astronomischer Ort) – Kieswerk am Tönnchenkopf – St. Matthiaskapelle und Oberburg – Kobern (Ortsbild, Laurentiuskirche) – Gondorf. Länge etwa 20 km.

5. Ausgangsort Münstermaifeld (H 6)

Münstermaifeld (Stadtexkursion mit ehemaliger Stiftskirche) – Kalscherhof – Mörz – Metternich (Einzelhofgebiet rund um Münstermaifeld; Agrarkultur des Maifeldes): Länge etwa 7 km; mögliche Abstecher nach Wierschem (ehemalige Wallfahrtskirche; weitere 6 km hin und zurück)

6. Ausgangsort Neuwied, Rheinfront (B 7)

Stadtexkursion (Deichanlage, Schloss, Viertel der Brüdergemeine) – unteres Wiedbachtal – Bandstahlwerk Rasselstein – über die eingemeindeten Orte Niederbieber, Torney und Gladbach zur restaurierten Abtei Rommersorf (C 5); über Heimbach-Weis und Block zurück nach Neuwied; Querschnitt durch eine nach Bimsabbau „rekultivierte" Landschaft. Länge etwa 18 km (bis Bahnhof Neuwied).

7. Ausgangspunkt Vallendar, Bahnhof (C 12)

7.1 Rundwanderung über die Insel Niederwerth (altes Kloster; Ortsbild; Nutzung der Gemeindeflur durch Spezialkulturen). Länge etwa 7 km.

7.2 Innenstadt Vallendar (alte Bausubstanz) – Theologische Hochschule der Pallotiner – „geistlicher Bezirk" Schönstatt – Mallendarer Berg (neuzeitliche, z.t. moderne Höhensiedlung) – Kaiser-Friedrich-Turm (Aussicht nach W über das Becken) – Vallendar (Bahnhof). Länge etwa 7 km.

8. Koblenz (F 4)

Stadtexkursion (innerhalb des Stadtgebietes): Deutsches Eck – Deutschordenshaus und St. Kastor – Altes Hospital – mittelalterliche Altstadt (mit Florinskirche, alter Synagoge, Alte Burg, Liebfrauenkirche, Altengraben, Am Plan, Entenpfuhl) – „kurfürstliche" und „preußische" Stadt (Mosel-Ring, Friedrich-Ebert-Ring, „Löhr-Tor" und „Mainzer Tor"; Neustadt mit Schlossviertel. Dauer: ca. 4 Stunden.

Exkursionen mit dem Kraftfahrzeug
(auf der Übersichtskarte n i c h t verzeichnet)

9. Ausgangspunkt Koblenz (F 4)

9.1 Koblenz – B 9 – Andernach (B 2) – Brohl – Brohltal (Laacher See-Trass) – B 412 – Laacher See und Laacher Vulkane (A 1, A 2) – B 262 – Mayen (Stadtbesichtigung; Genovevaburg; Lapidää; D 7, D 8) – B 262/L 52 – Polch (Stadtbild; D 11) – A 48 – Ochtendung (E 16); Abstecher zum Karmelenberg; Aufstieg zur Kapelle – (E 17) – B 258 – Bassenheim (Bassenheimer Reiter; E 14) – B 9 – Koblenz. Länge etwa 80 km.

9.2 Koblenz – B 416 (Moseltal) bis Löf – Münstermaifeld (H 6) – Querung des Maifelds – Naunheim (G 8) – Mertloch (G 6) – Kollig (G 7) – Mayen (Stadtbild usw.; D 7, D 8) – Thür (D 3) – Fraukirch, Wallfahrtskirche

(D 4) – Ochtendung (E 16) – Plaidt (E 5) – Kruft (E 1) – Mendig (Vulkan-museum; D 2) – Wingertsbergwand (D 1) – Laacher See und Laacher Vulkane (A 1, A 2) – Brohltal (ehemalige Trassbrüche) – Brohl – B 9 – Andernach (B 2) – B 9 – Koblenz. Länge etwa 120 km.

9.3   Koblenz – B 416 – Moseltal bis Lasserg – rechts ab nach Wierschem – dort zum Parkplatz über dem Elzbachtal – Fußmarsch über Burg Trutz Eltz nach Burg Eltz und zurück (etwa 5 km) – Rückfahrt über Münstermaifeld (H 6) – Lonnig – A 48 – Koblenz. Länge (ohne Fußmarsch) etwa 80 km.

K. Namenverzeichnis

Koblenz-Metternich 27, 247
Koblenz-Mitte 229, 230
Koblenz-Neuwieder Talweitung 11, 56, 215
Koblenz-Süd 227, 228, 230
Koblenz-Trier (Gau der NSDAP) 43
Kollig **256**
Köln 15, 65, 66, 69, 86, 107, 121, 128, 131, 148, 150, 184, 185, 233, 254
Köln (Bistum, Erzbistum, Erzstift, Kurfürstentum, Bischöfe, Erzbischöfe, Kurfürsten von) 37, 39, 42, 76, 92, 98, 100, 101, 119, 187, 188, 192, 197
Kölner Bucht 14
Konrad III., deutscher König 222
Konstantin, römischer Kaiser 221
Korretsberg 80, 184
Korretsberg (NSG) 29
Kottenheim 47, 60, 66, 72, 87, 91, 153, **156–157**, 168, 170
Kottenheimer Büden 156
Krahnenberg 7, 89
Krefeld 268
Kretz 69, 87, 181, **183**
Kruft 29, 47, 65, 69, 86, 91, 154, 155, **181–183**,184
Krufter Bach 181, 183–185
Krufter Bachtal 69
Krufter Ofen 80
Krupp, Firma 132, 134
Krupp, Friedrich 130
Kühkopf 7, 221
Kühr (Hof) 270
Kuhstiebel (NSG) 29
Kunenstein-Engers 40
Kuno von Falkenstein, Erzbischof und Kurfürst von Trier 40, 101
Künsterhof 207
Kurpfalz, siehe Pfalz, Kurfürstentum
Kürrenberg 165
Kusserow, Heinrich Freiherr von 198
Küttig 261, 266, 267
Kyll 248
Kylltal 86

Laach 84, 86
Laach-Ballenstedter Pfalzgrafen, siehe Pfalz
Laacher Burg, siehe Alte Burg
Laacher Kessel 24, 32, 81, 84, 148

Laacher Kopf 80, 86
Laacher Mühle 18
Laacher See 6, 12, 18, 25, 39, 56, **79–81**, 82, 83, 84, 85, 86, 87, 88, 147, 148, 152, 184, 192
Laacher See (NSG) 27, 65, 79, **81–82**, 182
Laacher See (Vulkanpark) 89, 148, 158, 166, 171, 172, 183, 186
Laacher Vulkan-Gebiet 1, 7, 12, 27, 32, 33, 61, 62, 79, 80, 81, 88, 90, 118, 119, 147, 160, 181
Lahn 1, 29, 39
Lahnstein 52, 247
Lahnstein (Lohnstein), Herren von 174
Lahntal 1, 25, 228
Langendorf 108, 110
Langenfeld 74
Lassaulx, Johann Claudius von 88, 101, 136, 141, 181, 238, 241, 250
Lasserg 261, 268
Laubach 247
Lay 36, 220, 230, 232, 248
Layer Kopf 248
Lehmen 29, 248, **270–271**
Lehmerhöfe 270, 271
Lemene, Ritter, Herren von 270
Lenné, Peter Joseph 226
Leutesdorf 89, 108, 114
Leyen, Herren von der, spätere Grafen, Reichsgrafen 42, 153, 187, 214
Liebieg, Freiherren von 214
Lieser 248
Limburg a.d. Lahn 145
Limburger Becken 1
Longwy (trierisches Archidiakonat) 39
Lonnig 25, 35, 143, 162, **208–210**
Lonnig (Stift) 208
Lorenzfelsen 152
Lothar II., fränkischer Kaiser 217
Lotharingien, fränkisches Mittelreich 37, 217
Lothringen 44, 86
Ludwig Adolph Friedrich Fürst zu Sayn-Wittgenstein-Berleburg-Ludwigsburg 134
Ludwig der Bayer, deutscher Kaiser 175, 222, 260
Ludwig der Deutsche, ostfränkischer König 217

334

O. Sachverzeichnis

Landschaften in Deutschland
Werte der deutschen Heimat
Herausgegeben vom Institut für Länderkunde Leipzig und der Sächsischen Akademie der Wissenschaften zu Leipzig

Band 62:
Saalfeld und das Thüringer Schiefergebirge
Eine landeskundliche Bestandsaufnahme im Raum Saalfeld, Leutenberg und Lauenstein
Herausgegeben von Luise Grundmann
2001. XVII, 293 Seiten. 49 farbige und 32 s/w- Abbildungen. 1 Karte in Rückentasche. Gebunden mit Schutzumschlag. € 25,50/SFr 46,–
ISBN 3-412-10800-6

Band 63:
Der Schraden
Eine landeskundliche Bestandsaufnahme im Raum Elsterwerda, Lauchhammer, Hirschfeld und Ortrand
Herausgegeben von Luise Grundmann
2001. XV, 310 Seiten. 53 farbige und 27 s/w-Abbildungen. 2 Übersichtskarten in Rückentasche. Gebunden mit Schutzumschlag. € 25,50/SFr 46,–
ISBN 3-412-10900-2

Band 64:
Um Eberswalde, Chorin und den Werbellinsee
Eine landeskundliche Bestandsaufnahme im Raum Eberswalde, Hohenfinow und Joachimsthal
Herausgegeben von Frauke Gränitz und Luise Grundmann
2002. XV, 390 Seiten. 50 farbige und 28 s/w-Abb. 2 Ktn in Rückentasche. Gb.
€ 25,50/SFr 43,–
ISBN 3-412-02401-5

Band 66:
Bitterfeld und das untere Muldetal
Eine landeskundliche Bestandsaufnahme im Raum Bitterfeld, Wolfen, Jeßnitz, Reguhn, Gräfenhainichen und Brehna
Herausgegeben v. Frauke Gränitz, Haik Thomas Porada, Günther Schönfelder. Wissenschaftl. bearb. v. Günther Schönfelder.
2004. Ca. 336 Seiten. Ca. 80 farbige. u. s/w-Abb. 2 Karten in Rückentasche Gb. Ca. € 25,50/ SFr 43,– ISBN 3-412-03803-2

Band 67:
Die Oberlausitzer Heide- und Teichlandschaft
Wissenschaftlich bearbeitet von Matthias Röder u. Haik Thomas Porada
2004. Ca. 320 Seiten. Gb. Ca. € 25,50/SFr 43,–
ISBN 3-412-08903-6

KÖLN WEIMAR

URSULAPLATZ 1, D-50668 KÖLN, TELEFON (0 22 1) 91 39 00, FAX 91 39 011